Youth Yu Gong Journal of
Historical Geography

禹贡青年史地学刊

第一辑

青年禹贡学社 编

龚应俊 闫伟光 执行主编

中西書局

图书在版编目（CIP）数据

禹贡青年史地学刊. 第一辑 / 青年禹贡学社编 ; 龚
应俊, 闫伟光执行主编. -- 上海 : 中西书局, 2024.
ISBN 978-7-5475-2347-6

Ⅰ. K928.6-55

中国国家版本馆CIP数据核字第2024VS8301号

禹贡青年史地学刊(第一辑)

青年禹贡学社 编　龚应俊 闫伟光 执行主编

封面题签	葛剑雄
责任编辑	邓益明
装帧设计	梁业礼
责任印制	朱人杰
出版发行	上海世纪出版集团 中西书局（www.zxpress.com.cn）
地　　址	上海市闵行区号景路 159 弄 B 座(邮政编码： 201101)
印　　刷	常熟市兴达印刷有限公司
开　　本	787 毫米×1092 毫米　1/16
印　　张	22.5
字　　数	460 000
版　　次	2024 年 12 月第 1 版　2024 年 12 月第 1 次印刷
书　　号	ISBN 978-7-5475-2347-6/K·486
定　　价	108.00 元

本书如有质量问题,请与承印厂联系。电话：0512-52381162

指导老师

邹　怡　王　哲

主　编

龚应俊　闫伟光

编辑成员

顾哲铭　贾沈朱　郭　婷　叶　鹏　张鹏程　张端成

何少飞　由　毅　张　森　高　超　黄雨晨　项羽雯

序

在青年禹贡学社成立五周年之际,由学社整理汇集历年青年才俊优秀学术论文的《禹贡青年史地学刊》创发,是为祝贺!

学社发扬历史地理沿革考证之长,把现在得靠翻查笔记才能让我找到的,在读书期间做的一丁点工作挖了出来,并视作本所研究生自行组织活动的先声,这实不敢当。不过这让我有机会回眸青年时的我们,看看彼时的我们和当下学社的你们的异同吧。

回想起来,2000 年所里学生组织"禹贡茶座"学术交流活动,确实缘于同窗们交流需求和热情高,而当时导师课题组会、学生社团学术活动等并不如后来那样多;另一原因是,记得当时我们有些小困惑,什么是历史地理要做的历史学、地理学? 如何从前辈身上学悟"为学为人"之道,求真创新,服务社会? 所以便将平日在学校南区食堂打饭回寝室吃时和在 3、4 号楼前草坪打羽毛球时的讨论,发展为"禹贡茶座"。茶座举办的次数不是很多,但有一定影响,我们请过本所和历史学系的数位中青年老师来作过学术报告,组织过学研和考察心得交流的几场活动。在我参加工作后不久,"禹贡茶座"没有继续举办,所里学生学术活动组织比较有影响的是"禹贡博士生论坛",参加者不少如今已经是中青年翘楚了。当然,在这项"禹贡博士生论坛"举办之前的 2004 年 11 月,本所研究生曾积极参与过研究生院主办的"相辉百年——复旦大学博士生学术论坛",时邹怡、王大学、王加华、赵赟、丰箫、石超艺、倪文君、周鹏、姚永超、张珊珊 10 位同学作了报告。当时学校这个论坛请了周振鹤先生作"专家报告",是我主持,印象很深,周先生讲的主题是"在人文与科学之间的历史学"。

2006 年开始,我负责过几期面向所里青年教师"复旦大学历史地理学术沙龙"活动的组织,比如 2007 年 11 月主题为"土地、技术与文化:区域历史环境变迁的解析和重建"的交流讨论,张伟然、张晓虹、韩昭庆、朱海滨、杨煜达、段伟、王大学、徐建平等老师出席。不过,本所老师学术沙龙,2006 年前有过的,印象中是曹树基、张伟然等老师组织。2008 年 3 月,我和同事王大学、徐建平、孙涛三位青年老师游绍兴,在大禹陵商定不定期举办"禹贡青年"活动,旨在读书和踏查相结合,"博通者考沿革,游览者志岩壑,体道者愉悦性情之间"(《广志绎》康熙十五年曹溶题序),寓学于乐。"禹贡青年"举办过的较大活动有两次,一次是 2008 年 7 月至曲阜师范大学历史文化学院交流,参瞻三孔,有几位还去爬了泰山以及至济南访问。另一次是 2011 年 12 月,邹怡、徐建平、孙涛和我带了在读的 6 位研究生至安徽师范大学历史与社会学院访问,徒步绩溪至歙县徽杭古道20多公里,冬至那天乘客船顺新安江下至千岛湖,走杭州回沪。当然,"禹贡青年"活动是非官方的,青年老师自发组织。2014年1月,所里成立"禹贡读书会",以历史地理学系列问题的研究和讨论为主,注重传统的继承和前沿的创新,展现青年科研人员研究的最新进展和治学心得。读书会以论文宣读、学术讨论为主,兼有史籍研读、野外考察等,仅2014年就举办过10期学术报告会,本所段伟、樊如森、费杰、路伟东、孟刚、任小波、孙涛、王大学老师分别作了报告,还组织了赴景德镇、徐州、淮安等地的集体实地考察活动。

时光荏苒,经历的离现今最近的一个本所青年学术活动组织是成立于2014年的"禹贡读书会",也已过十年多时间,而以"禹贡青年"为名的队伍却越来越大,茁壮成长。如果从当年"禹贡茶座"建立算起,至今24年,恰似人生一青年,所以某种程度上说,我们和你们一样仍在攀登禹贡道山的路上,希望这种青年的精神永葆。

再次祝贺《禹贡青年史地学刊》的出版!

祝青年禹贡学社越办越好!

杨伟兵

2024年9月1日

目　录

行政与政区

文书行政与秦代洞庭郡的县际网络 ················· 郭　涛　003

松柏汉墓 35 号木牍侯国问题初探 ················· 马孟龙　023

南朝岭南西江督护与州的增置 ················· 鲁　浩　036

唐十道演化新论 ················· 罗　凯　046

聚落与城市

空间及其过程：唐长安住宅的分布特征与形成机制 ················· 张永帅　063

宋元之际四川主要城市地理分布格局演变探析 ················· 伍　磊　080

从"共管"到"统合"：牛华溪区划变动研究（1644　1951） ················· 牟旭平　095

环境与人群

近 300 年来西南山区的移民与开发
　　——云南省禄劝县多椰树村的个案研究 ················· 霍仁龙　杨煜达　111

国家·族群·环境：康雍乾时期农牧交错带政区变迁的多元面相
　　——宁夏府新渠、宝丰二县置废研究 ················· 岳云霄　133

清初迁界与移民
　　——以顺治十八年的温州迁界为中心 ················· 罗　诚　148

黄河因素影响下的山东西部区域人文环境（1855—1911） ················· 古　帅　162

建构与解构：明代浙东湖水纠纷中的利益表达
　　——以上虞皂李湖为中心的考察 ················· 耿　金　188

地域与社会

明清保甲制下的基层编制、户籍管理和聚落地理
　　——《江西新城县保甲图册》的古地图信息分析 ················· 郭永钦　211

清代图甲与保甲关系新论

  ——基于徽州赋役合同文书的考察 ·················· 黄忠鑫 233

地图与文献

天水放马滩木板地图新释 ························· 屈卡乐 249

现存明代《禹贡》学著作述要 ······················· 王荣煜 259

书　评

政区划界与政治过程

  ——读《中国近现代行政区域划界研究》 ·········· 叶　鹏 275

考　察　报　告

2018年镇江南京淮安考察日志 ···················· 龚应俊 281

访　谈

兴在趣方逸，悟需勤为径

  ——张晓虹教授访谈录 ························ 赵婷婷 305

青年禹贡学社发展历程

青年禹贡学社简史 ················· 邹　怡 龚应俊 323

青年禹贡学社大事纪 ···························· 337

编者手记 ··································· 348

行政与政区

文书行政与秦代洞庭郡的县际网络

郭　涛

摘　要：里耶秦简牍是秦代洞庭郡下属迁陵县的档案遗存,为了解秦帝国末端行政运行实态提供了第一手史料,也为还原洞庭郡属县的设置情况和县际文书交往所依托的道路交通网络提供了条件。洞庭郡府的群发文书从郡治临沅或新武陵发出,分成四道依次传递到各县和都官机构;这些交通线不仅是洞庭郡内部文书传递的主干路线,也是洞庭郡与外部郡县交往的媒介,其所从属的交通网络支撑着洞庭郡日常的行政运行。同时,它与其他区域的道路交通相衔接,共同建构起了秦汉帝国的道路交通体系,在帝国行政中发挥着经络般的作用。以律令为指导,文书为载体,借助于初成体系的郡县行政制度和相对完善的道路交通网络,秦帝国的行政政令得以贯穿整个帝国,发挥着行政效能。

关键词：里耶秦简牍;洞庭郡;地方行政;文书;交通

秦汉时期是帝制中国建立的初始阶段,中央集权的形成和发展是其中的一条主线索,而中央集权的核心是在中央与地方之间建立起稳定的自上而下、一以贯之的行政关系。在此之中,中央和地方的连接环节显得尤为关键,战国秦时商鞅变法"集小(都)乡邑聚为县,置令、丞,凡四十一县"①,由中央直辖,确立了"县"的行政枢纽地位。统一进程中疆域拓展、县数剧增,"郡"因功能凸显,逐渐凌驾于县之上且由军政而民政化,中央—郡—县的行政结构实行开来。秦时废分封行郡县,通过"分天下以为三十六郡,郡置守、尉、监"②,将全国分区而治,以郡作为地方最高政区,进而统辖全国约一千个县级政区,将郡守、郡尉、郡监定义为中央派出机构充当臂掌管控地方事务,从而在制度层面、在全国范围内确立了中央集权之下的郡县制,产生了深远影响。

---

① 《史记》卷 68《商君列传》。其中的"都"字,中华书局 1959 年点校本予以保留(第 2232 页),2013 年中华书局修订本则去之(第 2698 页)。保留"都"字的理由,参看[日]工藤元男著,[日]广濑薰雄、曹峰译《睡虎地秦简所见秦代国家与社会》,上海古籍出版社,2010 年,第 64—65 页。

② 《史记》卷 6《秦始皇本纪》,中华书局,1958 年,第 239—240 页。

作为地方行政制度代表的郡县制此时处于奠基期,研究意义重大,相关研究在职官和地理两个层面都可谓汗牛充栋,知识体系已经初步搭建。但由于史料的局限,仍然存在诸多盲点,无从得到实例证明,运行情况更是不得而知。单就地理而言,透过传世汉代文献已大体揭示秦代存在"郡—县—乡—里"的行政层级,结合零散的文献及出土资料亦可推断秦郡属县的大致情况,但一直没有系统的资料及具体案例加以论证。所幸目前陆续出土并公布了一批秦汉时期的地方行政文书,与以往发现不同的是,这些资料多属于行政运行实态过程的档案记录,是可以与律令记载、制度设计相互印证或补正的运行实例,能够将地方政区的设置情况落到实处。① 其中,2002 年出土于湖南湘西的里耶秦简牍,是秦代洞庭郡下属迁陵县的公文档案,时代跨度从秦王政二十五年(前 222 年)到秦二世二年(前 208 年)。② 作为目前资料公布相对充分的秦代地方政府档案,里耶秦简牍对于还原洞庭郡和迁陵县的组织结构无疑是绝佳的材料,提供了了解帝国行政运行实态的难得个案。随着资料的陆续公布,秦代洞庭郡的面貌以及迁陵县的乡里组成也逐渐清晰起来。早前有学者曾借此坐实了秦朝在地方行政建制中存在"县—乡—里"的结构,后又详细勾勒了迁陵县的乡里面貌。③ 本文则尝试从"文书行政"的角度继续利用这批地方文书档案来还原洞庭郡的属县与交通网络。

一、洞庭郡的境域与属县

文书是行政的重要载体,秦汉文书以简牍为基本形制,文书形式包括下行、上行和平行

---

① 古城遗址所出地方衙署档案,秦代的包括 2002 年湖南龙山里耶镇里耶古城遗址所出秦代迁陵县政府公文档案,2014 年湖南益阳兔子山遗址所出楚、秦、汉、三国吴益阳县政府公文档案。可以对照的是 2014 年湖南湘乡三眼井遗址所出楚国县邑公文档案、2003 年湖南长沙走马楼遗址所出西汉长沙国公文档案等等。这些资料大多出土于古城衙署遗址的古井中,属于秦汉地方政府的行政公文档案,其形式是明清时期之巴县档案、南部县档案等古代档案,以及现代地方政府档案之源头。尤其是兔子山遗址所出呈现完整序列的益阳档案,是战国秦汉存在前后相续且行之有效的地方行政的直接证据。参看湖南省文物考古研究所编著《里耶发掘报告》,岳麓书社,2007 年;湖南省文物考古研究所《二十年风云激荡 两千年沉寂后显真容——益阳兔子山遗址简牍再现益阳古代历史》,以及兔子山考古队《益阳市兔子山遗址考古发掘概况》,两文见于《中国文物报》2013 年 12 月 6 日第 6—7 版;罗武强《湘乡发现三眼井古文化遗址》,《中国文化报》2015 年 2 月 18 日第 10 版"湖湘文化·综合新闻";长沙简牍博物馆、长沙市文物考古研究所联合发掘组《2003 年长沙走马楼西汉简牍重大考古发现》,《出土文献研究(第 7 辑)》,上海古籍出版社,2005 年,第 57—64 页;等等。

② 湖南省考古研究所编著:《里耶秦简(壹)》,文物出版社,2012 年,前言,第 4 页。除此之外,本文所引里耶简牍资料主要还见于以下论著:湖南省文物考古研究所《里耶发掘报告》,岳麓书社,2007 年;陈伟主编,何有祖、鲁家亮、凡国栋撰著:《里耶秦简牍校释(第一卷)》,武汉大学出版社,2012 年;张春龙、宋少华、郑曙斌主编:《湖湘简牍书法选集》,湖南美术出版社,2012 年;湖南省文物局编著:《湖南简牍名迹》,湖南美术出版社,2012 年;郑曙斌、张春龙、宋少华、黄朴华编著:《湖南出土简牍选编》,岳麓书社,2013 年;游逸飞、陈弘音:《里耶秦简博物馆藏第九层简牍释文校释》,简帛网 http://www.bsm.org.cn/show_article.php?id=1968,2013 年 12 月 22 日。其中第五层、第六层、第八层简牍编号以《里耶秦简牍校释(第一卷)》为准,引用简牍凡见于以上书目者,不再一一注明,特殊者另行说明。

③ 晏昌贵、钟炜:《里耶秦简所见的阳陵与迁陵》,《中国历史地理论丛》2006 年第 4 期。晏昌贵、郭涛:《里耶简牍所见秦迁陵县乡里考》,《简帛(第 10 辑)》,上海人民出版社,2015 年,第 145—154 页。鲁家亮:《里耶秦简所见迁陵三乡补论》,《国学学刊》2015 年第 4 期。

文书三大类,根据行政制度的规定连接着不同的区域和人员,沟通了不同层级的机构与官员,频繁的跨区际、跨层次的文书交流形成了行政赖以维持的信息网络。"文书行政"支撑着汉帝国的日常运转,而这一运行模式是承秦而有的。里耶秦简牍中洞庭郡的下行文书通常以"以道次传"的形式群发到郡属各县,要准确把握洞庭郡的属县情况,"文书行政"是一个恰当的路径。[①] 不过在揭示属县之前,有必要先对洞庭郡的境域有个整体性的认识。

由谭其骧主编的《中国历史地图集》是沿革地理的集大成之作(以下简称"谭图"),其中秦代疆界和政区部分以《秦郡新考》和《秦郡界址考》两文的结论为基础进行绘制,是 21 世纪以前历代学者据传世文献进行秦郡探索的成果结晶,几成定论。[②] 但是,自里耶秦简牍"洞庭""苍梧"两郡名出现后,谭图所确定下来的秦郡体系受到了冲击。有鉴于此,陈伟考证洞庭、苍梧大致是一(西)北一(东)南,秦洞庭郡、苍梧郡境域分别大致与一般认为的秦"黔中郡""长沙郡"相当,洞庭郡东境达到洞庭湖沿岸,苍梧郡在西南与之毗邻。[③] 周师振鹤对谭图相关图幅作了改动,将"黔中郡"名改"洞庭郡","长沙郡"名改"苍梧郡",尤其是将洞庭湖移属洞庭郡。[④] 这一调整是基于洞庭郡之名而作的推论,应该说在情理之中。

但是,新近面世的《岳麓书院藏秦简(伍)》56—58 号简记云:

• 廿六年四月己卯丞相臣状、臣绾受制相(湘)山上:自吾以天下已并,亲抚晦(海)内,南至苍梧,凌涉洞庭之水,登相(湘)山、屏山,其树木野美,望骆翠山以南树木□见亦美,其皆禁勿伐。臣状、臣绾请:其禁树木尽如禁苑树木,而令苍梧谨明(明)为骆翠山以南所封刊。臣敢请。制曰:可。[⑤]

① 关于"文书行政"的概念,可参看[日]永田正英著,王勇华译《文书行政》,收入佐竹靖彦主编《殷周秦汉史学的基本问题》,中华书局,2008 年,第 224—243 页;[日]冨谷至著,刘恒武译《木简竹简述说的古代中国——书写材料的文化史》,人民出版社,2007 年,第 77—102 页;[日]冨谷至著,刘恒武、孔李波译《文书行政的汉帝国》,江苏人民出版社,2013 年,第 341—354 页。另外,本文所言"县际网络"主要是指县与县之间文书交往所依托的道路交通网络,至于县与县或县内机构之间日常的文书及人事运行网络问题容另文讨论。
② 谭其骧:《中国历史地图集》第二册"秦汉时期"图组,中国地图出版社,1982 年,第 11—12 页。谭其骧:《秦郡新考》,《浙江学报》第二卷第一期,1947 年 12 月;《秦郡界址考》,《真理杂志》第一卷第二期,1944 年 3 月;两文均收入氏著《长水集》,人民出版社 2011 年版。
③ 陈伟:《秦苍梧、洞庭二郡刍论》,《历史研究》2003 年第 5 期,收入氏著《燕说集》,商务印书馆,2011 年,第 353—361 页。
④ 周振鹤:《秦代洞庭、苍梧两郡悬想》,《复旦学报》(社会科学版)2005 年第 5 期。另可参看钟炜《里耶秦简牍所见历史地理及相关问题》,武汉大学硕士学位论文,2004 年;徐少华、李海勇《从出土文献析楚秦洞庭、黔中、苍梧诸郡县的建置与地望》《考古》2005 年第 11 期;等等。
⑤ 陈松长主编:《岳麓书院藏秦简(伍)》,上海古籍出版社,2017 年,第 57—58 页。秦桦林认为简文"上"指今上,后省略"曰"字。秦桦林:《〈岳麓书院藏秦简(伍)〉第 56—58 简札记》,简帛网 http://www.bsm.org.cn/show_article.php?id=3008,2018 年 3 月 10 日。陶磊认为:令文初始"自吾以天下已并"不辞,疑"自"为"曰"之误写,当作"廿六年四月己卯丞相臣状、臣绾受制湘山,上曰:吾以天下已并"。参看陶磊《读〈岳麓书院藏秦简(五)〉札记》,简帛网 http://www.bsm.org.cn/show_article.php?id=3184,2018 年 7 月 1 日。"见"上一字,齐继伟先生疑为"顾";陈伟先生疑是"頖"字,通觊、眺,远望义;晏昌贵师主张是"显"字。参看齐继伟《读〈岳麓书院藏秦简(伍)〉札记(一)》,简帛网 http://www.bsm.org.cn/show_article.php?id=2998,2018 年 3 月 9 日;陈伟《〈岳麓书院藏秦简〔伍〕〉校读(续三)》,(转下页)

简文涉及秦洞庭郡与苍梧郡北部边界的问题，引起了一些学者的关注。晏昌贵师认为，从简文秦始皇"凌涉洞庭之水，登相（湘）山、屏山"，"令苍梧谨明（明）为骆翠山以南所封刊"的记载来看，"秦苍梧郡当据有洞庭湖大部地区"，相（湘）山、屏山、骆翠山这三山和洞庭之水均属苍梧郡。他进一步解释道：

> 秦洞庭郡以"洞庭"为名却不包括洞庭水域的主体部分，可能是因为秦洞庭郡沿袭楚洞庭郡而来。楚国原有洞庭、苍梧二郡，洞庭郡当掩有洞庭大部或全部，等秦人占领该地区后，继续沿用楚郡名，而郡域却有所调整，将原属楚洞庭郡的洞庭湖一带划归苍梧郡，而保留洞庭郡名如故。

事实上，简文对洞庭湖、骆翠山的归属并不是很明确，骆翠山以南属苍梧郡无疑，且可将其视为洞庭苍梧二郡的界山，但骆翠山的地望不明，若联系到秦始皇由北而南，到达苍梧郡的北边，骆翠山可能在洞庭湖的南部边沿，苍梧郡管辖"骆翠山以南"不恰也说明洞庭湖不属于苍梧郡吗？周师振鹤的说法尚无法轻易否定。

由周师振鹤所复原的秦代洞庭郡的境域基本与《汉书·地理志》（以下径称《汉志》）武陵郡相当，秦洞庭郡实为汉武陵郡之前身。[①] 但是，从秦王政二十五年（前222年）秦设洞庭郡到《汉志》文本形成，其间已历时约二百年，边界及政区的调整不无可能，处于郡界边缘的屏陵县即是一例。《汉志》"屏陵"属武陵郡，但根据新出文献可知，秦及汉初屏陵县以划属南郡为确，不当属洞庭郡。[②]

《汉志》记载，汉成帝时期武陵郡的属县共有13个。[③]《里耶秦简（壹）》面世后，于洪涛、郑威、庄小霞、游逸飞、晏昌贵等先生均据以辑录洞庭郡的属县，并与汉武陵郡对照，秦代洞庭郡的属县基本得以确认。[④] 晏昌贵师对里耶秦简牍所见郡县名目作了系统梳理，他所辑录

（接上页）简帛网 http://www.bsm.org.cn/show_article.php?id=3030♯_edn5，2018年3月21日；晏昌贵《禁山与赭山：秦始皇的多重面相》《华中师范大学学报》（人文社会科学版）2018年第4期。

① 《汉志》"武陵郡"条下班固自注"高帝置"。《续汉书·郡国志》解释相对详细，曰："武陵郡，秦昭王置，名黔中郡，高帝五年更名。"但显然没有注意到洞庭郡的存在。关于楚黔中郡、洞庭郡、秦洞庭郡、汉武陵郡的关系，除前揭周振鹤等人的文章外，另可参看高崇文《从考古发现谈战国时期秦楚关系》，《秦俑博物馆开馆三十周年国际学术研讨会暨秦俑学第七届年会论文集》，三秦出版社，2010年，第250—255页，收入氏著《古礼足征——礼制文化的考古学研究》，上海古籍出版社，2015年；[韩] 琴载元《秦洞庭、苍梧郡的设置年代与政区演变》，《鲁东大学学报》（哲学社会科学版）2013年第6期；等等。徐少华、李海勇也根据早前公布的材料，从辖区范围和所属诸县的情况分析，指出"秦洞庭郡很可能就是汉武陵郡的前身或其主体部分"。徐少华、李海勇：《从出土文献析楚秦洞庭、黔中、苍梧诸郡县的建置与地望》，《考古》2005年第11期。

② 郭涛：《秦代南郡"阴"地考》，《中国历史地理论丛》2015年第4期。

③ 《汉书》卷28《地理志上》，中华书局，1962年，第1594—1595页。

④ 于洪涛：《里耶简"御史问直络裙程书"传递复原——兼论秦汉〈行书律〉的实际应用》，《出土文献与法律史研究（第2辑）》，上海人民出版社，2013年，第43—60页。郑威：《里耶秦简牍所见秦即墨、洞庭二郡新识》，复旦大学历史系、复旦大学出土文献与古文字研究中心主办《简帛文献与古代史学术研讨会暨第二届出土文献青年学者论坛会议 （转下页）

的洞庭郡属县（道）最为完整（注：因材料有限，漏掉"义陵"，见下文），多至17个，与《汉志》武陵郡所属13县对照，里耶秦简牍不见很山、义陵，多出门浅、上衍、蓬、沅阳、新武陵、上轪、荆山道。这已大大超出了以往的认识。需要指出的是，"荆山道"并不属于洞庭郡。荆山道见于简8-1516："廿六年十二月癸丑朔庚申，迁陵守禄敢言之：沮守瘳言：课廿四年畜息子得钱殿。沮守周主。为新地吏，令县论言史（事）。·问之，周不在迁陵。敢言之。·以荆山道丞印行。"结尾迁陵守禄上行的文书以荆山道丞印代理行事，作为行政效力的体现。"荆山道丞印"可与秦封泥"荆山道丞""荆山道印"互证，①知荆山道为县级道制政区无疑。睡虎地秦简《语书》记南郡下行群发文书的行文格式为"南郡守腾谓县、道啬夫"，一般认为此"道"具体指向的是南郡下属县级政区"夷道"。里耶秦简牍中洞庭郡下行群发文书的行文格式为"洞庭守礼谓县啬夫"（8-657、12-1784、16-5、16-6），并无"道"字，我们主张秦代洞庭郡内并不存在"道"的建置，荆山道应排除在洞庭郡属县之外。王伟即以荆山道为汉中郡属县。②

此外，早前整理者怀疑里耶秦简牍9-1—9-11所见"阳陵"为洞庭郡属县，③但学界对此多有异议。晏昌贵、钟炜曾根据文书传递时间较长、"道远毋环书"以及《战国策·楚策》等的记载，推断其前身可能是楚阳陵。④论断有理有据。从《战国策·楚策》、包山楚简"阳陵"地望来看，楚"阳陵"地望可能在淮河以北地区，⑤秦王政二十三年（前224年）秦破楚据有该地，沿楚建置设为秦阳陵县。⑥近期公布的里耶秦简8-1450中有"冗佐八岁上造阳陵西就曰駬"的身份记录，"阳陵西就"属于駬的籍贯，类似"某就"的里名还见于8-1014、8-1083"居赀士伍巫南就路"，8-1328"居赀士伍江陵东就婓"。《续汉书·郡国志》"荆州刺史部·南阳郡·宛县"条，司马彪自注"有南就聚"，⑦《汉志》"南阳郡·宛县"条，班固自注"县南有北筮

（接上页）论文集》，上海，2013年10月，第212—224页，又见《出土文献所见秦洞庭郡新识》，《考古》2016年第11期。庄小霞：《〈里耶秦简（壹）〉所见秦代洞庭郡、南郡属县考》，《简帛研究（2012）》，广西师范大学出版社，2013年，第51—63页。游逸飞、陈弘音：《里耶秦简博物馆藏第九层简牍释文校释》。游逸飞：《里耶秦简所见的洞庭郡——战国秦汉郡县制个案研究之一》，《中国文化研究所学报》第61期，2015年，修订本参看简帛网 http://www.bsm.org.cn/show_article.php?id=2316，2015年9月25日。晏昌贵：《里耶秦简牍所见郡县辑录》，《历史地理（第30辑）》，上海人民出版社，2015年，第145—147页。

① 本文所引秦封泥资料见于周晓陆、路东之《秦封泥集》，三秦出版社，2000年；周晓陆、路东之、刘瑞、陈晓捷《秦封泥再读》，《考古与文物》2002年第5期；周晓陆、陈晓捷、汤超《于京新见封泥中的地理内容》，《西北大学学报》（哲学社会科学版）2005年第4期；何嘉仪《秦封泥汇考》，上海书店出版社，2007年；杨广泰编《新出封泥汇编》，西泠印社，2010年；王伟《秦玺印封泥职官地理研究》，中国社会科学出版社，2014年。

② 王伟：《秦玺印封泥职官地理研究》，中国社会科学出版社，2014年，第366页。

③ 张春龙、龙京沙：《〈湘西里耶秦代简牍选释〉校读（八则）》，《简牍学研究（第4辑）》，甘肃人民出版社，2004年。

④ 除洞庭郡属县说之外，还有关中说，楚国故地说等几种观点，参看晏昌贵、钟炜《里耶秦简所见的阳陵与迁陵》，《中国历史地理论丛》2006年第4期。王伟认为：秦庄襄王葬地，《史记·吕不韦列传》作芷阳，《秦本纪》索隐作阳陵，阳陵可能如王辉先生所言，为"芷阳陵"省称，二者实为一地。王伟：《里耶秦简赀赎文书所见阳陵地望考》，《考古与文物》2007年第4期。

⑤ 郑威：《楚国封君研究》，湖北教育出版社，2012年，第160—164页。

⑥ 李晓杰：《战国秦县新考》，《历史地理（第22辑）》，上海人民出版社，2007年，第77页。

⑦ 司马彪志，刘昭补注《续汉书·郡国志四》，中华书局，1965年，第3476页。

山",在育阳县下自注"有南筮聚,在东北",①对照地理位置,"南筮(滋)聚"就是"南就聚",而文献中"滋"之名多见于楚地,属于较有楚国地域特色的地名命名方式,②由此推知,"某就"属于楚地特有的地名类型,而里耶秦简牍所见秦县"阳陵"也应以楚地淮北阳陵为是,沿楚建制而有。

除了屠陵在秦时属南郡,里耶秦简牍所见索、临沅、沅陵、无阳、迁陵、辰阳、酉阳、零阳、充、镡成10县与《汉志》武陵郡属县一致。其中位于郡南边的"镡成",从文书传递的角度也可证明秦时属洞庭郡:

> ☑甲子朔戊子,洞庭☑☑☑下县,各以道次传,别书洞庭尉,吏执法属官在县界中☑☑下书焉。洞庭尉下洞庭除＝道＝尉＝下当用者,镡成以便近道次尽下新县,皆以邮行。书到相报,不报者追。临沅、门浅、上衍、☑☑(9-26)③
> ☑者即癞县及癞其部固皆上志治粟
> ☑通食洞庭守叚卫可哉移镡成、沅
> ☑　武手(9-464)④

简9-464洞庭郡文书移送属县镡成、沅(陵?阳?);9-26显示群发文书在洞庭郡的最后一站为镡成,之后"以便近道次尽下新县"。同时,索、迁陵和镡成以外的其他7县可以根据长沙漆木器等的记载证明在汉初仍属长沙国武陵郡。⑤沅阳、门浅虽不见于《汉志》,但见于同批长沙漆木器,亦可以确定汉初属武陵郡,这12县在秦时均当属洞庭郡。

里耶秦简牍中有两封洞庭郡"以道次传"的群发文件,透露了文书在洞庭郡境域范围内传递的路线。其中简8-159是一份皇帝"制书"逐级传送及回报的行政记录,内容为(释文采用宽释):

> 制书曰:举事可为恒程者上丞相,上洞庭络裙程有☑☑☑
> 卅二年二月丁未朔☑亥,御史丞去疾:丞相令曰举事可为恒程者☑上裙直。即应令,弗应,谨案致……
> ……丞相☑☑洞庭☑。☑手。

① 《汉书》卷28《地理志上》,第1563—1564页。
② 田成方:《春秋时期"滋"的分布区域及其人文地理学内涵》,《襄樊学院学报》2009年第9期。
③ 廿九年四月和卅四年七月为"甲子朔",以后者可能性为大,参见湖南省文物考古研究所《里耶秦简(贰)》释文,文物出版社,2017年,第7页。
④ 湖南省文物考古研究所:《里耶秦简(贰)》释文,第20页。
⑤ 长沙市文物考古研究所:《长沙"12·29"古墓葬被盗案移交文物报告》,《湖南博物馆馆刊(第6辑)》,岳麓书社,2010年,第329—368页。邱东联、潘钰、李梦璋:《简析长沙市博物馆2009年度征集的一批西汉耳杯》,《湖南博物馆馆刊(第6辑)》,第369—379页。湖南省文物考古研究所、怀化市文物处、沅陵县博物馆:《沅陵虎溪山一号汉墓发掘简报》,《文物》2003年第1期。

三月丁丑朔壬辰,【洞庭】□□□□□□□□□□□□□

令□□□索、门浅、上衍、零阳□□□以次传□□□□□

书到相报□□□□门浅、上衍、零阳言书到,署□□发。

□□□□一书以洞庭发弩印行事□□恒署

酉阳报□报□署令发。四月癸丑水十一刻刻下五,□高□辰□以来。

迁陵报,酉阳署令发。

□□□□【布令】□(8-159)①

　　制书到达洞庭郡后,被要求分发到"……索、门浅、上衍、零阳……",并"以次传",理论上这些地点都应该在洞庭郡的行政管辖范围之内。酉阳、迁陵两地名则涉及文书回报,文书最终到了文书出土地迁陵县。索、零阳为县并无疑义,门浅和上衍则是新见地名。里耶秦简牍8-66+8-208记"八月乙巳朔己未,门浅【守】丞敢告临沅丞主:腾真书,当腾腾,敢告主。定手"。"门浅守丞"的职官设置及与临沅县丞采用"敢告"的平行文书用语,都表明门浅在秦时为县。8-2414记"□上衍守□",8-1450记"视事上衍""有论上衍",上衍的情况与门浅类似。且简文所见"上衍印"(12-1784)与"沅阳印"(8-759、8-830+8-1010、8-1523)、"迁陵印"(8-540、8-728+8-1474、8-1225、8-1533、8-1626)一样,均指县长官之印。那么毋庸置疑,门浅、上衍与索、零阳同为秦洞庭郡属县。以下对不见于传世文献但属于洞庭郡的沅阳、新武陵、上軷、蓬、门浅、上衍等县逐一进行说明。

　　沅阳。里耶秦简牍多见"以沅阳印行事"的文例,简8-755—8-759、8-1523所记从三十四年(前213年)六月至八月洞庭郡向迁陵县连续发送的三封文书,都以"沅阳印"为封缄。"沅阳印"又见于简8-830+8-1010、8-1626,即沅阳县长官(县令)之印。另见"沅阳丞",如9-479"□封沅阳丞有传□"②。"沅阳"之名还见于战国楚玺印,分别出土于今湖南长沙和湖南洪江市(原黔阳县)黔城镇。③ 长沙为区域中心,且并不靠近沅水,其地出土"沅阳"印章未见引起较大关注。而今洪江市黔城镇僻处南方,位于沅水与其支流潕水交汇处,亦符合在沅水之北为阳的得名方式,郑威据此以为今黔城镇此处或即楚秦沅阳所在地,并根据里耶秦简牍主张沅阳有可能是秦始皇三十四年洞庭郡的郡治所在,秦洞庭郡曾从新武陵迁治于此,治所迁徙的原因当与武陵郡的设置有关。④ 沅阳地望所在暂可凭信,但根据用印情况来

---

① 释文改释参看姚磊《读〈里耶秦简(壹)〉札记(一)》,简帛网 http://www.bsm.org.cn/show_article.php?id=2292,2015年8月19日。

② 湖南省文物考古研究所:《里耶秦简(貳)》释文,第21页。

③ 曹锦炎:《古玺通论》,上海书画出版社,1991年,第51—52页。陈松长:《湖南古代玺印》,上海辞书出版社,2004年,第27、38页。施谢捷:《古玺汇考》,安徽大学博士学位论文,2006年,第173页。

④ 郑威:《里耶秦简牍所见秦即墨、洞庭二郡新识》及《出土文献所见秦洞庭郡新识》。游逸飞亦持这种观点,参看游逸飞《"共治天下"前夕——战国至汉初的郡制变革》,台湾大学博士学位论文,2015年。

看洞庭郡治所在并得出郡治迁移的观点并不十分可取。①

新武陵。简 8-994 记"十月辛丑,新武陵丞□",以及 15-259"新武陵丞赾"都表明其为秦县,且置年不晚于秦始皇二十六年(前 221 年)。陈伟据简 8-657"新武陵别四道,以次传"以及简 8-1677"一人与佐带上虏课新武陵"的记录,认为新武陵属洞庭郡,应是郡治所在,但未明其地望。②《里耶秦简(贰)》简 9-1861 亦多见新武陵,"新武陵布四道以次传别书",9-1889"□□真县新武陵别四□",9-2283"洞庭守礼重白新武陵别四道,以道次传别书",③其地处于洞庭郡文书传递的枢纽。郑威进一步论证了陈伟的观点。他又将里耶秦简牍所见洞庭郡属县与《汉志》武陵郡属县对照,并结合魏晋时人常林《义陵记》"项羽弑义帝于郴,武陵人缟素哭于招屈亭,高帝闻而义之,故曰义陵"的记载,提出秦简所见新武陵县为汉代义陵县前身的观点,将新武陵的地望定在今湖南溆浦县马田坪乡梁家坡村西北。④ 根据现有材料看,这一说法存在一定的纰漏。目前仍然无法明确新武陵的位置。

义陵。新出《里耶秦简(贰)》多见"义陵":

(1) 九月癸亥朔□□,义陵丞宜☑(9-670)

(2) ……□寅朔壬申义陵丞□□□□□☑

律令从事……☑(9-1685)

(3) ☑曰义陵□□□用度□五件其

☑谒告迁陵符□谒报=署

☑之/□□

☑之/□半

☑□谒□□□言之/郑手

☑□四追至今未报谒重敢言

☑陵丞主移敢告主/□

☑库主当□皆巳□听书以律令

☑　郑手(9-1893)⑤

---

① 参看［日］广濑薰雄《也谈里耶秦简〈御史问直络裙程书〉》,见《简牍与战国秦汉历史:中国简帛学国际论坛 2016 论文集》,香港,2016 年,第 85—100 页。
② 陈伟主编,何有祖、鲁家亮、凡国栋撰著:《里耶秦简牍校释(第一卷)》,第 6 页。
③ 湖南省文物考古研究所:《里耶秦简(贰)》释文,第 69、71、85 页。
④ 郑威:《里耶秦简牍所见秦即墨、洞庭二郡新识》及《出土文献所见秦洞庭郡新识》。
⑤ 湖南省文物考古研究所:《里耶秦简(贰)》释文,第 28、62、72 页。

"义陵承"的记载显示义陵应为县级政区,从 9-670"九月癸亥朔"对应的是秦始皇三十四年(前 213 年)知该县并非始设于汉,至少在秦始皇三十四年已成建置。"义陵"应增补为秦洞庭郡属县。

上轩。里耶秦简牍记载较多:

(1)廿六年端月己丑,上轩乡爰书☒人黑色、长面、大目,六尺九寸☒☒

端月甲戌〈辰〉,上轩乡奚敢言之☒

二月癸丑,新武陵丞赺敢告☒☒(15-259)①

(2)廿六年五月辛巳朔壬辰,酉阳䶂敢告迁陵主:或诣男子它,辞曰:士五,居新武陵轩上。往岁八月豰(击)反寇迁陵,属邦候显、候丞出。智名与反寇战,丞死,它狱迁陵论耐。它为候,遣它归复。令史畸追环它,更☒。它豰(系)狱府,去亡。令史可以书到时定名吏(事)里、亡年日月,它坐论报赦(赦)皋云何,或覆问,毋有遣识者。当腾,腾,为报勿留。敢告主。(9-2290)②

(3)七月辛巳,上轩守丞敬敢告迁陵丞主:写移令史,可以律令从【事,移】……(8-1219)

这三封文书尚无法确定是否存在关联。鲁家亮认为简 15-259 之第一个"上轩"是县名,"乡"为人名,怀疑第二个"上轩"为"上津"之误释,上津乡为乡名,奚为人名。③但从文书行政来看,爰书的制作方和"敢言之"的上书方应该是同一机构和人员,两个均应为上轩乡。里耶秦简牍中的"爰书"以乡制作为多,简文既然称"上轩乡爰书",应更有可能就是上轩乡制作的爰书。更为突出的是,其后"上轩乡奚敢言之"已明确上轩乡的长官之名为奚。这样解释不至于曲折,且与一般的文书行政流程相符。文末言"新武陵丞赺敢告",可以猜想此文书流程大致是上轩乡上行新武陵要求追查某人某事,而案件或群发或与迁陵县有涉,由"新武陵"以平行文书的格式书写并传送到"迁陵县",这与简 8-60+8-656+8-665+8-748、8-63 等的文书行政流程相似。总之,二十六年正月时上轩为乡应该没有太大问题。简 9-2290"士五,居新武陵轩上",对照一般的书写格式,如"守丞巸,上造,居竟陵阳处"(8-896)、"启陵乡守夫当坐。上造,居梓潼武昌"(8-1445),以及张家山汉简《奏谳书》中的"平爵五大夫,居安陆和众里"(案例十四)、"恢居郦邑建成里"(案例十五)、"信,诸侯子,居雒阳杨里"

---

① 原释文"甲戌"当是甲辰。参看郑曙斌、张春龙、宋少华、黄朴华编著《湖南出土简牍选编》,第 133 页。
② 张春龙:《里耶秦简第九层选读》,武汉大学简帛研究中心、北京大学出土文献研究所主办:"中国简帛学国际论坛 2012·秦简牍研究",湖北·武汉,2012 年 11 月 17 日—19 日。
③ 里耶秦简牍校释小组:《新见里耶秦简牍资料选校(三)》(鲁家亮执笔),简帛网 http://www.bsm.org.cn/show_article. php?id=2279,2015 年 8 月 7 日。《里耶秦简牍博物馆藏秦简》也认为可能是"上津乡"。里耶秦简博物馆、出土文献与古代文明研究协同创新中心中国人民大学中心:《里耶秦简博物馆藏秦简》,中西书局,2016 年。

（案例十六），①"居"地与一般籍贯的书写形式相同，均为"县＋里"，此"靬上"为新武陵下辖里名无疑。至于"靬上"里与"上靬"乡有什么关系，暂时还不好确定。简8－1219则称"上靬守丞"，在里耶秦简牍中称"守丞"者多为县名，且文书以"敢告"的格式行文迁陵，属于平行文书，上靬或与迁陵平级而为县级政区。晏昌贵师猜测"始皇廿六年上靬为新武陵县下辖之一乡，后因某种原因升格为县"②，只是"七月辛巳"尚不知是哪年七月。可以大致推定，上靬原为新武陵下辖之乡，后或升格为县，地望在新武陵附近。③

蓬。见于简8－109＋8－386、8－1558、9－672、9－713等：

　　廿五年九月乙酉【朔】☐日受蓬铁权☐蓬定以付迁☐☐

　　九月丁亥，蓬丞章☐☐（8－109＋8－386）

　　☐☐温与养隶臣获偕之蓬传，及告畜官遣之书季有☐☐急封此。（8－1558）

　　☐之守府下蓬丞爰书迁陵

　　☐以来敬发　福手（9－672）④

"蓬"为新见秦县，蓬丞的设置说明其为秦县无疑，且置县不晚于秦王政二十五年（前222年）九月。游逸飞、陈弘音据简9－713（简文见下）认为其属洞庭郡，⑤所言当是。

"蓬"的设置有其独特之处。"受蓬铁权"之意为迁陵县接受蓬县颁发的铁权，权属衡器，以往所见两周衡器多为铜权，⑥但战国时期铁器的使用已相当广泛。秦权亦见铁权，铸有始皇诏书。⑦另外，简9－713所记洞庭郡的群发文书，除了分发郡属各县之外，还抄送副本分发都官，即"别书临沅下洞庭都水、蓬下铁官"，与洞庭都水置于临沅一样，蓬为洞庭郡铁官所在地，铁权由"蓬"县制作和分发缘由如此。简10－673见"鬼薪苍输铁官"，10－1170有"男世人输或（铁）官未报"的记录。⑧迁陵"受蓬铁权"的时间在秦统一天下前夕，这不仅是秦统一度量衡的具体举措，也从侧面反映《史记》所载秦统一时所发布的一系列整齐划一的规定，随着秦统一的进程已基本实施，只是待到二十六年才将其作为国家基本制度范定下来，将秦

---

① 彭浩、陈伟、〔日〕工藤元男主编：《二年律令与奏谳书》，上海古籍出版社，2007年，第351—355页。

② 晏昌贵：《里耶秦简牍所见郡县辑录》，《历史地理（第30辑）》，上海人民出版社，2015年，第145—147页。

③ 还有一种可能的情况有待释疑，即上靬丞与迁陵丞两职官平级但上靬仍只是乡级政区，或是因为上靬乡位于郡尉治所新武陵县所在地位置重要而有县丞的设置。

④ 湖南省文物考古研究所：《里耶秦简（贰）》释文，第28页。

⑤ 游逸飞、陈弘音：《里耶秦简博物馆藏第九层简牍释文校释》。该简或称9－712＋9－758，或称9－713，第九层编号简号以《里耶秦简（贰）》为准。

⑥ 张长寿、殷玮璋：《中国考古学·两周卷》，中国社会科学出版社，2004年，第470—473页。

⑦ 出土于内蒙古乌达盟赤峰三眼井，见刘庆柱、白云翔主编，中国社会科学院考古研究所编著《中国考古学·秦汉卷》，中国社会科学出版社，2010年，第162—163页。

⑧ 湖南省文物考古研究所：《龙山里耶秦简之"徒簿"》，《出土文献研究（第12辑）》，中西书局，2013年。

制由秦地向关东六国全面铺开。

“蓬”的地望,暂且只能从“铁官”这一线索去探寻。周家台 30 号秦墓竹简“三十四年质日”(原名历谱)反映南郡竟陵县附近存在“铁官”的建置,[①]《汉志》所载南郡却并无铁官的设置,武陵郡亦然,个中原因尚无从稽考。与冶铸铁遗址见于北方不同的是,战国时期的铜矿冶炼遗址主要见于南方。今湖南湘西麻阳九曲湾铜矿遗址,是一处较大的战国时期的矿冶遗址,残存古矿井 14 处,矿井内保存部分井架和支柱,出土了木槌、撬棍、古铁锤和铁錾等物品。[②] 其地虽然以开采铜矿为主,但亦有冶铁的配套工具,洞庭郡铁官设置于此有其合理性。简 14-469、16-233 等“采赤金”的记载或与之有关。蓬县亦当离此不远,约在今湖南麻阳苗族自治县附近。[③]

表 1　秦洞庭郡与汉武陵郡属县对照表

	1	2	3	4	5	6	7	8	9	10	11	12	13	14	15	16	17	18
秦洞庭郡属县	索	临沅	沅陵	无阳	迁陵	辰阳	酉阳	义陵	零阳	充	沅阳	门浅	上衍	蓬	镡成	新武陵(上軴)		
汉初长沙国武陵郡属县[④]		临沅	沅陵	无阳	迁陵	辰阳	酉阳	义陵	零阳	充	沅阳	门浅						
《汉志》武陵郡属县	索	临沅	沅陵	无阳	迁陵	辰阳	酉阳	义陵	零阳	充					镡成		佷山	孱陵

① 湖北省荆州市周梁玉桥遗址博物馆编:《关沮秦汉墓简牍》,中华书局,2001 年,第 93—99 页。

② 湖南省博物馆、麻阳铜矿:《湖南麻阳战国时期古铜矿清理简报》,《考古》1985 年第 2 期。国家文物局主编:《中国文物地图集·湖南分册》,湖南地图出版社,1997 年,第 428 页。但是铁器的置用地或与其生产地相分离,若“铁官”设置于产铁之地,则根据湖南地区铁矿资源的分布或在湘西北永顺—桑植—慈利—石门一线的西北。《中国矿床发现史·湖南卷》编委会:《中国矿床发现史·湖南卷》,地质出版社,1996 年,第 65—72 页。另外,“铁官”可能仅仅只是负责铁的经营、管理和流通机构,设置在交通便利之处。

③ 周波对蓬之地望的看法与我们不太一样,他认为:“出土楚文字中的‘奉(或鄱)昜(阳)’‘鄱’应即里耶秦简所见洞庭郡所辖之‘蓬’县。此地或作‘奉(或鄱)’,或作‘蓬’,应属战国文字各国各系用字之差异。其地望综合出土及传世文献等线索,或在洞庭湖周围地区(环洞庭陂一线)。”参看周波《说楚地出土文献中的“鄱”与“蓬”》,“复旦大学复旦—汉堡访问学者工作坊:古文字与汉语历史比较音韵学”讨论论文,上海,2015 年 10 月 23 日。庄小霞认为迁陵、蓬二县很可能是洞庭郡内相邻的两县,参看庄小霞《里耶秦简 8-109+8-386 考释》,“秦汉史青年学者研讨会”论文,重庆,2015 年 12 月。

④ 何旭红:《汉代长沙国考古发现与研究》,岳麓书社,2013 年,第 190—195 页。另外,汉初长沙国所出漆器见由“醴阳长”制造者。

综合以上分析，上鞨为新武陵下辖之乡，或在二十六年之后某年由乡升格为县，若除去上鞨，则洞庭郡的属县为 16 个，其中的"新武陵"应是秦根据"武陵"新设之县，这与文献所记楚国"江旁十五邑"相近。战国末年秦人伐楚主要有两条路线：一条走武关道沿汉水，从南阳而下荆襄，秦昭襄王二十九年（楚顷襄王二十一年，公元前 278 年），白起率秦军拔楚郢都设为南郡；第二年，蜀守若出巴蜀沿峡江、西水而下，取楚巫郡和江南地域设为秦黔中郡，此为第二条路线。但并未维持多久，明年（前 276 年）楚人反于江南，夺回了秦占领的故楚江南地域，这些内容都记载在《史记》"秦始皇本纪"和"楚世家"中。"秦始皇本纪"记为"荆江南地"，"楚世家"则记为"江旁十五邑"，"二十三年，襄王乃收东地兵，得十余万，复西取秦所拔我江旁十五邑以为郡，距秦"①。实则一也。之后秦楚之间缔结和平协定，维持了较长时间的稳定态势。徐少华与李海勇曾结合里耶秦简牍分析，指出楚人于江南所置之郡就是洞庭郡：

> 从"江旁十五邑"又称"江南"的情况来看，这"十五邑"的多数应在南方地区，主要部分可能在今湘西北地区。楚人取"江旁十五邑"所置之郡的名称，文献无载，从其地域范围来看，唯有洞庭郡可堪当之，"江旁十五邑"很可能就是其所辖的十五县。若以上分析不误，则这十五邑（县）应包括迁陵、酉阳、索、临沅、孱陵、沅陵、零阳诸县在内。再联系到前引《楚策一》和《苏秦列传》有关洞庭、苍梧的记载，楚人收复江旁十五邑"以为郡"，有可能是复置洞庭郡，其目的在于整合此地力量以抵抗秦人越过长江向南发展，同时亦可牵制其东进淮河流域。②

根据位置关系，楚人于江南所置之郡的确有且只能是洞庭郡，在秦王政二十五年（前 221 年）时入为秦洞庭郡，境域及政区可能未作大的调整。秦洞庭郡所存续的时间大致与里耶秦简牍的时代跨度相当。至此，"江旁十五邑"的名目也可初步勾稽出来，它们同样也是秦代洞庭郡的属县：索、临沅、沅陵、无阳、迁陵、辰阳、酉阳、义陵、零阳、充、沅阳、门浅、上衍、蓬、镡成。当然，这只是楚、秦洞庭郡的大体关系，五十余年间名目是否存在变化及与秦统一进程的政治互动过程，也仍有待新资料展开细部分析。

二、洞庭郡内的道路交通网

早前，关于洞庭郡内部交通网络的研究主要根据简 8 - 159 洞庭郡府对皇帝制书的传

①《史记》卷 6《秦本纪》，第 234 页；卷 40《楚世家》。
② 徐少华、李海勇：《从出土文献析楚秦洞庭、黔中、苍梧诸郡县的建置与地望》，《考古》2005 年第 11 期。

递。于洪涛、郑威、庄小霞诸位先生的意见是"索、门浅、上衍、零阳……以次传",表明文书在这四者之间接力传递,并据以考证门浅、上衍的地望。但是本简残缺较为严重,洞庭郡府下行的群发文件为何只去往这 4 个县,文书却最终到了迁陵县,这在逻辑上也无法讲通。根据残缺简文对洞庭郡交通所作的理解容易失当,相关县的定位也存在问题。① 近期公布的简 9 - 713,与简 8 - 159 有诸多相似之处,可以补正此简文之缺。9 - 713 是洞庭假守发布的文书,简文如下:

> 【卅一年】六月壬午朔戊戌,洞庭叚守齮下□听书从事。临沅下索、门浅、零阳、上衍,各以道次传。别书临沅下洞庭都水,蓬下铁官。皆以邮行。书到,相报;不报,追。临沅、门浅、零阳、上衍皆言书到,署兵曹发。如手。道一书.以洞庭候印【行事】。
>
> 迁陵报,酉阳署主令发。
>
> 急报,零阳金布发。　　恒署。　　丁　四。
>
> 酉阳报,充署令发。
>
> 七月己未水十一刻,刻下十,都邮人魃以来。□发。②

与 8 - 159"制书"一样,文书同样要求分发索、门浅、零阳、上衍,并"以道次传"。两件文书所记录的洞庭郡内部下行文书的传递、回报程式大体一致,可以两相对读。游逸飞、陈弘音注意到简 9 - 713"索、门浅、零阳、上衍"与简 8 - 159"索、门浅、上衍、零阳"的顺序并不一致,他们对文书传递的线路和门浅、上衍地望的既有看法提出了怀疑;③晏昌贵师进一步指出文书传递并不是在这四县之间,而是分别代表了文书传递的四条线路。④ 洞庭郡的行政文书由临沅分发,可见临沅地位之重要,目前来看应是郡守治所所在。自临沅发出后的第一站分别为索、门浅、零阳、上衍,文书到达后的回报也按照临沅、门浅、零阳、上衍的顺序。⑤ 晏先生说道:

---

① 于洪涛:《里耶简"御史问直络裙程书"传递复原——兼论秦汉〈行书律〉的实际应用》,第 43—60 页。郑威:《里耶秦简牍所见秦即墨、洞庭二郡新识》及《出土文献所见秦洞庭郡新识》。庄小霞:《〈里耶秦简(壹)〉所见秦代洞庭郡、南郡属县考》。
② 郑曙斌、张春龙、宋少华、黄朴华编著:《湖南出土简牍选编》,第 104 页。游逸飞、陈弘音:《里耶秦简博物馆藏第九层简牍释文校释》。湖南省文物考古研究所:《里耶秦简(贰)》释文,29 页。
③ 游逸飞、陈弘音:《里耶秦简博物馆藏第九层简牍释文校释》。
④ 晏昌贵:《里耶秦牍 9 - 712+9 - 758 补释》,简帛网 http://www.bsm.org.cn/show_article.php?id=1969,2013 年 12 月 24 日。
⑤ 文书同时传到与县同级的机构——都官,而洞庭都水就在临沅县境内,所以回报时由都官最先报到临沅。这也从侧面证明了临沅为郡治的可能性。洞庭郡治所问题与秦郡长官守、尉分治有关,容另文详细探讨。

今按：上件(简 9 - 712＋9 - 758)为洞庭郡假守发往洞庭郡各县道的文书,文书的始发地是临沅,由临沅下分四路：索、门浅、零阳和上衍,"各以道次传"。又写副本由临沅下洞庭都水,"蓬下铁官。皆以邮行"。秦代文书传递要求收到文书后向发文单位回复(报)。其中传到迁陵县的那一路,根据文末的"报",可以确定为临沅——零阳——充——酉阳——迁陵。其余三路因与迁陵无关,简牍中没有记载。由此可见,临沅为洞庭太守府发布文书的起点,亦即洞庭治所在。临沅《汉志》属武陵郡,秦则属洞庭郡。①

在此基础上,他对门浅和上衍的位置作了推测,主张门浅和上衍分别在临沅的东、西,上衍在临沅西边某条河的上游。② 其说有一定的道理。郡府下行群发文件从临沅出发后,到迁陵的一条为①：临沅—零阳—充—酉阳—迁陵。此线西南走向,可西去巴蜀。战国秦灭楚,洞庭郡与巴蜀地区的日常往来都借此道。里耶秦简牍记载：

　　☑□当阳□☑
　　☑□□☑
　　☑【零阳】☑
　　☑过充传舍☑(8 - 2430)

所记大抵是官吏南行过南郡经当阳等地,之后由零阳、充最后到迁陵的出行记录,所走的就是别四道中到迁陵的这条路线。简 5 - 1 记录了文书从零阳传送到迁陵的时间：

　　元年七月庚子朔丁未,仓守阳敢言之：狱佐辨、平,士吏贺具狱县官,食尽甲寅,谒告过所县乡以次续食。雨,留。不能投宿,贵。来复传。零阳田能自食。当腾,期卅日。敢言之。七月戊申,零阳矗移过所县乡。齮手。七月庚子朔癸亥,迁陵守丞固告仓啬夫：以律令从事。嘉手。
　　迁陵食辨、平尽己巳旦□□□□迁陵。
　　七月癸亥旦,士五(伍)臂以来。嘉发。(5 - 1)③

---

① 晏昌贵：《里耶秦简牍所见郡县辑录》,第 145—146 页。
② 晏昌贵：《里耶秦牍 9 - 712＋9 - 758 补释》。
③ 陈垠昶将"其狱县官"连读,可从。参看陈垠昶《里耶秦简 8 - 1523 编连和 5 - 1 句读问题》,简帛网 http://www.bsm.org.cn/show_article.php?id=1794,2013 年 1 月 8 日。

文书七月戊申(初九日)从零阳发出,七月癸亥(二十四日)到迁陵,耗时约 15 天。

此线被清晰勾稽之后,"临沅下,别四道"的其他三条线路也可相应推定。里耶里程简 16 - 52 记:

鄢到销百八十四里,销到江陵二百卌里,江陵到孱陵百一十里,孱陵到索二百九十五里,索到临沅六十里,临沅到迁陵九百一十里。□□千四百卌里。①

"临沅下,别四道"后第一站为索的文书传递线路应当是东北线,具体线路为②:临沅—索(……孱陵……江陵……咸阳)。② 此线在洞庭郡内除临沅外虽只经一县,却是今湖南地区在当时最为重要的一条交通线路,可视为秦驰道南郡段的南延线,是各县去往郡治后,经由南郡北往中原和关中的主干道。

值得注意的是,简 8 - 159、9 - 713 文书传递分道时零阳与上衍的顺序可以对调,且门浅在零阳和上衍之前,在索县之后;回报时的顺序是门浅在临沅和零阳之间。零阳、上衍顺序的排列,表明两地到临沅的距离可能相当。

门浅。"门浅"之名此前多见于长沙汉墓中。长沙斩犯山 7 号汉初墓葬出土了 1 枚"门浅"印文的滑石印,长沙"12.29"盗墓案追缴漆器铭文有"门浅库",另见"七年门浅长平丞都库应工勇造"(009 号)之物勒工名,何旭红推测汉初门浅属长沙国。③ 门浅距今长沙不会太远。里耶秦简牍见迁陵徒隶"助门浅"(8 - 1861、10 - 1170)、"载粟门浅"的记录(9 - 1481)。④ 门浅或在沅水沿线,迁陵通过酉水、沅水可以较为便利地载粟到门浅。回到里耶秦简洞庭郡下行群发文书传递的四县排列,传递时门浅列于第二,位于索和零阳之间,到门浅文书的回报时间又长于临沅,短于零阳和上衍,这一书写顺序与各县到临沅的距离是相一致的。临沅到门浅的里程应当在到索和到零阳的里程之间,门浅位置偏东南。今桃源县青林乡有一座东周至汉代的城址,称"采菱故城"(亦名"黄楚城"),《桃源县志》记载为楚平王所筑。据调查,城址呈长方形,坐西朝东,南北残长约 830 米,东西残宽约 600 米,总面积 0.34 平方公里。现残存城墙 10 段,最长的 14.25 米,高 7 米,护城河遗址尚存,宽 20—30 米。在城内采集到大量的夹砂红陶、夹砂灰陶和泥质红陶、泥质灰陶陶片,器物有绳纹筒瓦、绳纹陶鬲,时代为东周。城中央有较高台地,西为墓葬区,先后发掘战国至西汉古墓一百余座。城池较大,年

---

① 湖南省文物考古研究所编著:《里耶发掘报告》,第 198—199 页。
② 若蓬县地望在洞庭湖周边,则本线路自然也要经过蓬县。
③ 陈松长:《湖南古代玺印》,第 60 页。何旭红:《对长沙谷山被盗汉墓漆器铭文的初步认识》,《湖南省博物馆馆刊(第 6 辑)》。何旭红:《汉代长沙国考古发现与研究》,第 190—195 页。
④ 湖南省文物考古研究所:《龙山里耶秦简之"徒簿"》,《出土文献研究(第 12 辑)》,中西书局,2013 年。

代跨度从战国到西汉。[1] 采菱故城的这些特征在延续时间、地理位置以及作为县城的规模上都与门浅相吻合,故而可以大致推定门浅地望在今湖南桃源县北青林乡附近。以门浅为第一站的该条路线是"临沅下,别四道"的南线方向,洞庭郡府更多的属县置于沅水流域,文书自然也需要向南传递到这些地方。铁官在蓬县,此县也当在临沅别四道之沅水流域的第三道上。经过门浅的第三道为③:临沅—门浅—沅陵—辰阳—蓬—无阳—沅阳—镡成("临沅下,别四道,以次传"的路线,见图1)。此线主要沿着沅水南行。

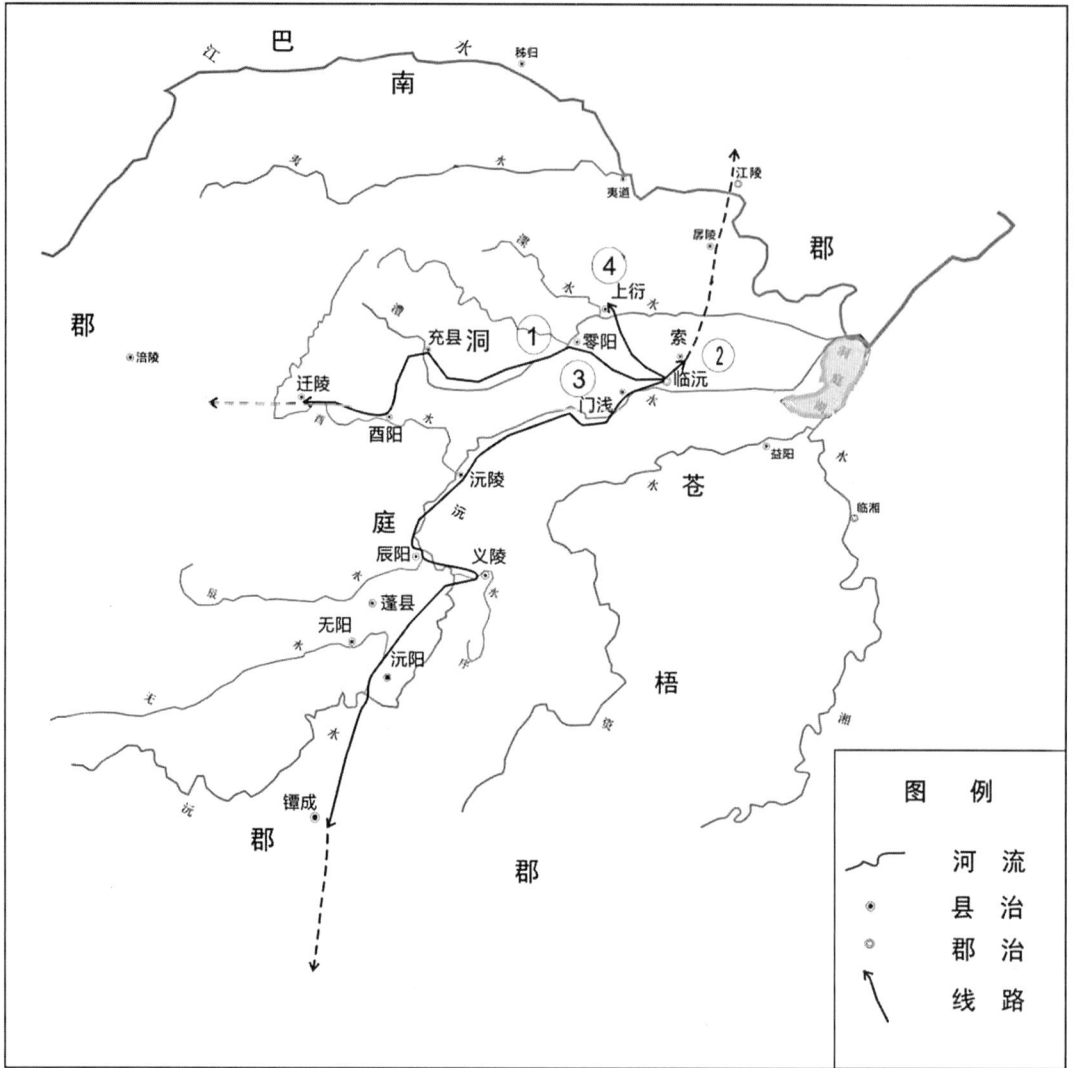

图 1　洞庭郡文书"临沅下,别四道,以次传"路线示意图

---

[1] 国家文物局主编:《中国文物地图集·湖南分册》,湖南地图出版社,1997 年,第 240 页。据报道,近期考古工作者又在青林乡养耳村发现了一座战国至汉代的古城遗址。该遗址城墙夯筑的痕迹清晰可见,城墙外面亦有一条护城河。

上衍。里耶秦简牍 8－1450 记：

冘佐八岁上造阳陵西就日駬,廿五年二月辛巳初视事上衍。病署所二日。·凡尽
九月不视事二日,·定视事二百一十一日。

廿九年后九月辛未行计,即有论上衍。卅年

□不视事,未来。(8－1450)

该简显示上衍在秦王政二十五年二月(前 222 年)已设为秦县,洞庭郡入秦的时间
大抵也在此前后。从临沅下后的四县格局来看上衍的地望约在临沅以西;又结合别四
道的其他路线和古今湘西地区的州县设置、交通情况,①上衍的地望可进一步确定在今
常德西北的石门县附近。此地亦有较多古城址,如石门古城堤城址、临澧申鸣城等。其
中,石门古城堤城址位于湖南省石门县维新乡古城村,城址作长方形,城垣为夯筑,南北长
300 米,东西宽 600 米,面积 0.18 平方公里。城垣宽约 6 米,高 2—3 米。城址时代为东
周,城内发现有东周时期的陶豆、钵、鬲等。②第四条路线为④:临沅—上衍,上衍以西并
无其他洞庭郡属县。而简 12－1784 是三十三年(前 214 年)正月洞庭郡下行的群发文书:

卅三年正月壬申朔戊戌,洞庭叚(假)守□谓县啬夫:廿八年以来县所以令籴粟固
各有数,而上见,或别书,或弗居。以书到时亟各上所籴粟数后上见存。署见左方曰:
若干石、斗,不居日。署主仓发。它如律令。县一书·以临沅印行事。

二月壬寅朔甲子,洞庭叚(假)守齰追县:亟上勿留。阤手·以上衍印行事。

三月丙辰日中邮人□以来。□发。歇手。(12－1784)③

此文书的主要内容是要求各县"上籴粟数",文书传递以"县一书"即郡府直达各属
县的"邮行"形式,与"别四道,以次传"不同。文书的目的地同样是迁陵,但文书发出
时是"以临沅印行事",追踪时却"以上衍印行事",或许是洞庭假守的人选有所变动
之故。

"临沅下,别四道"的设置遵循了湘西地区自然地理环境的特征,分别对应西部澧水—酉
水流域,北部洞庭湖流域,南部沅水流域,西北地区。第一条路线跨越澧水、酉水流域,采用

---

① 湖南省交通厅:《湖南公路史》(第一册)第一章"公路史前的道路",人民交通出版社,1990 年。
② 湖南省博物馆:《湖南石门县古城堤城址试掘》,《考古》1964 年第 2 期。国家文物局主编:《中国文物地图集·湖南分
册》,湖南地图出版社,1997 年,第 236 页。申鸣城遗址介绍见《2006 年度南方地区考古新发现》,《南方文物》2007 年第
4 期。
③ 郑曙斌、张春龙、宋少华、黄朴华编著:《湖南出土简牍选编》,第 126 页。释文略有订补。

水陆接力的方式,而不是直接走从临沅溯沅水而上至沅陵,改溯酉水到迁陵的水路。临沅到索的路线也是走的陆路官道。总的来说,"临沅下,别四道"大体上采取沿着河流水、陆路并行的灵活的交通方式,因为"以次传"文书主要保证的并非文书的时效性,而是文书接收对象的覆盖面。

同时,根据具体内容,文书传递的路线也有一定的灵活性。走沅水改溯酉水到迁陵的水路也是一条日常行政的主要道路,简 16-52 临沅到迁陵段可能就是这条路,可资参证的是虎溪山汉简记有沅陵侯国到首都长安的水路里程:

> 上沅水与辰春界死浴,死浴到廷百一十六里,廷到长安道函浴三千二百一十九里,其四百卅二里沅水。①

其中明确沅陵侯国的廷到帝国中央的廷——长安的里程是 3 219 里,沅陵到临沅走沅水的里程为 432 里,北上的其他路段自然以陆路为主,应该就是简 16-52 中临沅以北的路段。简 6-4 记载迁陵县令史廳到沅陵校雠律令曾找县廷借船:

> □年四月□□朔己卯,迁陵守丞敦狐告船官□:令史廳雠律令沅陵,其假船二艘,勿留。(6-4)

迁陵乘船沿酉水下行会经过旁县酉阳。

> 尉敬敢再捧(拜)谒丞公:校长宽以迁陵船徒卒史【酉阳,酉阳】□□【船】□元(沅)陵,宽以船属酉阳校长徐。今司空□□□□□□丞公令吏徒往取之,及以书告酉阳令来归之。盗贼事急,敬已遣宽与校长囚吾追求盗发田官不得者。敢再捧(拜)谒之。(8-167+8-194+8-472+8-1011)

两地也有陆路可通,但似乎不太好走,简 9-2352 记:

> □□年三月庚申,启陵乡赵爰书:"士五胸忍 滐居薑告曰:'居貧署酉阳,传送辇迁陵拔乘马□□牡两□删取□□□前后各一所,名曰发难。行到暴诏溪,返上,去溪可八十步,马不能上,即堕,今死。敢告。'乡赵、令史辰、佐见、即、居薑杂诊,发难死在暴诏溪中,曲首右卧,伤其右□下一□,它如居薑告。即以死马属居薑。"

---

① 湖南省文物考古研究所、怀化市文物处、沅陵县博物馆:《沅陵虎溪山一号汉墓发掘简报》,《文物》2003 年第 1 期。

三月庚申,启陵乡赵敢言之:"上诊一牒,敢言之。"见手。

三月,丞膻之告□□□□□当见,以律令负。朝手。即水下七刻,居薹行。

三月□□□□□里士五(伍)敢以来。□□。①

籍贯为胸忍县的士伍驻地迁调酉阳,迁陵县提供乘马随行,行到暴诏溪马坠溪而死。迁陵到酉阳会经过启陵乡,事发地暴诏溪可能就在该乡境内,所以由乡长官汇报。酉阳到迁陵亦有陆路,这样也能理解上述第一条路线零阳到迁陵的路段以陆路为主的事实。而著名的简8-135"竟陵汉阴狼假迁陵公船"案,从迁陵到"故荆"亦即新亡之楚的交通基本上是通过水路,经酉水—沅水—洞庭湖—长江。可见,到临沅后北行与东行的交通方式有较大差异,分别为陆路与水路。

"洞庭假守"下行群发文书在洞庭郡内的传递线路即是如此,普遍经由县道系统,依靠道路交通进行传递。以上所考从郡治分出的四道,加上邻县之间的邮行交通,连接成了一个相对系统的道路交通网络,使得洞庭郡的文书行政得以有效实施。不过文书"临沅下,以次传,别四道"仅仅是洞庭郡县道交通网络的一种日常使用情形,或者说是郡守群发行政文书的一般情况。在此之外,同样存在"新武陵别四道,以次传"(8-657)的形式。即便都是分为四道传递文书,但由于郡守、郡尉分治,郡尉所分发的文书以新武陵为出发点,只能采取不同的传递路径。由于新武陵的地望暂时无法确定,路线无法进行有效复原。总休上,洞庭郡守治所临沅偏北且文书路线少有交叠,这样更利于日常的义书行政。

三、结　语

洞庭郡群发文书分四道传递,这些路线不仅是洞庭郡内部文书传递的主干路线,也是洞庭郡与外部郡县交往的依托,其所从属的交通网络,支撑着洞庭郡的地方行政事务。同时,它与其他区域的道路交通相衔接,共同建构起了秦汉帝国的道路交通体系,在帝国行政中发挥着经络的作用。

帝国中央下发的文书,经由道路交通网络发往郡府、县道,各级单位再依次下发。各郡府、县道之间或内部的往来文书,传递形式大同小异,并由专职人员或一般官吏、仆养传递。郡县之间的文书传递需要一定的时间,从秦汉简官吏出行的留宿地来看,既有县乡之地,亦有关邮之所,乃至更小的地名,这些都是文书传递者往来所经交通站点。文书到达县廷后,

---

① 游逸飞、陈弘音:《里耶秦简博物馆藏第九层简牍释文校释》。湖南省文物考古研究所:《里耶秦简(贰)》,第91页。

再下行到各机构和乡部,使官吏悉知,并由各部通报黔首、徒隶、戍卒等行政对象。邮驿系统与帝国的日常统治紧密相关。[①] 以律令为指导,文书为载体,借助于初成体系的郡县行政制度和相对完善的道路交通网络,秦帝国的行政政令,得以贯穿整个帝国,发挥着行政效能。

作者附记: 本文原发表于《社会科学》2017 年第 10 期,根据新出《里耶秦简(贰)》《岳麓书院藏秦简(伍)》等资料修订。

2018 年 7 月 20 日

郭涛,复旦大学历史地理研究中心 2016 届博士,现任教于华中师范大学历史文化学院。本文原发表于《社会科学》2017 年第 10 期,2014 年 11 月曾在禹贡博士生论坛第58 期报告。

---

① 侯旭东:《传舍使用与汉帝国的日常统治》,《中国史研究》2008 年第 1 期;《汉代律令与传舍管理》,卜宪群、杨振红主编《简帛研究(二〇〇七)》,广西师范大学出版社,2010 年,第 151—164 页。

松柏汉墓 35 号木牍侯国问题初探

马孟龙

摘　要：新近公布的荆州纪南松柏汉墓 35 号木牍是研究西汉南郡政区地理的重要资料，同时木牍文书所涉侯国也反映出汉代侯国制度的一些问题。本文通过结合传世文献及考古资料，着重分析木牍文书所涉轪侯国、襄平侯中庐、便侯国相关问题，提出：轪侯国地望可明确在今河南光山县境；汉初轪侯国地处中央直辖区域，并不在淮南国境内；木牍文书中"襄平侯中庐"这一特殊书写格式实为西汉"列侯别邑"制度的反映；而文书中的南郡便侯国是侯国迁徙后的结果，已非初封所在。

关键词：木牍文书；轪侯国地望；衡山郡（国）政区沿革；列侯别邑；侯国迁徙

2008 年第 4 期《文物》月刊公布了湖北荆州纪南松柏汉墓发掘简报。[①] 根据简报介绍，该墓出土了 63 块木牍及木简 10 枚，内容包括遣书、簿册、叶书、令、历谱、公文抄件等文书。简报还完整公布了编号为 35 号木牍的照片和释文。从释文来看，该木牍实际是南郡免老簿、新傅簿、罢癃簿三份文书。木牍所涉及的南郡为景帝中元二年（前 148 年）临江国除国后所复置。[②] 而木牍中出现的邔侯国于武帝元鼎元年（前 116 年）废除。[③] 因此，35 号木牍所反映的南郡资料应该是景帝中元二年至武帝元鼎元年之间的情形。另据彭浩先生披露该墓出土"自占功劳"文书信息，墓主周偃在建元元年（前 140）担任江陵西乡有秩啬夫，元光二年（前 133）任南平县尉（南平县，《汉书·地理志》属桂阳郡），[④]则 35 号木牍抄写时间应在汉武帝建元、元光之际。

　　根据木牍释文可知，当时的南郡辖有巫、秭归、夷道、夷陵、醴阳、孱陵、州陵、沙羡、安陆、

---

① 荆州博物馆：《湖北荆州纪南松柏汉墓发掘简报》，《文物》2008 年第 4 期。
② 临江国为景帝二年（前 155）以南郡改置。但就松柏汉墓的时代特点来看，可以排除木牍所涉南郡为高帝五年至景帝二年之南郡的可能。有关西汉南郡沿革，参见周振鹤《西汉政区地理》，人民出版社，1987 年，第 134—135 页。
③ 《汉书》卷一六《高惠高后文功臣表》，中华书局，1964 年，第 608 页。
④ 彭浩：《读松柏出土的四枚西汉木牍》，武汉大学简帛研究中心主编：《简帛》第 4 辑，上海古籍出版社，2009 年，第 333—343 页。

宜成、临沮、显陵、江陵十三县道,邔、便、轪三侯国以及"襄平侯中庐"。[①] 以这一记载为基础,我们可以复原出武帝早期的南郡辖区范围。由于三份文书详细记录了南郡所辖县道侯国相关人口统计数字,因此对研究西汉武帝早期南郡的政区地理和人口地理具有十分重要的意义。特别是该文书所涉及的轪侯国、襄平侯中庐、便侯国,有助于我们进一步了解西汉南郡政区变化以及西汉侯国制度的一些问题。本文结合文献记载和相关考古材料,就木牍所涉及的侯国问题陈述个人的看法,求教于学界同仁。

一、轪侯国及相关历史地理问题

有关轪侯国地望,存在两种不同的说法。《汉志》江夏郡轪县自注:"故弦子国。"由弦子国地望可推知,《汉志》轪县在今河南光山县境。[②] 而《水经·江水注》载:"又东径轪县故城南……汉惠帝二年,封长沙相利仓为侯国,城在山之阳,南对五洲也。……澮水又南流,径轪县东而南流注于江,是曰希水口者也。"[③]根据《水经注》的记载,汉轪县在希水与长江交汇之处,为今湖北浠水县境。本来《汉志》对于轪县方位的记载比较明确,但因《水经注》明言希水口的轪县是利仓受封之国,这就给后世判断轪县所在带来了麻烦。明清以来的地理志大多采取两说并存的处理方法。如《读史方舆纪要》和《大清一统志》就把轪县故城分别记于河南光山县和湖北蕲水县下。王先谦在《汉书补注》中也难断是非,只得在轪侯条下注称:"轪,见《志》,亦见《江水注》。"[④]

1972年长沙马王堆汉墓的发掘,使墓主轪侯的封国所在引起学界关注。当年7月出版的《长沙马王堆一号汉墓发掘简报》依据《水经注》定轪侯国在湖北浠水县。同年9月,《文物》月刊发表了马雍先生和黄盛璋先生有关马王堆汉墓的两篇论文。[⑤] 两位先生都认为轪侯国应位于光山县,浠水县之轪县实乃东晋时代的侨县。此后,两位先生的看法逐渐为学界接受。1973年正式发表的马王堆一号汉墓发掘报告即采纳了这一观点。

现在35号木牍释文的公布,为河南光山说提供了有力的支持。就35号木牍所反映的南郡政区来看,其东界在安陆、沙羡一线,而今湖北浠水县的轪县故城远在此线之外。因此,35号木牍之轪侯国只可能是光山县的轪县故城,而不会在浠水县。不过李开元先生认为,今河南光山境内的轪侯国是文帝侯国迁徙政策执行后,从湖北浠水迁徙过去的。[⑥] 李先生的

① 关于"襄平侯中庐"的性质,详见下文所述。释文参看《湖北荆州纪南松柏汉墓发掘简报》。
② 《汉志》轪县地望的考定,可参见徐少华《周代南土历史地理与文化》,武汉大学出版社,1994年,第92页。
③ 杨守敬、熊会贞疏,段熙仲点校,陈桥驿复校:《水经注疏》卷三五,江苏古籍出版社,1989年,第2918—2920页。
④ 王先谦:《汉书补注》卷一六,中华书局1983年影印光绪二十六年虚受堂刊本,第257页。
⑤ 马雍:《轪侯和长沙国丞相》,《文物》1972年第9期。黄盛璋、钮仲勋:《有关马王堆汉墓的历史地理问题》,《文物》1972年第9期,后收入黄盛璋《历史地理论集》,人民出版社,1982年,第480—499页。
⑥ 李开元:《西汉轪国所在与文帝的侯国迁移策》,《国学研究》第二卷,北京大学出版社,1994年。

这个看法并不能成立,因为今湖北浠水县境内的轪县为汉代旧县的说法,乃源自沈约《宋书·州郡志》的错误对应,[①]今浠水县境内轪县的历史不能上溯至汉代,该县乃是东晋时代的侨县,绝不会是利仓的初封地。

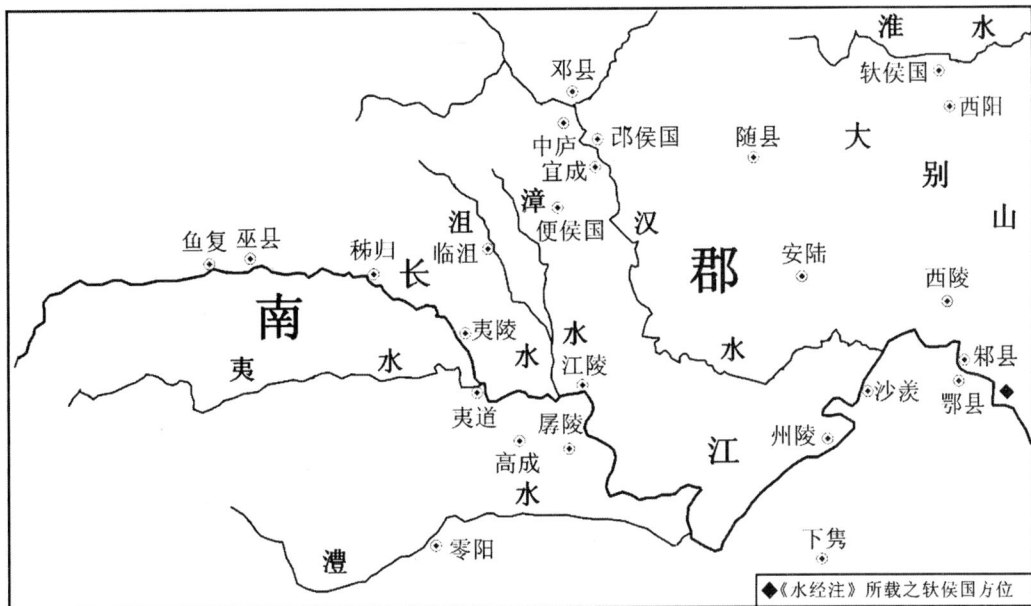

附图　汉武帝早期南郡范围示意图

陈苏镇先生曾利用张家山汉简《二年律令·秩律》(以下简称《秩律》)钩稽汉初中央直辖区域的东界范围,指出江淮地区的郡国分界在阳安、朗陵、比阳、平氏、胡阳、春陵、随、西陵、沙羡、州陵一线。[②] 若按照陈先生的划界,则诸侯王国在淮水、大别山之间深嵌入汉廷直辖区域数百里。现据 35 号木牍可知,淮水、大别山之间正是轪侯国地。[③] 轪侯国与南郡、南阳郡接壤,则轪侯国当地处中央直辖区域。因此,高后时期江淮一带的郡国分界可修正为阳安、郎陵、轪侯国、安陆、沙羡、州陵一线。此界线较陈先生的分界更为平整,应当符合汉初郡国形势。[④]

---

① 拙文《西汉桂阳郡阳山侯国、阴山侯国考辨》,《文史》2017 年第 3 辑。
② 陈苏镇:《汉初王国制度考述》,《中国史研究》2004 年第 3 期。笔者按,陈先生提到的春陵,简文作南陵,整理者疑为"春陵"之误,陈先生采纳了这一观点。其实南阳郡春陵是汉元帝时期从零陵郡迁置而来,周振鹤先生已有辨证(见《〈二年律令·秩律〉的历史地理意义》,《学术月刊》2003 年第 1 期)。西陵,整理者以为《汉志》江夏郡西陵,陈先生从之。其实此西陵地处今湖北省襄阳市,而非江夏郡西陵县。参见拙文《张家山汉简〈二年律令·秩律〉地名校释四则》,复旦大学历史地理研究中心编《历史地理(第 37 辑)》,复旦大学出版社,2018 年,第 62—73 页。
③ 根据《中国历史地图集》,轪侯国与南阳郡之间尚有钟武侯国和鄀县。而钟武、鄀 35 号木牍无载,可知钟武侯国和鄀县在武帝早期尚未设置(钟武侯国为宣帝始封,初封于零陵郡,后徙封于江夏郡。详见后文)。
④ 陈苏镇先生以轪侯国不见于《秩律》,且位于胡阳、春陵、随一线以东而认定轪侯国位于淮南国的推论存在疏漏(参见《汉文帝"易侯邑"及"令列侯之国"考辨》,《历史研究》2005 年第 5 期)。西汉初年侯国拥有独立地位,故分布在汉廷直辖区域内的侯国并不载录于《秩律》。参见拙文《张家山二四七号汉墓〈二年律令·秩律〉抄写年代研究——以汉初侯国建置为中心》,《江汉考古》2013 年第 2 期。

这样看来,李开元、陈苏镇二位先生有关光山县之轪侯国汉初位于淮南国境内的说法值得商榷。[1] 实际情况应该是,惠帝二年轪侯国分封于中央直辖之南郡境内。轪侯国既然地处南郡,则文帝时期没有迁徙的必要。而 35 号木牍进一步证实,武帝早期轪侯国仍处于光山原地,所以陈先生将轪侯国列入文帝所迁出的淮南国三侯邑并不妥当。[2]

根据《汉书·高惠高后文功臣表》所载,第四代轪侯扶(《史记·惠景间侯者年表》作"秩")于汉武帝建元元年(前 140 年)嗣位,元封元年(前 110 年)获罪除国。因此 35 号木牍所反映之轪侯国应当是利扶在位时期的情况。

二、"襄平侯中庐"与西汉"列侯别邑"制度

35 号木牍中,"襄平侯中庐"的书写格式比较奇特。中庐,《汉志》属南郡,与木牍所载相符。但阅检两汉史籍,不见其有置侯国的记载。如果中庐为襄平侯封国,在文书中写作襄平侯国即可,但如果中庐是南郡属县,与襄平侯无关,则只当书中庐二字。而且"襄平侯中庐"在木牍文书中的位置也很特别,位于南郡所辖十三县和三侯国之间。种种迹象表明,襄平侯中庐在南郡的地位甚为特殊。那么中庐与襄平侯之间又存在怎样的关系?

我们先从襄平侯入手。据《史记》《汉书》记载,西汉先后分封有两个襄平侯。一是高帝功臣纪通,一是广陵厉王子刘疌。[3] 据《汉书·高惠高后文功臣表》,纪氏襄平侯始封于高帝八年(前 199 年),除国于武帝元封元年(前 110 年)。另据《汉书·王子侯表》,刘疌受封于汉元帝永光五年(前 39 年)。因此,35 号木牍所涉襄平侯不会是刘疌之襄平侯,而是纪氏襄平侯。

襄平侯国,具体地望无考。[4]《汉志》临淮郡之襄平为刘疌侯国,历代注家均以为刘疌之

---

[1] 李开元先生认为,"北轪(即光山县之轪故城一笔者注)当本为淮南国领土",文帝时"已经由淮南国削除编入于汉南郡"(见《西汉轪国所在与文帝的侯国迁移策》)。陈苏镇先生也称:"汉初轪侯的封邑无论在今光山还是在今浠水,都在淮南国境内。"(见《汉文帝"易侯邑"及"令列侯之国"考辨》)

[2]《汉书·淮南王传》记载文帝时将淮南国境内的三个侯邑迁出。陈苏镇先生考证此三侯邑为轪、蓼、松兹,但又认为淮南王舅父赵兼亦在侯邑迁出之列(见《汉文帝"易侯邑"及"令列侯之国"考辨》)。这样则文帝时从淮南国迁出的侯邑不止三个。今按,轪侯国汉初并不在淮南国境,实无迁徙的必要。而蓼侯国也不可简单比附为淮南国之蓼县。陈先生在考证淮南三侯邑时漏掉了期思侯国。若以期思、松兹再加上赵兼之侯邑则正好与三侯之数相符(关于文帝所迁淮南国三侯邑的最新研究,可以参看拙著《西汉侯国地理》下编第四章,上海古籍出版社,2013 年)。

[3]《汉书·王子侯表》记为广阳厉王子。王先谦注引刘攽曰:"无广阳厉王,当是广陵王。"(见《汉书补注》卷一六,第 211 页)周振鹤先生亦从广陵厉王之说。参见《〈汉书·王子侯表〉笺证》(初刊《史念海先生八十寿辰学术文集》,陕西师范大学出版社,1996 年),收入氏著《周振鹤自选集》,广西师范大学出版社,1999 年,第 213 页。

[4]《汉志》辽东郡亦有襄平。《水经·大辽水注》称此襄平为纪通之侯国。但辽东郡之襄平向为郡治所在,不当置侯国,《水经注》所载有误。全祖望、杨守敬皆以郦说为非。见《水经注疏》卷一四,第 1267 页。

襄平与纪通之襄平实为一地。司马贞称纪氏襄平"县名,属临淮"①。王先谦亦称:"襄平,临淮县。国除。后封广陵厉王子疐。"②《汉志》载临淮郡"武帝元狩六年置"。《西汉政区地理》称:"《汉志》临淮郡领县二十九,地跨淮水东西。其淮西部分由沛郡而来……淮东部分来自广陵郡。"③由此可知,武帝早期并无临淮郡,当时的襄平侯国或处沛郡,或处广陵郡。永光五年所封襄平侯刘疐为广陵王子,故知武帝初年襄平侯国地处广陵郡。

排除了襄平侯国在南郡的可能,则 35 号木牍所涉"襄平侯中庐"只能另作他解。④ 据文献记载,汉代列侯常领有"别邑"。《汉书·张延寿传》:"延寿已历位九卿,既嗣侯,国在陈留,别邑在魏郡,租入岁千余万。"⑤据《张延寿传》和《汉书·外戚恩泽侯表》,张延寿于元康四年嗣富平侯位。富平侯国在陈留郡,但在魏郡另有一处"别邑"。富平侯在魏郡之"别邑",当为魏郡所属某县。⑥ 居延汉简戍卒名籍中曾见有"☒郡富平侯元城邑安昌里王青☒"(EPT51·533)残简。⑦ 查图版,此简"郡"字以上残缺,但前一字左半下部存有"女"字的缺笔,结合名籍其他木简,"郡"字上所缺当为"魏"字,可与同探方所出"移魏郡元城逮书曰命髡钳笞二百☒"(EPT51·470)残简中的"魏"字相对照。⑧ 如此则可确知富平侯在魏郡所领有之别邑为元城县。⑨ 值得注意的是,居延简所见"魏郡富平侯元城邑"与 35 号木牍所书"南郡襄平侯中庐"的书写格式基本一致,这对于我们理解襄平侯与中庐两者间的关系具有启发意义。⑩

昭宣时期,权倾朝野的大将军霍光同样领有别邑。《汉书·外戚恩泽侯表》博陆侯霍光条下,署有北海、河间、东郡三郡。颜师古注曰:"光初封食北海、河间,后益封又食东郡。"王

① 《史记》卷一八,中华书局,1959 年,第 947 页。

② 王先谦:《汉书补注》,第 248 页。

③ 周振鹤:《西汉政区地理》,第 39 页。

④ 刘瑞及周振鹤先生认为中庐是襄平侯封地之飞地。两位先生的看法见《武帝早期的南郡政区》。

⑤ 《汉书》卷五九《张延寿传》,第 2653 页。

⑥ 《汉书·外戚恩泽侯表》载富平侯张安世于昭帝元凤六年受封,宣帝益封后的户数为"万三千六百四十户"。据《汉书·张安世传》,本始元年宣帝曾益封张安世"万六百户"。由此可知,张安世始封时,受封户数为三千户,当为一乡之户数。其受宣帝所益封之一万六百户,当为一县之户数。此一万六百户极有可能就是富平侯在魏郡领有的"别邑"元城县的户数。另外,大将军霍光在宣帝本始元年所益封之一万七千户,可确知是河东郡河北县和东郡东武阳县两县户数(详见后文)。

⑦ 甘肃省文物考古所等合编:《居延新简》,中华书局,1994 年,第 91 页(图版见 200 页)。

⑧ 甘肃省文物考古所等合编:《居延新简》,第 89 页(图版见 198 页)。

⑨ 《汉书·张纯传》载张纯:"建武中历位至大司空,更封富平之别乡为武始侯。"另《汉书·地理志》魏郡有武始县。钱大昭推测富平侯所领之魏郡别邑为武始县(《汉书辨疑》卷八,中华书局"丛书集成初编"本,1985 年,第 121 页。今人吴恂也持同样看法(《汉书注商》,上海古籍出版社,1983 年,第 199—200 页)。今按,富平侯所领之魏郡别邑宣帝时已省并,至东汉张纯时,富平侯已无别邑。故张纯所封之武始,当从本传为富平县之别乡,与魏郡武始县同名,并非是富平侯之别邑。

⑩ EPT51·532 简之"富平侯元城邑"的书写体例曾引起冯小琴的注意,其看法是"元城曾一度作为富平侯食邑","在成帝时,富平侯食邑较多,势力颇大"(见《居延敦煌汉简所见汉代的"邑"》,《敦煌研究》1999 年第 1 期)。冯先生据简文推知元城为富平侯食邑至确,但对富平侯领有元城邑的时代推断有误。今据张安世、张延寿本传,知张安世领有元城始于宣帝本始元年(前 73),但至子张延寿时已省并。张延寿于宣帝甘露三年(前 51)薨,则元帝、成帝时期元城县已非富平侯所有。

先谦进一步解释说："初封北海，食邑在此。后乃兼食二郡耳。"颜师古和王先谦有关霍光兼食数郡的说法恐不成立。有汉一代，未见有列侯食一郡或兼食数郡的事例。对此，清人钱大昭已有怀疑，并作出比较合理的解释："盖（霍光）户邑甚多，有属北海、河间、东郡者耳，非谓尽食三郡之地也。"①今按，博陆《汉志》无载，历代注家都称霍光封于北海郡，唯有臣瓒曰："渔阳有博陆城也。"郦道元亦从此说。②王先谦补注："瓒说是也，侯国必有县，初封北海，食邑在此。"但霍光封于北海，食于渔阳也颇为费解。据《太平寰宇记》潍州昌邑县条："霍侯山，在县南四十里。《汉书》：'霍光为博陆侯，封在北海。'其山本名陆山，天宝六年敕改为霍侯山。"③此山后世又称博陆山，在今山东省昌邑市饮马镇山阳村西北，山南有一片东周至汉代遗址，古称"博陆聚"，当地传为霍光采邑，其地相当于西汉北海郡淳于县境。④由霍光始封三千户来看，博陆当为一乡之地。⑤本始元年，初即位的宣帝对霍光等功臣予以封赐，其诏书载"以河北、东武阳益封光万七千户"⑥。东武阳，《汉志》属东郡。河北，《汉志》属河东郡。《史记集解》引文颖曰："食邑北海、河东。"⑦此与《汉表》所载北海、河间、东郡不合。王先谦解释说："河间、东郡误省为河东。"⑧此可为一解。但还有一种可能，即文颖所见《汉表》与颜师古所见不同。文颖所见《汉表》明确书有河东郡，若文颖所见不误，则今本《汉表》之"河间"当为"河东"之误。⑨霍光之封邑分处北海、河东、东郡三郡。这样看来，钱大昭之说至确。河东郡河北县和东郡东武阳县都是属于博陆侯的"别邑"⑩。再以武安侯田蚡为例。武安，《汉志》属魏郡。又《史记·河渠书》载武帝元光年间"武安侯田蚡为丞相，其奉邑食鄃。鄃居河北，河决

---

① 钱大昭：《汉书辨疑》卷八，第 121 页。
② 《水经注疏》卷一四《鲍邱水注》，第 1228 页。
③ 乐史撰，王文楚等点校：《太平寰宇记》卷一八，中华书局，2007 年，第 365 页。
④ 刘乃贤主编：《昌邑古迹通览》，科学出版社，2012 年，第 20 页。
⑤ 《史记·建元以来侯者年表》记霍光始封户数为三千户。《汉书·外戚恩泽侯表》则记为二千三百五十户。据《汉书·霍光传》，宣帝初即位益封霍光一万七千户，"与故所食凡两万户"。则知《史·表》所载为是。
⑥ 《汉书》卷六八《霍光传》，第 2947 页。
⑦ 《史记》卷二〇《建元以来侯者年表》博陆侯条《集解》引文颖语，第 1059 页。
⑧ 以上所引颜师古、臣瓒、文颖、王先谦诸说，俱见《汉书补注》，第 283 页。
⑨ 《汉书·霍光传》"光为博陆侯"颜师古注引文颖：："食邑北海、河东城。"则师古所引文颖语与《集解》所引又有不同。《汉书补注》引齐召南语："注'河'字下脱'间'字，'城'则'郡'之伪。《恩泽侯表》云北海、河间、东郡。师古注光初封食北海、河间，后益封又食东郡。可知此注脱误显然。"笔者按，齐召南称文颖语中"城"为"郡"之误可采，但称"河"下必脱"间"字，所据乃是师古之言。而师古所见《汉表》可能已有讹误，则"河"下亦存在脱漏"东"字的可能。古籍文献中常有脱漏重文符号"="而产生讹误的现象（参见裘锡圭《考古发现的秦汉文字资料对于校对古籍的重要性》，《中国社会科学》1980 年第 5 期），颜师古所引文颖曰"食邑北海、河东郡"，可能为"食邑北海、河东＝郡"脱漏重文符号后的结果。这样则文颖所见之《汉表》当书为"北海、河东、东郡"。杨守敬亦认为《汉表》"河间"为"河东"之误。见《水经注疏》，第 1229 页。
⑩ 《汉书·霍光传》载："（地节二年）光上书谢恩曰：'愿分国邑三千户，以封兄孙奉车都尉山为列侯，奉兄票骑将军去病祀。'"《外戚恩泽侯表》乐平侯霍山条："地节二年四月癸巳以从祖祖父大将军光功封，三千户。"乐平，《汉志》无载，《汉表》注东郡。《续汉书·郡国志》东郡有乐平，本注曰："故清，章帝更名。"《汉志》东郡清县条，王先谦补注："后汉改乐平，《续志》乐平，故清。《外戚表》乐平侯霍山注云东郡，则乐平不自后汉始有。或是清之乡聚，章帝因以名其县耳。"今据《中国历史地图集》西汉东郡图，东武阳与清为邻县，则乐平本为东武阳之乡聚。地节二年，东武阳时为霍光别邑，故从中析三千户置乐平侯国。

而南则鄃无水灾,邑收多"①。鄃,《汉志》属清河郡。武安侯田蚡的封邑在魏郡武安县,但他在清河郡另有"别邑"。②

封君领有别邑的制度起源很早,春秋时代不乏公侯大夫兼食数邑的记载。时至战国,封君领有别邑的现象仍很普遍。如秦相魏冉,于秦昭王十六年封为穰侯,此后不久又"复益封陶"③。又如齐将田单,《史记·田敬仲完世家》载"齐封田单为安平君",《正义》云:"安平城在青州临淄县东十九里,古纪之酅邑也。"④又据《战国策·齐策六》,齐襄王"益封安平君以夜邑万户"⑤,亦知安平君田单领有别邑夜邑。秦汉之际,刘邦出于争夺天下的需要,广泛采取封君制激励部下为之效劳,其中不乏益封别邑的记载。《史记·曹相国世家》载,高祖元年曹参因击章邯有功而"赐食邑于宁秦",次年又因平定魏地,虏魏王豹而"赐食邑平阳"。又如樊哙,刘邦还定三秦时"赐食邑杜之樊乡",次年又因荥阳护卫有功而"益食平阴二千户"。⑥《史记·滕公列传》:"汉王既至荥阳,收散兵,复振,赐婴食祈阳。复常奉车从击项籍,追至陈,卒定楚,至鲁,益食兹氏。"⑦亦知夏侯婴除食有祈阳外,另有别邑兹氏。从以上记载来看,自战国迄于西汉,列侯领有别邑的情况一直存在。因此,襄平侯以南郡中庐县为别邑,就战国秦汉封君制度来说也解释得通。

第一代襄平侯纪通在平定诸吕之乱时曾发挥至关重要的作用。《史记·吕太后本纪》载:"太尉欲入北军,不得入。襄平侯纪通尚符节,乃令持节矫内太尉北军。"⑧正是由于襄平侯矫传符节,太尉周勃才得以控制北军并最终铲除诸吕。孝文帝即位伊始对平定诸吕的功臣进行封赏,其中特别提到襄平侯的功劳,并下诏益封"朱虚侯章、襄平侯通邑各二千户"⑨。检《史记·惠景间侯者年表》,惠帝、高后、文帝所分封的列侯,其食邑以千户居多,⑩再辅以《表序》所言汉初情形,"天下初定,故大城名都散亡,户口可得而数者十二三,是以大侯不过万家,小者五六百户"⑪,所以文帝益封襄平侯之二千户,已足够一县户数。因此,笔者推测

---

① 《史记》卷二九,第 1409 页。

② 另据《史记·惠景间侯者年表》及《汉书·景武昭宣元成功臣表》,孝景六年曾分封栾布为鄃侯。元狩六年,第二代鄃侯栾贲获罪国除,则元光年间鄃侯国尚存。这样看来,田蚡若以鄃为别邑,则栾氏鄃侯国当已迁往他地。今按,景帝中元三年曾于清河郡置国,封子乘。景帝末年,王国境内不置侯国渐成定制。所以鄃侯国很有可能会在此时迁往他郡。武帝建元五年,清河国除国为郡。建元六年,田蚡任丞相,鄃当于此时益封予武安侯。

③ 《史记》卷七二《穰侯列传》,第 2325 页。

④ 《史记》卷四六《田敬仲完世家》,第 1901 页。

⑤ 诸祖耿撰:《战国策集注汇考》卷一三《齐策六》"貂勃常恶田单"章,江苏古籍出版社,1985 年,第 684 页。又同卷"田单将攻狄"章,鲁仲连谓田单曰:"当今将军,东有夜邑之奉。"第 690 页。

⑥ 《史记》卷九五《樊哙列传》,第 2655 页。

⑦ 《史记》卷九五《滕公列传》,第 2666 页。

⑧ 《史记》卷九《吕太后本纪》,第 409 页。

⑨ 《汉书》卷四《文帝纪》,第 110 页。

⑩ 柳春藩指出,高祖时平均每个列侯食邑二千一百四十二户,惠帝时食邑最多者是两千户,高后时最多者只有六百户,文帝时食邑最多者是两千户。见柳春藩《秦汉封国食邑赐爵制》,辽宁人民出版社,1984 年,第 76 页。

⑪ 《史记》卷一八《高祖功臣后者年表》,第 877 页。

35 号木牍所涉之"襄平侯中庐"有可能就是文帝益封给襄平侯纪通的"别邑"。

通过上述分析笔者以为,35 号木牍所见"襄平侯中庐"应是西汉列侯别邑制度在出土文献中的反映。根据《汉书·高惠高后文功臣表》所载,第二代襄平侯相夫于景帝中元三年(前147 年)嗣侯位,武帝元光六年(前 129 年)薨。第三代襄平侯夷吾于元朔元年嗣侯位,元封元年(前 110 年)薨。则 35 号木牍所涉襄平侯应当是相夫或是夷吾。

三、便侯国迁徙考辨

有关便侯国的地望,历来的解释也存在分歧。《汉书·高惠高后文功臣表》便侯条下书有"编"字。按,编县《汉志》属南郡。根据《汉表》书写体例,南郡之编县即是便侯国所在。但《汉志》桂阳郡下另有便县。《史记·惠景间侯者年表》便侯条《索隐》曰:"《汉志》县名,属桂阳。音鞭。"[1]司马贞认为桂阳郡之便县当为吴浅之便侯国。王先谦补注:"(编,)南郡县。便,桂阳县。盖分编置。"[2]王先谦认为便侯国是从南郡编县中析置而来,《汉表》所记不误。而 35 号木牍的发现,表明武帝早期的便侯国确实位于南郡境内,应当就是《汉志》南郡下的编县,《汉表》的记载及王先谦的见解是正确的。但王先谦有关便侯国是从编县中分置而来的说法并不准确。因为 35 号木牍中只有便侯国而无编县,说明便侯国并非析置于编县,反倒有可能是编县的前身。

35 号木牍的发现虽然使便侯国地望得以明确,但问题仍未解决,因为就汉代王子侯国分封制度而言,便侯国始封于南郡的可能性并不存在。《史记·惠景间侯者年表》载便侯吴浅受封缘由:"长沙王子,侯,二千户。"《汉书·高惠高后文功臣表》载:"以父长沙王功,侯,两千户。"[3]《史表》和《汉表》均载,吴浅是因长沙王子的身份得以受封,所以吴浅当属于王子侯。陈苏镇先生曾对惠帝、高后时期分封的七个王子侯国进行分析,最后的结论是:"文帝之前,王子封侯例皆置侯邑于本王国内。"[4]而吴芮另一子吴阳于高后元年封为沅陵侯。[5] 沅陵《汉志》属武陵郡,汉初属长沙国无疑,[6]可见长沙国王子侯邑之分封亦符合置邑于本王国内的通例。南郡在景帝之前一直由中央直辖,从未归属长沙国。所以长沙国之王子侯国若置于南

---

① 《史记》卷一九《惠景间侯者年表》便侯条,第 978 页。
② 王先谦:《汉书补注》,第 257 页。
③ 《汉书》卷一六《高惠高后文功臣表》便侯条,第 618 页。
④ 陈苏镇:《汉文帝"易侯邑"及"令列侯之国"考辨》。
⑤ 《史记·惠景间侯者年表》记载沅陵侯吴阳为"长沙嗣成王之子"。但《汉书·吴芮传》载:"至孝惠、高后时,封芮庶子二人为列侯,传国数世绝。"此二人必是指吴浅、吴阳,《史·表》所记有误。李鄂权曾有简要考辨,见《长沙国墓葬出土钤刻文字地望考证及相关问题研究》,《船山学刊》2002 年第 1 期。
⑥ 1999 年,湖南沅陵县发现西汉第一代沅陵侯吴阳之墓,可证明史籍有关沅陵侯封于武陵郡沅陵县的记载无误。见湖南文物考古研究所《沅陵虎溪山一号汉墓发掘简报》,《文物》2003 年第 1 期。

郡,则与王子侯置侯邑于本王国内的通例不符。反观桂阳郡之便县,汉初属长沙国,因此吴浅之王子侯邑置于长沙国便县较之南郡更为合理。① 另据《水经·耒水注》"又北过便县之西",注曰:"县故惠帝封长沙王子吴浅为侯国,王莽之便屏也。"全祖望据此推测:"按《汉表》以为江夏之编,《索隐》曰县属桂阳,当从道元为是。浅以惠帝元年封。"②《水经注》明载,桂阳郡之便县就是吴浅始封之便侯国。全祖望也认为郦道元的说法是可信的。

无论是从西汉王子侯国分封之通例,还是本于《水经注》的记载,吴浅之便侯国都应当是桂阳郡之便县。但是 35 号木牍表明,汉武帝时期的便侯国地处南郡无疑。那么,应当置于长沙国境内的便侯国何以出现在南郡? 就西汉侯国制度来看,笔者以为这有可能是侯国迁徙的结果。

两汉时期,列侯封地常有更封,但由于史料记载不详,学界对该问题的研究还十分有限。③《汉志》所载侯国分布主要是西汉晚期元延三年(前 10 年)的情况,而这时的很多侯国都已发生迁徙,并非初封所在。如前面提到的富平侯国原本在陈留郡,《水经·河水注》引《陈留风俗传》曰:"陈留尉氏县安陵乡,故富平县也。"郦道元曰:"是乃安世所食矣。"④宣帝神爵、五凤年间,张延寿之富平侯国与别邑一同省并,其侯邑徙封平原郡。《张延寿传》曰:"天子以为(延寿)有让,乃徙封平原,并一国,户口如故,而租税减半。"⑤《汉志》及《外戚恩泽侯表》均将富平侯国列属平原郡,这其实是侯国迁徙后的结果,并非初封所在。相似的例子还有舂陵侯国。舂陵侯国,《汉志》载属南阳郡。但《后汉书·城阳恭王祉传》载:"节侯买,以长沙定王子封于零道之舂陵乡,为舂陵侯。……元帝初元四年,徙封南阳之白水乡,犹以舂陵为国名。"⑥可知舂陵侯刘买初封于长沙国舂陵县,别属零陵郡,后徙侯国于南阳,原舂陵县省入零陵郡零道为舂陵乡。故舂陵侯国见载于《汉志》南阳郡,而不见于零陵郡。周振鹤先生指出:"一般侯国倘若迁徙,其原址往往省入他县以为乡亭,故大多无考。"正如周先生所言,侯国迁徙后,原址大多省并,这就给我们分析侯国迁徙带来了困难。像富平侯国和舂陵侯国,在迁徙后其原址省入他县,所以在《汉志》陈留郡和零陵郡下并没有富平、舂陵之名。若没有张延寿和刘祉本传的记载,仅凭《汉志》《汉表》我们很难知晓两侯国发生过迁徙。

不过,一些侯国在迁徙后,原址并未省并,这就留下了侯国迁徙的线索。如《汉志》江夏郡载有钟武侯国,而零陵郡下另有钟武县。据《汉书·王子侯表》,钟武侯为长沙顷王子。若

---

① 景帝三年,吴王刘濞反叛,曾致书"故长沙王子",嘱其"因王子定长沙以北"。揣其文意,刘濞当是鼓动吴浅、吴阳借助其父吴芮的影响自定长沙国,则二人当同居于长沙国故地。
② 以上引文俱见《水经注疏》卷三九,第 3216 页。
③ 目前学界对汉代侯国迁徙的研究主要集中于文帝时期的侯国迁徙政策,对其他时期的侯国迁徙状况则鲜有涉及。有关文帝时期的侯国迁徙政策可参见李开元《西汉软国所在与文帝的侯国迁移策》、陈苏镇《汉文帝"易侯邑"及"令列侯之国"考辨》。
④《水经注疏》卷五,496 页。
⑤《汉书》卷五九《张延寿传》,第 2653—2564 页。
⑥《后汉书》卷一四《城阳恭王祉传》,中华书局,1965 年,第 560 页。

按照王子侯置侯邑于本王国的通例，则钟武侯国不当在江夏郡。钱大昕考证："王子侯表有钟武侯度，此即度所封也。志有两钟武县，一属零陵郡，一属江夏郡。度为长沙顷王之子，其初封必在零陵之钟武，而志以江夏之钟武为侯国，盖后来徙封。如舂陵侯本在泠道，后移于南阳也。"[1]周振鹤先生亦指出："《汉志》零陵、江夏皆有钟武，后者注明侯国。大约钟武先由长沙别属零陵，继而迁往江夏。零陵原钟武县仍保留，未予省并，故两郡皆有钟武。"[2]可见钟武侯国发生过迁徙，《汉志》江夏郡下的钟武侯国已非初封所在。钟武侯国迁徙之事，史无明载，但因《汉志》江夏郡、零陵郡同时存有钟武，才保留了侯国迁徙的痕迹。

现在，35号木牍的发现则为我们了解便侯国之迁徙提供了线索。根据木牍可知，在汉武帝早期南郡和长沙国同时存在有"便"，一为侯国，一为县。而造成这一现象的原因应当与"钟武"类似，即长沙国的便县是便侯国始封所在，南郡的便侯国则是侯国迁徙的结果。笔者分析汉代侯国地理分布格局变迁，发现汉景帝中六年因为封建制度改革，汉廷将王国境内的侯国迁出，重新安置于汉郡。[3]景帝中六年，便侯国位于刘氏长沙国境内，故被汉廷迁置于南郡。35号木牍所记载之便侯国已非初封所在。

据《汉书·高惠高后文功臣表》，第三代便侯广志于景帝六年嗣侯位。第四代便侯千秋嗣位年代不详，于武帝元鼎五年（前112年）"坐酎金免"。因此，35号木牍所反映之便侯国当是广志或千秋在位时期的情形。元鼎五年，便侯国除国后，当改置为编县。之所以改为编县，而不是便县，有可能是为了与长沙国便县相区别。[4]《汉志》南郡编县当是承自便侯国而来，并非如王先谦所说便侯国是从编县中分置。

四、余　　论

西汉一代政区变化十分复杂，由于文献记载过于简略，变化原委难述其详。《汉书》虽然留有地理志，但所载内容仅是西汉末年的行政区划，并不能为探讨西汉政区沿革提供充分依据。因此，载有西汉不同时期政区资料的出土文献，对于认识西汉政区沿革就显得尤为重要。张家山汉简《秩律》的公布，使我们对西汉早期的政区状况有了更为深入的了解。此次

---

[1] 钱大昕撰，方诗铭、周殿杰校点：《廿二史考异》卷七，上海古籍出版社，2004年，第133页。

[2] 周振鹤：《西汉政区地理》，第124页。

[3] 拙著《西汉侯国地理》下编第一章《"王国境内无侯国"格局的形成》，第231—257页。

[4] 编，古音读"方典切"，帮母元部。便读"房连切"，并母元部。方、房同为唇音字，故扁、便两字古音不仅同母，而且同部。两字同音，故可互借。古文字中可找到"便""扁"通同的字例。如鯾，《说文·鱼部》曰："鯾，鱼名，从鱼，便声。鯿，鯾又从扁。"《广韵·仙韵》："鯾，同鯿。"《史记·张耳陈余列传》"上使泄公持节问之箯舆前"索隐引何休注《公羊》曰："竹箯，一名编。"又《论语·季氏》："友便佞。"《说文·言部》引此文为："友諞佞。"《字汇·言部》："諞，与便同。巧言也。"有关古文字中便、扁通用的情况，详见戴家祥主编《金文大字典》"更"字条（学林出版社，1999年，第1999页）。

载有汉武帝早期南郡政区资料的松柏汉墓简牍的发现,对研究西汉南郡政区变化也具有十分重要的意义。

本文通过对松柏汉墓 35 号木牍所载三侯国的初步探讨,发现该木牍可以帮助我们进一步明确某些侯国的地望,解决一些历史上聚讼不清的历史地理问题。更为重要的是,35 号木牍还使我们对西汉地方行政制度以及侯国制度的某些问题有了更为深入的认识。

汉代的县级政区分为县、道、邑、侯国四种类型,有关县、道、侯国的性质比较明确,但对于邑的认识却很模糊。由于《汉书·百官公卿表》记载"列侯所食县曰国,皇太后、皇后、公主所食曰邑,有蛮夷曰道"①,因此,长期以来学界多认为汉代只有女性皇室贵族可以领有汤沐邑。刘春藩先生则进一步指出,汉代皇帝、废诸侯王等男性皇室成员也可以领有汤沐邑。②现在,通过对列侯别邑制度的深入探讨,再结合居延汉简"富平侯元城邑"的书写格式,我们注意到西汉列侯同样可以领有汤沐邑,汤沐邑并非皇室成员独享的专利。

以 35 号木牍为契机,我们对西汉列侯别邑制度也可得出几点认识。第一,列侯别邑如同侯国一样,可以由下一代列侯袭承。若本文分析不误,南郡中庐当是文帝益封给第一代襄平侯纪通的别邑。而木牍所涉应是第二代或第三代襄平侯,说明此时中庐仍为襄平侯所领有。另据《汉书·张安世传》,宣帝益封张安世之魏郡别邑,至子张延寿嗣侯位时尚存,也可证明别邑可以世袭。第二,明确了列侯别邑为"邑"的一种类型,再结合尹湾汉牍所载县邑吏员配置,③列侯别邑应当只置有令长,而不像侯国置有国相、家丞两套官员系统。列侯别邑在行政上受郡统辖更为直接,列侯只能收取别邑租税,而不能参与管理。这表明,邑的设置带有很强的临时性,随时都可以恢复为县。第三,通过对富平侯、博陆侯所领别邑的分析,可以发现列侯所益封的别邑户数,往往多于本食邑的户数。这说明别邑的赏赐带有嘉奖的用意,列侯在立有功勋时才会得到益封别邑的殊荣。而列侯别邑也应当与皇家宗室所食汤沐邑一样,体现了皇帝对列侯的特别恩宠。进而言之,《史记》《汉书》中常有列侯因功因宠而益封户数的记载,以前因对侯国益封制度认识不足,大多以为益封户数是从侯国周边乡县划并而来,现在看来,这其中必有相当比例是以别邑的形式益封,西汉列侯益封制度很有重新检讨的必要。

35 号木牍所载"便侯国",不仅明确了《汉志》南郡编县是承自便侯国而来,还揭示出便侯国曾发生过迁徙。西汉一代,侯国迁徙十分普遍,但大多不见记载。35 号木牍因为保留了便侯国之名,我们才得以窥知南郡便侯国与长沙国便县之间的承袭关系。而《汉志》中常有名称相同的县和侯国分载于不同郡国的现象。如中山国有新市县,巨鹿郡有新市侯国,北

---

① 《汉书》卷一九,第 742 页。

② 柳春藩:《秦汉封国食邑赐爵制》,第 112 页。而据《汉官旧仪》"内郡为县,三边为道,皇后、太子、公主所食为邑"的记载,可知太子也可领有汤沐邑(见孙星衍等辑,周天游点校《汉官六种》,中华书局,1990 年,第 50 页)。

③ 参见尹湾汉墓所出《东海郡吏员簿》。连云港市博物馆等编:《尹湾汉墓简牍》,中华书局,1997 年。

海郡有安丘县,琅邪郡有安丘侯国。这不禁让人怀疑这有可能是历史上侯国迁徙所留下的痕迹。若能将这些地名一一考订,相信一定会钩稽出更多侯国迁徙的事例,这对于我们认识西汉侯国迁徙制度将大有裨益。

35 号木牍仅载录四个侯国,牵涉到侯国迁徙和列侯别邑,绝不会是南郡独有的现象,亦应存在于其他汉郡。这样看来,西汉的侯国迁徙和列侯领有别邑的情况并不鲜见,而这些在《汉志》中难有反映。相信随着出土材料日益丰富,我们对西汉的侯国制度会有更加深入的了解。

2008 年 8 月初稿

2013 年 1 月修订

2020 年 11 月再次修订

作者附记: 本文写成于 2008 年 8 月,于 2008 年 10 月 17 日复旦大学历史地理研究中心组织的"禹贡博士生论坛第十四期"宣读。相关信息及文章大纲刊布于"禹贡网" (http://yugong.fudan.edu.cn/News/Info_View.asp?id=651&title=复旦大学历史地理研究中心博士生论坛第十四期)。文章正式刊发于《中国史研究》2011 年第 2 期。该文的写作,使笔者意识到西汉侯国制度尚有许多问题有待发掘,故后来将"西汉侯国地理分布"作为博士学位论文的研究课题。2011 年博士论文完成后,笔者感到文章中的某些表述并不准确。2013 年,笔者借"复旦大学中古中国共同研究班"报告论文集(《存思集》,上海古籍出版社,2013 年)的编撰,对原稿略作修订。那次修订对原稿的基本观点未作改动,仅仅对某些具体表述和用词进行了修改,重绘了部分地图。

从 2008 年原稿写成,至今已过去了 12 年。2008 年的笔者,只是一个初涉学术的研究生,当时的很多看法,现在看来都存在问题。此次复旦大学历史地理研究中心欲将历年"禹贡博士生沙龙"报告的文章结集出版,计划将此文收入,笔者对该文又作了一次修订。这次修订改动幅度较大,主要体现在四方面。第一,对《秩律》所展现郡国分界有了新认识,对文中相关表述进行修正,同时删去了原文反映《秩律》郡国分界的"图二"。第二,赵志强先生于 2014 年发表《西陵县与"东故傲"》(李学勤主编《出土文献》第 5 辑),指出《秩律》西陵县并非整理者认为的《汉志》江夏郡西陵县,而是南阳郡、南郡交界的西陵县。他的这一判断,后来得到北京大学藏秦代水陆里程简册的佐证。由此可知,从战国晚期秦国设置南郡,直到汉武帝末年置江夏郡,南郡东界并未变化。故而笔者原文第一部分结合西陵县对西汉初年南郡、衡山国分界变迁的讨论完全失去了意义。此次修订,将这一部分删除,同时删除展现边界变动的"图三"和"图四"。第三,笔者原文对西汉列侯别邑制度的讨论,是置于分封体制下,所以会有列侯领有"飞地"之类的表述。其实,别邑属于"汤沐邑",应置于食邑体制下讨论。笔者对相关表述进行了修订。第四,原文对于便侯国迁徙的时间,推测为景帝二年刘氏长沙国初置之时。笔者后在撰写博士论文时,注意到景帝中六年封建体制改革导致汉廷将王国境内侯国迁徙至汉郡安置。此次修订,将便侯国迁徙至南郡的时间更改为景帝中六年,与《西汉侯国地理》相关表述一致。

马孟龙,复旦大学历史地理研究中心 2011 届博士,现任教于复旦大学历史学系。本文原发表于《中国史研究》2011 年第 2 期,2008 年 10 月曾在禹贡博士生论坛第 14 期报告。

南朝岭南西江督护与州的增置

鲁　浩

提　要： 西江督护是南朝岭南地区的重要统治机构之一,至晚设于刘宋大明五年(461),齐、梁因之,主要职责在于镇抚俚僚和控制西江交通线上的关键地域,其活动地域突破了政区间的边界限制,对于填补毗连地带的权力真空、稳固和展拓统治薄弱地区具有重要意义。另外,西江督护活动地域在齐、梁时期经历了由西江中游向下游的变动过程,这与刘宋以降岭南地方州的增置密切相关。

关键词： 南朝;西江督护;活动地域;置州

南朝时期督护成为地方统治体系的组成部分之一,时岭南多有设置,尤以西江督护较具代表性。关于西江督护出现的时间,吴永章和方高峰较早进行了推断,[①]继而彭丰文对西江督护的品级、创设背景、活动范围和作用进行了较全面研究。[②] 无疑,上述研究对于理解西江督护在岭南地方统治中的地位和作用深具借鉴意义,但由于史料解读的偏差致使研究结论令人难以信服。另外,在南朝地方统治,特别是边远地区趋军事化形势下,西江督护的设置、活动地域变动与岭南政区调整是否有关联诸问题还有待厘清。基于此,笔者认为将西江督护置于南朝政区体系和岭南特有环境中重加探讨,很有必要。

一、西江督护设置时间辨析

督护称号汉代已有,[③]严耕望对督护一职有详细阐述：军府"外遣之任则有督护之制。

---

① 参见吴永章主编《中南民族关系史》,民族出版社,1992 年,第 97 页;方高峰《六朝民族政策与民族融合》,首都师范大学博士学位论文,2002 年,第 45 页。

② 参见彭丰文《西江督护与南朝岭南开发》,《广西民族研究》2004 年第 2 期。

③ 按,严耕望认为督护始于晋末,陶新华引《英雄记》记载,认为汉代已有此称号。参见陶新华《魏晋南朝的地方护军和都护将军——兼说都护与督护》,《杭州师范学院学报》(人文社会科学版)2001 年第 2 期,第 46 页。陶说可从。

ЧЧЧЧЧЧЧЧЧ

督护乃临时遣署，非恒职也。大抵晋世诸将行军常遣督护以统之，诸州亦然。盖临时差遣上佐参军等督护诸军以事征伐，后乃演变为官称。以其职在统军，故为重任[1]。作为官称的督护，至晚两晋交替之际已存在。[2] 东晋南朝时期，督护已成常见官职，岭南地区多有设置，可谓类型繁多。《梁书·诸夷传》载：义熙三年(407)，林邑王"须达复寇日南，杀长史，瑗遣海逻督护阮斐讨破之"[3]。时南海贸易船舶多沿交州海岸以通广州，"海逻督护"当为防守沿海航道而设。刘宋初交州设"流民督护"[4]，用以统督流民。

今两广地区则置有西江、南江和东江督护，其中西江督护最早见于记载，存续时间最长。西江督护首见《宋书·刘勔传》：刘勔"以本号为晋康太守，又徙郁林太守。大明初还都，……先是，遣费沈伐陈檀，不克，乃除勔龙骧将军、西江督护、郁林太守"[5]。则西江督护至晚设于刘勔第二次出任郁林太守时。

吴永章推断西江督护的设置"至迟不晚于宋明帝泰始年间(465—471)"[6]，不能成立。方高峰重加考证后认为"西江督护只可能置于大明三年(459)或四年"[7]。其所依据的两条主要史料如下。

《宋书》卷97《夷蛮·林邑国传》：

> 世祖大明中，合浦大帅陈檀归顺，拜龙骧将军。四年，檀表乞官军征讨未附，乃以檀为高兴太守，将军如故。遣前朱提太守费沈、龙骧将军武期率众南伐，并通朱崖道，并无功，辄杀檀而反，沈下狱死。[8]

另《宋书》卷86《刘勔传》：

> (刘勔)以本号为晋康太守，又徙郁林太守。大明初还都，……竟陵王诞据广陵为逆，勔随道隆受沈庆之节度，事平，封金城县五等侯。除西阳王子尚抚军参军，入直阁。先是，遣费沈伐陈檀，不克，乃除勔龙骧将军、西江督护、郁林太守。勔既至，率军进讨，

---

①②③④⑤⑥⑦⑧

① 严耕望：《中国地方行政制度史——魏晋南北朝地方行政制度》，上海古籍出版社，2007年，第208—209页。
② 按，晋末王浚在幽州"大树威令，专征伐，遣督护王昌、中山太守阮豹等，率诸军及务勿尘世子疾陆眷、并弟文鸯、从弟末杯，攻石勒于襄国"。同卷又载王浚"遣燕相胡矩督护诸军，与疾陆眷并力攻破希"(《晋书》卷39《王沈传附王浚》，中华书局，1974年，第1147、1148页)。显然，"督护王昌"与太守并称，无隶属关系，是官称，而"督护诸军"则是临时差遣。
③ 《梁书》卷54《诸夷·林邑国传》，中华书局，1973年，第785页。
④ 《宋书》卷92《良吏·杜慧度传》，中华书局，1974年，第2264、2265页。
⑤ 《宋书》卷86《刘勔传》，第2191—2192页。
⑥ 吴永章主编：《中南民族关系史》，第97页。
⑦ 方高峰：《六朝民族政策与民族融合》，第45页。此后，方高峰延续了这一观点，参见《东晋南朝杂号护军考论》，《湖南城市学院学报》第31卷第1期，2010年1月，第40页。
⑧ 《宋书》卷97《夷蛮·林邑国传》，第2379页。

随宜翦定,大致名马,并献珊瑚连理树,上甚悦。①

由上,可知两条史料的记载存在抵牾之处,就所叙事件先后顺序而言存在两种情形:其一,《林邑国传》和《刘勔传》所述费沈南伐和伐陈檀乃同一件事,即大明中陈檀归顺后,大明四年(460)费沈、武期南伐未附之众,无功而返,继而任命刘勔为郁林太守,率军南征,平定其事;其二,按《刘勔传》所述,先是费沈伐陈檀不克,继而刘勔出为西江督护、郁林太守,迫使陈檀归顺,继而据《林邑国传》,大明四年费沈、武期率军南伐陈檀所表"未附"之众。

笔者以为基本可排除第二种情形,因为陈檀归顺在大明中,则至早在大明二年(458);大明四年引费沈等南伐,那么陈檀归顺的时间必在大明二年至四年间。上引《宋书·刘勔传》载刘勔第二次出任郁林太守率军进讨后,即有"献珊瑚连理树",可知两事相隔时间不长,而《宋书·符瑞志》载"大明七年正月己酉,珊瑚连理生郁林安始,太守刘勔以闻"②,由此,两条所记当是同一事,时已是大明七年,若将刘勔出任郁林太守置于陈檀归顺之前,显然与上述记载相抵牾。另外,刘勔在大明初还都,大明三年秋七月随沈庆之等克广陵,③后又任刘子尚抚军参军,那么其第二次任郁林太守至早在大明三年末。若按第二种情形理解,则刘勔出任郁林、陈檀归顺和费沈二次南伐几乎在同一时间。刘勔自江左赴任岭南,赶路另加迫使陈檀归顺的军事行动,必要耗费时日,三件事恐难同时发生,况且,若说大明四年费沈二次南伐在刘勔出任郁林太守之后,时刘勔既已主其事且已"随宜翦定",这说明刘勔已控制了局势,宋廷又何必短时间内再派遣曾失败的费沈等人? 显然第二种情形在逻辑和情理上均不通。

据此,第一种情形可成立,即刘勔出任西江督护、郁林太守必在陈檀归顺、费沈南伐之后,至早在大明四年(460)末。其时陈檀已死,从"费沈下狱死"看,刘勔南下或为处置擅杀陈檀后出现的乱局。而方高峰推断西江督护置于大明三年或四年的主要依据是刘勔第二次出任郁林太守在陈檀归顺之前,④显然是误读史料所致。从理论上言刘勔第二次出任郁林太守至早在大明四年末,若考虑到陈檀招官军在大明四年,中又经费沈南征事,那么推定刘勔赴任时间在大明五年(461)当无不妥。由此,至晚大明五年已置西江督护。

---

① 《宋书》卷86《刘勔传》,第2191—2192页。
② 《宋书》卷29《符瑞志》,第860页。按,此句中华书局点校本作"大明七年正月己酉,珊瑚连理生郁林,安始太守刘勔以闻。"断句有误,时郁林郡领有安始县。参见胡阿祥、孔祥军、徐成:《中国行政区划通史·三国两晋南朝卷》,复旦大学出版社,2017年,第1013页。此点的发现,得益于复旦大学历史地理研究中心黄学超老师的提示,于此谨致谢忱!
③ 《宋书》卷6《孝武帝纪》,第123页。
④ 方高峰:《东晋南朝杂号护军考论》,《湖南城市学院学报》第31卷第1期,2010年1月,第40页。

二、西江督护的活动地域及作用

西江督护的设置与西江有密切关系,因此,欲准确理解西江督护活动地域问题,就需先厘清时人地理观念中岭南地区的"西江"所指。

《南齐书·州郡志》载:广州"西南二江,川源深远,别置督护,专征讨之"①。齐时广州有西江、南江督护,"西南二江"当指西江和南江,这是"西江"首次作为地理名称见于记载。上引《宋书·刘勔传》,刘勔为"西江督护、郁林太守"。又梁时陈霸先等率军讨李贲,"是时萧勃为定州刺史,于西江相会"②。梁时定州与刘宋时郁林郡同治布山(今广西桂平市西南古城),即"汉改为郁林郡。后汉亦同。梁置定州,又改为南定州"③。结合两条史料可确定当时郁林郡所在水段被称为"西江"。另外,《元和郡县图志》明确指出了西江的范围,端州"梁大同中,于此立高要郡。……州当西江入广州之要口也",又有"郁水,一名西江水"④。郁水也称西江水,即"西江"。上游始称郁水(江)之处在邕州宣化县(今广西南宁市南邕江南岸),"(邕州)晋于此置晋兴郡。……宣化县,本汉领方县地。……郁江水,经县南,去县二十步。左溪、右溪,在县东,西流至县东南,同注郁江"⑤。具体而言,《元和郡县图志》所指西江是今珠江水系中邕江、郁江、浔江和西江段。则上引《宋书·刘勔传》和《陈书·高祖纪》中的"西江"实即郁水,南朝时郁水包括今右汀、邕江、郁江、浔江和西江段⑥。其较唐时多右江段,当是随唐时对今左、右江地区地理认知的加深,对右溪(今右江)和郁水作了明确区分。西江是南朝时期贯通岭南东西部的交通干线,由番禺顺西江而上可达郁林,继而转合浦至交州,⑦对南朝有效控制今越南北部地区至关重要。

督护作为军职,有统军作战之责,南朝时西江督护作为较恒定官职,有相对固定的活动地域。彭丰文认为,"西江督护主要在广义的西江流域和广州中西部滨海地区两大广阔地域内开展征讨俚僚等土著民族的活动……大致来讲,西江督护的活动,应该是以西江水系和南部滨海这两大水上交通动脉为主轴来展开的"⑧。这一论断有一定新意,对理解西江督护的活动范围和作用具有启发意义。但问题在于:其一,西江水系和南

---

① 《南齐书》卷14《州郡志》,中华书局,1972年,第262页。
② 《陈书》卷1《高祖纪》,中华书局,1972年,第2页。
③ 乐史:《太平寰宇记》卷165《岭南道九》"郁林州",中华书局,2007年,第3152页。
④ 李吉甫:《元和郡县图志》卷34《岭南道一》"端州",中华书局,1983年,第896、898页。
⑤ 《元和郡县图志》卷38《岭南道五》"邕州",第945—946页。
⑥ 谭其骧主编:《中国历史地图集》第四册《南北朝时期》,中国地图出版社,1982年,第25—26、44—45页。
⑦ 参见张金莲:《六世纪前的交趾与内地交通》,《学习探索》2005年第1期。
⑧ 彭丰文:《西江督护与南朝岭南开发》,第64页。按,彭氏以《读史方舆纪要》的记载为基础,认为广义的西江即是"包括了黔水、郁水、桂水、贺江四大支流和西江干流的庞大水系"。

部滨海两地带横跨今岭南大部分地域，西江督护是否在如此广阔范围内进行常态化活动？其二，在西江督护见于记载的近百年时间段内，西江督护的活动地域是否是恒定不变的？

彭丰文得出西江督护活动范围包括"广州中西部滨海地区"，认为中部滨海地区是西江督护辖区之一，主要证据即《粤大纪》："（陈）伯绍领西江兵讨思道，诛之，遂代守东官，为西江都护。……乃帅兵二千人猎于北地。"[1]即陈伯绍以西江督护兼任东莞太守，东莞在广州中部滨海地区。但彭氏以《粤大纪》的记载为支撑实际存在两个问题：一是《粤大纪》乃明人所撰，时代相距较远，其内容是否有先唐文献的直接印证？二是《粤大纪》所记内容实际包含了郭氏本人的研究，可能存在错误认识。

陈伯绍以西江督护兼领东莞太守，先唐文献不见直接记载，唯一可确认的是陈伯绍任东莞太守[2]的时间，《宋书·羊玄保传》载：泰始三年"（羊）希出为宁朔将军、广州刺史。希初请女夫镇北中兵参军萧惠徽为长史，带南海太守，太宗不许。又请为东莞太守。……（刘思道乱起，）东莞太守萧惠徽率郡文武千余人攻思道，战败，又见杀"[3]。刘思道叛乱事，《宋书·明帝纪》载：泰始四年三月戊辰"妖贼攻广州，杀刺史羊希，龙骧将军陈伯绍讨平之"[4]。结合两条，可知在泰始三年（467）至四年三月间，由萧惠徽任东莞太守；而泰始五年秋七月，陈伯绍就由东莞太守转任交州刺史，[5]那么陈伯绍至长在泰始四年四月至五年六月间任东莞太守，这当是萧惠徽死后补东莞太守之缺。《南齐书·州郡志》载"宋泰始中，西江督护陈伯绍猎北地"[6]，《粤大纪》将此事系于陈伯绍出任东莞太守后，笔者认为此说不可信。据《宋书·羊希传》载，刘思道之乱中殉职者除广州刺史羊希外，另有"平越长史邹琰""司马邹嗣""府参军邹曼"，均属府州上纲；另泰始四年四月"以豫章太守张辩为广州刺史"[7]。可见，乱后广州统治高层损失殆尽，残局有待收拾，新任刺史未到，且其时陈伯绍已补任东莞太守，在这种情况下不可能再远至合浦进行大规模讨伐活动。因此，笔者推断陈伯绍"猎北地"实际就是泰始三年羊希所组织大规模伐俚行动的一部分。[8]据此，陈伯绍在平刘思道之前已任西江督护，在发生大规模叛乱情况下回援广州，平乱后出任东莞太守。而《粤大纪》得出陈伯绍以西江督

---

① 郭棐：《粤大纪》卷8《宦迹类·勋勤骏绩》，中山大学出版社，1998年，第181页。

② 东莞郡，《宋书·州郡志》未见记载。但沈怀远《南越志》载："水东流入海，帆道二日至东莞。"《太平寰宇记》卷157《岭南道一》"广州"引《南越志》，第3019页。另据下引《宋书·羊玄保传附羊希》，泰始年间广州辖下有"东莞太守"。沈怀远于刘宋孝武帝年间流徙广州，那么至少在孝武帝至明帝泰始年间广州有东莞郡。从《南越志》所述方位看，东莞郡应即东官郡。

③ 《宋书》卷54《羊玄保传附羊希》，第1537—1538页。

④ 《宋书》卷8《明帝纪》，第163页。

⑤ 《宋书》卷8《明帝纪》，第165页。

⑥ 《南齐书》卷14《州郡志》，第267页。

⑦ 《宋书》卷8《明帝纪》，第163页。

⑧ 彭丰文也认为陈伯绍此次伐俚应是羊希所派。参见彭丰文《南朝岭南民族政策新探》，《民族研究》2004年第5期，第94页。

护兼任东莞太守的主要依据就在于陈伯绍任东莞太守后"猎于北地",显然郭氏将两事的顺序倒置,进而得出上述结论,况且泰始五年(469)"东莞太守陈伯绍为交州刺史"①,不见带西江督护职。据此,陈伯绍当是由西江督护转任东莞太守,而非兼任,《粤大纪》记载显然有误,那么彭丰文以此为基础得出西江督护活动范围包括"广州中部滨海地区"的论断也就不能成立。

基于此,笔者认为将西江督护活动地域置于西江范围内重加讨论会更切合实际。由上引《宋书·刘勔传》中刘勔为"西江督护、郁林太守",知郁林郡乃是西江督护驻地;另据上引《宋书·夷蛮传》有"世祖大明中,合浦大帅陈檀归顺……乃以檀为高兴太守,将军如故",令费沈等南下,并通朱崖道,陈檀随后被杀。《宋书·州郡志》载:"吴又立高熙郡,太康中省并高凉,宋世又经立,寻省。"②高熙郡是高兴郡之误,③即刘宋以陈檀归顺因吴之旧重置高兴郡,从"通朱崖道"一事来看所置高兴郡当近今雷州半岛,在高凉郡以西、合浦郡以东,那么以陈檀为首的土著族群当即活动在这一带。《南齐书·州郡志》又载:"越州,镇临漳郡,本合浦北界也。夷僚丛居,隐伏岩障,寇盗不宾,略无编户。宋泰始中,西江督护陈伯绍猎北地……启立为越州。"④越州故城在今广西浦北县,依山而筑,形势险要,⑤浦北境内地形以丘陵、山地和台地为主,少有平坦地势,因而夷僚可凭险散居其间,即当时合浦北界成为"夷僚"重要活动区。综合而言,宋齐时合浦郡北界至东界的弧形地带是土著族群的重要活动区域之一,这当是刘勔和陈伯绍在此征伐的主要原因。此外,时西江督护驻地郁林地区,是自番禺溯西江而上经宁浦、合浦达交阯交通线的中转站,刘宋戴凯之谓"宁浦、临漳二郡在广州西南,通交州"⑥,可知由郁林至宁浦(治今广西横县西南)、临漳(治今广西浦北县石埇镇坡子坪村)可通达交州,是沟通交广的重要路线。由西江转至临漳这段路程主要依靠今南、北流江水路,北流江发源于云开大山南部双孖峰东麓,经北流县至藤县汇入西江;南流江发源于大容山南侧,自北向南流经今玉林、浦北诸市县,在合浦注入北部湾。南、北流江水量充足,可行舟楫,但两江之间横亘大容山,呈东北—西南走向,支脉绵延,成为这一交通线的主要障碍,《太平寰宇记》载:"鬼门关,在北流县南三十里……晋时趋交趾,皆由此关。其南尤多瘴疠,去者罕得生还。"⑦即位于大容山支脉天门山上的"鬼门关"成为沟通南北江路的必经之地,其南又有六万大山分布于今浦北、博白县境,植被茂密,炎热多雨,盛行瘴疠之气,致使刘宋以前这一

① 《宋书》卷8《明帝纪》,第165页。
② 《宋书》卷38《州郡志四》,第1197页。
③ 胡阿祥:《宋书州郡志汇释》,安徽教育出版社,2006年,第307页左栏。
④ 《南齐书》卷14《州郡志》,第267页。
⑤ 《浦北县志》编纂委员会编:《浦北县志》,广西人民出版社,1994年,第719页。
⑥ 戴凯之:《竹谱》,王云五主编《丛书集成初编》,商务印书馆,1939年,第2页。
⑦ 《太平寰宇记》卷167《岭南道十一·容州北流县》"鬼门关"条,第3191页。

地带未置郡县,当也是"夷僚丛居"之地。[1] 可知,恶劣的自然和人文环境的交织使商旅行此颇为不易。这使南、北流江一线成为西江督护的主要防御地带,其讨伐合浦北部土著族群当与此有关,目的就在于控制自郁林至宁浦、合浦间地域,以保证交广间交通的安全和畅通,为此西江督护的活动也突破了政区间边界的限制,突出到郁林、合浦郡交界地域。

萧齐统治短暂,至梁时陈霸先为"西江督护、高要太守"[2],说明高要郡成为西江督护的驻地。王氏《交广春秋》载:吴时步骘入交州,下取南海,衡毅、钱博"兴军逆骘于苍梧高要峡口,两军相逢于是,遂交战"[3]。又《元和郡县图志》"端州":"梁大同中,于此立高要郡,隋开皇十一年置端州,……州当西江入广州之要口也。"[4]另据《南越志》:"郡东有零羊峡,一曰高要峡。山高百丈,江广一里,华翠之树,四时葱蒨。"[5]即高要郡的重要之处在于其东有羚羊峡,属狭长断裂峡谷,羚羊山和烂柯山对峙两岸,山体高峻,现平均宽约 400 米,水流较急,是沿西江南下番禺的必经之地;此外,牢水(今新兴江)源于今竹山顶,北流过新州(治今广东新兴县)至高要汇入西江,梁时由此可南至滨海一带的高、罗诸州。[6] 可知,当时岭南西部和南部诸地至广州都需经高要,西江督护驻此必有控制交通孔道的目的。

综上,南朝时西江及其支流水道是岭南东西交通的动脉,但西江南北土地类型以山地为主,[7]山谷间又广泛分布俚僚等土著族群,这种自然和人文环境成为水路交通的主要障碍,西江督护的设置即以此为背景。西江督护虽围绕西江展开活动,但并非进行全流域运动,而是主要控制西江交通线上的关键地域。其虽有镇抚土著族群的作用,但最终目的当是维持西江水道和交、广间交通的畅通,以保障南朝岭南地方行政的有效运作。

三、南朝置州政策下西江督护活动地域的变动

在上述讨论中,笔者曾提出:西江督护见于记载的近百年时间内其活动地域是否是恒定不变的? 为便于说明,笔者现将所见西江督护及其活动,按时间先后列表于下:

---

① 直至唐宋时期南、北流江流域诸山区依然是蛮越分布之地,可参见廖幼华《唐宋时代鬼门关及瘴江水路》,《深入南荒——唐宋时期岭南西部史地论集》,文津出版社,2013年,第49—52页。
② 《陈书》卷1《高祖纪》,第2、3页。
③ 郦道元著,陈桥驿校证:《水经注校证》卷37"浪水"引《交广春秋》,中华书局,2007年,第872页。
④ 《元和郡县图志》卷34《岭南道一》"端州",第896页。
⑤ 《太平寰宇记》卷159《岭南道三·端州高要县》"高要峡"引《南越志》,第3058页。
⑥ 按:当时由广州至高、罗诸州,虽可由海路,但风波危险。房千里《投荒录》载:"自广州泛海行数日方登陆,前所谓行人惮海波,不由传舍,故多由新州陆去。"《太平寰宇记》卷158《岭南道二·恩州》引《投荒录》,第3038页。即唐时行旅依然舍海路而行陆路,那么梁陈时当亦是以利用经新州的水路为主。
⑦ 曾昭璇、黄伟峰主编:《广东自然地理》,广东人民出版社,2001年,第373页。

姓　名	任职时间	任职期间主要经历	史　料　来　源
刘勔	宋大明五年至七年?	西江督护、郁林太守,克合浦俚獠	《宋书》卷86《刘勔传》 《宋书》卷97《夷蛮传》
陈伯绍	宋泰始中	西江督护,猎北地	《宋书》卷54《羊玄保传》 《南齐书》卷14《州郡志》
周世雄	齐永元中	袭州城,杀广州刺史萧季敞	《南齐书》卷29《周盘龙传》
孙　固	梁天监中至普通初①	由西江督护转为高州刺史	《南史》卷51《萧劢传》
靳山顾	梁大通至中大通中	同萧正则招诱亡命,袭番禺	《梁书》卷3《武帝纪》 《南史》卷51《萧正则传》
陈霸先	梁大同中②	监西江督护、高要太守,平卢子雄之乱	《陈书》卷1《高祖本纪》
陈霸先	梁太清二年至三年末	西江督护、高要太守,督七郡诸军事	《陈书》卷1《高祖本纪》

说明: 1. 刘勔任职时间根据文章第二部分考证结果;2. 陈霸先在太清二年(548)平交州后任西江督护,三年末率军北上,故此处以太清三年末记。

　　由上表可知两点:1. 宋时西江督护驻于郁林郡,梁时转驻高要郡;2. 就活动地域看,以齐永元中为分界点,刘宋时主要活动于西江中游郁林、合浦郡地带,齐以降集中于西江下游州城(番禺)周边。据此推断:以齐为分界点,西江督护的辖区大致经历了由西江中游向下游的变动过程。那么原因何在呢?

　　《南史·萧劢传》载:"劢以南江危险,宜立重镇,乃表台于高凉郡立州。敕仍以为高州。"③高州置于梁普通元年(520)至三年间,而齐梁时南江设有南江督护,④但梁仍增置"重镇",这说明在镇抚地方上高州要强于南江督护。州和督护都具镇抚地方的作用,那么朝廷在原督护活动地域内置州后,势必会削弱甚至抵消督护所具作用。据此,自刘宋始,特别是齐以降岭南地区逐步增置州级政区过程中,必然会对西江督护的活动地域产生影响。

　　《南齐书·州郡志》载:泰始七年(471)置越州,"始置百梁、陇苏、永宁、安昌、富昌、南流六郡,割广、交朱鸢三郡属。元徽二年……始立州镇,穿山为城门,威服俚獠"⑤。从地理范围

---

① 按:梁时萧劢表立高州,"以西江督护孙固为刺史"。《南史》卷51《梁宗室·萧劢传》,中华书局,1975年,第1263页。根据徐成考证,梁高州置于普通元年(520)至普通三年间。参见《中国行政区划通史·三国两晋南朝卷》,第1253页。即孙固任西江督护在高州刺史前,时间大致在梁天监中至普通初。

② 陈霸先监西江督护的具体时间无法确定,但在萧映广州刺史任内。萧映在大同初始任广州刺史,根据陈俊宇考证萧映卒于大同十年(544)冬。陈俊宇:《李贲之乱和陈霸先定交州始末》,《广西地方志》2015年第1期,第43页。因此,可以确定陈霸先监西江督护在大同中。

③ 《南史》卷51《梁宗室·萧劢传》,第1263页。

④ 《南齐书》卷14《州郡志》,第262页。

⑤ 《南齐书》卷14《州郡志》,第267页。

看,新置六郡分布在合浦郡以北原合浦、郁林郡间未置郡地带,基本围绕今南、北流江展开,恰是原西江督护防守地域。显然,刘宋企图置越州以"威服俚僚",增强对原合浦、郁林二郡间中间地带的控制,这恰好覆盖了原西江督护辖区,必然抵消西江督护的作用。

历齐入梁,岭南地区置州众多。对于梁时岭南地区增置州级政区的原因学界多有讨论,①笔者以为对于梁时岭南置州现象的分析应注意以下两点:其一,在正常情况下,州作为高层政区所具军政权力使其在镇抚地方上发挥的作用要高于其他层级政区;其二,梁时岭南新置州较多,各地域内所置州原因并不相同,应作具体分析。就西江流域而言,林牧之已指出梁时新置州"沿西江作为政区分置基准,北部巩固岭南到长江流域的交通线,南部设置新州于西江流域和沿海地区"②。即梁新置州基本是沿当时岭南地区的重要交通线展开的,目的之一即是保障其畅通。

在西江中下游,梁于普通四年(523)置南定州(治今广西桂平市西南古城)、成州(治今广东封开县东南贺江口)和建州(治今广东郁南县东南连滩),南定州可控制潭水和西江交汇的三角地带,而成州位于封溪水(今贺江)和西江交汇处,建州地处西江以南不远处的泷水(今罗定江)谷地,三州均匀地分布于西江干流各交通要津,从而构筑了西江沿岸较为严密的军政防线。

建州以下即高要郡(治今肇庆市)。上引《元和郡县图志》谓高要"当西江入广州之要口也",简明扼要地指出了高要之于州治的重要性。入梁后高要郡附近俚人活动频繁,常见记载,《南史·萧劢传》载:"西江俚帅陈文彻出寇高要,又诏劢重申蕃任。未几,文彻降附。……敕仍以为高州。"③即陈文彻降附在置高州前,高州置于普通元年(520)至三年间。《梁书·兰钦传》又载:兰钦击汉中,"魏梁州刺史元罗遂降,梁、汉底定。……俄改授持节、都督衡桂二州诸军事、衡州刺史,未及述职……西魏相宇文黑泰致马二千匹,请结邻好。……仍令述职。经广州,因破俚帅陈文彻兄弟,并擒之"④。则兰钦述职衡州刺史在西魏与梁结邻好之后,时是大同二年(536)左右,⑤那么陈文彻兄弟被擒应在大同二年或三年。结合上述两条可知:在普通初至大同二年或三年的近二十年间,以陈文彻为首的俚人就活动

---

① 胡阿祥认为岭南置州众多的原因是为笼络地方部族首领,参见《六朝政区增置滥置述论》,《中国历史地理论丛》1993 年第 3 期,氏著《六朝疆域与政区研究》中沿用了这一观点。但黄金铸认为岭南增置政区并非滥置,而是地区开发和发展的结果,参见《论六朝岭南政区激增无滥置之嫌》,《学术研究》2000 年第 6 期。吴惠莲认为是中央为加强对地方的控制而为,参见《东晋南朝时期岭南地区的土豪酋帅及其与中央政府的关系——附论陈霸先崛起的原因与背景》,《淡江史学》第 5 期,1993 年 6 月。

② 林牧之:《梁武帝的析州政策与国家统治》,台湾政治大学硕士学位论文,2013 年,第 94—96 页。需要指出的是,林氏所言"西江"实是今珠江水系,非南朝时的"西江"。

③ 《南史》卷 51《梁宗室·萧劢传》,第 1262—1263 页。

④ 《梁书》卷 32《兰钦传》,第 466—467 页。

⑤ 按:大同元年(535)"十一月壬戌,北梁州刺史兰钦攻汉中,克之,魏梁州刺史元罗降"。大同二年"十二月壬申,魏请通和,诏许之"。《梁书》卷 3《武帝纪》,第 79、81 页。《武帝纪》所述两条即《梁书·兰钦传》所述之事,则兰钦赴任衡州刺史的时间在大同二年左右。

在高要郡附近。① 这使梁时高要郡承受很大军事压力,一旦突破高要郡,广州州城必然受到威胁,因此梁时西江督护驻于高要郡,以便防卫州治。

综上,西江督护活动地域的变动与宋以降岭南地区州的增置密切相关,宋梁时期在合浦至西江及西江干流先后设置数个新州,增强了镇抚能力,进而抵消了西江督护在西江中游地区的存在价值;同时梁时高要郡附近俚人活动频繁,军事压力凸显,促使西江督护驻于高要。

四、结 论

督护是两晋南朝时期常见官职,职在军事征讨、驻防;南朝时期岭南多设督护,西江督护为其代表之一。西江督护至晚设于刘宋大明五年(461),齐、梁因之,是一较恒定官职。南朝时所谓"西江"即郁水,具体包括今右江、邕江、郁江、浔江和西江段,既非今珠江水系也非今西江。西江督护主要围绕西江展开活动,但并非全流域的征伐和驻防,而是随时间和形势的变化,相对固定地驻守和控制交通线上的关键地域。西江督护刘宋时驻于郁林郡,活动于郁林至合浦间地域,以控制郁林、合浦二郡交界地带,保障交广间交通畅通;梁时驻于高要郡,控制由西江通广州的峡口地带。西江督护虽以征讨俚僚为目标之一,但最终目的当是压制俚僚以维持西江水道和交广间交通线的畅通,保证岭南地区统治网络的完整和有效运作。由宋至梁西江督护的驻防地由西江中游移至下游,这种变动与岭南州的增置密切相关。随着刘宋时置越州,梁时增置南定州、成州、建州,四州均匀地分布于由合浦转西江至番禺的交通线上,构筑了较为绵密的军政防线,降低了西江督护在西江中游存在的价值。梁时高要郡周边安全形势吃紧,在此情况下西江督护移驻高要。

可以说,西江督护的设置、维持和变动,均与南朝地方统治政策和岭南地方局势的变化密切相关,是南朝南疆地方统治体系的重要一环。

鲁浩,复旦大学历史地理研究中心 2019 届博士,现任教于江西科技师范大学历史学系。本文原发表于《中国历史地理论丛》2019 年第 2 期,2018 年 10 月曾在禹贡博士生论坛第 75 期报告。

---

① 沈怀远《南越志》曰:"晋康郡夫阮县人夷曰彳带,其俗栅居,实为俚之城落。"(宋)李昉等:《太平御览》卷 785《四夷部六》"俚"条引《南越志》,中华书局影印本,1960 年,第 3478 页下栏。晋、宋晋康郡(治今广东德庆县)辖地大致包括梁建州和部分高要郡地,因此笔者认为以陈文彻为首的俚人很可能就是原晋康郡俚人,随附近建州的设置,活动空间受挤压转而向下游发展。

唐十道演化新论

罗 凯

摘　要： 唐代道的研究，代不乏人，但多囿于旧说，鲜有突破。本文引用新史料，并对旧史料加以比勘考证，在继承前人研究成果的基础上，对唐代道的演化提出了如下新观点：唐高宗永徽年间，已有十三道的区划；武则天当政时期，回复十道旧观；开元十七年，正式形成十五部的规模；开元、天宝之际，唐代实有十六部；终唐之世，几乎没有"十五道"的说法，而是一直沿用"十道"通称。

关键词： 唐代；十道；十三道；十六部

关于唐代的"道"，唐史、制度史及历史地理学等众多领域的学者颇有研究，一般的涉及之作且不必说，卞孝萱、田尚、程志和韩滨娜、曹尔琴、史念海、贾云、郭峰、许正文、成一农、郭声波等先生都作过专门的探讨。[①] 不过对其中的很多问题，专家们却多因袭旧说，质疑者寥寥。道的起源、性质、功能等姑且不论，仅就其演化过程而言，前贤多遵从由贞观十道直接分化为开元十五道之说。直到 20 世纪 60 年代，严耕望先生在《景云十三道与开元十六道》一文中，首先驳斥了开元二十一年（公元 733 年，以下径书年份）初置十五采访使的说法，继而论证早在景云二年（711）即有十三道的分化，迨开元二十六年黔中道独立，则开元末年共有十六道。[②] 严先生此文甚有见地，近半个世纪来，尚无人超越。然而，笔者近来爬梳史料，发

---

① 具体参见卞孝萱《关于北朝、隋、唐的"道"》，《南开大学学报》1977 年第 6 期；田尚《唐代十道和十五道的产生和性质》，《中国古代史论丛（第 3 辑）》，福建人民出版社，1982 年；程志、韩滨娜：《唐代的州和道》，三秦出版社，1987 年；曹尔琴：《隋唐时期行政区划的演变》，《中国历史地理论丛》1992 年第 1 期；史念海：《论唐代贞观十道和开元十五道》，氏著《唐代历史地理研究》，中国社会科学出版社，1998 年；贾云：《唐贞观诸道的产生及其使职的作用》，《汉中师范学院学报》2002 年第 4 期；郭峰：《唐代道置改革与三级制地方行政体制的形成》，《历史研究》2002 年第 6 期；许正文：《汉州唐道的设置与分裂割据王朝的形成》，《中国历史地理论丛》2003 年第 3 辑；成一农：《唐代的地缘政治结构》，李孝聪主编《唐代地域结构和运作空间》，上海辞书出版社，2003 年；郭声波：《唐代监察道功能演变过程的考察》，陕西师范大学西北历史环境与经济社会发展研究中心编《历史环境与文明演进——2004 年历史地理国际学术研讨会论文集》，商务印书馆，2005 年。
② 严耕望：《景云十三道与开元十六道》，载《严耕望史学论文选集》，中华书局，2006 年；初刊于《史语所集刊》第三十六本《纪念董作宾董同龢两先生论文集》上册，台北"中研院"，1964 年。

现一些新的情况,对这一古老问题的探讨,[1]或有补益。

一、永徽十三道

十道始置于贞观元年(627),向无异说。[2] 据《括地志序略》等文献,其分布格局,与谭其骧先生主编的《中国历史地图集》略有不同,主要区别在于今福建地区的归属。至于贞观十道的分化过程,传统观点一向认为,开元年间初置采访使时方分为十五道。[3] 严耕望先生将十道分化的初始时间,从以往的开元二十一年或二十二年,提前到景云二年,从而破除了十道分化与初置采访使同时的陈见。但笔者发现,十三道之区划,并非始于景云二年,事实上还要早得多。

成书于高宗末年的《千金翼方》卷1第3篇名为《药出州土》,共列有133个出药之州,[4]值得注意的是,这些州都是按道排列的,而其所列道目,并非历来认为的"贞观十道",试以表格列举之(参见表一):

表一 《千金翼方》所载诸州分道表

道	州
关内道	雍州、华州、同州、岐州、宁州、鄜州、原州、延州、泾州、灵州、盐州
河南道	洛州、穀州、郑州、陕州、汝州、许州、虢州、豫州、齐州、莱州、兖州、密州、泗州、徐州、淄州、沂州
河东道	蒲州、绛州、隰州、汾州、潞州、泽州、并州、晋州、代州、蔚州、慈州
河北道	怀州、相州、箕州、沧州、幽州、檀州、营州、平州
山南西道	梁州、洋州、凤州、始州、通州、渠州、商州、金州
山南东道	邓州、均州、荆州、襄州、夔州、峡州、房州、唐州
淮南道	扬州、寿州、光州、蕲州、黄州、舒州、申州

---

① 本文只涉及道目等十道演化问题,其余起源、性质、功能、影响等俟另文探讨。
② 只是高承《事物纪原》卷 7 云:"唐贞观十二年,天下州府三百五十八,始分为十道;一云在元年并省郡县,始因关河近便分置也。"另有持贞观八年说者,然亦无证据,且无影响,故此处不论。
③ 此观点直接来源于《通典·州郡典》《旧唐志》《新唐志》《资治通鉴》等经典史籍,古从者如云,此处不赘列。
④ 孙思邈:《千金翼方》卷 1《药出州土第三》,人民卫生出版社,1955 年,第 5、6 页。孙思邈撰,朱邦贤、陈文国等校注:《千金翼方校注》,上海古籍出版社,1999 年,第 12—17 页。按:作者文中言 133 州,实仅列 128 州,比勘各道州数与舆地形势,窃以为当是河北道缺载或脱漏了 5 州。

续　表

道	州
江南东道	润州、越州、婺州、睦州、歙州、建州、泉州
江南西道	宣州、饶州、吉州、江州、岳州、潭州、朗州、永州、郴州、辰州
陇右道	秦州、成州、兰州、武州、廓州、宕州
河西道	凉州、甘州、肃州、伊州、瓜州、西州、沙州
剑南道	益州、眉州、绵州、资州、嘉州、邛州、泸州、茂州、巂州、松州、当州、扶州、龙州、柘州
岭南道	广州、韶州、贺州、梧州、象州、春州、封州、泷州、恩州、桂州、柳州、融州、潘州、交州、峰州

由此可知,最迟在孙思邈写作《千金翼方》之时,已经存在十三道了。也就是说,不仅开元年间十道始析为十五道的观点不妥,即便严先生主张景云二年始分十三道亦不确。那么《千金翼方》所存的这份材料是否可靠呢?

笔者认为这份史料的真实性是很高的。第一,目前学术界公认《千金翼方》是药王孙思邈晚年积三十年之力的心血结晶,最终成书于作者去世之年,即高宗永淳元年,也就是公元682年。虽不能断定此后就没有人篡改过,但基本上是保存了原貌的。第二,这份材料唐代人就引用过,玄宗时人王焘所著《外台秘要》卷31《药所出州土》就曾原文收录,只是《外台秘要》所录缺漏甚多,不及《千金翼方》所载完备。[1] 第三,通过考察该文所载州之存废,可以反证此材料非系伪造,如縠州,显庆二年(657)废入洛州;箕州,先天元年(712)改为仪州;始州,先天二年改为剑州。同理,亦可推断此文所作的上、下年限。此文所载当州,置于贞观二十一年;恩州,置于贞观二十三年;至于柘州,据两《唐书》之《地理志》,更是永徽年间(650—655)置的;又,《旧唐志》[2]载松州都督府属,永徽中由陇右道改属剑南道,而《千金翼方》中松州、当州、扶州、柘州皆属剑南道。凡此种种,都说明孙思邈写作此文的上限,不早于永徽年间。而其又载有显庆二年罢废的縠州,说明下限应在657年之前。即便考虑到信息传播和处理的滞后性,该文所作,也当在高宗初年(公元650年代)。这个结论,与公认的《千金翼方》写作时间相符。既然可以确定该材料的真实性及其创作年代,亦可证明,最迟高宗初年,唐朝已有十三道的创制。

那么十三道最初形成于何时呢? 史籍均载贞观十道设置于贞观元年,但贞观元年很可能只是大体划分了十个区域,名称未必尽同于后世所载,其中尤其明显的是关内道。贞观八

① 王焘:《外台秘要》,文渊阁《四库全书》本。
② 《旧唐书·地理志》的简称。为行文简洁,下文《元和郡县图志》简称《元和志》,《太平寰宇记》简称《寰宇记》,《资治通鉴》简称《通鉴》,《新唐书·地理志》简称《新唐志》等,特此说明。

年分遣诸使"观省风俗",李靖是畿内道大使,《贞观政要》,①新旧《唐书》之《李靖传》②等所载均同,表明京师附近地带,当时是叫畿内道,而不是关内道。另外,萧瑀为河南道大使,③李大亮为剑南道巡省大使,④李袭誉为江南道巡察大使,⑤据《旧唐书》卷3《太宗纪下》,这次共派遣了13人。这仅仅是巧合,还是该年已经有十三道的区划了?可能是前者。因为《初学记》所载《括地志序略》,一般认为其根据是贞观十三年大簿,从《序略》中能看出,各州府基本上是以十道排序,而在山南道、陇右道和江南道内部,顺序则颇杂乱,显然不可能是十三道的区划。⑥且贞观十四年将西域纳入唐帝国版图之前,也不可能有河西道的分立,否则河西道只有6个州(即凉、甘、肃、瓜、沙、伊),岂非过小?

笔者以为,十三道体系的形成,当始于永徽初年。理由如下。一、从唐代道的演化规律看,往往在君主禅代之时变动比较大。如唐高祖武德元年(618),设立行台道;太宗贞观元年,置贞观十道;下文将提到光宅元年(684),武则天恢复十道区划;景云二年,玄宗当政前夕,重划十三道;安史乱起,唐朝开始遍设方镇,道目遂泛滥;至肃宗乾元元年(758),改采访使为观察使。这是否暗示在唐前期,朝廷易主之时,万象更新,一般会改革最高层政治区域,以便在全国范围内推行新的治国方略?

二、上述推测并非无的放矢,是可以找到佐证的。永徽年间,松州都督府管辖的地区,由陇右道划归剑南道,这在《旧唐书·地理志》剑南道部分有多处明确的记载:

> 松州　据贞观初分十道:松、文、扶、当、悉、柘、静等属陇右道。永徽之后,据梁州之境,割属剑南道也。
>
> 文州　旧属陇右道,隶松州都督。永徽中,改属剑南道也。
>
> 扶州　旧属陇右道,隶松州都督。永徽后,改为剑南道。
>
> 龙州　旧属陇右道,永徽后,割属剑南也……⑦

笔者以为,剑南道与陇右道辖区的调整,当和十道析置为十三道同时。松州都督府属从陇右道割属剑南道,正好反映了十道细分和辖境调整的大背景。

那么为何分为十三道,而非十五道或二十道呢?这一方面是地理环境使然,另一方面可

---

① 吴兢撰,谢保成集校:《贞观政要集校》卷5,中华书局,2003年,第264页。
② 《旧唐书》卷67《李靖传》,中华书局标点本,1975年,第2480页。《新唐书》卷93《李靖传》,中华书局标点本,1975年,第3814页。
③ 《旧唐书》卷63《萧瑀传》,第2401页。
④ 《旧唐书》卷62《李大亮传》,第2389页。
⑤ 《旧唐书》卷59《李袭志传附李袭誉传》,第2332页。
⑥ 徐坚等著:《初学记》卷8《总叙州郡第一》,中华书局,1962年,第165—166页。
⑦ 《旧唐书》卷41《地理志四》,第1699—1702页。

能是模仿汉代的十三刺史部。严耕望先生说："盖按察使之始置本模拟汉代刺史之制，遂即因道域广大，乃分析为十三，以拟汉之十三部欤？"[1]就目前史料所见，永徽年间虽然尚无按察使之设，不过李唐统治者追隆盛汉的企图则一。

综合考量，《千金翼方》所载的十三道，当是高宗永徽初年改革贞观十道的结果，仿照贞观十道、景云十三道等，本文姑且将之命名为"永徽十三道"。并且，这种十三道的区划在整个高宗当政时期，应该都没有改变。史载高宗仪凤二年（677）十二月：

> 诏黄门侍郎、同中书门下三品来常为河南道大使，中书侍郎、同中书门下三品薛元超为河北道大使，尚书左丞崔知悌、国子司业郑祖玄为江南道大使，分道巡抚，申理冤屈，赈贷乏绝。[2]

此处河北道、河南道都是一人，而江南道却是二人，这说明高宗晚期仍是十三道的规制。因为山南道、江南道虽然均分为东、西两道，但直到开元、天宝年间，唐人仍然习惯统称为江南道或山南道，而不一定加以明确区分，这在《册府元龟》所载开元八年八月按察使、二十一年宣慰使、二十二年采访使名单中均有反映。[3]

二、则天朝十道之回复

但是，正如严耕望先生所指出的，《旧唐志》[4]《通鉴》[5]《唐会要》[6]等书都表明，景云二年因"江山阔远"，山南道、陇右道均被分为两道，同时当还有江南道的析分，则景云元年显然是十个道的规模。而且此前中宗年间，确实也是十道的区划。《册府元龟》卷162《帝王部·命使第二》有云：

> 唐中宗神龙二年二月，遣十使巡察风俗。下制曰："……宜于左右台及内外五品以上官识理通明、立性坚白、无所诎扰、志在澄清者二十人，分为十道巡察使，二周年一替，以廉按州部……"遂命易州刺史姜师度摄右御史，以充此使。

---

① 严耕望：《景云十三道与开元十六道》，《严耕望史学论文选集》，第170页。
② 王钦若等编纂，周勋初等校订：《册府元龟》卷161《帝王部·命使》，凤凰出版社，2006年，第1797页。
③ 《册府元龟》卷162《帝王部·命使第二》，第1801、1803页。
④ 《旧唐书》卷40《地理志三》，第1639页。
⑤ 《资治通鉴》卷210《唐纪二十六》"睿宗景云二年"，中华书局标点本，1956年，第6666页。
⑥ 王溥：《唐会要》卷70"州县分望道"条，上海古籍出版社，2006年新1版，第1459页。

二十人分为十道,二周年一替,则此时分为十个道是显而易见的。稍后几年同类情况还有不少:

> 景龙三年八月,遣十使巡察天下。
>
> 睿宗唐隆元年六月庚子,平韦庶人。壬寅,降十道使赍玺书宣抚。
>
> 景云元年八月,制出十道使持节巡抚天下。
>
> 二年二月,降十道使按察。[1]

这不但表明神龙二年(706)以后中央对地方监察力度的加强,也佐证了此时全国是十个道的规模。既然唐高宗时期已经是十三道,半个世纪后的睿宗时期为何还要重分呢?

要解开这个谜团,需从武则天时期说起,其中关键在于唐代主要的监察机构——御史台的演变历程。《唐六典·御史台》云:

> 梁、陈、后魏、北齐、隋皆曰御史台,皇朝因之。龙朔二年更名宪台,咸亨元年复故。光宅元年改曰左肃政台,专知在京百司;更置右肃政台,专知按察诸州,加右台大夫一人。神龙元年,改为左、右御史台,犹置二大夫。延和元年废右台,先天二年九月复置,十月又废,而大夫随台废置。[2]

《唐会要·御史台》所言则更详细:

> 武德初,因隋旧制为御史台。龙朔二年四月四日,改为宪台。咸亨元年十月二十三日,复为御史台。光宅元年九月五日,改为左肃政台,专管在京百司及监军旅;更置右肃政台,其职员一准左台,令按察京城外文武官僚,以中宗英王府材石营之,殿中御史石抱贞缮造焉。神龙元年二月四日,改为左、右御史台。景云三年二月二日,废右台。先天二年九月一日,又置右台,停诸道按察使。其年十月二十五日,又置诸道按察使,废右台。初置两台,每年春、秋发使。春曰风俗,秋曰廉察,令地官尚书韦方质为条例。方质删定为四十八条,以察州县。载初以后,奉敕乃巡,每年不出使。[3]

然而御史台并非所有官员都以监察地方为职责。大夫、中丞是台中主官,侍御史、殿中侍御史、监察御史分属台院、殿院、察院三个系统,而侍御史"掌纠举百寮及入阁承诏",殿中

① 《册府元龟》卷162《帝王部·命使第二》,第1799页。
② 李林甫等撰,陈仲夫点校:《唐六典》卷13《御史台》,中华书局,1992年,第378页。
③ 《唐会要》卷60《御史台上》,第1225页。

侍御史"掌殿庭供奉之仪,京畿诸州兵皆隶焉",只有监察御史"掌分察百寮,巡按州县"。① 据《唐六典》等的记载,贞观二十二年前,唐政府的监察御史才八人,此后虽然增置至十人,但从其职责来看,要对地方实行稳定的监察,仍力有未逮。也就是说,光宅元年之前,唐政府并没有对地方进行有效监察的机构。或许,此时国家初建,民少官简,监察的需求尚不紧迫,或者监察的重要性还没有得到足够的关注。但武则天废黜唐中宗、唐睿宗,正式当政之后,为了维持其统治地位,在大用酷吏等的同时,还扩大监察机构,倍增人员,加强了对地方的监控力度。

前引文中尤可注意者,在于唐玄宗当政前后,诸道按察使与右御史台的交替:"景云三年二月二日,废右台。先天二年九月一日,又置右台,停诸道按察使。其年十月二十五日,又置诸道按察使,废右台。"景云三年(也就是先天元年)二月二日,之所以要撤废右御史台,是因为前一年已经设置了诸道按察使,取代了其原有的"澄郡县"的作用,此即《通典·职官典》所谓"睿宗即位,诏二台并察京师"②,从而使左、右台职能雷同,矛盾频发,只有罢废其中之一。第二年则置右御史台之时,停诸道按察使;复置按察使之时,右台不复存在。换言之,诸道按察使与右御史台之职能、作用,应当是接近甚至一致的。

由此,我们或许可以说,光宅元年以后,因为右肃政御史台的设立,唐朝有了较固定的专门针对地方的监察机构。③ 而"右肃政台,其职员一准左台",左台也就是原御史台,其监察御史为十人,则右台亦是十人。这意味着,如果台中主官与台院、殿院所属人员不亲临地方,对州县的监察由察院这十人具体负责,则十名监察御史必然也会与十道发生关系,很可能即是一人分察一道;又或者台院、殿院、察院共二十人④都掌纠察州县,也可能是二人共掌一道。因为此后一直到景云二年,甚至玄宗初年,⑤以十道之制遣使逐渐成为常态。这也就可以解释,为什么早在永徽年间就有十三道的存在,到了景云年间,反而要"以江山阔远,奉使者艰难,乃分山南为东西道,自黄河以西,分为河西道"⑥。

不过御史毕竟是京官,人数又少,要对全国300多个州、1 500多个县进行监察,谈何容易! 所以"初置两台,每年春、秋发使……载初以后,奉敕乃巡,每年不出使",故有天授二年发十道存抚使、神龙二年及以后发十道巡察使等补救措施,然而这些均非地方的常设官员,

---

① 《新唐书》卷48《百官三》"御史台",第1237—1239页。

② 《通典》卷24《职官六》,中华书局标点本,1988年,第660页。

③ 前人往往以天授二年(691)"发十道存抚使"为诸道成为监察区之标志。笔者以为欠妥,此存抚使与贞观八年等前期的遣使类似,还是临时性质,具有偶然性。

④ 《通典·职官六》(第660页)"凡置左、右肃政二台,别置大夫、中丞各一人,侍御史、殿中、监察各二十人",笔者以为"各"当作"共",则其与《会要》所言正合。

⑤ 此时虽然按察使已是十三道的规制,但其他使节的派遣,如宣劳使、宣抚使等仍为十个道的区划,可参见《册府元龟》卷162《命使第二》。

⑥ 《旧唐书》卷40《地理志三》,第1639页。

终究不能从根本上解决问题。于是有景云二年二十四都督府的议设,寻因权重难制而罢。①
而几乎同时设置的十道按察使,则显然发挥了一定的作用,以后二十多年中虽然数度罢废,
却屡屡复置,直至开元二十二年改设为十道采访处置使。

田尚先生以为"武则天时曾析江南道置黔中道,析岭南道置安南道。中宗曾把江南道分
割为东西两道"②,恐皆不能成立。因为"道"从北朝以来,广泛应用在各种场合,凡遣使必有
"道",这些都是广义的临时的"道",北朝、隋代以及唐初武德年间,所在多有,此处毋庸赘言。
其与贞观十道、"开元十五道"等狭义的正式的道,是有区别的。

笔者以为,在讨论唐"道"的时候,必须分清楚该"道"是狭义的还是广义的,是临时的还
是正式的。狭义的正式的道,贞观元年至景云二年,系指贞观十道及其演化出来的永徽十三
道,其时虽然没有固定的使职与诸道相联系,但各道都有相应的较固定的区划,即作为正式
政区的各州县,可分属诸道,这应该是朝野皆知,成为常识的。景云二年至天宝末年,因为按
察使、采访使附着于诸道(畿),"使"与"道"二者是一一对应的关系,所以此期狭义的正式的
道,即指"按察使道"或"采访使道"。凡此之外,则均属临时性质的广义上的"道"。田先生谓
武则天时曾析置黔中道、安南道,出自《旧唐书·刑法志》:

> (武则天)命摄监察御史刘光业、王德寿、鲍思恭、王处贞、屈贞筠等,分往剑南、黔
> 中、安南、岭南等六道,按鞠流人。③

此事起因于长寿年间(692—694)岭表等地的流人谋逆,所谓黔中、安南等道,不过是刘
光业等摄监察御史"按鞠流人"的分区而已,其与隋代许善心为冀州道大使、④唐武德初李孝
恭为山南道招慰大使⑤等情形类似,故不能说武则天当时从十道中另分出黔中、安南道来。
至于"中宗曾把江南道分割为东西两道",则属年代判断失误,其依据为《旧唐书·张廷珪传》
所载:

> 景龙末,为中书舍人,再转洪州都督,仍为江南西道按察使。⑥

景龙末,当指公元 709 或 710 年,其时已是中宗末年,张廷珪此时为中书舍人,以官员正常的

---

① 参见《旧唐书》卷 7《睿宗纪》,第 157 页;《唐会要》卷 68"都督府"条,第 1411—1416 页;
② 田尚:《唐代十道和十五道的产生和性质》,《中国古代史论丛(第 3 辑)》,第 147—148 页。
③ 《旧唐书》卷 50《刑法志》,第 2143 页。
④ 《隋书》卷 58《许善心传》,中华书局标点本,1973 年,第 1427 页。
⑤ 《旧唐书》卷 60《河间王孝恭传》,第 2347 页。
⑥ 《旧唐书》卷 101《张廷珪传》,第 3152 页。

任期、迁转，其"再转"洪州都督并兼江南西道按察使，当在睿宗时候了。而按察使之初置，在睿宗景云二年可无疑，所以张廷珪任江南西道按察使，最早也当在睿宗时。公元 8 世纪江南西道之分置，正如严耕望先生所言，当始于睿宗景云二年，而非中宗时。

三、玄宗朝之十六部

玄宗开元年间，十三道的规制也不能满足需要了。于是开元初年，先后有都畿、京畿按察使的设置，都畿、京畿亦从十道中分立出来。[①] 京师、东都两畿与诸道区别监察，据上引文，武则天光宅元年分置左、右肃政台时已然，开元时只不过是重新单列而已。但开元初都畿、京畿有此则无彼，尚未同时存在。《册府元龟》云开元十三年正月遣使疏决囚徒宣慰百姓，都城、京城已与十三道并列，[②]严耕望先生谓"十五道之分割至迟已萌始于此时矣"。但此时唐朝不设按察使，[③]宣慰使只是临时性质，尚不得谓已有十五道。十三道与两畿并列，同置按察使，并形成经制，当始于开元十七年复置按察使之时。《资治通鉴》云：

（开元十七年）五月壬辰，复置十道及京、都两畿按察使。[④]

也就是说，所谓"开元十五道"即便系统完整地存在，也早于开元二十二年初置十道采访使。二十二年的十五部，只不过是继承了既成事实而已。[⑤]

但盛唐开元、天宝年间一直只有这两畿十三道共十五部吗？答案是否定的。无论高宗年间，还是景云二年至开元二十二年，十三道的序列中，均有"河西道"，此点《千金翼方》《册府元龟》与《旧志》《通鉴》等明确记载，证据确凿，无需多费笔墨。[⑥] 而历来名列"十五道"中的"黔中道"，却不见踪迹。那么开元、天宝之际究竟有无黔中道采访使之设呢？严耕望先生文中引《册府元龟》卷 162 天宝五年(746)正月"遣使巡按天下诏"中载有黔中道，[⑦]或曰这是临

---

① 详见郭声波《唐代监察道功能演变过程的考察》，及拙文《盛唐京畿都畿考论》，《历史地理（第 23 辑）》，上海人民出版社，2007 年。
② 参见《册府元龟》卷 162《命使第二》，第 1802 页。
③ 此点可参见下文表三，以及拙文《十五采访使始置于开元二十二年论》，《中国历史地理论丛》2011 年第 1 期。
④《资治通鉴》卷 213《唐纪二十九》"玄宗开元十七年"，第 6784 页。
⑤ 开元十七年后不见废罢按察使的记载，笔者认为采访使系由按察使改置，详见拙文《十五采访使始置于开元二十二年论》。
⑥ 可参看严耕望《景云十三道与开元十六道》，以及［日］前田正名著，陈俊谋译《河西历史地理学研究》（中国藏学出版社，1993 年）中的相关部分。
⑦ 参见《册府元龟》卷 162《帝王部·命使第二》，第 1802 页；严耕望《景云十三道与开元十六道》，《严耕望史学论文选集》，第 171 页。

时性质的黜陟使,且一人巡按数道,并不一定是正式的采访使道。那么《唐会要》卷78"采访处置使"条所载,即明示有黔中道:

> (天宝)十二载二月,河南①道采访处置使、河东郡太守李憕,河南道采访处置使、陈留郡太守王浚等奏请依旧置两员交使,望以周载,许依元敕酬功处分。敕诸道准此,黔中道各一人宜依旧定。

另外,《隋唐五代墓志汇编·洛阳卷》第12册《大唐故太原府祁县尉黔中道采访判官南阳樊公(泳)墓志铭并序》亦云:

> 天宝初,朝臣萧克济持节兼黔中采访使,希公明达吏事,咨为副车。

此墓志铭提供了黔中道采访使、采访判官的实例,说明至迟天宝初已正式存在黔中道。

至于黔中道初置的时间,当在开元二十二年至天宝初年之间。严先生云:"至于十五道之名称,《六典》为开元二十六年所奏上者,时代远较前列《通典》、两《志》、《通鉴》为早,而《册府》所载尤为原始材料。《六典》《册府》皆有'河西'无'黔中',自当从之。"严先生并说:"考《元和志》三〇黔州条,'开元二十六年又于黔中置采访处置使,以(黔中)都督浑瑊为使'。则黔中为道置采访使,乃二十六年《唐六典》完成以后之事。两《志》、《通鉴》以为二十二年始置,误矣。然则二十六年置黔中道后,并前为十六道,非十五道矣。"②

严先生揭示出始置黔中道晚于开元二十二年,并指出开元末年有十六道,均有开创意义。但是以《元和志》此条之孤证,似乎尚不足以确定黔中道是开元二十六年始置的。按:《太平寰宇记》卷120"黔州"条所记与此相同,当因袭《元和志》旧文,故不能成为旁证。③

然而查考新、旧《唐书》等史籍,浑瑊乃皋兰州人,本出于铁勒九姓之浑部,祖上世为皋兰刺史或都督,其本人也一直生活在北方,从未到过黔中。更重要的是,其时代完全不合。浑瑊威名始著于安史之乱期间,德宗时曾位极人臣。而其父浑释之广德中战死沙场时年方49岁,则开元二十六年时浑释之才23或24岁,此时浑瑊怎可能身为黔州都督兼黔中道采访处置使?

既然材料本身可存疑,"黔中道置于开元二十六年说"也就颇有问题了。但史籍中有关黔中道的可靠材料委实不多,《元和志》至少提供了一条线索,或许只是长官名讳有误而已。《新唐书·方镇表》"黔州"条载:

---

① 当是"河东"之讹。
② 严耕望:《景云十三道与开元十六道》,《严耕望史学论文选集》,第169页。
③ 乐史撰,王文楚等点校:《太平寰宇记》,中华书局,2007年,第2394、2403页。关于黔中道采访使的确切设置时间,文献所载,似乎仅《元和志》《寰宇记》此二例。

开元二十六年,黔州置五溪诸州经略使。①

这可与《元和志》所谓"又隶五溪诸川入黔中道,仍加置经略使"②相印证,若该年黔中未设"采访使道",则原本与黔州无关的五溪地区(时为辰州都督府所辖,辰府与黔州都督府为并列关系),不当有"黔州"置经略使之说。

另,《旧唐书·地理志》"辰州"条云:

景云二年,置都督府,督巫、业、锦三州。开元二十七年,罢都督府。③

当是黔中地区既置经略使,遂罢辖内辰州都督府,适可证开元二十六年黔中置经略使之实。

因此,在找不到更确切证据的情况下,"开元二十六年置黔中道采访使",可能是最接近实际情况的一种说法。

又,据《册府元龟·命使第二》"开元十三年正月制""天宝五年正月命"两条,加之碛西作为一个地区概念其时颇为盛行,似乎其时曾存在过碛西道,严耕望先生即认为"十六道外,碛西亦正式成为一道"④,郭声波先生亦主是说。但一则此二处之"碛西"道是否为狭义的正式的"道",亦即"按察使道"或"采访使道"? 前者定非,不必赘述。后者为黜陟使巡按区,而黜陟使的派遣具有随机性,从唐前后期史料均可知。黔中作为一个地区概念,在开元二十六年前时常与岭南等并列,然则其时亦为"道"耶? 安南、闽中、姚嶲、广府等亦时常与碛西并举,其亦皆为"道"耶? 二则史籍中尚未发现有"碛西道"三字连称,以及有关其置废或存在按察使、采访使的任何记载。严先生亦言:"至于碛西道,似未置专使,故不见治所。"⑤三则郭声波先生以为"碛西正式成为一道,乃自开元十二年并安西、伊西北庭两节度使为碛西节度使起"⑥,而终玄宗之世,碛西、伊西等节度使分合无定、名目多变,焉得谓自此"正式成为一道"? 因此,若非有更有力的新材料出现,"碛西道"之说不能成立,最多只能存疑。

总之,唐代开元末年及天宝年间,实有十六部采访使,即京畿、都畿两个特殊单位⑦以及14 个名实相符的"道",而非一直以来众口一词的"十五道"。这十六部的建置,迄天宝十四载不变。

至于天宝十四载以后,藩镇林立,虽亦称为"道",并有采访使或观察使等的设置,但其与

---

① 《新唐书》卷 69《方镇表六》,第 1932 页。
② 《元和郡县志》卷 30《江南道六》,第 736 页。
③ 《旧唐书》卷 40《地理志三》,第 1621 页。
④ 参见严耕望《景云十三道与开元十六道》。
⑤ 参见严耕望《景云十三道与开元十六道》。
⑥ 参见郭声波《唐代监察道功能演变过程的考察》。
⑦ 关于两畿并非"两畿道",从而十五道之习称亦有未当,可参见拙文《盛唐京畿都畿考论》。

贞观十道或开元十六部等已截然不同,故本文从略。

四、十道与十五道之辨证

岑仲勉先生在《唐史余沈·置十道采访使》①和《通鉴隋唐纪比事质疑·置十五道采访使》中,指出置十道采访使在开元二十二年,并说:"前引张敕二首及陈记,均称十道,《曲江集》二复有《奉和圣制送十道采访使及朝集使诗》,是十五道之分,并非初制。"②在此,岑先生怀疑最初设置采访使时是十道,后来才分为十五道。据前文所述,可知十五道(概言之,姑且不考虑畿与道之别)之分,早已有之;而《册府元龟》具载十五采访使之名讳、职衔,亦可知置使时为十五部。故岑先生之疑,其实是为何称"十道"而非"十五道"之惑。

事实上,"十道"与"十五道"的关系,确实微妙。质其实,虽然北宋时"十五道"已渐成通称,史不绝书,但唐人却极少有言"十五道"者。据笔者检索,现存唐代史籍言"十五道"的不过两例:《通典》"开元二十一年,分为十五道";《元和志》"二十一年,分天下州郡为十五道"。③ 其实杜佑于《州郡典》等处极力避免使用"十五道"一词,后文概称"十五部",此处不知是出于疏忽抑或后人篡改。而《元和志》所云,"二十一年"已不确,"十五道"自也颇可怀疑。

那么,一般情况下,唐人又是如何称呼十五采访使辖区的呢?各种资料表明,其时朝野上下依旧通称"十道"(参见表二)。

表二　唐宋史籍所见有关开元二十一年后"十道"的记载

出　　处	原　　文
《旧唐书》卷 99《张九龄传》	建议复置十道采访使
《新唐书》卷 126《张九龄传》	上言废循资格,复置十道采访使
张九龄《曲江集》卷 2《诗》、卷 7《敕制》	《奉和圣制送十道采访使及朝集使诗》《敕置十道使》《敕授十道使》《敕处分十道朝集使》
《唐大诏令集》卷 100《政事·官制上》	《置十道采访使敕》
《唐会要》卷 78"采访处置使"条	初置十道采访处置使
《册府元龟》第 162《帝王部·命使第二》	初置十道采访处置使

---

① 岑仲勉:《唐史余沈》"置十道采访使",中华书局,1960 年,第 102 页。
② 岑仲勉:《通鉴隋唐纪比事质疑》"置十五道采访使",中华书局,1964 年,第 190 页。
③ 分别见《通典》卷 172,第 4479 页;《元和郡县志》卷 13,第 361 页。

续　表

出　　处	原　　文
《旧唐书》卷 8《玄宗纪上》	初置十道采访处置使
《新唐书》卷 118《韩朝宗传》	初置十道采访取置使
陈秦《宣州开元以来良吏记》	诏分十道置廉察以督之
颜真卿《颜鲁公文集》卷 5	二十二年置十道采访使
《册府元龟》卷 162《帝王部·明赏第二》	(开元)二十三年十二月,命十道采访使举良刺史县令
《唐大诏令集》卷 29"开元二十六年册皇太子敕"	比年以来,十道采访使道官人恶状……充十道采访使并判官
《太平寰宇记》卷 12"亳州"条	唐开元二十六年……其岁降十道采访使
《旧唐书》卷 24《礼仪四》	(天宝八载)两京及十道一大郡
《唐会要》卷 36"修撰"条	天宝十四载……分示十道
《唐文萃》卷 28 贾至《议杨绾条奏贡举疏》	十道大郡,量置太学馆(按:时在宝应二年)
《旧唐书》卷 17 下《文宗纪下》	十道黜陟使……(按:时在开成元年)

当我们返回去审视按察使诸道的称呼时,可以看得更清楚。景云二年至开元中期,全国共有十三道或十四部,经严耕望先生的揭示,揆诸《册府元龟·命使第二》,证据确凿,可无疑问,但其时仍一概称"十道",如表三所载:

表三　711—729 年关于十道按察使的部分记载

时　　间	原　　文	出　　处
景云二年闰六月	初置十道按察使	《旧唐书》卷 7《睿宗纪》
开元二年闰二月丁卯	复置十道按察使	《旧唐书》卷 8《玄宗纪上》
开元十七年五月癸巳	复置十道按察使	《旧唐书》卷 8《玄宗纪上》
开元初	置十道按察使	《旧唐书》卷 162《李麟传》
景龙三年①	置十道按察使	《唐会要》卷 77《诸使上》

---

① 景龙三年,当作景云二年。景龙三年,应是十道巡察使。《会要》此处与下文开元八年复置按察使连写,当是指景云二年置按察使。

时　间	原　文	出　处
开元八年五月	复置十道按察使	《唐会要》卷77《诸使上》
开元元年二月	"臣窃见国家比置十道按察使"	《唐会要》卷77《诸使上》
景云二年六月	但置十道按察使而已	《资治通鉴》卷210《唐纪二十六》
开元二年闰二月丁卯	复置十道按察使	《资治通鉴》卷211《唐纪二十七》
开元四年闰十二月辛丑	罢十道按察使	《资治通鉴》卷211《唐纪二十七》
开元八年五月辛酉	复置十道按察使	《资治通鉴》卷212《唐纪二十八》
开元十七年五月癸巳	复置十道及京、都两畿按察使	《资治通鉴》卷213《唐纪二十九》
开元二年闰二月	复置十道按察使制	《唐大诏令集》卷100《政事》
开元八年五月	置十道按察使	《册府元龟》卷162《命使第二》

　　上表所列史料较单一,但千篇一律言"十道按察使",却证实了:在设置按察使的十三道或十四部、十五部时代,通行的称呼仍是"十道"。事实上,遍检史籍,此期恒言"十道",无一例外。

　　此外,唐代地志、图经等往往以"十道"为名,①开元中及以后尚有:《卅元三年十道图》、《开元十道要略》、梁载言《十道四蕃志》、②贾耽《贞元十道录》或称《十道志(述)》、李吉甫《十道州郡图》(《元和十道图》)等。成书于"初置十道采访处置使"之后不久的《六典》,其《户部尚书》所举州府也是以十道为"经",东、西道等"下注"而已。③ 天宝初年《郡县公廨本钱簿》残卷也是分十道列举的,④而《元和志》以"十道"为纲,五代时撰述的《旧志》也是举述"十道郡国"⑤,更往后的《会要》卷70"州县"部分、《太平御览·州郡部》等也分十道而录之,更说明了"十道"观念的深远影响。⑥

―――――――――――――――――

① 如《长安四年十道图》,《太平寰宇记》所引韦述《十道录》(按:据引文,在元和十三年后,非韦述所著)、《十道记》(著者不明,疑为北宋初时人)等。
② 一般称《十道志》。梁载言,《旧唐书·文苑传》谓博州聊城人,历凤阁舍人,中宗时为怀州刺史,撰《十道志》十六卷;《新唐书·艺文志》亦谓"梁载言《十道志》十六卷"。据清人王谟(仁甫)所辑之诸道序略推测,是书当成于开元初年。然《太平御览》《太平寰宇记》等所引《十道志》,大半名称某州某郡,或当从宋人晁公武《郡斋读书志·后志》所云,"其书多称咸通中沿革,载言盖唐末人也"? 又,晁氏云该书十三卷。或该书晚唐已散佚大半,唐末有人补著乎?
③ 所以郑樵《通志·地理略》将之直呼为《开元十道图》。
④ 参见吴震《敦煌石室写本唐天宝初年〈郡县公廨本钱簿〉校注并跋》,《文史》第13、14 期,1982 年。
⑤ 虽然其在十道之下,分江南道、山南道为东西道,还列有河西道,但无京畿、都畿、黔中道。
⑥ 真正明确以十五道提领全书的,只有最晚出的《新唐志》。《通典·州郡》以古九州为目,仅在每一州的篇首注列"十五部"的辖区而已。

而唐人在开元二十二年后所以仍言"十道",除十道的概念行之百余年已深入人心、十五道乃自十道分置这两个原因外,[①]还有其他因素。一是十道乃概称,非实指。十可虚指,况十几本属"十"之范畴。二则因为初置之十五采访使中,两畿既与畿外诸"道"有别,严谨而言非十五道;待数年后黔中道再分置,则"十五"之数亦不可得,何谓"十五道"?

明乎此,则亦可知并非是开元二十年或二十一年置十道采访使,次年再将十道分为十五道了。此际唐人心目中的"十道",与后世习称的"十五道",二者之间不存在实质的差别,仅为称呼之不同。

然则为何历代多言"十五道"呢?笔者以为主要原因有以下几点。一、年代渐远,旧义不彰。开元、天宝时人固然明白其时之"十道"与"贞观十道"实质有别,但后人要突出开元之制与贞观之制的不同,非"明示之"不可。大历年间(766—779)的陈秦尚言"分十道置廉察",而贞元时期(785—805)的杜佑已称之"十五部",更往后之李吉甫等人则一概曰"十五道"矣。在此过程中,历史逐渐失真。二、两畿与诸道之别也渐趋模糊。宋代"京畿路"时而复置,是"畿"其时已混同于诸路矣。三、初置之十五部,道有十三,畿仅得二,"少数服从多数",言十五道不仅更简洁,且宜与十道对比。四、《通典》伊始,河西道已湮没于史籍。十六部之概念既无,十五道之说遂不复有数目上之障碍矣。

综合全文,十三道在唐高宗永徽初已分置,比传统观点认为的要早数十年;武则天光宅元年恢复十道成制,并正式成为监察道;睿宗景云二年又变成十三道,其后至开元十七年,以十三道为常态。若开元二十六年析置黔中道不误,则此后十几年间,唐朝当为十六部。即便不考虑畿、道之别,整个唐代,十五道也最多不过存在了十年时间。事实上,唐朝人恒言"十道","十五道"之说宋以后才逐渐流行。

(本文系在复旦史地所"禹贡博士生论坛"报告文稿的基础上改成,原刊于《中国历史地理论丛》2012年第1期,人大复印报刊资料《魏晋南北朝隋唐史》2012年第4期全文转载,本次收入略有修订。)

罗凯,复旦大学历史地理研究中心2012届博士,现任教于四川大学历史文化学院。本文原发表于《中国历史地理论丛》2012年第1期,2009年12月曾在禹贡博士生论坛第19期报告。

[①] 这两点郭声波先生已言之,参见其《唐代监察道功能演变过程的考察》。

聚落与城市

空间及其过程：唐长安住宅的
分布特征与形成机制

张永帅

摘　要："东贵西庶""南虚北实"是唐长安住宅分布的总特征,但它们不是同时同步形成的,对它们的认识要把握好时间尺度,注意对事物特征形成过程的研究,在动态中认识事物的本质。影响住宅分布的首要因素是地形等自然原因,但不是决定因素,从长安城作为首都的政治特殊性来看,主要是宫室格局的变化等人文因素对住宅的分布起了决定性作用,并促使地形等自然因素的影响凸显出来。

关键词：唐代；长安；住宅；分布特征；原因

一、引　言

长安作为大唐帝国的都城所在地,作为国家的政治中心,其住宅的分布不仅涉及自然环境的制约和人们对自然环境的改造利用,还体现了政治中心、政治制度变迁对住宅分布的影响以及人们对政治演进、制度变化的能动调适。因此,对唐长安住宅分布的研究就不能仅仅局限于简单的复原,而应在复原的基础上探寻其分布的制约因素、主导原因;对唐长安住宅分布的研究也不能将其作为一个静态的平面,有唐一代近 300 年的历史,长安城的形制、其住宅的分布不无变化,尤其是住宅分布总体特征的形成是有一个过程的,因此必然地应将住宅的分布置于一个动态的画面、一个变化的过程中加以探讨,才是符合实际的。

对唐长安住宅分布的研究,前辈学者已作过一些相关研究,主要体现在三个方面。一是对唐长安住宅分布的总体特征及其影响因素的研究,以曹尔琴先生《唐长安住宅分布》[①]和《西安历史地图集》之《唐长安城住宅图》[②]为代表。前者主要利用《长安志》《唐两京城坊考》

---

① 《中国历史地理论丛》1999 年增刊。
② 史念海主编：《西安历史地图集》,西安地图出版社,1996 年,第 92—94 页。

以及出土相关碑志,对长安住宅的总体分布进行了复原。该文虽旁征博引,但存在以下三个方面的问题却是不容忽视的:一、只是探讨了自然环境对住宅分布的制约,即人们是怎样合理利用和改造自然环境而选择和安排自己的住宅的,而对人文社会环境与住宅分布的关系几无涉及,这显然是有失全面的;二、归纳的住宅分布特征由于没有考虑到所依据资料的有效性而与事实不尽相符;三、没有探讨住宅分布的变迁过程,缺乏动态感,可以说在一定程度上不能反映唐长安住宅分布的真实面貌。后者以天宝十五载(756)为界将唐代分为前后两个时期,把长安住宅分不同的时代以不同的符号标示在唐长安城图上。应该说这一做法可以动态反映长安住宅的分布情况,但由于其所用材料有限,可考年代的住宅仅有355处,有些可借助两《唐书》和《全唐文》等文献考证出年代的住宅付诸阙如,还有图说文字多有印刷错误,[①]都是这一研究成果存在的缺憾。二是对唐长安住宅的专题研究,以妹尾达彦《唐长安の官人居住地》、[②]孙英刚《隋唐长安的王府与王宅》、[③]蒙曼《唐代长安的公主宅第》[④]为代表,动态地研究了唐代官人、王子、公主住宅的分布、变化及影响因素,从住宅分布变迁的角度重新审视唐代政治史和政治制度史的新视角,很值得以后进行同类研究借鉴。以后所要作的应该是沿着这一思路,将专题研究扩展到整体综合研究。三是在以往探讨唐长安人口的相关文章中也涉及了唐长安住宅数量、分布的论述,如妹尾达彦《唐都长安的人口数与城内人口分布》、[⑤]王社教《论唐都长安的人口数量》[⑥]等。

鉴于以往对唐长安住宅分布的整体的动态性研究尚嫌不足,因此本文在《长安志》《唐两京城坊考》的基础上,尽可能利用出土碑志资料,不仅探讨了唐长安住宅的空间分布,还考察了唐长安住宅分布的变迁过程。

二、资料与住宅数量的统计原则

对长安城坊及其住宅等的记述从唐代就已开始,并出了专书,韦述编撰的《两京新记》(5卷),详细地记载了以韦述生活的8世纪前叶为中心的两京城内的情况,具有无可比拟的史料价值。在此之后,试图复原隋唐长安城都市景观的种种尝试接踵而出。北宋相继产生了宋敏求的《长安志》(20卷)、吕大防的《长安图》、张礼的《游城南记》(1卷)。此后,有南宋程

① 如将永昌坊李伏奴印成"李汶奴",将修政坊张九龄印成"张九令",将崇义坊段秀实印成"殷秀实",将常乐坊和敬公主、郭敬之、马实、关播、白居易宅印成"永嘉坊:常乐坊:和敬公主、郭敬之、马实、关播、白居易"等。
② 《东洋史研究》第55卷第2号,1996年。
③ 《唐研究(第9卷)》,北京大学出版社,2003年,第185—214页。
④ 《唐研究(第9卷)》,第215—234页。
⑤ 《中国古都研究(第12辑)》,山西人民出版社,1998年,第179—189页。
⑥ 《中国历史地理论丛》1999年增刊。

大昌《雍录》(10 卷)、元骆天骧《类编长安志》(10 卷)、李好文《长安志图》(3 卷)，清嘉庆董祐诚等的《长安县志》和《咸宁县志》，直至道光时终于出现了堪称集大成之作的徐松《唐两京城坊考》(5 卷)。由于以上诸书记述的侧重点不同，对研究唐长安城住宅的参考价值也就有所区别。其中，对住宅记载较为详细的当为《长安志》《类编长安志》和《唐两京城坊考》。除此之外，唐人诗、文，以及历代尤其是近代以来大量碑志的出土，在《长安志》和《唐两京城坊考》的基础上，对唐长安的住宅数量增补不少。本文对唐长安住宅数量的统计，就是依据《长安志》《唐两京城坊考》等文献和相关墓志汇编，[①]以及今人在《唐两京城坊考》的基础上，发掘古文献记载、考古调查成果以及新出土的碑志资料，对长安宫室建筑、坊里住宅进行的大量增补和考订。[②]

但需要特别说明的是，不论是历史文献的记载，还是各种碑志资料，绝大多数都是关于官吏和贵族住宅的记载，普通百姓的则少之又少，这难免会导致我们住宅统计与分析的种种偏差。但可以肯定的是，在一千多年后的今天我们要对唐长安住宅进行不差毫厘的复原，既是不可能的，也没有那个必要。其实，主要是对官员和贵族住宅分布的复原与分析，在很大程度上也就反映了唐长安住宅分布的基本规律，也能从而探知唐人长安住宅选择与取舍的一般原则，我们的研究目的也就在此。

由于我们探讨的是唐长安住宅的分布问题，这些住宅必须要有确切的坊里位置，而见诸各种史籍的住宅未必都有确切位置的记载，因此，我们对其住宅数量的统计显然要比资料所见唐长安住宅的总数要少。在此，我们对唐长安住宅数量的统计遵循了以下三个原则。

一、古人对住宅的记述，称呼有家、家第、家舍、家寝、第、私第、赐第、舍、私舍、私室、私庐、居所、宅、宅第等等，不尽相同，只要是记述住宅的，都属于我们统计的范围。在统计这些住宅时，要注意聚族而居、世袭相传居住和宅第盈缩等不同情况。如《长安志》升平坊记太子太傅致仕刘勉宅，杨鸿年《隋唐两京坊里谱》引陆增祥《八琼室金石补正》卷 77《刘氏幼子墓铭》载刘从周升平里私第，又引武树善《陕西金石志补遗》上《刘氏女墓志》载升平里刘德章私第，而刘从周、刘德章均为刘勉之子，可见此刘家乃聚族而居，虽记为三个宅第，而实为一处。《城坊考》中书令张嘉贞宅在长兴坊，而其子延赏宅于平康坊，与子弘靖同宅。嘉贞、延赏父子异居，是为两处住宅，延赏、弘靖父子同居一处，则为一处住宅。《长安志》长兴坊有侍中、驸马都尉杨师道宅，其地后分裂，为左监门大将军韩琦、尚书刑部侍郎崔玄童、荆府司马崔光意居住，虽为一地，由于分裂，面积缩小而数量增加，住宅数量当计为四处。

---

① 周绍良主编：《唐代墓志汇编》，上海古籍出版社，1992 年。周绍良、赵超主编：《唐代墓志汇编续集》，上海古籍出版社，2001 年。吴钢主编：《全唐文补遗》(1—7 册)，三秦出版社，1994—2000 年。中国文物研究所、陕西省古籍整理办公室：《新中国出土墓志·陕西[一]》，文物出版社，2000 年。

② 主要有张忱石《唐两京坊宅补遗》，《古籍整理研究》1988 年第 2 期；辛德勇《隋唐两京丛考》，三秦出版社，1991 年；阎文儒、阎万钧编著《两京城坊考补》，河南人民出版社，1992 年；李健超《增订唐两京城坊考》，三秦出版社，1996 年；杨鸿年《隋唐两京坊里谱》，上海古籍出版社，1999 年。

二、由于我们探讨的是唐长安城内住宅的分布问题,因此所涉及的住宅必然要有明确的位置。以唐长安城的特征而言,也就是要有明确的坊里所在。如此一来,在我们接触的不少墓志中以京兆、上京、西京、京师、上都、乾封、京兆长安、万年、京、上京、秦京、明堂、西都等言墓主生前所在,但没有说明是在哪一坊里,这些本属于唐长安城住宅的资料就不在我们的统计范围之内了。因此,需要说明的是,我们所统计的唐长安住宅数目也就必然少于目前资料所见唐长安住宅的实际数目。

三、在此,我们不仅是对唐长安住宅总数的统计,而且要具体到每一个坊里住宅的确切数目。但史料记载往往有错讹脱漏、不相一致甚至互相矛盾者,针对这种情况只能采取缜密的考证方法,理顺资料,将这些住宅置于其本来的位置。以下仅举两个例子加以说明。

《长安志》:"(长兴)坊内横街之南,中书令张嘉贞宅。"注曰:"本太常少卿崔日知宅。《唐书》曰:贞元中裴延龄为德阳郡主治第,时将降郭鏦,延龄令嘉贞之子徙所置庙,德宗不许。按韦述《记》载嘉贞宅,延龄所徙乃是庙,而嘉贞碑:宅在思顺里。今无思顺坊,未详。"《城坊考》照录《长安志》文。此按《长安志》和《城坊考》所言思顺坊为唐洛阳之一坊。裴延龄令嘉贞之子徙所置庙,而张嘉贞碑载其宅在思顺里,可见张嘉贞宅、家庙同在思顺里。宅、庙同在一坊,相邻甚至相连,在唐代是常有之事,而《长安志》和《城坊考》以《两京记》记为宅,《唐书》所言为庙而存疑惑,实大可不必。其实,《两京记》所载为长安长兴坊之张嘉贞宅,而《唐书》所记之庙和张嘉贞碑所言之宅均在洛阳思顺坊。由此看来,《长安志》和《城坊考》以张嘉贞洛阳思顺坊之事为张嘉贞长安长兴坊之宅作注,显然是错误的。既然张嘉贞家庙在洛阳思顺坊,那么裴延龄所谓令嘉贞之子徙所置庙为德阳郡主治第的德阳郡主的宅第也就应在洛阳思顺坊了。在统计长兴坊住宅数目时,我们就当不为《长安志》和《城坊考》的错误注解所迷惑,将德阳郡主住宅计入长兴坊。

《长安志》卷7:"(休祥坊)东北隅崇福寺。"注曰:"本侍中观国公杨恭仁宅。咸亨元年,以武皇后外氏故宅,立为太原寺。垂拱三年又改为崇福寺,寺额武太后飞白书。"《唐会要》卷48《寺》载崇福寺在休祥坊(原讹为林祥坊),"本侍中杨恭仁宅。咸亨二年九月二日,以武太后外氏宅,立太原寺。垂拱三年十二月,改为魏国寺。载初元年五月六日,改为崇福寺"。但杨恭仁墓志载其以贞观三年"薨于京城安定里第"[1],与《长安志》《唐会要》所载杨宅在休祥坊不一致。此按休祥坊北与安定坊南北隔坊街相对,则杨恭仁宅地跨安定、休祥两坊,而不能错误地认为休祥坊和安定坊各有杨恭仁一处住宅。

依据上述资料和统计原则,笔者共统计出唐长安住宅约1 430处。[2] 以下就是在这1 430处住宅基础上的论述。

---

① 《大唐故特进观国公墓志》,周绍良、赵超主编:《唐代墓志汇编续集》,第22—23页。
② 其中《长安志》360余处,《唐两京城坊考》在《长安志》基础上增补290余处,碑志等其他资料再增约780处。

三、"东贵西庶"与"南虚北实"：唐长安 住宅的空间分布特征

唐长安城以朱雀街为南北中轴,将外郭城分为街东和街西两部分,街东属万年县,街西属长安县,又各有南北向 5 条街道、东西向 7 条街道。两条街道之间是分布整齐的里坊,而各类住宅就置于里坊之内。但这些住宅在各里坊的分布是极不平衡的,这种不平衡性主要体现在以下几方面。

1. 以朱雀大街为界,呈"东多西少"的分布格局。

隋唐长安城以朱雀大街为界,将外郭城分为街东和街西两部分。而这两部分就其面积而言,可以朱雀街为轴,东西是对称的,而且东西里坊数目也基本相等,东万年县为 54 坊和 1 市,西长安县为 55 坊和 1 市。[①] 但与此相反,长安城住宅的分布却并未呈现出这种对称性。就目前所见资料统计,朱雀街东万年县有住宅 955 处,朱雀街西长安县为 474 处,仅为万年县的一半。由此可见,若以朱雀大街为界将唐长安城一分为二,住宅的分布则明显呈现出"东多西少"的格局。

2. 从南北向来看,呈"南虚北实"的分布特征。

《长安志》卷 7 在开明坊下记载:"自朱雀门街南第六横街以南,率无居人地宅。"又注曰:"自兴善寺以南四坊,东西尽郭,虽时有居者,烟火不接,耕垦种植,阡陌相连。"笔者的统计与此记载完全相符,即皇城向南第六横街以南东西尽郭 39 坊仅有 111 处住宅,尚不及 1430 处住宅的 1/10,其空旷程度由此可见一斑。由此不难看出,城北显然是住宅分布的重心所在,这一特点可以"南虚北实"概括。

3. 皇城周围、朱雀大街两侧和太极宫、兴庆宫、大明宫之间区域为可考住宅分布密集区。

以上通过对各坊里住宅数量的统计,我们认为住宅的分布从南北看来,具有"南虚北实"的特点。然而城北的范围广阔,在这样一个广阔的范围内各里坊的住宅也不可能是均衡分布的。住宅数量可以说明这种不均衡分布的大致状况,但考虑到唐长安坊里面积是存在大小之分的(参见下表),而分布密度(住宅数/坊面积)虽受多种因素的影响,然相较而言,其更能说明住宅分布的重心所在则应该是没有疑问的。

---

① 唐长安城的里坊数目,历来说法不一,或云 110 坊,或云 109 坊、108 坊,莫衷一是。辛德勇先生考证"大兴城最初的坊里数目,即朱雀街东 54 坊,街西 55 坊",合为 109 坊(辛德勇:《隋唐两京丛考》,第 18 页)。但这只是隋至唐初时的坊里数,在此之后是有变化的。唐高宗龙朔二年(662)修建大明宫,开丹凤门南北大街将郭城东北部翊善坊、永昌坊一分为二,形成光宅、翊善、永昌、来庭四坊,从而使街东增加 2 坊成 56 坊。但"东封尽,以(皇子)年渐成长,乃于安国寺东附苑城同为大宅,分院居之,名为十王宅,令中官押之"(《长安志》引《政要》),从而使朱雀门接东第五街街东从北第一坊,尽之地筑入苑。这样,朱雀街东就又成了 55 坊。唐玄宗开元二年(714)建兴庆宫占去街东兴庆坊之地,由此,街东就又恢复为原来的 54 坊。从此之后,长安城的里坊数基本没有变化。

长安城里坊范围表①

位置 ＼ 范围	文献记载（《长安志》）		考 古 实 测		
	南 北	东 西	南北（米）	东西（米）	面积（平方米）
皇城以南朱雀街两侧十八坊	三百五十步合 514.5 米	三百五十步合 514.5 米	500 至 590	558（街西）至 562（街东）	279 000 至 33 0580
皇城以南朱雀街两侧东西第二列十八坊	三百五十步合 514.5 米	四百五十步合 661.5 米	500 至 590	683（街西）至 700（街东）	341 500 至 413 000
皇城以南东西两侧六列四十八坊	三百五十步合 514.5 米	六百五十步合 955.5 米	500 至 590	1 020 至 1 125	510 000 至 663 750
宫城东西两侧十二坊	四百步合 588 米	六百五十步合 955.5 米			
皇城东西两侧十二坊	五百五十步合 808.5 米	六百五十步合 955.5 米	（居德坊）838	（居德坊）1 115	934 370

通过计算，我们将唐长安 109 坊加两市住宅的分布密度由大到小进行了排列，其住宅密度超过 100 处/平方公里的坊里依次是：②来庭坊，长兴坊，大宁坊，翊善坊，宣阳坊，开化坊，新昌坊，靖恭坊，亲仁坊，永乐坊，太平坊，永宁坊，崇义坊，宣平坊，安仁坊，延寿坊，修德坊，永兴坊，崇贤坊，安兴坊，崇仁坊，辅兴坊，延康坊，安邑坊，胜业坊，常乐坊，光德坊，道政坊，务本坊，光宅坊，丰乐坊，善和坊，永昌坊，通化坊，靖安坊，怀德坊，光福坊，兰陵坊，布政坊，延福坊，升平坊，修行坊，昭国坊，安业坊，怀远坊，兴道坊，兴化坊，崇德坊，醴泉坊，金城坊，长乐坊，晋昌坊，通义坊，怀真坊，宣义坊，休祥坊，义宁坊，嘉会坊，崇化坊，颁政坊，居德坊，永嘉坊，丰安坊，普宁坊，崇业坊，永平坊，常安坊。以上各坊，若以 300 处/km² 为住宅分布最为密集区，则以位于皇城周围、朱雀大街两侧和太极宫、兴庆宫、大明宫之间的区域住宅分布最为密集，我们不妨可以将此区域称作唐长安住宅分布的重心区。

综上所述，可以将唐长安住宅的分布总结为"东重西轻""南虚北实"、分布重心位于一街（朱雀大街）三宫（包括皇城、太极宫、兴庆宫、大明宫）之间。此三个特点，关于"南虚北实"，我们的统计与文献记载相符，应该没有什么问题，可以成立；至于其他两个特点，以文献记载"长安县所领四万余户，比万年县为多"③，又考虑到资料所见的唐长安住宅大多是官吏和贵

---

① 据张永禄《唐都长安》（西北大学出版社，1987 年）第八章《坊里与人口》，略作改动。
② 宫城东西两侧十二坊没有考古实测数据，此据《长安志》记载计算。
③ 宋敏求：《长安志》卷 10，光绪十七年长沙思贤讲舍重刻灵岩山馆本，第 6 页 b。

族的来看,我们以上所谓住宅分布的"东多西少"显然需要修正。[①] 文献记载,"公卿以下民(居)止多在朱雀街东,第宅所占勋贵"[②],而街西"浮寄流寓,不可胜计"[③]。就是说,官吏和贵族住宅主要集中在朱雀街以东,相应地,朱雀街以西就主要是一般百姓、西域商人等各色人等的聚居地了。由此一来,唐长安住宅在朱雀街东、西的分布就可以概括为"东贵西庶"这一特征。[④] 至于"重心区",鉴于统计所用资料大多是对官吏住宅的记载,因此还只能是就官吏住宅的分布而言,结合"南虚北实"即"自朱雀门街南第六横街以南,率无居人地宅",此"重心区"内的住宅即主要是所谓的"东贵"诸宅,即所谓分布"重心区"其实是"东贵西庶"与"南虚北实"交互作用的结果。

四、变与不变：唐长安住宅空间分布特征的形成过程

以上我们只是对唐长安住宅的分布进行了一番平面的、静态的考察,而有唐一代近300年的历史,应该说住宅分布的以上特征只是不同时间断面的住宅分布叠压在一起的结果。实际上,住宅的分布总是随着时间的推移而处于一个不停的变化过程中,也正是在不断变化中而最终形成了长安住宅分布"东贵西庶""南虚北实"的特点,而对这一变化过程的探讨显然是十分必要的。考虑到影响住宅分布变化的主要因素,此处将唐代历史划分为前、中、后三个时期来探讨长安住宅分布的变迁过程。具体做法是以开元十六年(728)、至德元载(756)作为划分时段的分界线,[⑤]将可考证出年代的住宅复原到各个时期的唐长安

---

① 在前揭文《唐长安住宅分布》中,曹尔琴先生注意到"按照道理说,百姓应当远远多于官吏,住宅理应多于官吏",却又说"街东地势较高,引水方便是住宅多于街西的道理"。考虑到资料所见往往是官吏、贵族住宅的记载,曹先生的结论显然也是需要修正的。
② 宋敏求：《长安志》卷 8,第 10 页 b。
③ 宋敏求：《长安志》卷 10,第 6 页 b。
④ 有论者认为长安外郭城市的分别可以"东贵西富"概括(朱玉麒：《隋唐文学人物与长安坊里空间》,《唐研究(第 9 卷)》,第 85—128 页)。然而,笔者以为"贵"与"富"未必是一对相反的概念,事实上在古代社会二者往往是相一致的,因此"贵"与"富"并不能宏观反映长安城的东与西的分异。妹尾达彦的研究认为唐长安城居住区机能分化的表现是"沿着东西走向的交通干线,形成了街东高地官僚居住区、街西低地的庶民居住区"(妹尾达彦：《唐代后期的长安与传奇小说：以〈李娃传〉的分析为中心》,刘俊文主编《日本中青年学者论中国史·六朝隋唐卷》,上海古籍出版社,1995 年,第 509—544 页),笔者认为这一认识是对长安居住区域分异的真实概括。作为反映居住者身份和地位的高低,街东官僚居住区的身份表征为"贵",而街西庶民居住区为"庶"(或"贱")。如此,则长安城居住空间的东西分异就应概括为"东贵西庶"。
⑤ 之所以作这样的划分,主要是考虑到随大明宫和兴庆宫的兴建,唐中央政治中心发生转移,对长安住宅,尤其是官吏和贵族住宅的分布格局产生重大影响。大明宫修建于唐高宗龙朔年间,高宗随之在此听政,但由于高宗后期和武则天时期,皇帝大多居住在洛阳,实际上并没有完全改变太极宫的政治中心地位。后来,唐玄宗于开元二年(714)兴建兴庆宫,建成之后于开元十六年在此听政,政治中心真正发生第一次转移,因此我们将开元十六年作为前、中期划界的时间线。唐肃宗收复长安以后,弃兴庆宫转而又在大明宫听政,以后各朝皇帝也都基本居于大明宫内,因此大明宫就成了最重要的政治中心,于是我们将至德元载(756)作为中、后期划界的时间线。

城图上,①考察不同时期住宅的分布特征,捋出住宅分布的变迁趋势,探讨变迁原因,描绘唐长安住宅变迁的时间轨迹。

(一)"东贵西庶"特征的逐渐形成

结合前文所述,住宅东西分布的变迁究其实质,是区域内(长安城)人群阶层分化在居住空间上的反映,其结果是形成了"东贵西庶"的居住格局。至于这一格局的形成时间,王仲殊认为早在隋建大兴城时就已见端倪。② 而妹尾达彦则认为由于大明宫、兴庆宫的吸引作用等原因,唐代中期以后,在唐长安城东部逐渐形成了居住相对比较密集的官僚住宅区,与此相对应,在长安城的西部,则形成了西域商人和下层庶民住宅分布相对比较集中的区域。③ 辛德勇的研究说明在隋大兴城中,权贵们选择住宅时较多的人更偏好城市的西部。④ 王静借助吐鲁番出土文书对兴昌坊变迁的研究认为,开元以来文人官僚聚集的兴昌坊,在此之前为城市贫民多居。⑤ 这都说明长安城的东西分异不至于早在隋代就已经出现。本文通过对不同时期街东和街西住宅数量的统计发现:前期(武德元年—开元十六年)街东为189处,街西166处,东西相差不大;中期(开元十六年—天宝十五载)街东住宅133处,街西76处,街西几乎仅为街东的一半,东西相差较前期明显增大;后期(至德元载—天祐四年)街东为424处,街西仅为175处,街东住宅几乎等于街西的2.5倍,东西相差已是十分悬殊。这也说明,长安城街东与街西的分异未必远自隋代,而是唐代以来逐渐形成的。

本文的统计可以说明,在唐代近300年的历史中,长安住宅的分布有从街西向街东转移的趋势,且越往后东移的趋势越明显。前期,尽管受到大明宫兴建的影响,但朱雀街东、街西住宅的分布还略显均衡态势;中期,住宅由街西向街东转移的趋势日益明显;到后期,住宅的向东转移日趋加剧,当然这种东移主要是官吏、贵族住宅的向东转移,从而最终形成了唐长安住宅分布"东贵西庶"的特点。由此看来,唐长安住宅分布的"东贵西庶"特征主要形成于开元以来,安史之乱以后由于大明宫长期作为中央政治中心,随着达官显贵住宅东移的日益加剧,在居住空间上的阶层分化也就反映得越来越明显了。

---

① 由于住宅数量的变化和住宅所有权延承和变更的复杂(参拙作《唐长安住宅的所有权》,《陕西师范大学学报》2009年第5期),难以对本文统计的1430处住宅全部具体安置在这三个不同的时期,为此对于那些根据文献和考古资料只能知道在记载中存在而不知前后延承和变更关系的住宅我们采取了以记载时间前后相沿一代人即30年的模糊处理办法;还有一些住宅,即使采取这一做法也还难以确定将其置于哪一个时期,对于这些住宅我们则不作统计。因此,以下三个不同时期的住宅数量相加并不等于1430处。
② 王仲殊:《试论唐长安城与日本平城京及平安京何故皆以东半城(左京)为更繁荣》,《考古》2002年第11期。
③ 妹尾达彦:《唐长安城的官人居住地》,《东洋史研究》第55卷第2号,1997年,第35—74页;《长安の都市计画》第三章第一节《宇宙の都から生活の都へ》,讲谈社,2001年,第176—214页。
④ 辛德勇:《〈冥报记〉报应故事中的隋唐西京影像》,《清华大学学报》2007年第3期。
⑤ 王静:《唐代长安新昌坊的变迁——长安社会史研究之一》,《唐研究(第7卷)》,北京大学出版社,2001年,第229—248页。

（二）"南虚北实"特征的一贯性

与"东贵西庶"特征的逐渐形成不同，"南虚北实"可谓终唐一世是一以贯之的。就目前资料所见，前期（武德元年—开元十六年）统计住宅为 355 处，城南诸坊①仅有住宅 27 处，且越往南住宅越少；中期（开元十六年—天宝十五载）209 处住宅，城南各坊共计 18 处，依然十分稀少；与前两个时期相比，后期（至德元载—天祐四年）的住宅数量明显增加，在各坊的分布密度也有所增加，但与以前相似的是城南各坊住宅依然相对稀疏，在资料所见的 599 处住宅当中城南仅为 25 处，与城北形成鲜明的对比。这说明，尽管长安住宅越往后来数量越多，城南诸坊住宅绝对数量也渐趋增多，但这些坊里始终保持其住宅分布相对稀疏的局面，没有多大变化。

由此看来，唐长安住宅分布的"东贵西庶"与"南虚北实"两大特征并不是同时形成的。二者的形成过程可用"变"与"不变"来概括，变是对"东贵西庶"而言，"不变"则是对"南虚北实"而言。"东贵西庶"是逐渐形成的，没有"变"就没有"东贵"与"西庶"的分异。妹尾达彦和辛德勇的研究都表明，在隋代，分布在街西的权贵宅第要多于街东，权贵对住宅的选择有偏好街西的倾向；②而到唐代以后，权贵们越来越倾向于将自己的住宅选择在街东才一改隋代的"西贵"倾向而逐渐形成了"东贵西庶"的格局。与此不同的是，"南虚北实"早在唐初甚至隋建大兴城时就已经形成，所谓"隋文帝以京城南面阔远，恐竟虚耗，乃使诸子并于南郭立第"。此后，在唐代近 300 年的历史中，虽然人口和住宅数量增加，但城南诸坊"虽时有居者，烟火不接，耕垦种植，阡陌相连"的状况并没有实质性改变。

五、变与不变的缘由：住宅分布
特征及其变迁的制约因素

以上我们对唐长安住宅的分布及其变迁过程作了一番简要的叙述，那么导致这种分布特征和分布变化的原因是什么呢？这诸多因素各自发挥作用时的地位又是怎样的呢？

（一）广阔的城市空间：住宅不均衡分布的前提

唐长安城继承了隋大兴城，只是略有增修，所以隋大兴城的建设从根本上规定了隋唐长安城诸建置的方方面面，当然，以后唐代的增修也在很大程度上影响了长安城内诸建筑的分布格局。

---

① 即"自兴善寺以南四坊，东西尽郭"39 坊。
② 妹尾达彦：《唐长安城の官人居住地》，《东洋史研究》第 55 卷第 2 号，1997 年。辛德勇：《〈冥报记〉报应故事中的隋唐西京影像》，《清华大学学报》2007 年第 3 期。

公元581年2月,杨坚废北周静帝自立,建立隋王朝。由于杨坚是以北周旧臣取而代之建立新王朝,故隋初仍以汉长安城为都。但这只是权宜之计,试想这座自汉以来历经780年之久的旧都怎能适应新的大一统王朝的需要?首先,汉长安城历时已久,城中宫宇朽蠹,供水、排水系统严重瘫痪,污水往往聚而不泄,致使生活用水受到污染,水质咸卤,难以饮用。其次,汉长安城北临渭水,由于渭河不时南北摆动,都城常受水患威胁,而新都若想以汉城为基础向南发展又受到龙首原的阻隔。这都迫使隋王朝的统治者必须另外选择新的都城。但是文帝君臣并不想离开关中,另建新都只是出于对汉长安城的不满,与它所处的整体环境没有多大关系,灞河以西、渭河南岸这一区域在建都上具有最大的区位优势。经过认真调查、缜密考虑,隋文帝将新都选在了汉长安城东南二十里的龙首原之南,这里原面开阔,又远离渭河水患,的确是新都城址的最好选择。也正是平原面积的广阔,为将大兴城建设成为前所未有、当世无比的特大都城提供了必备条件。根据考古实测,大兴城东西宽9721米(包括两城墙厚度),南北长8651米(包括两城墙厚度),周长约35.5千米,面积84平方千米。这么大的一座都城,除去宫城、皇城所占不足10平方千米外,剩下的74.6平方千米的外郭城尽为居民区,其面积之广大大超出了隋大兴城人口居住的需要,为此,"隋文帝以京城南面阔远,恐竟虚耗,乃使诸子并于南郭立第"。一方面也是由于大兴城宅第土地供大大地过于求,才使隋朝大多数皇子的王宅动辄全一坊之地,占半坊之地的都算是破例。其他贵族、官吏的住宅虽不一定能及王宅,但规模也都是很大的。隋代是这样,经过几百年的发展到唐王朝人口的顶峰时期,长安城人口也不过70余万,这是就整个长安城而言,若除去宫城、皇城人口,外郭城所剩也就60余万。[1] 以外郭城70多平方千米的面积,当然完全可以承载这60余万的人口。如此广阔的城市空间为住宅的不均衡分布创造了条件,由此,人们就可以按照自己的条件和需要自由地选择他们住宅的最佳位置了。

(二)都城空间布局特征:住宅分布"南虚北实"的决定因素

由于隋唐长安宫城、皇城均位于较北的位置,各级官吏为上朝、工作的方便,也往往在靠近宫城、皇城的坊里选择居处;还有隋唐长安城的设计,东市位于朱雀街东第四街,西市位于朱雀街西第四街,两市东西对称,也处于长安城的较北位置。虽然中国封建社会一贯采取"重农抑商"政策,忽视商业对国家、社会发展的促进作用,但对于脱离生产劳动的各级官吏和贵族,还必须得依赖于商业才可以满足他们的生活需求和奢侈享受。因此,官吏和贵族们也往往选择离东、西两市较近便于交易的坊里置办宅第。官吏、贵族之外,一般百姓的生活也不可能离开市场,一旦条件满足他们也愿意将自己住宅置于离市场较近的位置。这样一来,则唐长安的住宅大多聚集于宫城、皇城和东、西两市附近,从而使得住宅分布城北大大多

① 参见王社教《论唐都长安的人口数量》,《中国历史地理论丛》1999年增刊。

于城南，并且随着城南各坊距宫城、皇城和两市的距离的增加，住宅也相应地越来越少。这就是说，都城空间布局的重心包括宫城、皇城、官署衙门、市场及相关设施都主要位于城北决定了住宅的分布也就主要在城北了。都城空间布局重心位于城北自隋代就已奠定而为唐代沿袭，这就决定了住宅分布的"南虚北实"也有一贯性的特点。

（三）政治空间变化：住宅分布"东贵西庶"形成的主导原因

隋初大兴城的布局设计制约了隋唐长安的住宅分布，而此后唐代的增修不仅使长安城建筑更加宏伟壮丽，而且由于在增修过程中引起宫室格局变化从而使长安城的平面布局发生局部改变，也影响了长安的住宅分布格局。唐初，长安城的布局一如隋时之旧，宫城以太极宫为中心位于全城北部的中心，是皇帝起居和朝会之所，为都城唯一的政治中心。贞观八年（634）十月，唐太宗李世民为备太上皇"清暑"营建大明宫，但尚未建成，太上皇李渊就于次年五月病死大安宫，大明宫的营建工程也就此停罢。"龙朔二年（662），高宗染风痹，恶太极宫卑下，故就修大明宫"，经过这次大规模的营建，大明宫基本建成。大明宫在郭城的东北处，南接都城之北，相对于太极宫居于长安城之东北。但是，大明宫的建成并没有完全改变太极宫政治中心的地位。一些重要的礼仪仍在太极宫举行，何况高宗晚期和武则天时期，皇帝大多时间居于洛阳，大明宫作为政治中心的作用也就没有得到完全发挥。因此，在则天朝之前各级官吏和贵族住宅所谓近宫城、皇城而处，因太极宫居长安城正中，而使这些住宅在街东和街西分布几乎相当，仅有的差异或为大明宫作为政治中心作用的发挥。

开元二年（714），唐玄宗以原隆庆坊"五王子宅"为帝王旧第而营建宫室，因其在兴庆坊内而取名曰"兴庆宫"。但此时的兴庆宫只是作为离宫营建，以后不断扩大建设，至开元十六年唐玄宗由大明宫移入兴庆宫听政，从此这里便成为开元、天宝年间的政治中心。兴庆宫位于郭城兴庆坊，占兴庆坊一坊和永嘉、胜业各半坊之地，东尽郭城东墙，与太极宫、大明宫相比最居东。兴庆宫作为政治中心对官吏与贵族住宅选择的影响，使得他们的住宅开始逐步地由街西往街东转移，并最终使玄宗朝（具体指开元十六年至天宝十五载）时期，在街东的官吏、贵族住宅很大程度上多于街西。但这只有不足30年的时间，转移幅度毕竟有限。

唐肃宗收复长安以后，弃兴庆宫转而又在大明宫听政，以后各朝皇帝也都基本居于大明宫内，因此大明宫就成了最重要的政治中心。相应地，各级官吏和贵族的住宅随着大明宫作为政治中心的日益稳定，又大量地由西向东转移。这样地日益累积，官吏、贵族住宅在街东的数量必然越来越多于街西。

当然，尽管兴庆宫和大明宫的兴建使相关时期的政治活动中心相应发生转移，但这只是就它们在王朝政治活动中的地位而言，其实在兴庆宫作为政治中心的时期，大明宫和太极宫还在发挥着一定作用，在大明宫作为政治中心的时期，太极宫和兴庆宫也并没有完全废弃。因此，从这一角度考虑，对大多数官吏和贵族来说，住宅的最好选择莫过处于太极宫、大明宫和兴庆宫之间及其附近的各坊里。

六、自然与人文：影响住宅具体选址的各种因素

长安作为大唐帝国的首都，人们对住宅的选择自然要服从于国都政治经济发展的需要，但在此大前提下又有各种影响住宅具体选址的因素，这也会在一定程度上影响住宅的分布。

(一) 地形

在唐代各种居室条件尚不完备，人们对自然的改造能力有限的情况下，选择高爽之地置宅居住有利于人们的身心健康，这也是人们选宅的一个共同认识。例如，高宗李治"病风痹"，以太极宫地势低下，宫中湫湿而另建大明宫，迁于高敞之地居住。白居易《卜居》"宦游京都二十春，贫中无处可安贫。长羡蜗牛犹有舍，不如硕鼠解藏身。且求容立锥头地，免似漂流木偶人。但道吾庐心便足，敢辞湫隘与嚣尘"，就认为湫隘、嚣尘的住宅若非逼不得已是不为可取的，反映出他对高爽、幽静的追求。长安城虽处关中平原中部，但其局部地形地貌并不十分平坦，而是高低错落。由于受骊山构造抬升的影响，长安城中横亘有东西向的 6 条黄土原，即人们通常所说的 6 坡或 6 岗。其原面高低断续，各原两两之间有一狭长的低平地带。各条原的海拔都是自东而西逐步递减的，东西比降相差 5 米到 20 米不等。这就造成了长安城地势街东明显高于街西，在街东和街西又有明显的南北错落。人们往往选择高爽之地选择自己的住处，不仅在于对身心健康有利，而且在京城六岗上营建私第，地形十分有利，可以使自己的住宅超越一般民居的住宅，显得高大雄伟，因此很是受到贵族的重视，如姚元崇宅在兴宁坊"九二"高地，苏怀宅在崇仁坊"九三"高地，杨国忠、虢国夫人宅在宣阳坊"九四"高地，李吉甫宅在安邑坊"九五"高地，等等，都是典型的例证。[1] 因此，住宅密度较高的坊里也大多位于高爽的岗阜之上。

(二) 水环境

唐长安城的水源分为城内用水、运河和供风景区的水源三类，[2]其中与人们生活和居住环境关系最为紧密的是城内用水，其次才是供风景区的水源和运河。解决城内用水的主要是龙首渠、清明渠、永安渠三条渠道，龙首渠引自浐水，流经东城，主要解决东城及内苑用水；清明渠和永安渠分别源于潏水和洨水，穿西城而过，主要解决西城及皇城、宫城和禁苑的部

① 马正林：《唐长安城总体布局的地理特征》，《历史地理(第 3 辑)》，上海人民出版社，1983 年，第 67—77 页。
② 黄盛璋：《西安城市发展中的给水问题以及今后水源的利用与开发》，《历史地理论集》，人民出版社，1989 年，第 6—41 页。

分用水。应该指出,这三条渠道只是引水入城的主要渠道,不可能流经所有的里坊,永安渠只流经朱雀门街西第三街,清明渠也只流经朱雀门街西第二街,龙首渠更限于皇城和宫城之东直至通化门的一隅之地,里坊中的用水就需要另外凿沟将渠水引入。[①] 日常生活不可离开水,建造雅静、秀丽的园林式住宅当然也不能缺了水,因而,无论是出于生活用水的便利还是营造住宅优美环境的考虑,引水的方便与否也都成为影响住宅选址的一个因素。

(三) 交通

长安作为大唐帝国的首都,出于政治、经济、军事等诸多方面的需要,统治者对交通建设一直是非常重视的,而长安城在建设之初,宇文恺等人就已经对城内的交通作了详细的规划。外郭城道路网即由十一条南北向、十四条东西向街道组成。从北由朱雀门一直向南通向明德门的朱雀大道为南北主干道,也是全城最重要的交通大道。自东郭春明门至西郭金光门的东西大道为东西向主干道。外郭南面三门直对皇城,除明德门至朱雀门的城市主干道外,又从安化门和启夏门向北直引两条大道,一直沿皇城东、西垣而达郭之北门。又皇城南面也有三门,除朱雀门外,自含光门和安上门又分别引出两条次干道。而丹凤门街由于是上朝必经之地,交通地位也显得十分重要。

另外,从长安城四出通向全国的道路选择使某些道路线的交通地位更加突出。唐长安城内设有都亭驿,为全国中心驿站,是长安通向全国的起点。据《通鉴》胡注,都亭驿在朱雀西街含光门北来第二坊,[②]即通化坊。[③] 据辛德勇先生研究,[④]向东出入长安城的道路有两条,即由都亭驿出发分别出通化门和春明门东去,而以通化门出入较频。向西出入长安城的道路有两条,一条是取开远门西出咸阳的道路,另一条是取金光门由长安入骆谷的道路,这两条道路也都是以都亭驿为起点的。另外,向北、向南也都有出入长安城的道路,但向北的道路因以禁苑为出入必经之路,因此平时北出长安城少取此道,而是以军事性见重;向南的道路或出安化门或出明德门,也是从都亭驿出发,但与向东、向西的道路相比,这两条道路显然要显得冷清。这样一来,长安城四出全国的道路则以都亭驿为起点在长安城内形成几条放射状的交通线,这几条线路所经过的坊里固然能够促进它们交通区位优势的发挥,否则不然。人们出于对交通便利的需要,自然也就会在临近这些交通线的坊里选择自己的住宅了。

---

① 史念海:《唐长安城的池沼与林园》,《中国历史地理论丛》1999 年增刊。

② 《资治通鉴》卷 620"乾宁二年五月甲子王行瑜杀韦昭度等于都亭驿"条胡三省注。

③ 今本《长安志》文多舛漏,朱雀西街含光门北来第一、二坊缺载,《唐两京城坊考》臆补为光禄坊、殖业坊,黄永年、辛德勇二先生据《类编长安志》考证此二坊名实为善和、通化,详见黄永年《述〈类编长安志〉》,《中国古都研究(第 1 辑)》,浙江人民出版社,1985 年;辛德勇:《隋唐两京丛考》,第 30—32 页。

④ 辛德勇:《隋唐时期长安附近的陆路交通——汉唐长安交通地理研究之二》,《中国历史地理论丛》1998 年第 4 辑。

（四）社会心理

在古代，甚至是现代社会，精神信仰在人们的日常生活中占有非常重要的地位，而这种精神信仰往往表达的是人们的某种心理诉求，当这种心理诉求成为整个社会普遍遵守的原则时，我们将它称为"社会心理"。社会心理是人们对自然界的朴素认识的凝结，由于受时代局限往往包含一些非科学的成分，但它对生产、生活的影响却是显而易见的。据史书记载，"隋氏营都，宇文恺以朱雀街南北有六条高坡，为乾卦之象，故以九二置宫殿以当帝王之居；九三立百司以应君子之数；九五贵位，不欲常人居之，故置玄都观及兴善寺以镇之"①。宫城、皇城、外郭城平行排列，以宫城象征北极星，以为天中，皇城百官衙署象征环绕北辰的紫微垣，外郭城象征向北环拱的群星。唐诗"开国维东井，城池起北辰"②说的就是这种布局效应。宋敏求《长安志》引《隋三礼图》说，皇城之南四坊以象四时，南北九坊取则《周礼》九逵之制，皇城两侧外城南北一十三坊象一年又闰。这都是社会心理因素在长安城设计上的体现。其实不唯都城设计如此，就连都城内人们住宅的选择也受到这一因素的影响。例如，长安城内位于"九四"的高岗被认为是"或曰在渊，无咎"之地，虽不及九五君位，但依然被达官显贵们视为理想的宅地。③ 像长宁公主府以及宰相裴光庭、李林甫宅所在的平康坊，中书令张茂昭宅所在的务本坊，睿宗在藩旧邸、中书令崔圆宅所在的崇义坊，中书侍郎元载、岐国公杜佑宅所在的安仁坊，马周、杨国忠宅所在的宣阳坊，李吉甫、李德裕宅所在的安邑坊，都位于所谓"九四"高岗之上或两侧。甚至有人竟将自己的仕途前程系于住址的选择，天宝年间，将作大匠康巩置宅新昌坊，"巩自辨图皁，以其地当出宰相。每命相，巩必引颈望之，宅卒为僧孺所得"④。也有些坊里由于受方士之言的影响也往往成为王子贵戚宅第的理想选择，如永嘉坊，"此坊隋末有方士云贵气特盛，自武德、贞观之后，公卿王主居之多于众坊"⑤。相应地，若住宅的选址不被普遍的"社会心理"接受也往往为时人所诉。如敬宗时裴度入相，从兴元（今汉中市）入朝，由于将私宅建在永乐坊，其地正当"九五"高岗之上，立即成为攻击的话柄，反对派张权舆即上书云："度名应图谶，宅据高岗，不召自来，其心可见。"⑥当然，观念的东西往往是随着时代的步伐不断变化的，观念一旦转变，其重要性当再别论了。因此，尽管我们相信它影响了人们对住宅的选择，但也不能高估它的作用。

（五）土地利用形式

隋唐长安的外郭城虽被称为居民区，但不唯住宅布列其间，除此之外，又有官廨、邸店等

---

① 李吉甫：《元和郡县图志》卷1《关内道》，贺次君点校，中华书局，1983年，第1—2页。
② 张子容：《长安早春》，彭定求等编：《全唐诗》卷116，中州古籍出版社，2008年，545页。
③ 黄建军：《中国古都选址与规划布局的本土思想研究》，厦门大学出版社，2005年，第168页。
④ 徐松撰，张穆校补：《唐两京城坊考》卷3《安邑坊》李吉甫宅注引《卢氏杂说》，方严点校，中华书局，1985年，第77页。
⑤ 宋敏求：《长安志》卷9，第2页a。
⑥ 《旧唐书》卷170《裴度传》，中华书局，1975年，第4427页。

政府所用土地，还有佛寺、道观、百官家庙等宗教和祭祀场所也占据了大量空间。由于在唐代三百多年中，长安城并无大规模的扩建，城区土地无明显增加，故而各种形式的用地之间事实上存在的是一种竞争的关系，[①]因此政府和宗教场所用地不仅制约了长安城内住宅的选择，而且各种土地利用方式之间的转换也一定程度上影响了长安城内住宅分布的变迁。像大兴善寺、昊天观各占靖善坊和保宁坊一坊之地，想在这两坊当中置宅自然是不可能的了。被大慈恩寺占去半坊之地的晋昌坊、被大安国寺占去半坊的长乐坊，在里面安置住宅，空间也受限制。如果我们考虑到长安城内各坊被非住宅用地占用的空间，那么各坊可用于住宅的面积也就大不相同了。但是由于我们尚难对这些非住宅用地的面积作出一个相对准确的估计，因此各坊在可用于住宅的面积条件下的住宅分布密度（住宅数/坊内可用于住宅的面积）就无从谈起。但可以肯定的是，非住宅用地使坊内住宅的可利用面积缩小，不仅限制了坊内住宅规模的扩展，也影响了长安城内住宅在该坊分布的数目。换句话说，如果没有这些非住宅用地，那么长安城内住宅在各坊的分布格局或许就是另一种情形。并且随着住宅用地越来越多地转化为非住宅用地，尤其新修的寺、观、家庙日益增多以及越来越多的私宅舍而为寺、为观，不仅对住宅的局部分布产生作用，而且也影响了某些坊里住宅分布的实际密度。

（六）政治斗争与政治控制

政治从来都会反映出一定的地域和空间特征，长安作为唐王朝的都城，不仅是唐帝国各项行政制度运作的舞台，而且是王朝内部政治控制和政治斗争最为激烈的地方。随着不同时代政治控制与政治斗争的变迁，相关政治人物的生活空间也相应地发生变化，尤其是与王朝政权息息相关的王子、公主的住宅以及一些大臣的住宅分布反映出某些明显的政治特征。

唐朝的建立，高祖李渊及其诸子都起到了重要作用，在建国的政治军事斗争中，太子建成、秦王世民和齐王元吉都培养了各自的政治势力。这就是当时特殊的政治局面。一般而言作为太子的建成居于宫中那是理所当然的，但特殊的是就连世民和元吉也住在宫中。太极宫是唐帝国前期的政治核心，高祖居住在太极宫正殿太极殿，象征着皇帝的权威；太极殿以东是武德殿，元吉居住在这里；武德殿再东便是东宫，是储君所在，建成居住在这里；太极殿以西是承乾殿，世民居住在这里。这种布局在以前是很少见到的，从空间上对当时特殊的政治局面进行了生动的诠释。这是高祖时期的情形。在此之后，诸王除非年幼则皆居于宫外。太宗、高宗时期，诸王之宅分布分散，没有一定之规。从武则天后期开始，王府王宅的分布从分散逐渐集中，从集中的方向上看，主要是向长安城的东北方向集中，就是大明宫、太极

---

① 余蔚、祝碧衡：《唐代长安城内土地利用形式的转换》，《中国历史地理论丛》2001 年第 4 辑。

宫和后来的兴庆宫之间的地区,①这里面除了宫室格局变化带来的影响外,还主要是皇帝为了加强政治控制、抑制诸王势力而采取的措施。玄宗时期,王宅分布继续沿着以前的集中居住和向三大内地区集中的方向前进。对于宋、申、岐、薛诸王,赐宅于上述地区;而对于诸皇子,就建立了十王宅。② 就连太子也"不居于东宫,但居于乘舆所幸之别院,太子(之子)亦分院而居"③,更是唐玄宗吸取以前多次流血政变的教训,力图加强皇权而采取的措施。由十王宅而十六王宅,诸王子的政治空间越变越小,直至唐终,除有个别例外,王子们都是集中居住的。

其实,不仅王子们的住宅位置变化反映了当时的政治社会背景,由于公主宅第都是由国家出资建造,而不像一般妇女那样嫁入夫家,从夫而居,她们宅第的分布也往往反映出一定的政治意图。④ 随着时间的推移以及政治形势的变化,唐代公主宅第的分布不断地发生变化。唐初公主发挥着凝结关陇集团的纽带作用,其住宅环卫在宫城与皇城周围,形象地表达着关陇贵族集团的政治地位。从武周后期到睿宗朝,宗室与宗室、宗室与外戚之间错综复杂的关系导致了政治局面的空前混乱。武则天仅存的两个儿子李显与李旦形成了不同的政治集团,彼此对抗。公主,特别是中宗的公主作为一支重要的政治力量成为中宗与韦武集团结合的纽带,她们居于武周后期以来韦武势力集中的长安城西部,与东部以李旦为首的势力抗衡。玄宗以后,随着关陇贵族集团的瓦解与政治空气的澄清,皇权空前加强。公主虽然还肩负着联结皇帝与主要社会及政治势力的责任,但其政治影响已大为减弱。这样,公主住宅逐渐集中到长安城中东部及南部的繁华区域,公主住宅分布所体现的政治色彩也随之变淡。

"牛李党争"是唐后期政治上的重大事件,牛党党魁杨虞卿兄弟同居靖恭坊,号"靖恭杨家",其地与新昌坊隔街相望,据唐刘轲《牛羊日历》载:"牛僧孺新昌里第与杨虞卿夹街对门,虞卿别起高榭于僧孺之墙东,谓之'南亭',列烛往来,里人谓之'半夜客',亦号此亭为'行中书'。"这是大臣住宅与政治斗争发生关系的典型事例。

除上述之外,住宅的选址还主要受到经济条件、个人的需求与偏好等因素的影响。

七、结 语

综上所述,唐长安住宅分布的总特征可以"东贵西庶""南虚北实"来概括。但这两大特

---

① 孙英刚:《隋唐长安的王府与王宅》,《唐研究(第9卷)》,第192页。
② 孙英刚:《隋唐长安的王府与王宅》,《唐研究(第9卷)》,第194页。
③ 《旧唐书》卷107《玄宗诸子传》。括号中文字据《唐会要》卷5《诸王》(中华书局,1990年,第52页)补。另,关于太子不居于东宫问题详见任士英《长安宫城布局的变化与玄宗朝中枢政局——兼及太子不居于东宫问题》,《唐研究(第9卷)》,第169—184页。
④ 蒙曼:《唐代长安的公主宅第》,《唐研究(第9卷)》,第215—234页。本段主要参考了该文。

征并不是同时形成的。至于它们的形成原因，既有自然的因素，也有人文的原因。由于隋唐长安城规模之大远远超过实际需要，而不至于有土地利用紧张的感觉，这既使人们可以自由地选择自己的住宅，又为长安城中有大量闲置的土地、住宅的分布不均创造了条件。又由于隋唐长安城的设计，宫城、皇城、市场以及主要的交通线路等均位于城北，人们为了日常生活之便利纷纷将自己的住宅选择在城北，官吏和贵族尤其如此，因为长安城的布局在隋大兴城时就已基本确定，所以有唐一代近 300 年的时间里，在长安城土地利用并不紧张的前提下，长安城住宅分布的"南虚北实"特点不仅在唐初，甚至在隋代就已形成，而且一直延续了下来。但"东贵西庶"特点的形成显然与此不同。朱雀街东的地势比街西高，何况这一情形在整个唐代基本没有变化，人们出于对住宅高爽的需要，必然地会将自己的住宅选择在街东，这是街东的地形优势，但街西在水环境方面却更胜一筹，前述三条主要引水入城的渠道有两条就在街西，且街西地势相对平坦，引水方便。由此看来，街西与街东就自然环境而言显然难说孰优孰劣，[①]也正因为这样的原因，在前期，人们将住宅选择在街东的倾向并不明显，只是到中期和后期，随着宫室格局的变化和中央政治中心的东移，住宅，尤其是官吏和贵族的住宅纷纷由街西向街东转移，并且愈演愈烈，才最终促成了住宅分布"东贵西庶"格局的形成。在这一过程中，自然环境因素是最初的原因，但不是决定性的，而恰恰是长安城宫室格局的变化与政治中心的转移导致了住宅的东移，也才使街东在地形上的优越性随之明显发挥出来。这也从一个侧面说明了，长安作为唐帝国的都城，政治因素是它，包括它内部的一切事物产生、变化的最主要原因。除此之外，政治控制与政治斗争、社会心理、土地利用方式及其转换等在不同的时期体现的不同特征和内容，也是长安住宅分布发生局部变化的重要原因。可以说，长安城作为唐朝的都城，最根本地是一座政治性的城市，只有抓住这一点，才能从本质上对它以及与它相关的事物有一个准确的认识。

张永帅，复旦大学历史地理研究中心 2011 届博士，现任教于云南师范大学历史与行政学院。本文原发表于《史林》2012 年第 1 期，2010 年 6 月曾在禹贡博士生论坛第 21 期报告。

---

① 曹尔琴《唐长安住宅分布》认为"街东地势较高，引水方便是住宅多于街西的道理"（《中国历史地理论丛》1999 年增刊），这显然是不正确的。街东的地势诚然高于街西，但引水却未必有街西方便，一方面由于地势的原因，主要供应街西用水的永安渠和清明渠的引水就比较顺利，而主要用于供应街东用水的龙首渠的引水则比较困难（肖爱玲等：《古都西安·隋唐长安城》，西安出版社，2008 年，第 229 页）；另一方面，水的分布街西多于街东，水网也相对密集，怎能说街东比街西引水方便？曹先生通过对文献中街东园林住宅的描述来说明街东的水环境优越，文献记载中池沼的分布街东确多于街西（参耿占军《唐都长安池潭考述》，《中国历史地理论丛》1994 年第 2 期；史念海《唐长安城的池沼与林园》，《中国历史地理论丛》1999 年增刊），但是有条件营建私家园林者往往为达官显贵，又易于为文献记载下来，因此，私家园林的分布可在一定程度上反映住宅分布的分化，而不是倒过来径直以园林的多少来说明水环境的优劣。

宋元之际四川主要城市地理分布格局演变探析

伍 磊

提　要： 宋元战争之前，四川主要城市分布在四川西北部金牛道及其支线附近。宋元战争打破了四川主要城市原有地理分布格局，出于军事角度考虑，南宋将残存城市迁入山城之内，蒙元因之。山城中军民一体，是宋元之际四川城市地理格局演变的过渡形态。山城修建以江河为纲，增强了岷江—嘉陵江—长江水路的重要性，保存了四川残余的大部分城市资源。战后，山城保护的资源成为四川城市重建的重要基础，有力地促进了四川主要城市沿岷江—长江—嘉陵江水路分布于四川东南部地理新格局的形成。

关键词： 宋元之际；四川；城市；地理分布格局；山城

宋元之际四川主要城市[①]地理分布格局发生了重大变化，由沿金牛道陆路分布变为沿岷江—嘉陵江—长江水路分布，这是四川城市发展史上的重要转折点。自秦国统治巴蜀至南宋中期，金牛道沿线城市政治、经济、文化繁荣程度长期在四川占据领先地位。南宋朝廷偏安江南，金牛道成为重要国防交通线，沿线城市的经济文化地位开始出现动摇。宋元之际的战争有力地推动了四川城市地理分布格局的变迁。蒙元突破南宋秦岭巴山防线以后，给四川原有城市带来了颠覆性的破坏，残余之城市被迁入山城[②]之中。南宋淳祐二年(1242)，余玠出任四川安抚制置使，采纳播州冉氏兄弟的建议，以府州军监为单位，在嘉陵江、岷江、长江水运交通节点和地势险要地方增筑山城，建立完整的山城体系，"筑青居、大获、钓鱼、云顶、天生凡十余城，皆因山为垒，棋布星分，为诸郡治所，屯兵聚粮为必守计"[③]。

---

① 本文中探讨之四川宋元之际的"主要城市"，是指在经济、政治、文化等方面较四川其他城市更为发达、处于领先地位的城市。

② 山城名号乃宋人称谓，宋知蓬州杨大渊在《南宋淳祐移治碑》中称"维兹山城(蓬州运山城)"。光绪《蓬州志》卷15《艺文·南宋淳祐移治碑》，《中国地方志集成·四川府县志辑》第58册，巴蜀书社，1992年，第547页。

③ 《宋史》卷416《余玠传》，中华书局，2007年，第12470页。

蒙古宪宗八年(1258)蒙哥南征四川以后,蒙元占领和新修了众多山城,以此与南宋对峙。据胡昭曦和任乃强考证,山城位置确定者共四十六处,另有位置不确定者四十余处。[①]山城中军民一体,"区别民居,分画市井……起郡学,立孔殿"[②],"粉堞蠹空,楼橹连云,官有廨,粮有廪,兵有营,战守及备,靡不悉周"[③],具有较为完备的城市功能,是宋元之际四川主要城市地理分布格局变迁的过渡形态。学界多从文化遗产、军事和比较研究等角度对山城进行探讨,[④]少有学者从"城市"的角度对其进行考察。[⑤]有鉴于此,本文以山城之城市内涵为突破口,对宋元之际四川主要城市地理分布格局的演变及山城在其中发挥的承接作用,试作一番尝试探讨。

一、宋元战争之前四川主要城市地理分布格局概况

南宋端平以前,四川主要城市大都分布在金牛道一线,呈东—北走向。何一民认为,宋代四川城市主要有成都、梓州、绵州、兴元、遂州、汉州、利州7处。[⑥]这7座城市中,6座均沿金牛道分布在川峡四路的西部和北部,剩余之遂州距离金牛道也较近。梁中效认为,宋代以蜀道为轴线,以成都府、梓州、兴元府等城市为支点,形成了当时全国四大城市带之一的"蜀道城市带"。[⑦]金牛道重要性远超峡路,如为管理金牛道,宋廷专门设置了"绵汉剑门路都巡

---

① 胡昭曦:《略论南宋末年四川军民抗击蒙古贵族的斗争》,《胡昭曦宋史论集》,西南师范大学出版社,1998年,第83—85页。任乃强、任新建:《四川州县建置沿革图说》,巴蜀书社,2002年,第31—34页。

② 光绪《蓬州志》卷15《艺文·南宋淳祐移治碑》,《中国地方志集成·四川府县志辑》第58册,第547页。

③ 光绪《巫山县志》卷32《艺文·创筑天赐城记》,《中国地方志集成·四川府县志辑》第52册,第499页。

④ 学界对山城的研究,主要集中在三个方面。一是从遗址出发,进行实地调研、考察,从考古学和文化遗产的角度对山城进行研究。从20世纪70年代胡昭曦(出版有《巴蜀历史考察研究》,巴蜀书社,2007年)到如今西华师范大学四川古城堡文化研究中心的师生(如蒋晓春等《四川省蓬安县运山城遗址调查简报》,《西华师范大学学报》[哲学社会科学版]2015年第2期,第11—17页),都对山城做了大量实地调研工作。同时,学者们从文化遗产的角度,肯定宋元山城的现实价值(如刘涛《浅析合川钓鱼城的历史文化遗产价值》,《建筑论坛与建筑设计》2004年第5期,第19—21页)。二是从军事角度对山城进行研究,探讨其在宋元战争中的位置和作用(如何平立《略论南宋时期四川抗蒙山城防御体系》,《军事历史研究》1996年第1期,第108—115页)。宋军钓鱼城在公元1258年蒙哥汗亲征四川时发挥了巨大战力,导致蒙哥驾崩以及随后一系列军事、政治的重大变动,因此,钓鱼城是军事研究的重点(如葛业文《钓鱼城防御战的历史经验及启示》,《军事历史》2012年第5期,第39—42页;又如马强《关于宋蒙钓鱼城之战几个问题的再探讨》,《长江师范学院学报》2015年第6期,第12—16页)。三是从空间上横向或时间上纵向进行对比研究(横向研究如黄宽重《南宋地方武力:地方军与民间自卫武力的探讨》,东大图书公司,2002年3月;纵向研究如伍磊《南宋川陕防区山寨及其发展的连续性特征探讨》,《2014年中国地理学会历史地理专业委员学术年会论文集》,四川大学出版社,2015年,第235—243页)。

⑤ 对山城从城市形态进行研究者,主要有北京大学文化遗产保护研究中心的孙华教授。他认为,山城具有构成城市物质形态的边界、路径、区域、节点、地标等五大要素,具备多种城市功能,要将山城视为城市,不能只将其当作一座军事堡垒或一道环形的城墙。孙华:《宋元四川山城的类型》,《四川师范大学学报》(哲学社会科学版)2015年第2期,第9页。

⑥ 何一民:《中国城市史纲》,四川大学出版社,1994年,第138页。

⑦ 梁中效:《宋代蜀道城市与区域经济述论》,《西南师范大学学报》(人文社会科学版)2004年第5期,第95页。

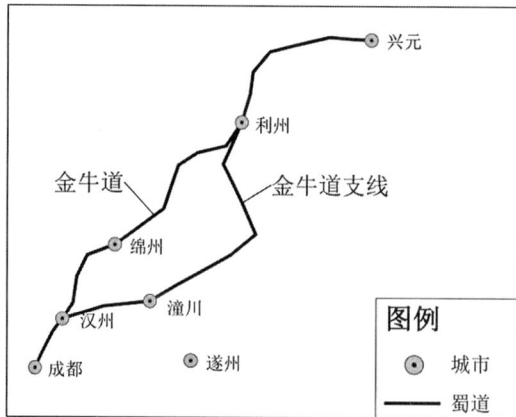

图1　宋代四川主要城市分布图

检使"①,同时,设立了与州同级并直隶宋廷中央的剑门关。②

　　四川其他地区的城市与金牛道沿线城市差距巨大。宋熙宁年间年商税额直观反映出这一状况。熙宁十年(1077)四川商税收入十万贯以上的府州有:成都府 89.9 万贯、兴元府42.6 万贯、遂州 28.1 万贯、彭州 27.8 万贯、梓州 27.4 万贯、蜀州 22 万贯、怀安军 18.1 万贯、阆州 15 万贯、果州 14.8 万贯、合州 13.7 万贯、利州 13.5 万贯、夔州 13.2 万贯、眉州 12.7 万贯、绵州 12.6 万贯、嘉州 11.6 万贯、剑州 10.6 万贯、戎州 10.3 万贯。③ 年商税额十万贯以上的城市,川东只有夔州一处,川南只有戎州一处。四川人口分布也可以反映出这一区域发展不平衡的情况。崇宁元年(1102),四川人口 6 万户以上的府州有:成都府 18.2 万、绵州 12.3万、汉州 12.1 万、潼川府 11 万、邛州 7.9 万、眉州 7.3 万、嘉州 7.2 万、蜀州 6.8 万、兴元府 6万,④均位于成都府路和潼川府路北部。宋代四川商税收入和人口大致与主要城市分布区域一致,即大都位于川西北一线,时人有云:"益梓尚有繁盛风,夔峡穷民几比屋。"⑤金牛道沿线城市政治地位也十分显要。南宋时期,成都长期为四川宣抚使、制置使治所。绵州以知州事兼绵、威、茂州及石泉军沿边安抚使,节制屯戍军马。绍兴五年(1135),川峡宣抚副使移司绵州,嘉熙元年(1237)又为四川制置副使治所。⑥

　　金牛道陆路城市虽然占据四川城市的主流,但是水路与城市兴衰的关联度日益紧密,沿江城市日益重要。其中最为明显的即是梓州—潼川府。唐代以前,梓州地位尚不如今梓潼县重要。据黄盛璋考证,唐代中期以前,金牛道支线(又称米仓道西线)开辟,"自昭化分路沿

---

① 王珪:《华阳集》卷 49《高穆武王神道碑》,《丛书集成新编》第 61 册,新文丰出版公司,1984 年,第 561 页。
② 刘琳等校点:《宋会要辑稿·方域七》,上海古籍出版社,2014 年,第 7409—7410 页。
③ 刘琳等校点:《宋会要辑稿·食货一六》,第 6333—6340 页。
④ 葛剑雄主编:《中国人口史》卷 3《辽宋金元时期》,复旦大学出版社,2005 年,第 131—132 页。
⑤ 楼钥:《攻媿集》卷 3《送王粹中教授入蜀》,《景印文渊阁四库全书》第 1152 册,文海出版社,第 307 页。
⑥ 《宋史》卷 89《地理五·绵州》,第 2212 页。

嘉陵江到阆中、南部，然后折西经盐亭、三台、中江，合剑阁道于德阳"，"因交通之故，使潼川成为重镇"。[①] 梓州处于金牛道支线的核心位置，上游即是金牛道重镇绵州，下游是成渝北道重镇遂州。梓州位置居中，可以控扼东、北出成都的交通要道，"地居成都肘腋间，恒足以制西川之命"。[②] 因此，唐廷将东川节度使治所设在梓州，可以达到牵制西川的效果。梓州因陆路而兴，但位于涪江上游，水运不甚便利。宋代开始，潼川府路治所就不断沿涪江向下游移动。两宋大部分时期，潼川府路转运司设置于涪江下游之遂州。[③] 元初，潼川府治所转移至涪江口，曾短暂置于合州。[④]

南宋前中期，嘉陵江沿线城市也得到了一定的发展。南宋王朝偏安东南，秦岭一线成为国防前线。为了供给川陕防线驻军的军需物资，嘉陵水道重要性日益突出，带动了沿江城市的发展。嘉陵水道又称内水道，茶纲入秦州、军粮入兴元府、凤州马纲出峡路均由此而行。[⑤] "（益昌）水走阆、果，由阆、果而适夔、峡焉。"[⑥] 沿线阆州、果州、合州、重庆为转运重地，其中合州控扼三江，最为重要，是漕运川米的起点，宋廷在此"置转船仓"。合州还是宋廷转运茶纲入秦州、转运马纲趋峡路的重要节点。[⑦] 何玉红认为："南宋川陕防线战争以及供给军队钱粮物资，给当地民众的生产和生活带来极大的破坏和影响，直接导致蜀道经济带的衰落。"[⑧] 但是，宋金战争和川陕防线的物资供应并未导致四川主要城市地理分布格局出现根本性的变化。兴元府、金州等地在南宋前中期破坏较大，但利州、绵州、阆州、梓州、成都府等四川内郡城市在南宋前中期依然繁荣。

南宋前中期，四川沿江城市虽然得到一定程度的发展，金牛道城市有衰落的趋势，但过程非常缓慢，并没有实质性的突破，沿江城市与沿金牛道城市差距仍然巨大。直至宋元战争和山城体系的修建，加速了四川旧有主要城市地理分布格局由东—北走向靠近陆路向东—南走向靠近水路的转变趋势。

二、山城沿江地理分布格局与水路地位的提升

南宋理宗绍定、端平年间，川陕防线被蒙古军队攻破。蒙军连年突入四川内郡抄略，

① 黄盛璋：《川陕交通的历史发展》，《地理学报》第 23 卷（1957 年）第 4 期，第 429 页。
② 顾祖禹：《读史方舆纪要》卷 71《四川六·潼川州》，中华书局，2005 年，第 3335 页。
③ 周振鹤主编：《中国行政区划通史·宋西夏卷》，复旦大学出版社，2009 年，第 84 页。
④ 至元十六年（1279），"合州安抚使王立以城降……即召立入觐，命为潼川路安抚使，知合州事"。《元史》卷 10《世祖纪》，中华书局，1976 年，第 208 页。
⑤ 蓝勇：《四川古代交通线路史》，西南师范大学出版社，1989 年，第 45 页。
⑥ 《方舆胜览》卷 66《利州·陈恢停厅题名记》，上海古籍出版社，1991 年，第 563 页。
⑦ 蓝勇：《四川古代交通线路史》，第 45 页。
⑧ 何玉红：《论南宋蜀道经济带的衰落》，《西南大学学报》（社会科学版）2007 年第 3 期，第 53 页。

为了扭转四川的战略颓势局面,端平、嘉熙、淳祐年间,宋廷以水路交通要道为纲,在川峡四路东南部即夔州路、潼川府路南部沿江因山设险,修建了山城防御体系。蒙元借鉴了南宋在四川的山城战法,经营着众多攻占和新修的山城。山城设置以军事、地理因素为主,打破了四川原有城市地理分布格局,促进了岷江—嘉陵江—长江水路交通地位的提升。

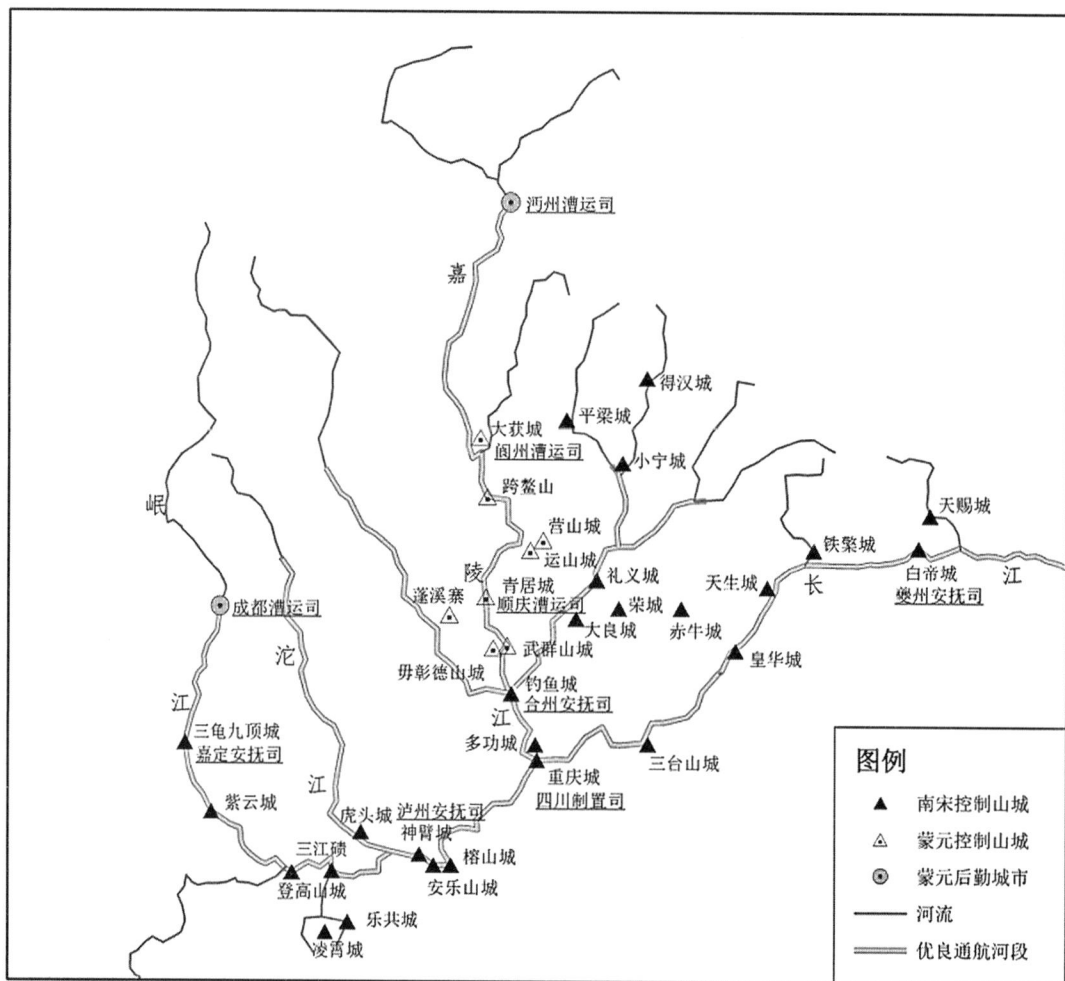

图 2　公元 1259—1276 年四川宋元主要山城分布图

南宋在绍定、端平年间失去对川陕防区北部五州三关的控制之后,四川宋军对长江—嘉陵江水运的依赖程度就更深了。由于蜀地残破,之前依靠蜀地内郡向川陕驻军供应物资的做法无从实现,而必须依靠荆湖地区的支援,长江水运直接关系着南宋朝廷的命运。"自绍定五年(1232)以后,官既失柒,而关之内外七十余仓皆为灰烬,所谓百万斛者既无从出,所仰给者惟一分水运耳。"①由此,宋廷专门设立了"夔路策应司"②。南宋嘉熙三年(1239),四川制置副使彭大雅筑重庆城,号称"西蜀根本"。重庆筑城之后,"非持险固可守,而控两江之会,漕三川之粟,诚为便利"③,重庆成为南宋在四川的水路转运中心。后余玠迁四川安抚制置司于此,四川总领所应该同时被迁入。④ 余玠任四川安抚制置使时,整合端平、嘉熙年间所筑山城,进一步完善山城防御体系,"移沔戎(司)于青居,兴戎(司)先驻合州旧城,移守钓鱼,共备内水,移利戎于云顶,以备外水,于是如臂使指,气势联络"⑤。山城设置注重对水路的控制,以便利用大江进行军民物资运输。⑥ 1258 年,蒙哥汗南征四川,给南宋在四川的残余力量以重大打击,荆湖地区溯江而来的援助对四川宋军更加重要,南宋遂制定了"荆蜀相资"和"筑城固守"的蜀地国防策略。⑦ 如开庆元年(1259)九月,宋理宗"催蜀漕运",督促荆湖地区运粮支援四川宋军驻守各山城。⑧ 荆湖援助物资先存放于重庆城中的四川总领所仓库,再转运至上游各山城,如咸淳三年(1267)七月,四川都统制昝万寿调统制赵宝、杨立等率舟师护粮达渠各山城,获得宋廷嘉奖。⑨

从宪宗开始,元廷即注重对嘉陵江—长江水道的利用,向元军供应军粮。兴元是粮草转运的中枢,陕西四川行省治所曾设置于此,其主官职责亦以转饷为重,如赛典赤"行省事于兴元,专给粮饷"⑩。粮草由兴元转运至沔州,然后换船由嘉陵江漕运至下游各地。四川各地蒙元军队长期依赖于漕运物资,漕运直接关系到蒙元在四川的军事存在和重大军事行动。漕运顺利为元廷取蜀奠定了重要基础,"路挽兴元,水漕嘉陵,未期年而军储充羡,取蜀之本基于此矣"⑪。如蒙古宪宗亲征南宋时,以汪良臣为权便宜点帅府事,专门在巩昌组织伐蜀军队的物资供应,史载"良臣既奉命,治桥梁,平道路,营舟车,水陆无壅,储积充牣"⑫,有力支撑了宪宗南征。当漕运出现问题时,则严重威胁蒙元在四川的军事存在。如宪宗四年(1254)春旱,嘉陵江水浅,漕舟难以为继,蜀中蒙古军立刻面临缺粮的危险,甚至"议者欲弃

---

① 魏了翁:《被召除礼部尚书内引奏事第四札》,《全宋文》卷 7058,第 309 册,上海辞书出版社、安徽教育出版社,2006 年,第 152 页。

② 《宋史》卷 43《理宗纪》,第 871 页。

③ 阳枋:《上宣谕余樵隐书》,《全宋文》卷 7477,第 235 册,第 306 页。

④ 嘉熙四年(1240),四川制置副使在重庆修建廒仓 152 楹,后余玠主政,"措置籴入军粮,为数浩大",先后两次增修廒仓 275 楹。这些廒仓应为四川总领所管辖。至元代,这些仓库仍然发挥着存储作用,"今诸廒所储,常有余积,亦可见规模之广矣"。马蓉等点校:《永乐大典方志辑佚·绍庆府志》,中华书局,2004 年,第 3211 页。

⑤ 《宋史》卷 416《余玠传》,第 12470—12471 页。

⑥ 其中值得注意的是,考古调查在合川钓鱼城发现了南宋军民修建的南、北两处码头和用于保护码头的一字墙。见袁东山、蔡亚林《合川钓鱼城古战场遗址取得重要发现》,《中国文物报》2010 年 2 月 5 日,第 12 版。

⑦ 彭锋:《"筑城固守"与"荆蜀相资":晚宋川蜀防御政策的调整及影响》,《四川师范学报》(社会科学版)2016 年第 2 期,第 161 页。

⑧ (元)佚名:《宋季三朝政要笺证》卷 3《理宗》,中华书局,2010 年,第 249 页。

⑨ 《宋史》卷 46《度宗纪》,第 898 页。

⑩ 《元史》卷 125《赛典赤传》,第 3064 页。

⑪ 《元史》卷 163《李德辉传》,第 3816 页。

⑫ 《元史》卷 155《汪良臣传》,第 3653 页。

去",巩昌总帅汪德臣夺取宋军山城粮食,才支撑到"鱼关、金牛水陆运偕至",加之屯田麦熟,食用遂给。[1]

为了更好地利用嘉陵江—长江进行军事后勤运输,元廷在沿线重要城市设置了漕运司。宪宗时,在嘉陵江上游城市沔州设置了漕运司,他在攻蜀之前,"德臣入见(忽必烈),乞免益昌赋税及徭役,漕粮、屯田为长久计。并从之。即命置行部于巩,立漕司于沔,通贩鬻,给馈饷"[2]。元世祖即位后,在阆州大获城、顺庆青居城等嘉陵江水路沿线山城设置了漕运司,专职负责嘉陵江沿线各山城军事后勤运输。据《冯时泰墓志铭》载:"(中统)四年(1264),(冯时泰)佩金符,充顺庆、阆州等处规措军储、课税、漕运使。"[3]又据《张谦墓志铭》载:"中统改元,蜀土未平,大军攻两川,供馈颇艰。行省事于关陕,闻其能,辟公充兴元等处军储规措副使,公通水陆,以便漕运,招商贾,以中盐粮。平蜀之役,兵食常足,公有力焉。"[4]至元四年(1267),元廷下令"修治四川山路、桥梁、栈道"[5]。平定四川以后,元廷进一步完善了嘉陵水路,从广元至重庆,设有水站十七处。[6]

蒙军占领成都之后,置屯田于成都,利用岷江—长江进行漕运,供给下游沿江各山城军粮,成都之于岷江—长江水运交通起点城市的功能得到了极大增强。元初,成都是漕运岷江—长江沿线军队后勤补给的关键基地,设有成都漕运司。[7]此后,岷江—长江军事后勤物资运输十分繁忙。如中统三年(1262),元廷以成都路军民经略使刘黑马督导长江漕运,"泸州被围,黑马已属疾,犹亲督转输不辍"[8]。又如至元六年(1269)正月,船桥水手军总管石抹按只负责利用岷江—长江漕运军粮,功劳颇大,"也速带儿领兵趋泸州,遣按只以舟运其器械、粮食,由水道进。宋兵复扼马湖江,按只击败之,生获四十人,夺其船五艘。复以水军一千,运粮于眉、简二州,军中赖之"[9]。同时,元军还对宋军长江漕运进行了破坏,"宋兵邀漕舟于安乐山,(元军旦只儿部)击走之,遂破其石磐寨"[10]。至元十二年,东、西两川行枢密院元军总攻重庆,李德辉以王相抚蜀,"德辉至成都,两府争遣使咨受兵食方略"。至元十四年,元军围攻泸州、重庆,"诸军既发,德辉留成都给军食",即以岷江—长江进行后勤物资的运输,供

---

① 《元史》卷155《汪德臣传》,第3651页。
② 《元史》卷155《汪德臣传》,第3651页。
③ 吴敏霞主编:《长安碑刻》,陕西人民出版社,2014年,第584页。
④ 吴敏霞主编:《长安碑刻》,第586页。
⑤ 《元史》卷6《世祖纪》,第115页。
⑥ 蓝勇:《四川古代交通线路史》,第49页。
⑦ 据《张谦墓志铭》载:"(至元)四年(1267),(元廷)宣授(张谦)成都漕运副使。是时,益部初定,兵革未息,公综理有方,道路无壅。宽关市之征,定盐茶之额。行之逾年,民不告病而国用常足,考绩为诸路之最。"吴敏霞主编:《长安碑刻》,第586页。
⑧ 《元史》卷149《刘黑马传》,第3518页。
⑨ 《元史》卷154《石抹按只传》,第3641页。
⑩ 《元史》卷133《旦只儿传》,第3231页。

应前线元军。① 元将张万家奴"以所部转饷成都及下流诸屯,寻迁招讨使"②。至元十三年九月,"遣泸州屯田军四千,转漕重庆"③。至元十五年,元廷进一步完善了岷江—长江水路交通设施,"立川蜀水驿,自叙州达荆南府"④。据蓝勇考证,元初成都至荆南府共设置可考水站50个。⑤ 驿路的完善使长江水运更加便捷。如至元二十三年六月,"皇孙铁木儿不花驻营亦奚不薛,其粮饷仰于西川,远且不便,徙驻重庆府"⑥。

三、山城与城市的保存

宋元之际长期的战争使得四川原有各城市相当残破,打破了四川原有主要城市地理分布格局。南宋端平三年(1236),蒙古军队抄略蜀地,四川各城市即遭到了巨大的破坏,时蜀人吴昌裔说道:"昔之通都大邑,今为瓦砾之场;昔之沃壤奥区,今为膏血之场。青烟弥路,白骨成丘,哀恫贯心,疮痍满目。"⑦残存之地则破败不堪,"六十余州今止有二十余州,所谓二十余州,又皆残破,或一州而存一县,或一县而存一乡"⑧。淳祐二年(1242),余玠出任四川安抚制置使,完善了山城防御体系,迁徙残余之城市于山城之中。山城中军民一体,"粉雉矗空,楼橹连云,官有廨,粮有廪,兵有营,战守及备,靡不悉周"⑨。元军在四川仿效了南宋的山城策略,大力经营新修或者夺取而来的众多山城。现今的考古调查在山城中发现了大量城市遗迹,与文献记载基本吻合。如泸州神臂城中,发现了宋元街道、庙宇、宋代钱币等遗迹⑩。在合川钓鱼城中,也发现了宋元道路、码头、房址、官署、兵营、寺庙等遗址⑪。山城是宋末元初四川残余城市资源的主要集聚地,不仅具有行政、教育、经济等完备的城市功能,还具有宁欣所归纳的"地域空间""社会和政治空间""精神空间"等宋代城市特征,⑫应作特殊时期的城市看待,⑬是宋元之际四川城市地理分布格局演变的过渡形态。

山城保存了四川大部残余之行政资源。南宋迁徙残存的二十余府州军监治所于山城之

① 《元史》卷 163《李德辉传》,第 3817 页
② 《元史》卷 165《张万家奴传》,第 3881 页。
③ 《元史》卷 9《世祖纪》,第 185 页。
④ 《元史》卷 10《世祖纪》,第 201 页。
⑤ 蓝勇:《四川古代交通线路史》,第 179—182 页。
⑥ 《元史》卷 14《世祖纪》,第 290 页。
⑦ 吴昌裔:《论救蜀四事疏》,《全宋文》卷 7415,第 323 册,第 68 页。
⑧ 吴昌裔:《论蜀变四事状》,《宋代蜀文辑存》卷 84,龙门书店,1971 年,第 1062 页。
⑨ 光绪《巫山县志》卷 32《艺文·创筑天赐城记》,《中国地方志集成·四川府县志辑》第 52 册,第 499 页。
⑩ 王庭福、罗萍:《南宋神臂城遗址》,《四川文物》1993 年 01 期,第 36 页。
⑪ 袁东山、蔡亚林:《合川钓鱼城古战场遗址取得重要发现》,《中国文物报》2010 年 2 月 5 日第 12 版。
⑫ 宁欣:《唐宋都城社会结构研究——对城市经济与社会的关注》,商务印书馆,2009 年,第 5 页。
⑬ 孙华:《宋元四川山城的类型》,《四川师范大学学报》(哲学社会科学版)2015 年第 2 期,第 9 页。

中,"宋臣余阶议弃平土,即云顶、云山、大获、得汉、白帝、钓鱼、青居、苦竹筑垒,移成都、蓬、阆、洋、夔、合、顺庆八府州治其上,号为八柱,不战而自守矣"①。迁徙进山城之治所,共有 29 处(洋州侨治巴州得汉城,不计入四川之内),这与吴昌裔所说四川只余二十余州基本吻合。② 山城修建有完整的行政办公建筑,如考古人员在钓鱼城发现了前后三进院落,面积达 1.5 万至 2 万平方米的宋元衙署遗址。③ 蒙古宪宗八年(1258),蒙军夺取四川嘉陵江中上游沿线众多山城,不久即置行政机构于其上。据《便宜副总帅汪公(德臣)神道碑》载,"杨氏、张氏、蒲氏皆行帅府大获山、运山、大梁平、故地与便宜,其时目曰(加上汪氏守御之青居城)四帅府",后四帅府演化为顺庆路、蓬州、保宁府、广安府。④至元十年(1273),元军突破南宋荆襄防区后,四川东南部大量山城降元,元廷随即任用原行政系统。如合州钓鱼城投降后,原南宋守将王立即被承制授官,"仍为安抚使,知合州"⑤。

山城保护了大量人口。南宋修建山城之时,即"区别民居",注重设置民众安置和居住功能。⑥ 史料中有大量关于南宋或蒙元山城庇护民众的记载。如蒙古宪宗四年(1254),蒙古巩昌总帅汪德臣"获宋提辖崔忠、郑再立,纵令持檄谕苦竹,守将南清以城降,所俘城中民悉归之"⑦。又如宪宗八年,蒙哥率军至大获山城下,宋守将杨大渊降,"乞活数万人命",汪德臣劝降钓鱼城也称"活汝一城军民"。⑧ 开庆元年冬,四川宋军击退蒙军主力后,宋理宗就如何恢复四川战后秩序,诏谕四川官员:"比者蜀道稍宁,然干戈之余,疮痍未复,流离荡析……其被兵百姓,迁入城郭。"⑨即把四川残余百姓迁入山城之中。中统三年(1262),宋将刘整以泸州神臂城降元,元军徙泸州民于成都、潼川。⑩ 至元九年(1272),元巩昌总帅汪惟正"帅兵掠忠、涪,获令、簿各一,破寨七,擒守将六,降户千六百有奇,捕虏五百"⑪。至元十一年,元将杨文安攻宋夔州路牛头城,"以火箭焚其官舍民居"⑫。至元十三年,宋四川制置副使张珏出奇兵青居城,"火民居"⑬。至元十五年,元西川行枢密院副使李德辉招降钓鱼城,"安集其民,而罢

①《元文类》卷 49《中书左丞李忠宣公行状》,商务印书馆,1986 年,第 701—702 页。

②任乃强、任新建:《四川州县建置沿革图说》,第 31—34 页。

③该遗址为最新考古发现,尚未出版有考古报告,因而采纳新华社通讯。新华社重庆 2016 年 1 月 29 日电(记者牟旭):《重庆钓鱼城发现 700 多年前衙署遗址》,新华网 http://news.xinhuanet.com/local/2016 - 01/29/c_1117933064.htm [2017 - 10 - 15]。

④姚燧:《牧庵集》卷 16《便宜副总帅汪公神道碑》,《元史研究资料汇编》第 30 册,中华书局,2014 年,第 668 页。

⑤《元史》卷 167《吕掞传》,第 3930 页。

⑥光绪《蓬州志》卷 15《艺文·南宋淳祐移治碑》,《中国地方志集成·四川府县志辑》第 58 册,第 547 页。

⑦《元史》卷 155《汪德臣传》,第 3651 页。

⑧《元史》卷 155《汪德臣传》,第 3652、3653 页。

⑨《宋史》卷 44《理宗纪》,第 867 页。

⑩《元史》卷 129《纽璘传》,第 3145 页。

⑪《元史》卷 155《汪惟正传》,第 3656 页。

⑫《元史》卷 161《杨文安传》,第 3782 页。

⑬姚燧:《牧庵集》卷 16《便宜副总帅汪公神道碑》,《元史研究资料汇编》第 30 册,第 668 页。

置其吏,合人自立而下,家绘事之"①。据无名氏《钓鱼城志记》记载,钓鱼城投降时,其中保存"秦、巩(革)、利、沔"及合州人士达"数十万"。②

山城是战时四川教育资源遗存的主要庇护所。余玠在完善山城体系时,十分重视学校等教育资源的保存。时人阳枋在为余玠生祠作记时,把他完善的山城防御体系与当时四川的学校教育联系起来,说余玠入蜀主政以后,"凡地险势胜,尽起而筑之。大获、大梁、运山、梁山、钓鱼,峙莫逾之势于前;古渝、凌云、神臂、天生、白帝,隆不拔之基于后。雪雉摩云,银罂蠹日,军得守而战,民安业而耕,士有处而学"③。淳祐五年(1245),知蓬州杨大渊修建运山城时,"起郡学,立孔庙",不忘"文事"。④ 随着四川制置司迁徙到重庆城,重庆府学也随之建立,据《有宋朝散大夫字溪先生阳公行状》记载,大约在淳祐年间,重庆建立府学,并得到了宋理宗赐字,"蜀闻建学,宸奎赐'明心'二字以淑人心"⑤。夔州白帝城中也修建了文化设施。据时人阳枋记载,淳祐六年,"帅环卫俞公兴治,创大成殿于卧龙山之阳,奉祀仅庇风雨,青衿弦诵,亡所适依"⑥。山城庇护了大量知识分子,如神臂城守将刘整降元时,城内"签厅官四十三人,皆进士老儒"⑦。据粟品孝研究,宋末四川教育中心已经由成都转移至重庆府学。四川残余学校主要分布在四川偏东、偏南的夔州路和潼川府路。夔州路有重庆府学、夔州州学 2 所山城学校,共有 7 所学校;潼川府路有一所新建的山城学校即蓬州州学,共有 7 所学校;而利州路和成都府路一所也没有。"这种分布情况与当时南宋的实际控制区域和山城分布格局是一致的。"⑧

山城保存了大量商业资源。南宋修建山城时,即"分画市井",注重山城商业功能的发挥。⑨ 如南宋大宁监天赐城修筑以后,"商贾往来,居民还定,耕屯日辟,跨两冬而虏不敢窥,此兴筑之效也"⑩。元廷控制的山城也有商业活动的记载。大约在元世祖中统年间,征南元帅府参议张庭瑞"初屯青居,其土多橘,时中州艰得蜀药,其价倍常。庭瑞课闲卒,日入橘皮若干升储之,人莫晓也。贾人有丧其资不能归者,人给橘皮一石,得钱以济,莫不感之"⑪。至

---

① 《元史》卷 163《李德辉传》,第 3878 页。

② 公元 1278 年,重庆城破,钓鱼城孤,南宋知合州王立召集众人,商量善后事宜时说:"某等荷国厚恩,当以死报,然其如数十万生灵何?"可见钓鱼城护民之众。万历《重庆府志》卷 80《艺文·钓鱼城志记》,《上海图书馆藏稀见方志丛刊》第 213 册,国家图书馆出版社,2013 年,第 181 页。

③ 阳枋:《字溪集》卷 8《余大使祠堂记》,《景印文渊阁四库全书》第 1183 册,第 361 页。

④ 光绪《蓬州志》卷 15《艺文·南宋淳祐移治碑》,《中国地方志集成·四川府县志辑》第 58 册,第 547 页。

⑤ 阳少箕、阳炎叨:《有宋朝散大夫字溪先生阳公行状》,《全宋文》卷 8155,第 352 册,第 366 页。

⑥ 阳枋:《字溪集》卷 8《重修夔州明伦堂记》,《景印文渊阁四库全书》第 1183 册,第 364 页。

⑦ 吴敏霞主编:《长安碑刻·冯时泰墓志铭》,第 584 页。

⑧ 粟品孝:《斯文未绝:南宋四川山城防御体系下的学校教育》,《西华师范大学学报》(哲学社会科学版)2016 年第 1 期,第 29 页。

⑨ 光绪《蓬州志》卷 15《艺文·南宋淳祐移治碑》,《中国地方志集成·四川府县志辑》第 58 册,第 547 页。

⑩ 光绪《巫山县志》卷 32《艺文·创筑天赐城记》,《中国地方志集成·四川府县志辑》第 52 册,第 499 页。

⑪ 《元史》卷 167《张庭瑞传》,第 3923 页。

元元年(1264)四月,元世祖令"以四川茶、盐、商、酒、竹课充军粮",可见依托山城的商业活动仍然比较活跃。①

山城是战时屯田和囤积粮食的基地,保护了四川较多的农业生产活动。南宋合州钓鱼城流寓川、陕、利、秦、巩、沔之民,"春则出屯四野,以耕以耘,秋则收粮运薪,以战为守"②。蒙古宪宗四年(1254)大旱,嘉陵江漕舟水涩,利州蒙古军面临缺粮的危险,为此,汪德臣从南宋山城武力抢夺粮食,"云顶吕达将兵五千邀战,即阵擒之,复得粮五千石"③。元军还经常破坏南宋山城之依附粮田和牲口。至元七年(1270),元将杨文安"攻达州之圣耳城,擒宋将杨普、时仲,芟其禾而还"④。同年五月"陕西金省也速带儿、严忠范与东西川统军司率兵及宋兵战于嘉定、重庆、钓鱼山、马湖江,皆败之,拔三寨,擒都统牛宣,俘获人民及马牛战舰无算"⑤。至元以后,元军逐渐形成"修筑城寨、练习军马、措画屯田、规运粮饷、创造舟楫、完缮军器"的策略,以山城作为生产和囤积粮食的主要基地。⑥ 至元二年五月,"诏西川、山东、南京等路戍边军屯田",闰五月"命四川行院分兵屯田"。⑦ 这些屯田大多依靠山城保护。如至元六年,蒙军将领李忽兰吉"以军三千,立章广平山寨,置屯田,出兵以绝大梁平山两道"⑧。至元九年,元将杨文安"领军出小宁(城),措置屯田",同时"筑金汤城,以积屯田之粮"。南宋还企图夺取蒙元山城中的粮食,如至元十一年三月,"文安率军屯小宁,得俘者言,鲜汝忠等将取蟠龙(城)之麦"。⑨

四、山城与元代四川城市地理分布新格局的形成

虽然南宋中前期由于特殊的军事需要,带动了嘉陵江水路沿线城市的发展,但金牛道陆路沿线城市和嘉陵江—岷江—长江水路沿线城市的差距仍然巨大。宋元之际四川经历了长达近半个世纪的战争,原有各城市相当残破。元廷平定四川以后,将城市资源从山城中迁回原址。山城保护了大量行政、人口、教育、商业等资源和农业生产活动,为元初城市重建提供了现实基础,有力地促进了嘉陵江—岷江—长江沿线城市的发展,成为影响宋元之际四川主要城市地理分布格局演变的重要因素。

---

① 《元史》卷5《世祖纪》,第96页。
② 万历《重庆府志》卷80《艺文·钓鱼城志记》,《上海图书馆藏稀见方志丛刊》第213册,第177页。
③ 《元史》卷155《汪德臣传》,第3651页。
④ 《元史》卷161《杨文安传》,第3781页。
⑤ 《元史》卷7《世祖纪》,第129页。
⑥ 《元史》卷162《李忽兰吉传》,第3794页。
⑦ 《元史》卷6《世祖纪》,第107页。
⑧ 《元史》卷162《李忽兰吉传》,第3793页。
⑨ 《元史》卷161《杨文安传》,第3781、3782页。

　　长期的战争使得人民大部逃亡,田地荒芜,山城保护的屯田和依附粮田对元代四川农业的恢复意义重大。郭声波认为,元代四川东南部以嘉陵江和长江形成的"y"型区是四川农业生产遗留最完整的区域,也是南宋遗民的集中之地,而这一地区恰恰是山城集中分布的区域。元代川江及嘉陵江下游的总耕地数量第一次超过了传统农业中心成都、嘉定和潼川府路,这可能与南宋遗民相对集中有关。同时,元末明玉珍曾率船沿川江抢夺粮食,舍成都而都重庆,也与川江、嘉陵江沿岸的农业发展不无关系。①而这一切,都离不开山城对农业生产的保护作用。

　　山城对人口的保存使得川西、北和川东、南人口数量对比发生了显著变化。元初政府控制之人口,成都路有 3.3 万户,顺庆路有 2.8 万户,重庆路有 2.2 万户,夔路有 2 万户,已经趋于平衡。② 但四川东南部的隐匿人口,则远大于川西、川北。如永乐《泸州志》称:"昔元时地广人稀,四方之民流寓于泸者,倍于版籍所载。"③又如元廷在夔路"立保置屯田,得流民三十九余万,以实边鄙"④。四川平定以后,元将多在四川东、南部领有民户。如"都元帅塔海,抑巫山县民数百口为奴,民屡诉不决,利用承檄核问,尽出为民"⑤。又如至元十六年(1279)正月,"赐参知政事昝顺田民百八十户于江津县"⑥。又如至元二十二年十一月,"籍重庆府不花家人百二十三户为民"⑦。而川西、北则未见元将被赏赐或者领有民户的记载。四川战事平息之后,罢东、西两川行院,恢复行省,建成都、广元、重庆、顺庆四道宣慰司。至元十九年十月,元廷"以四川民仅十二万户,所设官府二百五十余",命令四川行省商议精简所属官府。第二年二月,四川东、西、北三道宣慰司皆被省并,唯留设于重庆的四川南道宣慰司,这也从侧面印证了长江沿线之民户保存程度较好。⑧

　　山城保护的工、商和教育资源为元代四川城市重建发挥了重要作用。如在合州,"李(德辉)相令(钓鱼)城中之民,悉力修筑城门,旬日乃复其民复旧治所,农、工、商各复其业"⑨。又如重庆城中流离者众多,"后蜀之流离者多归焉,蜀亡城犹无恙,真西蜀根本也"⑩。又如蓬州州学保存了蓬州城市重建的教育文化基础,据《蓬州改建儒学记》载,"蓬州古咸安郡,州有学,在云山(运山城),宋淳祐间建,建元至正壬午(1342),塔海监牧移建今地"⑪。

　　元代四川盆地余 39 府州,在南宋末年基础上留存率为 64.6%,迁徙进山城的余 26 处,

① 郭声波:《四川农业历史地理》,四川人民出版社,1993 年,第 81 页。
② 参考葛剑雄主编《中国人口史》卷 3《辽宋金元时期》之"总结"。
③ 永乐《泸州志》,《永乐大典》卷 2217,中华书局,1986 年,第 636 页。
④ 欧阳玄:《圭斋文集》卷 9《虞集神道碑》,《元史研究资料汇编》第 50 册,第 281 页。
⑤ 《元史》卷 170《王利用传》,第 3994 页。
⑥ 《元史》卷 10《世祖纪》,第 208 页。
⑦ 《元史》卷 13《世祖纪》,第 281 页。
⑧ 《元史》卷 10《世祖纪》,第 208、247、251 页。
⑨ 万历《重庆府志》卷 80《艺文·钓鱼城志记》,《上海图书馆藏稀见方志丛刊》第 213 册,第 183 页。
⑩ 陶宗仪纂:《说郛三种》卷 57《雪舟脞语》,上海古籍出版社,1988 年,第 871 页。
⑪ 正德《蓬州志》卷 4《学校·蓬州改建庙学记》,《天一阁藏明代方志选编续刊》第 67 册,上海书店,1990 年,第 883 页。

留存率89.7%。迁移进山城而被省并者,2处(资州磐石山、普州瑞云山)均在南宋宝祐年间被攻破,距离水运要道和战区较远,因此废置;另1处(绍熙府紫云岩)本为侨治,战后绍熙府地残破,不再设置。① 可见,山城对于保全城市起到了重大作用。

平定四川之后,元廷设置了专门管理城市事务的录事司。根据《元史》记载,四川设有录事司的路府治所共有八处,其中稳定建置的有五处,均位于岷江—长江—嘉陵江沿线。它们分别是:成都路总管府录事司、嘉定路总管府录事司、顺庆路录事司、重庆路总管府录事司、夔州路总管府录事司。② 据韩光辉、王洪波考证,四川另有三处录事司,曾经短暂设置,后被省并。这三处是:潼川路合州录事司、潼川府录事司、马湖路长宁军录事司。③ 除潼川府录事司短暂设置于潼川府之外,其余两处暂设录事司均位于长江—嘉陵江沿线。原四川金牛道各城,均未稳定设置有录事司。

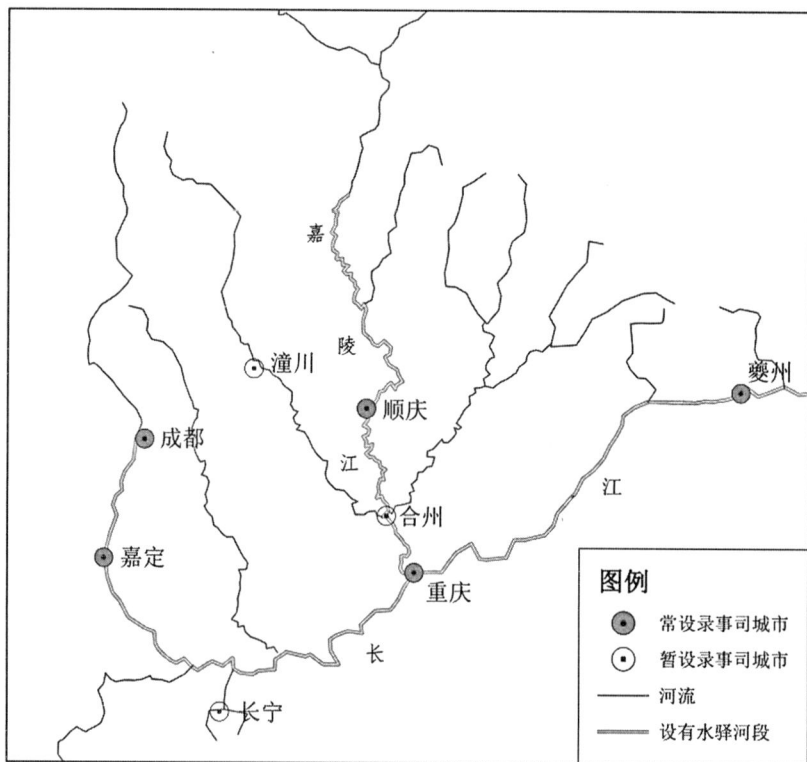

图3 元代四川主要城市分布图

① 任乃强、任建新:《四川州县建置沿革图说》,第31—34页。
② 《元史》卷60《地理志》,第1434—1446页。
③ 韩光辉、王洪波:《元代四川行省设置路府城市录事司探讨》,《2014年中国地理学会历史地理专业委员会学术研讨会论文集》,第274—275页。韩、王在该文中将合州录事司记为"重庆路合州录事司",据《元史·地理志》载,至元二十年省合州录事司,至元二十二年,才将合州由潼川府改隶重庆路。合州在设置录事司这段时期,隶属潼川路,录事司应为"潼川路合州录事司"。《元史》卷60《地理志》,第1442页。

由此可见,经过宋元战争洗礼和山城对城市地理分布格局演变的承接,四川主要城市分布地理格局已然完成了由金牛道陆路沿线向岷江—长江—嘉陵江水路沿线分布的转移。成都的首要城市定位,已由金牛道陆路起点城市转化为长江水路起点城市。元代与山城存在直接承接关系的录事司有以下这些。

南宋嘉定府三龟九顶城—元嘉定路总管府录事司:咸淳七年(1271),宋廷重新修筑三龟九顶城,至元十二年(1275)六月,昝万寿以之降元,后设立录事司。[①]

南宋顺庆府青居城—元征南元帅府(东川统军司、东川行枢密院、顺庆漕运司)—元顺庆路录事司:青居城先有南宋沔戎司迁徙于此,淳祐九年(1249),更迁徙顺庆府治于其中。蒙古宪宗八年(1258),蒙哥汗南征,青居城降蒙。元世祖即位后,将青居城作为东川政治和军事中心。[②] 中统元年(1260),立征南元帅府于青居城。[③] 中统三年十二月,元廷分四川蒙古军都元帅为东、西两川都元帅,东川蒙古万户府常驻于此。[④] 至元四年(1267),置东川路统军司,后改为东川府。至元十年四月,设东、西两川行枢密院,东川枢密院位于顺庆青居城。[⑤] 至元十六年正月,立四川东道宣慰司于顺庆,为川蜀四道宣慰司之一。[⑥] 至元二十年,升为路,设录事司。[⑦]

南宋夔州白帝城—元夔州路总管府录事司:南宋淳祐二年(1242)移夔州治于白帝城,至元十五年(1278),白帝城降元。[⑧] 后立夔州路录事司。

南宋重庆城—元重庆路录事司:嘉熙三年(1239),南宋四川制置副使彭大雅筑重庆城,不久迁四川制置司于此,重庆城成为南宋在四川的军政中心。至元十五年(1278)正月,元军攻破重庆。至元十六年,立重庆路总管府,管辖四川南道宣慰司,至元二十二年,设立录事司。[⑨]

南宋钓鱼城—潼川路合州录事司:合州于淳祐三年(1243)迁入钓鱼城之中,至元十五年(1278),守将、知合州王立携城降元,元廷命王立为潼川路安抚使,短暂置潼川路宣慰司于合州,至元二十年,并录事司、赤水入附郭县石照,复为合州。[⑩]

南宋长宁军乐共城—马湖路长宁军录事司:元丰四年(1081)宋廷筑城,为长宁军治,至

① 唐长寿:《乐山宋代抗元山城三龟九顶城初探》,《四川文物》1999 年第 2 期,第 27 页。

② 李治安:《元代四川行省沿革与特征》,《历史教学》2010 年第 4 期,第 7 页。

③ 《元史》卷 155《汪惟正传》,第 3655 页。

④ 李治安:《元陕西四川蒙古军都万户府考》,《历史研究》2007 年第 1 期,第 67 页。

⑤ 《元史》卷 8《世祖纪》,第 149 页。

⑥ 《元史》卷 10《世祖纪》,第 208 页。

⑦ 《元史》卷 60《地理志》,第 1439 页。

⑧ 《元史》卷 161《杨文安传》,第 3785 页。

⑨ 《元史》卷 60《地理志》,第 1441 页。

⑩ 《元史》卷 10《世祖纪》,第 208 页。

元十二年(1275),乐共城随泸州安抚使梅应春降元。至元二十二年,设录事司。[①]

此后,嘉陵江—岷江—长江沿线城市发展更为迅速,如清代四川各厅州县,三字要缺共有十四处,其中涉及"冲"字者共有十一处,而沿岷江—嘉陵江—长江干流就有九处,沿金牛道者只有广元县一处,另一处雅安,则是川藏交通起点。[②]

五、总　　结

宋代四川主要城市地理分布格局沿金牛道呈东—北走向。宋代以来特别是南宋时期,四川即存在着主要城市地理格局向东南水路沿线靠近的趋势,但过程相对缓慢。宋元之际的战争导致四川原有主要城市遭到了巨大的破坏,原来的城市地理分布格局被打破。残存各城市被迫迁徙进沿江布置的山城之中,山城成为宋元之际四川城市演变的过渡形态。为了供应山城后勤物资,岷江—嘉陵江—长江水路空前重要,加剧了宋代以来四川主要城市向东南沿江发展的趋势。山城为四川主要城市地理分布新格局的形成起到了承接的作用。山城大多沿岷江—嘉陵江—长江水路部署,保存了大量四川残余的行政、人口、教育、商业等资源和农业生产活动,为元代四川平定之后城市恢复创造了重要条件。元代在四川长期设置的五处城市录事司,均沿岷江—嘉陵江—长江水路部署,正式标志着四川沿江东—南走向主要城市地理分布新格局的形成。

伍磊,复旦大学历史地理研究中心 2020 届博士,现任教于北京大学历史学系。本文原发表于《中国历史地理论丛》2018 年第 1 期,2016 年 10 月曾在禹贡博士生论坛第 68 期报告。

---

① 《元史》卷 60《地理志》,第 1446 页。
② 周询:《蜀海丛谈》卷 1《各厅州县》,《近代中国史料丛刊第一辑》第 7 册,文海出版社,第 172—262 页。

从"共管"到"统合"：
牛华溪区划变动研究（1644—1951）

牟旭平

摘　要：牛华溪是因盐业开发而兴起的共管市镇。民国时期牛华溪爆发了长达 17 年的区划纠纷，最终引发了自身及犍乐盐区的区划变动。文章通过把区划变动的全过程还原到历史脉络中，发现区划变动并不只是简单的政策导向或利益之争，而是有其复杂的内生过程。牛华溪从"共管"走向"统合"的根本动力，是基于市镇自身发展所产生的内生性整合力，这种整合力把分属两县的市镇结成了一个牢固的地域共同体，从而不断推动"统合"的进程。清末地方自治的推行，为牛华溪重构自身所属区划提供了首次契机。民国初年的销岸之争，是地方精英正式提出并归诉求的直接原因。由于"盐区设治"更加符合各方利益，牛华溪并归问题最终被纳入五通桥方案中得以解决。

关键词：共管市镇；统合；牛华溪；区划变动

近年来，政区边界上的"共管"问题逐渐成为行政区划研究的重要议题。以研究对象而言，学者们多从政区"界限"的角度研究"湖""滩"等共管之地，[①]对兴起于多县交界的共管市镇研究，却几乎阙如。[②] 1949 年以前，共管市镇并非地区个例，而是普遍存在于县与县的边

[①] 例如，徐建平：《湖滩争夺与省界成型——以皖北青冢湖为例》，《中国历史地理论丛》2008 年第 3 期，第 63—74 页；徐建平：《从界限到界线：湖滩开发与省界成型——以丹阳湖为例》，《史林》2008 年第 3 期，第 119—136 页；胡英泽：《河道变动与界的表达——以清代至民国的山、陕滩案为中心》，《中国社会历史评论（第 7 卷）》，天津古籍出版社，2006 年，第 199—220 页。

[②] 就笔者所见，学界对市镇的研究可谓汗牛充栋，但专门研究共管市镇区划变动的论文十分少见。温二强还原了民国时期黄牛铺归属纠纷的具体过程，参见温二强《政区调整与地方表达——以陕西黄牛铺归属之争为例》，陕西师范大学硕士学位论文，2010 年。吴滔考察了章练塘的演变问题，但考察时段止于清末，对共管市镇区划变动的全过程缺乏探讨，参见吴滔《"插花地"的命运：以章练塘镇为中心的考察》，《史林》2010 年第 3 期，第 86—98 页。王曙宁以个案入手，研究了江南共管市镇的起源与空间生长问题，并分类统计了江南共管市镇的数量，但未讨论共管市镇区划变动的问题，参见王曙宁《明清江南的政区边界与空间生长》，复旦大学硕士学位论文，2015 年。张乐峰从城市化的角度研究了诸翟镇的归属问题，参见张乐峰《城市化与近代以来诸翟镇的归属纷争》，《史林》2017 年第 6 期，第 39—47 页。

界之上。由于"共管"的性质,这些市镇常常引发县际或更高层级的区划纠纷,并最终导致区划变动。然而,共管市镇如何从"共管"走向"统合",[①]又为何会引发自身或地区间的区划变动等诸多问题,目前尚不完全清楚。因此,进行长时段而又细致的个案考察,就显得十分必要且有意义。作为共管市镇的牛华溪为我们研究这一课题,提供了很好的案例。

牛华溪[②]是岷江边的一个市镇,地处今四川省乐山市五通桥区。1951年之前,牛华溪属犍为与乐山两县共管,以花溪沟为界分为上、下两场,上场属于乐山县云华乡,下场属于犍为县牛华镇(图1)。[③] 民国时期,牛华溪爆发了长达17年(1928—1944)的改属纠纷。整个事件涉及普通民众、地方绅商、乡镇公所、县政府、四川省第五区行政督察专员公署(以下简称"五区专署")、省政府等多种势力或团体,各方观点及主张均体现在他们的呈文、训令、批示等文件中,为研究牛华溪区划变动过程及背景因素,提供了翔实而细致的资料。此外,与其他共管市镇不同的是,牛华溪不仅地处两县边界,还是盐区中心,具有一定的特殊性和复杂性。本文并不着眼于牛华溪改属纠纷本身,[④]而是把改属过程置于区域发展的历史脉络中加以考量,重点探讨改属过程及背后所隐藏着的内生性推力,以此揭示地域发展与区划变动之间的固有关联。

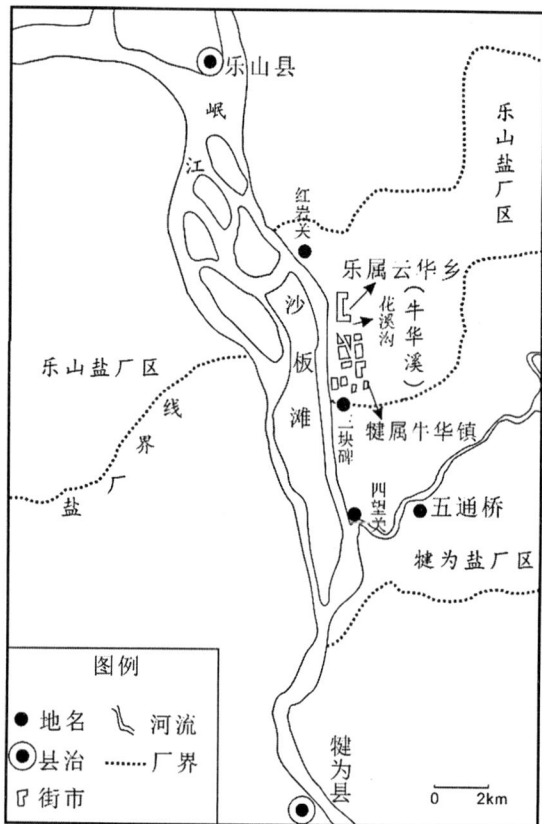

图1 牛华溪位置关系示意图

此图以民国《四川盐政史图册》(第三册)中《犍为场区域图》《乐山场区域图》为底图改绘

---

① 文中"统合"一词是指共管市镇在经济、文化上被整合为地域共同体后,反映在政治上的统一,最终表现为共管市镇在行政区划上的合并。

② 又名"油花溪""流花溪",名称来历有两种说法。一说,明代当地人每年"人日"以油洒水观其纹,以占丰歉,"油花"之名由此而来。另一说,有浮油于溪中,常见油花,故此名。参见乐山地区乐山市地名领导小组编印《四川省乐山地区乐山市地名录》,1985年,第85页。

③ 云华乡建立之前,上场属于乐山凌云(乡)镇,本文称"乐属牛华溪"。牛华镇建立之前,下场在清代属中新里上清流乡,民国初年属牛华乡,本文称"犍属牛华溪"。1936年,牛华镇有3 272户,18 800余口;云华乡有4 464户,22 617口。牛华溪场有街道二十一条,大部分街道属于牛华镇。参见《乐犍牛华溪合区理由比较表》,1936年5月2日,四川省档案馆藏,民国四川省政府民政厅档案054-03-8393。1991年,牛华溪街市面积有1.49平方公里,非农业人口17 701人。参见四川省五通桥区志编纂委员会编《五通桥区志》,巴蜀书社,1992年,第551页。

④ 具体的纠纷过程,笔者将依据四川省档案馆、乐山市档案馆、犍为县档案馆藏相关文件,整理研究之后,另文呈现。

一、盐业开发与共管市镇的形成

牛华溪所属的犍乐地区盐业资源丰富,开发历史可追溯到秦汉时期。但迟至清初,牛华溪盐业才最终得到开发。[①] 乾隆《犍为县志》卷3"盐场大使"条记:

> 明设巡检二员,国初裁汰,雍正间复设一员驻牛华溪,乾隆二年改为盐场大使。又添设王村场大使一员,乾隆七年奉裁,惟牛华溪一员仍设。[②]

明巡检驻地有二,一在四望关,一在石马关,并未设在牛华溪。雍正八年(1730),清政府首次在牛华溪派驻巡检一员,[③]可见该地的重要性已经显现。乾隆二年(1737),又将巡检直接改为盐场大使,说明此地盐业开发日渐成熟。[④]

清初实行"任民自由开凿",政府"就井灶而征以课,就盐引榷以税"的盐业政策,造成私盐盛行。[⑤] 为打击私盐,从雍正九年(1731)开始改行"计口授盐"。"计口授盐之政,始分定某厅州县配某厂盐额。"[⑥]随后犍乐盐区以三块碑为界分为两厂,南以五通桥为中心建立犍为盐厂,北以牛华溪为中心成立乐山盐厂。[⑦] 盐大使的设置及乐山盐厂的建立使得牛华溪经济与政治地位均得到提升,盐业市镇也在此背景下逐渐形成。

牛华溪所在地原是岷江左岸的河床,因年久淤积,才逐渐形成江边较为平坦的滩地。[⑧]其聚落的形态与变化,曾任牛华溪盐大使的顾玉栋有所记载:

> (牛华)溪场当乐、犍二邑之交,昔不过江浒小聚落耳,年来咸泉北徙,井灶日盛,凡

---

① "乐山井灶,秦代即有之,明代仅王村、马踏井一带产盐,且均小井,出盐无多也。清初始于牛华溪、沙湾等处开辟大井,其后逐年推广,遂东及于河儿坎,南至鲁公桥,北至青衣坝,周围约及百里,井灶散处,棋布星罗,遂为川盐之次等大厂。"民国《四川盐政史》卷2《场产》,《国家图书馆藏清代税收税务档案史料汇编》第45册,全国图书文献缩微复制中心,2008年,第21996—21997页。

② 乾隆《犍为县志》卷3《秩官志·盐场大使》,《北京大学图书馆藏稀见方志丛刊》第310册,国家图书馆出版社,2013年,第127页。

③ 《世宗宪皇帝实录(二)》卷92,雍正八年三月戊子,《清实录》第6册,中华书局,2008年,第7230页。

④ 牛华溪巡检署为雍正九年(1731)"巡检徐谦领帑所修"(嘉庆《犍为县志》卷3《建置志·公署》,嘉庆二十一年刻本),徐谦"先任巡检,后为盐场大使"(乾隆《犍为县志》卷3《秩官志·盐场大使》,第127页)。照此看来,盐场大使承袭了巡检兼理盐务之职,牛华溪盐业也应开发于雍正八年之前。

⑤ 民国《四川盐政史》卷1《通论·前代盐政之概要》,第21905—21906页。

⑥ 丁宝桢:《四川盐法志》卷17《引票二》,《续修四库全书》第842册,上海古籍出版社,2002年,第323页。

⑦ 民国三年(1914)盐场知事主持盐政,将"盐厂"改名为"盐场"。但在诸多民国文献中,仍将两者混用。为行文简洁,本文使用"盐厂"一词(引用文献除外)。乐山盐厂与犍为盐厂简称为"乐厂""犍厂"。

⑧ 《四川省乐山地区乐山市地名录》,第85页。

贸迁于斯者,不觉肩相摩踵相接矣。①

这一段话透露出,牛华溪市镇是从濒江小村发展而来。兴起市镇的原因,是由于当地盐井开发,井灶日盛,人口增多。牛华溪地处"乐、犍二邑之交",场中之犍乐县界,明代就已划定,②兴镇之后自然成为两县共管的市镇。伴随人口增多,集市也逐渐形成。乾隆《犍为县志》卷2"市集"条记,"油花溪场,新集"③。此志修撰于乾隆十一年(1746),"新"字透露出,牛华溪市集应在此时间节点之前不久形成。

如此,牛华溪地面有县界与盐厂界两条界线。县界明代已经划定,盐厂界于清初分厂之时划定。在分厂之时,清政府就将犍属牛华溪盐业划归乐山盐厂管理,造成了犍属牛华溪行政权管辖与盐务管理权的分离,为日后牛华溪由"共管"走向"统合"埋下了伏笔。

二、场域整合与精英力量的崛起

众所周知,明清鼎革之际四川盐业遭到极大破坏。从康熙中期开始,地方政府为恢复生产,实行了"招民开井"的政策,致使犍乐盐区吸引了大量移民。④ 牛华溪从江边小村发展为一大市镇,亦吸纳了众多移民来开发当地盐业。⑤ 嘉庆时期的牛华溪,已是"人家半籍盐为市,风俗全凭井代耕"⑥的状态,人口不断增加,井灶日益增多,市镇也快速扩展开来。至清末民初,牛华溪已有街道二十一条,人口过万。⑦

移民进入牛华溪后,上场之民隶属乐山,下场之民隶属犍为,使得场域民众产生了"畛域之分",土客矛盾与移民间的"异籍之见"亦有显现。⑧ 但随着盐业的不断开发、会馆及行会的陆续建立、庙会的不断举办,场域的整合力日益增强。

"盐业"是牛华溪最具整合力的要素,也是联结上、下两场民众的重要纽带。最明显的例证是,乐属盐井的水枧,需跨越县界,到犍属牛华溪地面煎盐。这种"乐井犍煎"的跨境生产,

---

① 顾玉栋:《重修牛华溪川主庙记》,嘉庆《犍为县志》卷9《艺文志》。
② "牛华溪,濒江,明时设界乐犍之间,距城南二十里。"民国《乐山县志》卷1《方舆志·场镇》,《中国地方志集成·四川府县志辑》第37册,巴蜀书社,1992年,第675页。
③ 乾隆《犍为县志》卷2《建设志·市集》,第93页。
④ 例如,康熙二十七年(1688),"新招灶民洪国柱等,谕以开井增课","至康熙五十七年,陆续新增盐井二百四十八眼"(乾隆《犍为县志》卷6《赋役志》,第328页)。乾隆十四年(1749)新招灶民杨一贡等开井,至五十一年时"新增盐井一千一百二十二眼",乾隆五十四年又新招灶民黄表顺等开井(嘉庆《犍为县志》卷4《食货志·盐法》)。
⑤ 本文所论牛华溪移民,是指除原牛华溪本地村民以外的所有迁民,并非单指省外移民。
⑥ 刘应箸:《油华溪即事诗》,民国《乐山县志》卷3《方舆志·区域》,第713页。
⑦ 《乐犍牛华溪合区理由比较表》,1936年5月2日,四川省档案馆藏,民国四川省政府民政厅档案054-03-8393。
⑧ 乾隆《犍为县志》卷2《建置志·乡甲》,第88页。

把分属两县的民众牢牢地连接在了一起。此外，上、下两场的盐业事务均由统一的盐厂官署处理，诸如巡检、盐场大使等官署也就成为联结两场的重要节点，发挥着政治上的整合力。

随着移民的增多，同乡会馆开始出现。乾隆十三年(1748)，吴楚宫于长亨街建立。乾隆四十年(1775)，南华宫于陕西街建立。嘉庆时，武圣宫亦在陕西街成立。[1] 川籍之民则以雍正时所修川主庙为会馆。[2] 在"招民开井"的初期，管理移民与维持地方秩序的力量，无疑是地方官府。同乡会馆建立后，开始分担官府处理地方事务的部分职责。"客籍领以客长，土著领以乡约"，乡民"如争议事项，先报约客，上庙评理。如遇涉讼亦经官厅饬议而始受理焉"，"故约客地位实为官民上下间之枢纽"，是"当时不可少之首人"。[3] 并且，外来移民开始通过会馆建立生产与生活关系。可见，同乡会馆不仅是联结上、下两场民众的重要组织，也是处理两场事务的公共场所，更是整合牛华溪外来移民、建立社会秩序的重要力量。

因盐业生产、运销等环节分工较细，牛华溪同业行会较多。如船工的"王爷会"、挑卤工的"华祝会"、钻井工的"泗圣会"等。各行会均有行规，"对于会内之人争议，亦可予以调处"[4]。行会的建立，使得牛华溪盐业生产、运销等的各个环节秩序化，上、下两场民众也因此得到秩序化的整合。

这些同乡会馆与行会都是跨越县界的地域组织，对统合上、下两场发挥着重要的作用。虽然，成立同乡会馆及行会的目的是维护自身集团的利益，具有一定的排他性，但正因如此，这些组织构成了牛华溪地域秩序的基本框架，且它们无一例外地会依托寺庙等场所，并与一位主神结合起来，定期举行酬神赛会。这些庙会活动，不仅仅局限于组织内部，很大一部分向整个场域民众开放。例如，位于牛华溪上兴隆街的川主庙，是川籍之民报赛之地，但川主神并不仅限于川籍之民信仰。嘉庆时期盐大使顾玉栋在《重修牛华溪川主庙记》中写道："审是神，固不可一乡一邑私，而亦岂全蜀所得私哉？"[5]其建修资金由"场之士商"同出，亦不仅限川籍。川主庙建立之后，不仅成为"息蜡吹豳，祈年报赛"之地，而且还成为官方"讲俭勤之俗，宣忠孝之经"的重要场所。[6] 所以，川主庙成为牛华溪的中心庙。"庙"作为场域的公共空间，起到了联结上、下两场民众的作用，是产生地域认同的重要因素。学者们认为祠庙及其所祭祀的神灵，可视作中国各地共同体的象征，民众与精英阶层均会受到信仰力的整合。[7]

---

[1] 吴楚宫"两重两厢有戏台"，南华宫会期二月初八。民国《犍为县志》卷2《建置志·坛庙》，《中国地方志集成·四川府县志辑》第41册，第101—103页。

[2] 川主庙建于雍正时期，乾隆三十六年(1771)与嘉庆十四年(1809)重修。顾玉栋：《重修牛华溪川主庙记》，嘉庆《犍为县志》卷9《艺文志》。

[3] 民国《犍为县志》卷3《居民志·地方团体》，第158页。四川籍首人称"乡约"，其他省籍的首人称"客长"，一般连称为"约客"。

[4] 民国《犍为县志》卷3《居民志·地方团体》，第159页。

[5] 顾玉栋：《重修牛华溪川主庙记》，嘉庆《犍为县志》卷9《艺文志》。

[6] 顾玉栋：《重修牛华溪川主庙记》，嘉庆《犍为县志》卷9《艺文志》。

[7] 朱海滨：《祭祀政策与民间信仰变迁——近世浙江民间信仰研究》，复旦大学出版社，2008年，第12—13页。

因此,川主庙作为场域的中心庙,可视为牛华溪两场结成共同体的象征。

此外,牛华溪还有其他众多庙会。如盛于咸丰以前的"大蜡会",由牛华溪盐工举办。每年七月十五,盐工向观音阁中的井神蚩尤进献大蜡。庙会期间,场域之民尽被吸引。[①] 再如,每年三月十五,牛华溪举行盛大的"城隍出巡会",两场民众皆参与其中,周围各乡之民亦蜂拥而来,观者如潮。[②] 每年春节还办"灯杆会",四月十五办"火神会",十月初一办"牛王会"等,举办庙会的资金大都来自会馆与行会。[③] 伴随庙会活动的不断开展,牛华溪上、下两场的融合性日益增强,地域认同也因此不断强化。

随着以上共同性事项的开展、地域组织的建立及公共空间的形成,牛华溪上、下两场民众被逐渐整合为一个地域共同体。原有的土客矛盾与"异籍之见"随之消除。"客民与土著相安既久,畛域渐泯,且与土著及异籍之人互通婚姻,而主客之见悉除。"[④]因此,"牛华溪"成为上、下两场地域认同的代名词。光绪三十三年(1907),"犍乐联合小学"在牛华溪文昌宫开办。虽名为"犍乐"联合小学,实际上就是牛华溪上、下两场共同的学校。联合学校的建立无疑是上、下两场已整合为一体的极好佐证。[⑤]

在牛华溪形成地域共同体的过程中,新兴的地域力量开始崛起。由于咸同时期"川盐济楚"的因素,牛华溪盐业开发达到顶峰,"川盐之盛,于此时为最矣"[⑥]。在此背景下,牛华溪社会分化加剧,形成了吴、冷、戴、邓、柯、余等"俱为巨族"的盐业家族。[⑦] 这些盐业家族作为地方精英[⑧]的主体,掌控着地方经济、政治等权力,并在场域中形成了牢固的利益关系。以吴氏盐业家族为例:

牛华溪吴氏家族发端于吴德嵩。道光十二年(1832),吴德嵩从湖南常宁县逃荒到四川五通桥,投靠了湖广会馆(禹王宫)。后被五通桥余姓灶主雇佣,先收为学徒,再招为婿。其岳父死后,吴德嵩分得树盛灶之红酬。咸同之际,他利用所得红酬,先后在牛华溪、五通桥购置元顺、福星临两盐灶,获利颇丰。光绪十年(1884)吴德嵩去世,其子吴金山分得了部分盐产,先后买入大海、丰顺等井,经营规模继续扩大。吴金山有吴鼎臣、吴子春等六子,光绪三十三年吴金山去世,吴鼎臣接手家族产业,又先后买入大旺、五洪等盐井。就在这一时期,吴鼎臣于牛华溪兴发街修建了"景让堂",成为吴氏家祠。他主动与嘉定知府福润、乐山知县周

---

① 柯愈文:《大蜡会与乐山盐场工人运动》,《乐山市志资料》1983年第2期,第34—37页。

② 牛华溪城隍庙方志未载,修建时间不详。地处花溪沟畔文昌宫旁,正处在上、下两场的分界处。

③ 牛华溪庙会情况,参见易志隆《千年盐城五通桥》,九州出版社,2011年,第315—316页。

④ 民国《犍为县志》卷3《居民志·地方团体》,第159页。

⑤ 民国时期教育实行分区制。分属两县的牛华溪作为学区中心,成立了"犍为县教育第十八区",并在此设有学务委员会办事处。参见民国《犍为县志》卷7《文事志·清末及现代之学务》,第280页。此外,1940年,乐厂排除犍厂而单独开办了震华中学。联合小学、教育十八区及震华中学的例子,印证了牛华溪已作为一个整体而存在。

⑥ 民国《四川盐政史》卷1《通论》,第21912页。

⑦ 《犍为县政府民政科拟具意见提付讨论》,1943年11月4日,犍为县档案馆藏,民国犍为县政府民政科档案114-11-454。

⑧ 本文所论"地方精英"是指牛华溪的士绅、商团头目及下级官员等,他们往往有盐业家族背景,并且常兼具多重身份。

延华交好,被任命为"乐厂盐总"。不仅如此,吴鼎臣重金捐官,他与吴子春被授予了五品衔"同知"之职,成为地方"正绅"。民国二年(1913)吴鼎臣死,吴子春承接家业。他执事32年,家族灶井大增,月产六万余担,不仅广置田产,还插足煤炭、肥皂、百货等行业,并在牛华溪一手创建了"大丰公"总管机构。他先后被推任四川省咨议局议员、乐山县议会议长、乐场评议公所议长等职。此外,他还与乐山盐场知事、团防司令等建立姻亲关系,并支持吴氏家族子弟进入政府及军队谋职,以此构建了自己的关系网络。"吴景让堂"经过三代人的经营,最终成为乐山最大的盐业家族。[①]

从吴氏家族事例及前述会馆情况,可以看出咸同之前所招移民,是以同乡会馆为联结点而形成的社群关系。咸同之后,逐渐转变为以家族祠堂为联结点的社群关系。[②] 这种新型社会结构对牛华溪区划变动至关重要,因为盐业家族逐渐成为市镇的核心领导力量。盐业家族在形成过程中,不断利用已有"资本"与权势阶层建立关系网,以谋求政治权力与地位,来维护和壮大家族势力。他们也顺理成章地成为地方精英,并掌握了市镇的话语权,当共同利益受到侵害时,往往抱团抵制,并积极充当代言人。更重要的是,这些地方精英成为推动牛华溪从"共管"走向"统合"的主力,这一点在长达17年的并归纠纷中,体现得最为明显。

三、合并意识与改属诉求的提出

随着上、下两场整合的完成及地域力量的崛起,场中之"界"愈发让牛华溪普通民众和地方精英感到"别扭"。"居民田产业务大都在乐,而所住房舍又半属犍,犍既照籍派征,乐又据产派征"[③],"政令混淆,往往民众不知所从"[④]。清末地方自治为牛华溪精英改变此种状况提

---

① 张端甫:《犍乐盐场首富吴景让堂兴衰史》,《乐山市志资料》1981第1期,第22—43页。《犍乐盐场首富吴景让堂兴衰史》(续一),《乐山市志资料》1982第1期,第12—18页。《犍乐盐厂吴景让堂的兴衰史》(续完),《乐山市志资料》1982第2期,第6—15页。特别要指出的是,2018年10月13日笔者考察五通桥时,方志办胡正荣先生告知,张端甫曾在吴子春手下工作,其职务相当于"管家"一类,此说法在《乐山市志资料》(1981年第1期,第22页)中得到了印证。因此,张端甫所记吴氏家族基本史实应较为可信。

② 清末,牛华溪家族及宗祠的出现应该是较为普遍的现象,如牛华溪以前多有聚族而居者,常称呼"某某院子",笔者曾探寻过胡家院子、林家院子、白家院子、柯家院子等。山田贤在其论著中详细阐明过四川移民社会从同乡集团转为同族集团的过程,有势力的宗族开始结成新的社会关系。参见山田贤《移民的秩序——清代四川地域社会史研究》,中央编译出版社,2011年,第25—60页。另外,有学者认为,盐业家族祠堂是集结商业资产,进行多种经营的商业组织,也是保证商业财产一体化和连续性的重要工具。参见曾小萍《自贡商人——近代早期中国的企业家》,江苏人民出版社,2014年,第115—119页。吴景让堂经营的行业与管理系统,参见张端甫《犍乐盐场首富吴景让堂兴衰史》,《乐山市志资料》1981年第1期,第42—43页。

③ 《为据转犍乐牛华溪公民代表戴少卿等以牛华溪面积错突花飞遵据先令法令恳请规划完整以一政权而除积弊一案祈核转示遵由》,1942年5月25日,乐山市档案馆藏,民国四川省第五区行政督察专员公署档案001-01-824。

④ 《牛华溪许家乡磨池乡等处查勘县界情形》,1942年7月17日,乐山市档案馆藏,民国四川省第五区行政督察专员公署档案001-01-824。

供了契机。

光绪三十四年(1908),清政府颁布《城镇乡地方自治章程》,由各级政府推行。办理自治首先需要划定自治区域,依据章程第二节第三条之规定:

> 城镇乡之区域,各以本地方固有之境界为准。若境界不明,或必须另行析并者,由该管地方官详确分划,申请本省督抚核定。①

章程中"固有之境界"并未注明"固有"的标准,且允许"另行析并",这就给地方人士留下了解释的空间。在牛华溪已结成地域共同体的背景下,崛起的地方精英必然借助此次机会来剔除"场中之界"的阻隔,以建构符合自身利益的自治区域。因此,合并上、下两场成为他们的必然选择,合并意识也由此激发出来。然而,两场合并又涉及归属何县的问题。

牛华溪下场虽行政上归犍为县,但地域要素中最重要的盐业经济,早已统归乐山盐厂管理。换言之,犍属牛华溪首先在经济上就已经脱离了犍为县。再者,牛华溪离乐山县城仅二十里,离犍为县城一百里,在升学、贸易、社会资源等方面,都与乐山结成了紧密的关系。② 而且,长期与嘉定知府、乐山知县交好的"乐厂盐总"吴鼎臣,必然会支持牛华溪归属乐山。所以,不管是普通民众还是绅商,都明显倾向于政治等第更高的乐山县一边。③ 也就是说,无论是在政治、经济还是社会关系方面,牛华溪人士更愿意被整合进以乐山县为中心的更大的县域共同体之中。

他们的这种意愿,正好与乐山县府的想法契合。按照章程,共管的牛华溪应由犍乐两县共同筹办,但实际上仅由"乐山县主稿"④。宣统二年(1910)牛华溪上、下两场合并,与乐山凌云镇共同组建了"四川乐犍云华镇自治区",归属乐山县府统管。之所以与凌云镇组建自治区,一是为了满足《城镇乡地方自治章程》中"人口满五万以上者为镇"的规定,⑤一是为了囊括分布在凌云镇的井灶。若将自治区域(图2)与乐山盐厂区域对比,可以发现自治区域与岷江东岸的盐厂区域大致重合,颇有"盐区自治"的意味。这说明,牛华溪精英所理解的"固有之境界"即为盐厂界。地方精英以盐厂界构建出了以牛华溪为中心的自治区域,从而开始掌控更多的地方政治权力。

---

① 总政编查馆编:《城镇乡地方自治章程》,商务印书馆,1911年,第1页。
② 《呈为筹设合区请愿团以谋整理而符名实仰祈鉴核事》,1936年3月,犍为县档案馆藏,民国犍为县政府民政科档案114 - 8 - 531。
③ 清代嘉定府署及民国四川省第五区行政督察专员公署均驻乐山县,乐山县是雍正十二年(1734)嘉定州升府之后所设的附郭县。
④ 民国《犍为县志》卷3《居民志·城镇乡自治会》,第160页。
⑤ "凡府厅州县治城厢地方为城,其余市镇村庄屯集等各地方,人口满五万以上者为镇,人口不满五万者为乡。"《城镇乡地方自治章程》,第1页。

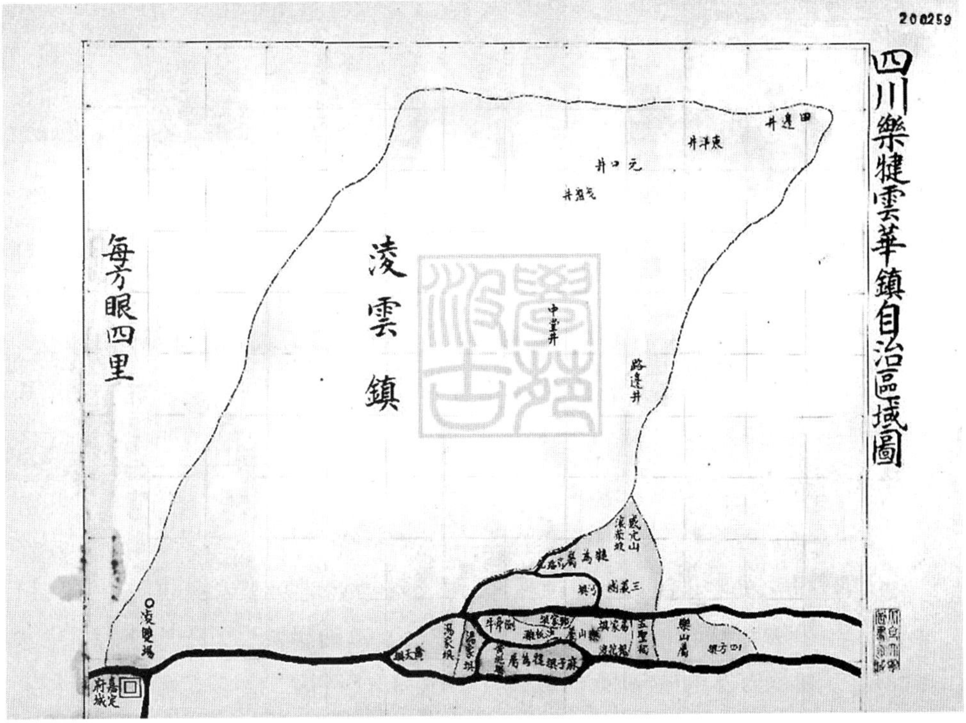

图2　四川乐犍云华镇自治区图

此图采自《四川城镇乡自治区域图》中的《四川乐犍云华镇自治区图》，北京大学图书馆藏，1910年

　　虽然，清末地方自治仅实行一年多，但此次两场合并在牛华溪区划演变上仍具有重要的意义。首先，此次合并不仅反映出牛华溪上、下两场实际上已成为一个整体的事实，更重要的是，还得到了官方的确认。其次，此次合并激发了牛华溪民众与精英的合并意识，为日后正式变动区划奠定了思想基础。最后，牛华溪精英通过自治区董事会获得了更多的政治权力，地域力量再次得到强化。此次合并成为牛华溪实现从"共管"走向"统合"的前奏。

　　必须指出的是，自治区并非正式的行政区划。简单来说，地方自治是指本地居民通过民主选举，组成自治机构，"以专办地方公益事宜，辅佐官治为主"①。可以看出，自治机构权力十分有限，离实际的行政机构还有很大的距离，犍属牛华溪在行政上仍未脱离犍为县的"束缚"。直到1928年，牛华溪精英才正式提出"合并牛华溪，划归乐山"的改属诉求（简称"并归诉求"）。

　　此次正式提出并归诉求，是由犍乐两厂销岸之争所引发，而销岸之争是由盐业制度变革

────────────

① 《城镇乡地方自治章程》，第1页。

所导致。民国元年(1912)，清代盐法被废除，改行"一税法"①，导致私盐充斥，川盐纷乱。民国三年，四川盐运使晏安澜主持恢复"划分场岸，(实行)等差税率之旧法"②，并组建盐运公司。这次改革确定了府、南、雅为乐厂销岸，犍厂则配销滇、永、涪、万、巫等岸，③犍乐两厂由此"分道扬镳"④。民国五年盐运公司解散，但厂岸制度仍旧。这一变化，直接引起了犍厂与富(顺)荣(县)盐厂、乐厂的销岸纷争。

犍厂在与富荣厂竞争过程中失利，销岸不断萎缩，犍盐滞销。⑤ 相反，乐厂不但保住了销量较大且不容易被他厂侵占的府、南、雅三岸，而且以"井深费重"，盐价"常高于犍盐13.15%"⑥。鉴于此，犍厂五通桥绅商于民国五年(1916)向盐务稽核支所上报，要求开放乐厂销岸，准许济配乐厂。乐厂则坚决抵制，双方僵持不下。最终，于民国十五年经四川盐运使会同川南稽核分所商议，"决定犍盐运销乐岸，每年仍以一千引为限，四季分额"⑦，长达11年的销岸之争暂得解决。

销岸之争不仅让乐厂绅商失去了"一千盐引"之利，还产生了集体积怨情绪。据张端甫记述，两厂销岸之争时，吴子春等牛华溪绅商"饱受犍场灶商同业公会和四望关'县佐'之辱"⑧。虽没有更多的史料证明此事，但民国十五年(1926)确实发生了乐厂绅商在牛华溪沙板滩阻运犍盐之事，双方发生械斗，死伤数人，⑨"几乎酿成巨祸"⑩。乐厂派往五通桥盐务稽核所的绅耆，也被逮捕。最后，乐厂绅商"鉴于稽核所权势很大，深恐以后报复"才同意了"一千盐引"的方案。⑪ 可见销岸之争时，牛华溪绅商确实受到了来自犍厂绅商、稽核所等机关的打压，由此导致原先联系较为紧密的犍乐两厂"情同水火"⑫。因此，牛华溪精英无论在经济利益上，还是在集体感情上，都难以接受牛华溪下场由犍为县管辖的事实。就在此事后一年，他们正式发起了并归乐山的"运动"。

---

① 民国《乐山县志》卷7《经制志·盐税》，第805页。
② 这里的"旧法"，是指光绪三年(1877)丁宝桢改革盐制所实行的"分厂分岸，由官运输，岸商承销之法"。民国《犍为县志》卷11《经济志·盐业》，第359页。
③ 乐厂销岸的"府"是指府河计岸，"南"是指南河计岸，"雅"是指雅河计岸。犍厂销岸的"滇"是指滇边边岸和计岸，"永"是指永边边岸和计岸，"涪"是指涪边边岸和计岸，"万""巫"是指万县、巫山计岸。两厂具体行销范围可参见《四川盐政史》卷5《销岸》，第22657—22703页。
④ 民国《乐山县志》卷7《经制志·盐税》，第806页。
⑤ 《五通桥区志》，第254页。
⑥ 柯愈文：《乐山盐场修晏公祠始末》，《五通桥文史资料》第4辑，第52页。
⑦ 《照抄民国十五年八月盐务署指令四川盐运使公署犍盐运销乐会拟解决办法详加查核尚属可行应准照办文一件》，1942年7月8日，四川省档案馆藏，民国四川省政府民政厅档案 054 - 03 - 8392。
⑧ 张端甫：《犍乐盐场首富吴景让堂兴衰史》(续一)，《乐山市志资料》1981年第1期，第13页。
⑨ 《牛华溪场市与盐务关系之说明》，1942年6月6日，四川省档案馆藏，民国四川省政府民政厅档案 054 - 03 - 8393。
⑩ 张端甫：《帝国主义在盐务系统的罪行》，《乐山市志资料》1984年第3—4期，第273页。
⑪ 《五通桥区志》，第255页。
⑫ 张端甫：《帝国主义在盐务系统的罪行》，《乐山市志资料》1984年第3—4期，第273页。

四、持续纷争与区划变动的实现

并归诉求提出后,旋即遭到犍为县城绅及厂商的强烈反对。此后,乐山县府及城绅、乐厂绅商及同业公会等纷纷声明,支持牛华溪并归乐山。而犍为城绅、犍厂绅商、犍为旅省同乡会等利用各种方式,不断阻止牛华溪并归,纠纷愈演愈烈。双方从 1928 年争斗到 1944 年,纠纷最为激烈的年份是 1936 和 1942 年。

1936 年牛华溪成立了"合区请愿团",犍为城绅及机关法团相应成立了"拒绝合区请愿团"与之对抗。1942 年,牛华溪精英利用国民政府整理县界之机,再次申请合区。而犍为城绅及机关法团又成立了"犍为县县界调整委员会"与之应对。勘界之时,该委员会成员劫离了犍为县政府的签字人员,致使勘界无果。该会委员会随即遭到牛华溪精英的激愤控告,最终省党部认定该委员会不合法规,责令撤销。而该委员会成员则操控犍为县府,作出了撤销牛华镇镇长的决定。虽然双方竭力想实现自己的意图,但始终都无法完全压倒对方。纷争期间,五区专署、省府曾多次派员勘界,但鉴于双方争论较大,决断甚难,均无果而终。

双方持续纷争的焦点问题,一是"一千盐引"问题,二是摊派与税收。销岸纷争中,犍厂要求济配乐厂的关键理由是,"以乐井之水枧,在犍为所属牛华溪之地面煎盐,乐厂既阻止犍盐上行,则犍厂应拒绝乐井犍煎"[1]。显然销岸之争涉及了牛华溪双重界线的问题。若将犍属牛华溪划归乐山,"乐井犍煎"的状况则不复存在,犍厂济配乐厂"一千盐引"的关键理由也由此打消。这是牛华溪精英发起并归乐山的直接原因,也是犍为绅商长期反对的重要因素。此外,五通桥与牛华镇的摊派比例是六比四,"牛华镇划归乐山后势必增加五通桥及犍为他属之负担"[2]。并且,牛华镇划归乐山之后,还会减少犍为县财政收入。以 1943 年为例,"牛华镇可缴入县收支处全年约计伍拾万元,而仍用于牛华镇者约为十万元"[3]。这一点,是犍为城绅反对并归的最重要原因。

就在双方争论不休之时,犍厂之五通桥人士提出了另外一种方案。五通桥地方精英在各方围绕牛华溪问题纠纷不止,且并归乐山后可能会影响到犍厂利益的情况下,于 1943 年 6 月顺势向五区专署及省府提出,请将整个犍乐盐区合并设县或先期成立五通桥管理局。他

① 《牛华溪场市与盐务关系之说明》,1942 年 6 月 6 日,四川省档案馆藏,民国四川省政府民政厅档案 054 - 03 - 8393。
② 《牛华溪许家乡磨池乡等处查勘县界情形》,1942 年 7 月 17 日,乐山市档案馆藏,民国四川省第五区行政督察专员公署档案 001 - 01 - 824。
③ 《为呈复遵令查勘牛华镇地界宜予调整并遵拟调整三种赍请核定示遵由》,1943 年 6 月 8 日,乐山市档案馆藏,民国四川省第五区行政督察专员公署档案 001 - 01 - 824。

们主张,联合五通桥、牛华溪、竹根滩等二十乡镇,"计三百五十二保,人口实有三十万零二百二十六人,设独立行政机构"①。

据称"此种计划确为犍乐盐区二十乡镇所同意,尤属牛华溪全体民众热烈赞许"②。但笔者并未在牛华溪呈文中找到此种说法,甚至文件中对此方案只字未提。当然,五通桥人士所提方案,必然遭到犍为县城绅及机关法团的强烈反对。他们认为设管理局是"重楼叠屋,变易建置,破坏县治","愈增无穷之纠扰"。③ 省府鉴于此案纠纷过大,暂缓处理。直到 1947 年10 月,经省府委员会第 873 次会议决议,五通桥设管理局一案才原则通过。④ 而正式变动为政区,是 1949 年后的事情。

1951 年 10 月 9 日,中央人民政府内务部批准建立五通桥市。⑤ 五通桥市以犍为县第八区为境,牛华溪亦统属在内。牛华溪上、下两场也因此合并,仍以"牛华镇"名。⑥ 至此,牛华溪结束了长达两百多年的共管历史。

五、结语:"统合"是"共管"市镇演变的基本趋势

通过把牛华溪区划变动过程置于地域发展的历史脉络中加以考察,发现区划变动并不只是简单的政策导向或利益之争,而有其复杂的内生过程。

由于盐业开发、商业贸易、官署设驻等因素,牛华溪共管市镇逐渐从村落中脱胎出来。牛华溪上、下两场通过开展共同性事项(如盐业生产、庙会等),建立地域性组织(如会馆、行会、神会等),营造公共空间(如庙宇、街市、学校等),使场域产生了内生性的整合力。这种整合力把分属不同政区的场域民众,逐渐整合进一个地域共同体之中。随着市镇的发展,以盐业家族为核心的精英力量逐渐崛起,并开始掌握市镇的话语权。清末地方自治的推行,不仅激发了地方精英的合并意识,还为他们重构自身所属区划提供了合法契机。民国初年的销岸之争成为地方精英正式提出并归诉求的导火索。由于各方利益存在分歧,牛华溪爆发了

---

① 《为犍乐盐区情形特殊工商发达条举事实协请仿北碚先例设立五通桥管理局以资治理由》,1943 年 6 月 2 日,四川省档案馆藏,民国四川省政府民政厅档案 054 - 03 - 8392。
② 《四川省第五行政区犍乐盐区地方自治设计委员会呈》,1943 年 6 月 10 日,四川省档案馆藏,民国四川省政府民政厅档案 054 - 03 - 8392。
③ 《为据犍为旅省同乡会及本县临参会□电请转呈制止五通桥设局分治一案》,1944 年 11 月 18 日,四川省档案馆藏,民国四川省政府民政厅档案 054 - 03 - 8393。
④ 《关于成立桥溪地方自治设计委员会设置五通桥管理局纪事》,《乐山县历代文集》,乐山市市中区编史修志办公室编印,1990 年,第 313 页。
⑤ 五通桥市属县级市,隶属川南行政区乐山专区,1951 年仅辖五通镇、牛华镇等 4 镇 24 乡。《五通桥区志》,第 61—69 页。
⑥ 《五通桥区志》,第 55 页。

长达 17 年的并归纠纷案。1949 年后原有反对势力被压制,牛华溪共管市镇最终在"盐区设治"的方案中完成"统合"。

从长时段考察牛华溪的区划演变,不难发现牛华溪从"共管"不断走向"统合"的根本动力,是基于市镇自身发展所产生的内生性整合力,此种整合力把分属两县的市镇结成了一个牢固的地域共同体,从而推动"统合"的最终完成。销岸之争不过是牛华溪精英正式提出并归诉求的诱发因素而已。即使没有发生销岸之争,他们也会借助民国政府实施的"整理县界"之机,表达他们的合并诉求。[1]犍厂五通桥提出的"盐区设治"方案,虽未得到牛华溪地方精英的完全认同,但比较符合新、旧政府调整区划的目的及盐区民众的愿望,[2]牛华溪合并问题最终被纳入五通桥的方案之中得以解决。此外,牛华溪若与其他共管市镇类比,可发现"统合"是"共管"市镇演变的基本趋势。诚然,不同共管市镇在地域整合方式、利益表达及提出区划变动的契机方面可能会有差异,但"统合"的趋势应是相同,变动的节奏亦有类似。牛华溪正是全国诸多共管市镇区划变动的一个实例和缩影。

牟旭平,复旦大学历史地理研究中心 2020 届博士,现任教于重庆电子科技职业大学。本文原发表于《中国历史地理论丛》2019 年第 3 期,2018 年 12 月曾在禹贡博士生论坛第 80 期报告。

---

[1] 1930 年,民国政府颁布了《省市县勘界条例》。次年,又颁布《县行政区域整理办法大纲》。随着这两份法令的颁布,全国开始兴起区划调整的"风潮"。从笔者目前所见到的档案来看,民国四川省政府主动且全面推行整理地方区划的政策是在 1940 年,各地政府及地方精英响应积极。1942 年,四川省政府还拟具了《四川省各县共管场镇调整办法十条》,抄发各区署实施。可见,即使没有销岸之争,牛华溪精英也会借助整理区划的政策,提出合并诉求。

[2] 1944 年至 1947 年间,五通桥、竹根滩、牛华溪等乡镇曾举行过民众投票,一致赞成五通桥升格行政级别。参见《千年盐城五通桥》,第 14 页。

环境与人群

近 300 年来西南山区的移民与开发

——云南省禄劝县多椰树村的个案研究*

霍仁龙　　杨煜达

摘　要： 本文通过对云南省禄劝县多椰树村的实地调查和田野考察,重构了这一山区的开发过程,提供了一个过去 300 年间西南山区聚落和小流域尺度的人口增长、耕地开发、技术进步、政策演变与环境承载力之间动态平衡的典型案例。研究认为,18 世纪以来,流域内人口的持续增长是山区开发的原驱动力,也是区域农业生产从粗放型向集约型转变的主要原因。20 世纪 50 年代以来,由于政策的限制、聚落人口规模增长过快等因素,虽然农业生产技术得到了显著提高,但环境承载力依然在 1960 年代后期达到阈值。这种阈值一定程度上也反映了整个流域或西南山区环境承载力的情况。

关键词： 近 300 年;云南;山区开发;人口压力;环境承载力

一、引　　言

18 世纪以来,中国人口经历了一段较长的平稳增长期,人口绝对数量增加显著。[1] 这种大规模的人口增长在为中国经济发展提供强大动力,保证中国 14 世纪至 20 世纪 60 年代六个世纪以来中国农业"技术停滞中的产量增长"[2] 的同时,也带来了人口压力,对中国的社会与环境造成了重要的影响。[3]

美国学者黄宗智认为中国华北与长江三角洲地区的农村经济在明清以来由于人口的增

---

* 本研究获全球变化研究国家重大科学研究计划(2010CB950100)、教育部全国优秀博士学位论文作者专项资金资助项目(201114)、复旦大学"985 工程"三期复旦丁铎尔中心生态环境与人文社科交叉研究项目(FTC98503A09)资助,谨表谢意。

① 葛剑雄：《中国人口发展史》,福建人民出版社,1991 年,第 254 页。
② 珀金斯：《中国农业的发展(1368—1968)》,宋海文等译,上海译文出版社,1984 年,第 242 页。
③ 何炳棣：《明初以降人口及其相关问题：1368—1953》,葛剑雄译,生活·读书·新知三联书店,2000 年。

长、土地数量的不足和技术的落后等原因,出现了所谓的"过密化"现象。[①] 黄氏的研究得到许多学者的热烈响应,[②]学界讨论的焦点集中在中国东部是否存在着普遍的人口压力,以及这种人口压力所带来的后果。其他区域是否存在同样的问题?

从18世纪以来的300年间西南山区的大规模开发,是迄今为止西南地区环境变化最重要的一个事件,这一过程彻底改变了西南地区人口的分布模式,改变了西南山区的地表覆盖和土地利用方式。这一开发过程是否由人口压力所驱动?政策、制度和技术等因素在其中扮演了何种角色?这些问题的探讨对我们更全面地认识中国近300年来的环境变迁及其驱动机制,有着重要的意义。

首先关注到清代以来西南山区开发的是方国瑜先生。方先生通过清代汛塘在山区设立的扩张,得出了汉族移民在山区逐步扩散的空间线索。[③] 近年来杨伟兵的研究,关注到了这一时期云贵高原土地利用的变迁以及相关的生态后果。[④] 伊懋可通过对洱海区域9—19世纪环境演变历史的考察,强调了技术进步对于维持洱海地区的农业灌溉系统的重要性。[⑤]

杨煜达在对洱海流域瀰苴河的研究中,强调以西南山地研究中的小流域作为半独立的生态系统与地理单元结合在环境演化中的重要性,[⑥]给本文的工作提供了一个新的考察视角,即以作为云南山区细胞的小流域为研究对象,通过详细考察具体小流域内历史时期生态环境的演变,进而讨论西南山区的环境演变过程及其机制。但是,由于历史文献资料的相对匮乏,为获得能支持研究的资料,除尽量运用传统文献史料外,还需要另辟蹊径,探索新的方法。

人类学的研究给学术界带来了清新的空气。在生态人类学的研究领域,较早的研究如费孝通的《禄村农田》[⑦]即为用生态人类学的方法来研究云南传统农业的经典之作。近年来

① 黄宗智:《华北的小农经济与社会变迁》,中华书局,2000年;《长江三角洲小农家庭与乡村发展》,中华书局,1992年。

② 赞同者如庞卓恒《新的研究路线的开拓》,《史学理论研究》1994年第2期;爱仁民(Christopher Isett)《中国解放前的农村经济——黄宗智对西方史学界的挑战》,《史学理论研究》1994年第2期;侯且岸《资本主义萌芽·过密化·商品化》,《史学理论研究》1994年第2期等。反对者如侯杨方《"过密化"质疑——以盛泽为例的个案实证研究》,《复旦大学学报》1994年第2期;王建革《近代华北的农业生态与社会变迁——兼论黄宗智"过密化"理论的不成立》,《中国农史》1999年第1期等。

③ 方国瑜:《清代云南各族劳动人民对山区的开发》,《思想战线》1976年第1期。

④ 杨伟兵:《云贵高原的土地利用与生态变迁(1659—1912)》,上海人民出版社,2008年。

⑤ Mark Elvin, Darren Crook, Shen Ji, Richard Jones, and John Dearing, "The Impact of Clearance and Irrigation on the Environment in the Lake Erhai Catchment from the Ninth to the Nineteenth Century", *East Asian History*, 23 (2002), pp.1 - 60. Mark Elvin and Darren Crook, "An Argument From Silence? The Implications of Xu Xiake's Description of the Mijiu River in 1639",云南大学历史系、云南大学中国经济史研究所编:《李埏教授九十华诞纪念文集》,云南大学出版社,2003年,第150—160页。

⑥ 杨煜达:《中小流域的人地关系与环境变迁——清代云南瀰苴河流域水患考述》,曹树基主编:《田祖有神——明清以来的自然灾害及其社会应对机制》,上海交通大学出版社,2007年。

⑦ 费孝通、张之毅:《云南三村》,社会科学文献出版社,2006年。

尹绍亭等对云南山地民族刀耕火种的研究取得了重要的成就。[①] 而日本学者安达真平对哀牢山梯田开发的研究,也引入了田野调查的方法,取得了有价值的新认识。[②] 近年来中山大学的一些学者则在强调田野方法的同时,强调对区域的把握。在这方面,温春来、张应强对西南山地民族社会的研究,[③]同样给了我们很多的启发。

本文的工作,就是以小流域为地理单元,在比较全面掌握现有文献资料的基础上,利用人类学和地理学的田野方法,对研究区域进行较长时间的田野调查,获取第一手的资料,进而在聚落和中小流域尺度上考察近 300 年来云南山区的人口移殖、山区开发与技术进步、制度演变这一复合演进的过程。为更好地认识这一过程,本文引入环境科学中"环境承载力"[④]的概念来加以利用,从而为西南山地的移民开发与环境变迁提供一个小尺度的研究样本。

本文的研究主要涉及两个区域尺度:一是中小流域尺度,即云南省禄劝县的掌鸠河流域;二是聚落尺度,即多椰树村。云南省禄劝县地处滇中北部,南诏时期为罗婆部、洪农碌券部、掌鸠法块部,属蒙氏所立三十七蛮部。[⑤] 元至元二十六年,立禄劝州,隶武定军民府。[⑥] 明时,禄劝县属武定府,为禄劝州。清初仍为禄劝州,乾隆三十五年降武定府为直隶州,降禄劝州为县,仍属武定。[⑦]

禄劝县地形复杂,山区面积占全县总面积的 98.4%。境内河流属长江流域金沙江水系,自南向北流的普渡河与自北向南流的掌鸠河纵贯禄劝全境,形成一个大的 V 字形,将县境切割成三部分。[⑧] 掌鸠河是县境内的主要灌溉河流,中下游河谷逐渐开阔,水量较大,形成了许多地势相对低平的河谷低地,成为禄劝县的主要农业分布区,也是禄劝县人口分布最为集中的区域。[⑨] 团街乡多椰树村位于掌鸠河边的二级台地上,北纬约 25°43′54,东经约 102°31′24,海拔 1754—1920 米。地貌类型属于浅山区,这是西南山区一种重要的地貌类型,可为研究流域开发提供一个典型的案例。

---

① 尹绍亭:《云南山地民族文化生态的变迁》,云南教育出版社,2009 年。庄孔韶:《云南土地民族(游耕社区)人类学初探》,中国人类学会编《人类学研究·续集》,中国社会科学出版社,1987 年。

② [日]安达真平:《哀牢山梯田的灌溉多样性及开田过程》,杨伟兵主编《明清以来云贵高原的环境与社会》,东方出版中心,2010 年。

③ 温春来:《从"异域"到"旧疆":宋至清贵州西北部地区的制度、开发与认同》,生活·读书·新知三联书店,2008 年。张应强:《木材之流动:清代清水江下游地区的市场、权力与社会》,生活·读书·新知三联书店,2006 年。

④ "指在某一时期,现实的或拟定的环境结构在不发生明显改变的前提条件下,某一区域环境对人类活动作用维持能力的阈值。"汪诚文等:《环境承载力理论研究及其实践》,中国环境科学出版社,2011 年,第 25 页。

⑤ 许实纂:《禄劝县志》卷四《建置志》,成文出版有限公司影印民国十四年色铅印本,1975 年。

⑥ 《元史》卷 61《地理四·云南》,中华书局,1976 年,第 1462 页。

⑦ 《嘉庆重修一统志》卷 492《武定直隶州》,上海古籍出版社影印本,2008 年。

⑧ 参见《禄劝彝族苗族自治县志》编纂委员会编:《禄劝彝族苗族自治县志》第二章《自然环境》,云南人民出版社,1995 年;《禄劝彝族苗族自治县概况》编写组:《禄劝彝族苗族自治县概况》,民族出版社,2007 年。

⑨ 《禄劝彝族苗族自治县志》编纂委员会编:《禄劝彝族苗族自治县志》第二章《自然环境》,第 88 页。

二、移民过程与人口的重构

明初,大量汉族人口进入云南。洪武二十六年(1393)移入云南的卫所官兵和家属已达36万人,①到明代后期,汉族已成为云南人口最多的民族。② 明隆庆元年(1567)武定府与禄劝县始改土归流,"奸商黠民,移居其寨,侵占田产,倍索利息"③。大量汉族移民的迁入传来了先进的文化和生产技术,使这个地区的社会经济有了一定的发展。

清代汉族移民在此区域的分布继续扩大。清初在禄劝县设立五境二十四马,"境地则汉人占多数,马地则夷人占多数"④。从地理位置来看,当时汉人最多的五境区域,主要分布在县城附近的坝区,⑤与今天全县彝、汉杂居而以汉族为主的分布格局完全不同。这说明,汉族民众大批进入广大山区进行垦殖,主要是清代,特别是18世纪以来发生的事情。明末以来禄劝县人口发展如图1。

从图1中可以看出,自明末清初以来,禄劝县的人口总体上来看是持续增长的,从1640年的3.1万发展到1830年的16.5万,从1911年的9.3万增加到1985年的39.7万。这种人口的持续增长,除了本地的人口自然增长外,还有外来人口的移入。如据位于禄劝县北部金沙江边靠近四川会理县的汤郎乡一块嘉庆年间的碑刻记载,"该马志力、汤郎歹二处,江西民人聚集甚多,先是土目祖先屡经结告,自乾隆三十九年起,□□□五年以来,祖父俱殁,至被家人纠串佃户,欺凌田主,以致江西人等乘势陆续渐入,聚集更多"。江西人所建的房铺及坟墓,占了当地土目的田地,土目欲将其驱散,但其"恃众不从",⑥令当地的土目也无毫无办法,可见当地江西移民数量之多。据缪鸾和的调查,这些江西人是清初来四川会理州作战的军人,战争结束后落籍会理,后逐渐过江,移民到禄劝县。⑦

由于清代咸同年间云南地区战争的影响,禄劝县的人口有所下降。"自军兴以来,各属

---

① 葛剑雄主编,曹树基著:《中国移民史》第五卷《明时期》,福建人民出版社,1997年,第308页。
② 陆韧:《变迁与交融——明代云南汉族移民研究》,云南教育出版社,2001年,第137—140页。
③ 周懋相:《条议兵食疏》,刘文征撰,古永继校点:天启《滇志》卷22《艺文志》,云南教育出版社,1991年,第752页。
④ 许实纂:《禄劝县志》卷二《地舆志·村庄》。
⑤ 缪鸾和:《禄劝县民族调查》,载方国瑜主编,徐文德等校订《云南史料丛刊》第十三辑,云南大学出版社,2001年,第438页。
⑥ 缪鸾和:《禄劝县九个单位名称的少数民族初步调查报告》,载方国瑜主编,徐文德等校订《云南史料丛刊》第十三辑,第420页。
⑦ 缪鸾和:《禄劝县九个单位名称的少数民族初步调查报告》,载方国瑜主编,徐文德等校订《云南史料丛刊》第十三辑,第420页。

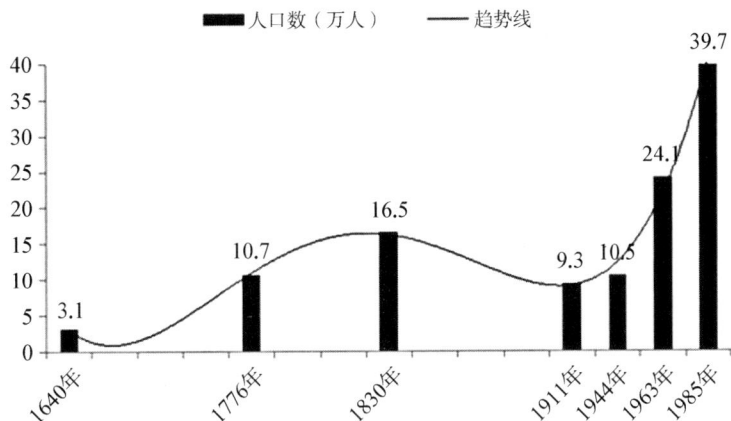

图 1　明末以来禄劝县人口发展图

人口数据根据曹树基关于武定府人口的研究①与建国后方志所载武定、禄劝与元谋三县的人口数量与比例②计算所得

久遭兵燹、饥馑、瘟疫,百姓死亡过半。"③据曹树基的研究,战争中的人口损失,在很大程度上是鼠疫流行造成的人口死亡,从 1856 年以来,武定府与禄劝县均出现了鼠疫,人口损失率在 34.3%。④ 但战乱过后禄劝人口再次稳定增长。从地理位置来看,这次战争对禄劝人口的影响是不均匀的,战争多发生在掌鸠河下游的坝区,而中上游则受影响相对较小。下游坝区的人口由于受到战争的影响,一部分人为躲避战争而向中上游移民。从我们后面的分析来看,多椰树村的人口发展并未受到这种战争的波及。

多椰树村现有登记户口 76 户,319 人,民族构成主要有汉族、彝族、傈僳族,其中以汉族为主,彝族次之。村中姓氏分为李姓、何姓、董姓、孔姓、武姓、杨姓、袁姓、王姓等,其中李姓全部是彝族,其他各姓为汉族与一户从外村入赘的傈僳族。

多椰树村历史上的移民形式主要是以姓氏为单位迁移至此村,每一姓氏移居此地的时间各不相同。按照作者田野调查中所得的访谈资料与碑刻等资料,复原出村中各姓氏的移民时间、迁出地、迁入原因等内容,见表1。

---

① 葛剑雄主编,曹树基著:《中国人口史》第五卷《清时期》,复旦大学出版社,2001 年,第 221 页。
② 建国初期三县人口分别为:武定 27 224 人(1953 年)(武定县志编纂委员会编:《武定县志》,天津人民出版社,1990 年,第 94 页),禄劝 203 969 人(1953 年)(禄劝彝族苗族自治县编纂委员会编:《禄劝彝族苗族自治县志》,第 114 页),元谋 56 434 人(1954 年)(元谋县志编纂委员会编纂:《元谋县志》,云南人民出版社,1993 年,第 64 页)。三县人口数所占总数的比例分别为 53%、32%、15%,估算出清代禄劝人口数大致为:1776 年 10.7 万人,1830 年 16.5 万人。民国时期人口数源自《禄劝彝族苗族自治县志》,1911 年,全县总人口 92 586,1944 年为 108 221 人。而 1963 年禄劝县人口共有 241 213 人(禄劝县农业局存:《禄劝县经济资料》),1985 年为 397 111 人(禄劝彝族苗族自治县统计局印:《一九八五年社会经济统计资料》)。
③ 岑毓英:《截止民兵厘谷请免积欠钱粮片》,载方国瑜主编,徐文德等校订《云南史料丛刊》第九辑,第 341 页。
④ 葛剑雄主编,曹树基著:《中国人口史》第五卷《清时期》,第 561 页。

表 1　多椰树村各姓氏移民状况①

姓氏	李姓	何姓 1	董姓 1	武姓 1	董姓 2	孔姓	董姓 3	董姓 4	何姓 2	武姓 2	杨姓
移民时间	1736 年②	1736 年	1766 年	1885 年	1887 年	1910 年	1912 年	1920 年	1940 年	1952 年	1958 年
来源地点	下游村落	下游村落	下游村落	中游相邻村落	不明	下游村落	中游相邻村落	中游相邻村落	下游村落	中游相邻村落	上游村落
迁入原因	开田	先租田后开田	开田	租田	租田	先租田后开田	租田	租田	租田	种集体田	种集体田

从表中可以看出,多椰树村的移民过程可分为三个主要阶段。一是 18 世纪早期,这一时期是多椰树村最早的三姓移民迁入时期。第二是清末民国时期,这一时期移民的数量较第一次为多,迁入了六个姓氏的移民。第三个时期是 20 世纪 50 年代,由于本村田地与房屋较外村多,故从外村迁入两姓到本村,是行政力量的干预,与前两次自发式的移民迁移不同。

从多椰树村移民的来源看,从 18 世纪前期以来,多椰树村有了移民的迁入,聚落形成,此时的移民全部来自掌鸠河流域的下游村落。从 19 世纪末期开始一直到建国初的移民也都来自本流域,集中在掌鸠河中游多椰树村的相邻村落。这些移民都是流域内的人口流动。因多椰树村经历了一个从无到有的发展过程,故这种移民的来源情况可以反映整个流域的移民趋势。

至少从明代开始,掌鸠河流域便有汉族人口迁入,以 18 世纪为时间节点,可以将掌鸠河流域的移民来源情况分为两个阶段。在 18 世纪以前,是以区域外汉族人口的移入为主;从 18 世纪开始,区域的人口迁移方式开始转变,区域外的移民开始减少,区域内的移民增多,并成为主要的移民方式。多椰树村移民与人口的发展清楚地表明了这一点。

据访谈、碑刻及档案等资料,现推算乾隆中后期至 20 世纪 40 年代以来多椰树村人口数量如下:18 世纪中后期,即乾隆三十二年(1767)左右时,多椰树村人口约 25 人;1910 年左右时共有约 55 人;20 世纪 40 年代多椰树村共有 115 人左右。建国后的户口与人口数,1952 年共有 125 人,③1958 年共有 123 人,④1968 年共 168 人左右,⑤1981 年共 240 人左右。⑥ 乾隆中期以来多椰树村的人口数量增长趋势见图 2。

---

① 除表中所列姓氏外,村中还有万姓、王姓、角姓等,但这些姓氏都是上门女婿留下的后代,故不列人。
② 李姓与何姓移民时间据当地人回忆的大体时间推算得出。
③ 据何某回忆:何某,1944 年生,汉族,曾于 1964—1974 年在村中当会计,对村中事务记忆甚多。
④ 据孔某回忆:孔某,1941 年生,汉族,曾于 1959—1964 年在村中当会计,对村中事务多有了解。
⑤ 据村中老会计何某提供 1968 年何家村"农业户数、人口、劳动力"报表,为方便使用,按相机照片自动生成编号,编号:DSCF0104.
⑥ 据村中老会计何某提供 1981 年"农业户数、人口、劳动力"报表,编号:DSCF0181.

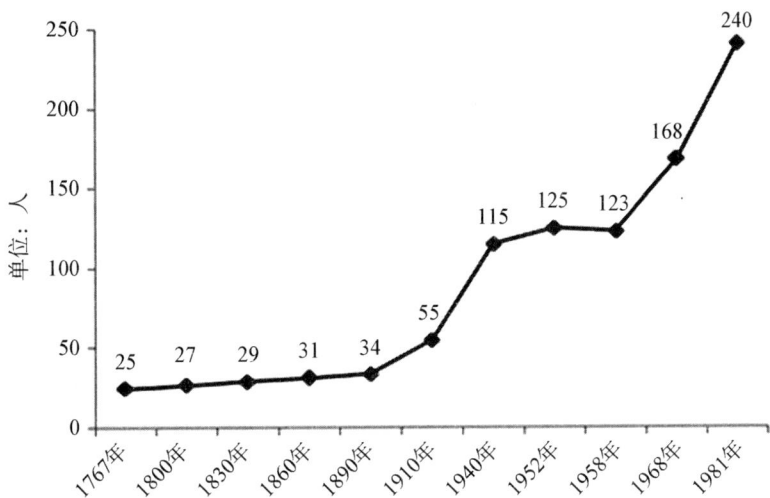

图 2　多椰树村人口数量发展示意图①

从图 2 中可以看出,自乾隆中期的 1767 年到 1910 年左右,多椰树村的人口数量增长缓慢,在 140 多年间增加了 30 人,平均年增长率为 2.6‰左右,与清后期到 20 世纪 50 年代武定州所属三县的总人口增长率 2.1‰相似。② 而从 1910 年至 1940 年短短的三十年内人口数从 55 人增长到 115 人,年人口增长率高达 33.3‰,是人口增长的第一个高峰期。

20 世纪 50 年代初期人口增长速度有所放缓,而且从 1952 到 1958 年虽然有杨姓与武姓两户的迁入,但人口数量还是出现了暂时的减少趋势。从 1958 年开始,人口数量的增长又迎来了一个高速的增长期,1958 年到 1968 年十年增加了 45 人,年人口增长率为 30.9‰,而1968 年到 1981 年增长率为 27.1‰。

18 世纪中期以来多椰树村的人口增长趋势与禄劝县的人口发展趋势基本是一致的,总的来说都是不断增加,而且在 20 世纪以来都出现了较高的人口增长率,多椰树村的人口发展趋势基本可以反映禄劝县或整个掌鸠河流域的人口发展趋势。从调查的情况来看,多椰树村并未受到咸同战争的波及,人口在 19 世纪中期未出现明显的减少。

三、田地开垦与农业技术

田地数量的增加与农业技术的发展是维持粮食增长,以支撑人口持续增加的基础。而

---

① 图中人口发展趋势 1767 至 1910 年间按 2.6‰的人口增长率来计算。没有反映出咸同年间由于战争所引起的禄劝县人口整体数量减少的趋势,见图 1。一是因为多椰树村在咸同年间的人口数没有太多的资料,只能反映 1767—1910 年较长时段的人口变化走势;二是因为多椰树村开发相对较晚,加上战乱并未直接波及这一地区,故咸同战争所导致的全县人口数量减少的趋势并未在多椰树村反映出来。

② 葛剑雄主编,曹树基著:《中国人口史》第五卷,第 221 页。

人口的增加同样也为田地的开垦与农业技术的发展提供了充足的动力,珀金斯认为"造成单产提高的主要动力是人口的增加。这种变化的速度往往受到人口增长率的支配"①。所以,人口数量与田地数量、农业技术是相互影响、相互促进的。

在西南山地以山脉相分割的小流域,不仅在地理和生态上是相对独立的单元,而且从产业和经济上来说,也常为相对独立的单元,存在一种内部的分工。大体说来,在小流域较低位置的坝区或河流的台地上,发展农业的条件相对较好,常处在一种提供富余农产品的基础地位。而在流域内较高的山地,则发展农业的条件不够理想,常处在提供林产品和手工业产品以及劳动力的位置。多椰树村的耕地为典型的梯田,主要分布在聚落与河流中间相对平缓的山坡上与水利条件较好的山间谷地中,开展农业的光热条件和水分条件都较佳,人均耕地面积相对较大,因此在传统的流域经济系统中,处于提供粮食产品的基础位置。

1. 梯田开发

梯田是山区农业开发的有效技术,云南山区梯田开发得较早,《蛮书》曾记载南诏时期云南山区已经开发了梯田,"蛮治山田,殊为精好"②。元明清时期,随着中央王朝在云南统治的不断深入、汉族人口的不断移入,梯田被大量开垦出来。如据《元史》记载,"云南行省所辖军民屯田一十二处",其中"武定路总管府军屯:世祖至元二十七年,以云南戍军粮饷不足,于和曲、禄劝二州爨僰军内签一百八十七户,立屯耕种,为田七百四十八双"。③ 禄劝地区在元代也被纳入政府的军事屯田开垦计划中。但云南山区的开发时间主要集中在清代,尤其是18世纪以后。据方国瑜先生的研究,清初至道光年间云南新辟耕地多在山区或半山区,而且云南山区或半山区之村落,其建立时间亦多在清乾隆初年(18世纪前期)为多。④

在多椰树村,据笔者调查,清代中期以前,耕地的开垦情况如下:李姓迁入此村时先把较平缓的山坡开成地,随后又改造成为梯田以种植水稻;何姓刚迁来时先租种李家的田,然后又开了自己的田;董氏于乾隆三十二年迁居多椰树村时就开始开垦梯田。而且各姓氏所开垦的梯田一般不会出卖,如果出卖也会优先考虑自己家族,所有权很少在各姓氏之间转移,与费孝通所调查的禄村一致。⑤ 据村中的老人回忆,本村没有哪家的田曾出卖给其他姓氏。所以我们基本可以认为土地改革以前的田地归属基本可以代表各姓氏原始梯田开垦的分布情况。

通过调查,除掌鸠河边与村落附近现在属于本村、地形较平整的62亩梯田是李姓在

① 珀金斯:《中国农业的发展:1368—1968》,第25页。
② 樊绰撰,向达校注:《蛮书校注》,中华书局,1962年,第172页。
③ 《元史》卷100《兵三·屯田》,中华书局,1976年,第2576页。
④ 方国瑜:《中国西南历史地理考释》,中华书局,1987年,第1222页。
⑤ 费孝通、张之毅:《云南三村》,第173页。

乾隆初期迁来以前就已经被外村开垦外,本村现在所有的其他梯田都是由本村移民所开垦,暂且估计这外村所开垦的 62 亩为乾隆以前所开垦。另外,除去 20 世纪 60 年代由于水利设施的兴修而开的 20 亩左右的梯田外,村中现在所存在的梯田大多是在清末民初以前所开。

根据访谈所得 1949 年以前各姓氏田地分布状况,得出 1949 年以前各姓氏梯田分布示意图,如图 3。用 Mapinfo 软件计算出 1949 年以前各姓氏梯田的面积,得出:李家约有 94 亩,何家约有 25 亩,董家约有 56 亩,孔家约有 25 亩,外村在本村的田约有 62 亩。

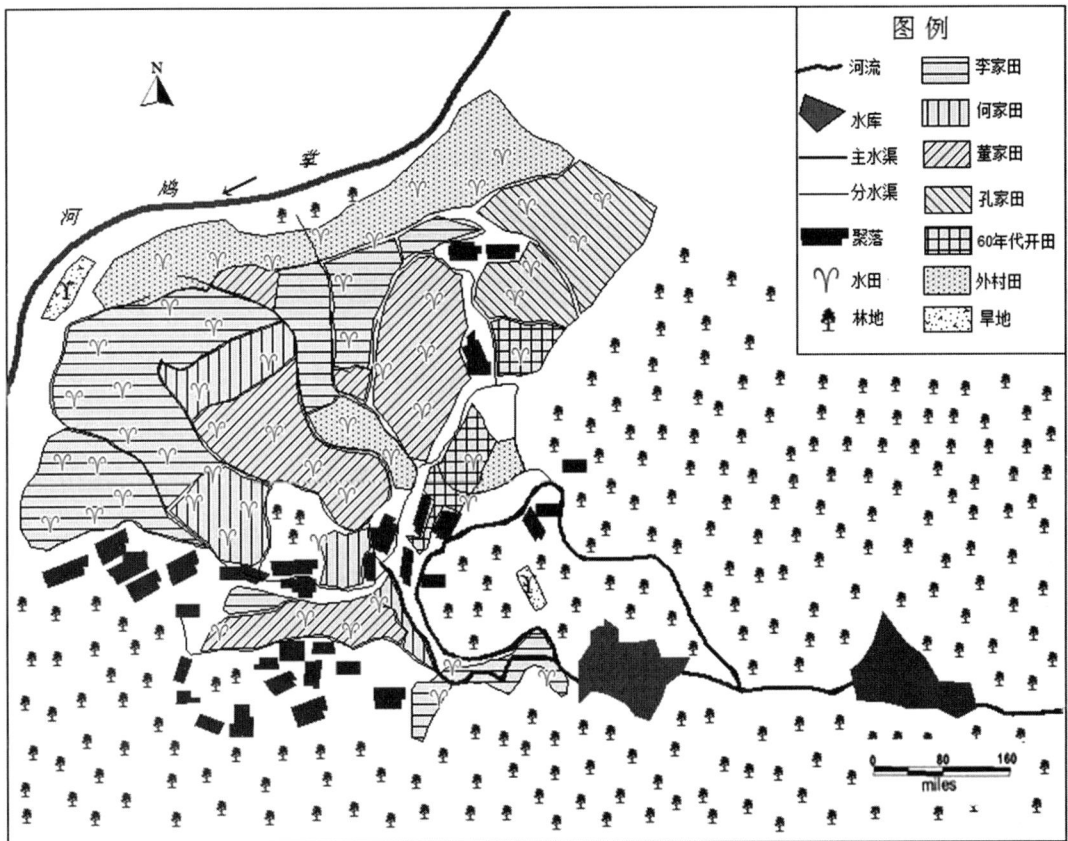

图 3　1949 年以前多椰树村各姓氏梯田分布图

村中在 1949 年以前只有离村落较远的掌鸠河滩上与山间较平缓地区有几亩旱地,当地人认为在山上开旱地是划不来的,收成少而且费工,只种植梯田就已经可以供养村中人口所需要的农产品。另外一个重要因素就是水利不发达,不能保证灌溉用水,产量低,没有改成水田的条件。故在此暂且忽略旱地。

如果按多椰树村现有土地面积的开垦时间来计算,则该村田地的开垦数量按时间分布如图 4。

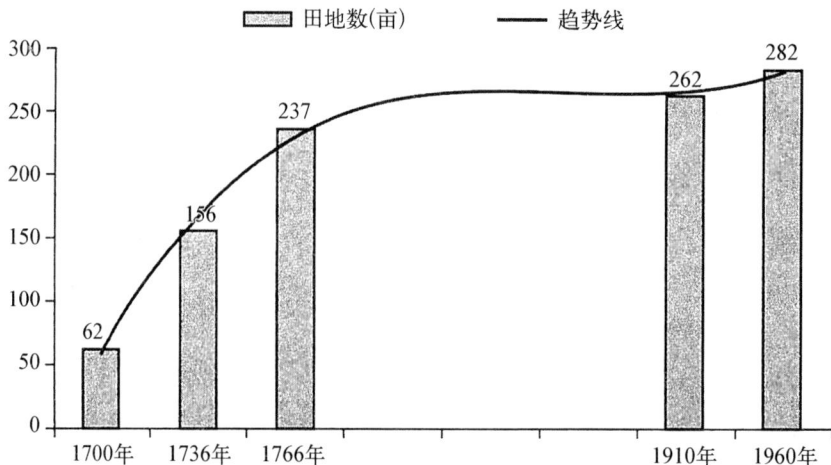

图4 多椰树村梯田数量发展示意图

从图中可以看出,自18世纪初期本村田地开始开垦,到1766年,即乾隆中期止,在短短的不到100年的时间里,开垦数已达到237亩,占全村总耕地面积的84%。此后只是在1910年与1960年因水利的兴修又开垦了40余亩。

山区大量的梯田出现在乾隆中期,是有其政策背景的。乾隆七年(1742)云贵总督张允随上奏鼓励开垦田地。[①] 乾隆三十一年下诏"嗣后滇省山头、地角、水滨、河尾,俱听民耕种,概免升科,以杜分别查勘之累;且使农氓无所顾虑,得以踊跃赴功,力谋本计"[②]。开垦山地概免升科的政策,加快了对云南山区的开发速度,以至在乾隆中期多椰树村移民在迁入后不到一百年的时间里就基本将条件较好的田地开垦完毕。而因当时人口较少,精耕细作难以实施,也有条件进行较粗放的耕作制度。[③]

从掌鸠河流域的开发情况来看,农业生产条件较好的下游坝区到清代中期时最适宜开发的区域已经基本开发成农田。据缪鸾和对掌鸠河下游太平村的调查得到的乾隆三十年(1765)所立"永远碑记"可知,乾隆年间来自昆明的移民带来了先进的水利技术,以开通水利为条件与当地的马头换一半的山田,从而得以在当地立足。[④] 这也反映了在乾隆中期,掌鸠河下游地区的耕地数量少有增加,农业的发展以改进水利技术为主,逐渐从粗放农业向精耕细作农业发展。

---

① 《清高宗实录》卷165,乾隆七年四月丁巳。
② 《清高宗实录》卷764,乾隆三十一年七月癸西。
③ 萧正洪:《环境与技术选择——清代中国西部地区农业技术地理研究》,中国社会科学出版社,1998年,第135—136页。
④ 缪鸾和:《禄劝县九个单位名称的少数民族初步调查报告》,载方国瑜主编,徐文德等校订《云南史料丛刊》第十三辑,第423—424页。

从《清高宗实录》中我们可以看出,自乾隆二十年(1755)开始出现云南巡抚有关禄劝县新开垦耕地的上报,接着乾隆二十一年、二十七年与二十八年[①]都有禄劝县开垦田地的上报记录,在十年中上报了四次。如果云南巡抚的上报可以反映当时各地区的开垦情况的话,我们可以认为乾隆中期是禄劝耕地开垦的一个高潮期。

《清实录》中第二次出现有关禄劝县田地开垦的多次上报是在道光年间,据《清宣宗实录》记载,在道光四年(1824)、十三年、二十年二月、二十年十二月、二十一年和二十三年[②]分别出现了巡抚上报禄劝开垦耕地的情况。在二十年中出现了六次上报,是禄劝山区开发的另一高潮。

如果我们将《清实录》中所记录的禄劝耕地开垦情况与多椰树村的个案相比较,可以发现,在清代初期,掌鸠河下游县城附近的平坝地区田地开垦已经非常成熟。到乾隆中期,即18 世纪中期,禄劝山区出现第一次比较集中的大规模开发,这时也正是多椰树村第一批移民迁入并大量开垦耕地的高潮时期,加上新开山区耕地免纳税的政策,更加快了山区耕地的开垦速度,如前所述,到乾隆中期,位于掌鸠河中游的多椰树村的耕地开垦已经达到了现在总面积的 84%。可以说,乾隆中期以前,掌鸠河流域的开垦集中在流域的下游坝区,到乾隆中期,掌鸠河中游出现了一次大规模的移民开垦的高潮,并在较短时间内将区域内最适宜开发的耕地开垦完毕。

《清实录》中所记载的禄劝县第二次耕地开垦的高潮出现在 19 世纪中前期,而多椰树村的第二次大量外来移民与较少量的土地开垦则出现在 19 世纪后期至 20 世纪初,较史料记录的第二次全县范围的开垦高潮晚了半个多世纪。我们应该注意的是,多椰树村或者整个中游地区最适宜开垦的耕地在乾隆中期已经基本被开发完毕,从下游或中游迁出的移民只能向更远的上游开发新的田地。所以,可以认为,到了道光年间,即 19 世纪的前叶,禄劝县内又出现了一次大规模的山区开垦高潮,这次开发的区域集中在更加偏远、自然环境更加恶劣的上游山区,掌鸠河上游的山区得到开发。

半个世纪后的 19 世纪末 20 世纪初,整个掌鸠河流域内最适宜开垦的山区基本被开垦完毕,加上咸同战争对下游人口的影响,第二次大规模的流域范围内的移民开垦基本结束。随后的移民主要是聚落间的移民,移民类型从前两次的以开垦新的耕地为主的开垦型较长距离的移民,转向以租种田地为主的近距离租佃型移民,表 1 关于多椰树村 19 世纪末期以来的移民迁入原因的调查可以明白地反映出这种情况。从中,我们也可以看出西南山区的一个小流域范围内,一次次的移民是如何逐渐地从下游到上游开发的过程。

---

① 《清高宗实录》卷 497,乾隆二十年九月乙未;卷 520,乾隆二十一年九月戊寅;卷 672,乾隆二十七年十月丙申;卷 694,乾隆二十八年九月丙辰。

② 《清宣宗实录》卷 74,道光四年十月乙酉;卷 245,道光二十三年十一月丙子;卷 331,道光二十年二月丁卯;卷 342,道光二十年二月戊辰;卷 364,道光二十一年十二月乙未;卷 399,道光二十三年十一月丁亥。

在此需要说明的是,当掌鸠河下游出现更多的土地需要时,并未大规模地继续向已经基本开垦完毕、人少地多的中游移民租田,而向更远的上游移民开垦新的田地的原因,我们可以从缪鸾和在 20 世纪 50 年代调查中的一个事例找到答案。据缪鸾和调查,清朝初年李老珠带领族人先到富民县为当地马头开水沟以换取一些田地,但水沟开好后马头改口,让他们做佃民,李氏不愿,便弃沟而走禄劝。在禄劝又遇到同样的情况,又弃沟而走。一直到乾隆三十年(1765),开好第三条沟,并且换得当地马头给予其半数山田的承诺后才稳定下来。据缪鸾和的调查,在山区开一条十几里的水沟是非常困难的,李姓族人之所以放弃前两次所开的水沟,主要原因是"不愿做佃才搬家"[①]。而且,据缪氏调查,外县迁入的少数民族也多是由于作为佃户,受不了马头的虐待才移民到禄劝。[②] 可见,如果有选择的话,当地人情愿进行远距离的移民来开垦新的田地做自由家,也不愿作佃户。

2. 水利建设

农业技术是提高农业产量的主要手段之一。尽管农业技术包括水利、肥料、品种、农具等,但在云南传统社会中,水利技术是影响农业产量的最重要的因素之一。水利的发展决定着农业的耕作制度、作物种类与耕作时间等,是精耕农业发展的前提条件。

珀金斯注意到了西南水利建设对于农业开发与单产提高的作用,认为在清代其他地区的水利开发程度在 16 世纪以来未有大的突破时,"仅仅在西南和陕西(西北)才加速了水利建设",而西南地区水利发展的条件中"人口的增长使水利活动的扩展成为必需,也使劳动力供应的增长成为可能"。[③]

关于云南山区的传统水利建设,其水源主要为引龙潭水灌溉,"新兴田地最饶,赤旱不荒,盖由各龙潭之灌溉也"[④]。而梯田的地形特点则更有利于这种引高处龙潭水来灌溉的发展:"山田层级而下如梯形,泉水流注,最宜于稻。平畴则每有小沟引水,远者曲折递引,沿至数里外。"[⑤]

多椰树村水利技术的发展可分为三个阶段。第一个阶段主要是在 20 世纪初期以前,为冬水田与雷鸣田相结合的阶段。在这一阶段,村中没有完整的引水体系,只能使用简单的冬水田技术来进行蓄水。这种技术主要利用水稻收割以后的天然降水,选择一些田地不进行小春耕作,蓄积雨水,以备来年的大春水稻耕作。道光《中江县新志》中记载:"邑境秋获之

---

① 缪鸾和:《禄劝县九个单位名称的少数民族初步调查报告》,载方国瑜主编,徐文德等校订《云南史料丛刊》第十三辑,第 423—424 页。
② 缪鸾和:《禄劝县九个单位名称的少数民族初步调查报告》,载方国瑜主编,徐文德等校订《云南史料丛刊》第十三辑,第 417—419 页。
③ 珀金斯:《中国农业的发展:1368—1968》,第 79 页。
④ 张泓:《滇南新语》,载方国瑜主编,徐文德等校订《云南史料丛刊》第十一辑,第 382 页。
⑤ 吴大勋:《滇南闻见录》,载方国瑜主编,徐文德等校订《云南史料丛刊》第十二辑,第 16—17 页。

后,每有近溪沟难种二麦蚕豆之属,则蓄水满田,俟明春插秧,名曰冬水田,亦曰笼田。"① 冬水田面积占多椰树村耕地面积的一半左右,是比较粗放的农业技术。

根据张芳的研究,冬水田在清代四川丘陵地区的使用很普遍。② 我们在调查中发现,村中以往的冬水田多是浅水田,且面积较大,易于聚集雨水,蓄水深度一般为 30 厘米左右,秋冬潴水,供来春本身田块插秧需水之用。另外,还有一块屯水田,建国前属于董家的田,位于今天的上坝塘,是地面径流汇集之处,地势相对较高,比较平坦,积水量大,可以在插秧时放水到低处的秧田。

冬水田技术简单易行,改善了水资源状况,保证了稻种播种用水,加上云南梯田在清代就已使用的"候雨蓄秧之法"③,使一部分原来不能种植水稻的旱地得以改造成为水田,提高了稻田的产量。④ 但这种水利技术的弊端也是明显的:一是这种水田只能耕作一季,影响了复种指数;二是冬季水的浸泡会影响到土壤肥力,从而影响水田的单产。另外,这种蓄水模式对于较大的旱灾也缺少抵御的能力。

本村其余二分之一左右的梯田为雷鸣田,"旱山之田,土性宜稻,必待雨而有收,谓之雷鸣田"⑤。这些梯田没有固定的水源,只能等待天然降水。

第二阶段是 20 世纪初期修建了引水沟渠,为引龙潭水灌溉阶段。1949 年以前当地的水利开发与兴修主要是由相邻村庄的村民自发组织与兴建的,是民间行为。其灌溉的来源是由其东北方山上一个龙潭流出,然后经过乐业村流下来。据访谈所知,刚开始时这些水都是顺着小河流到掌鸠河,白白浪费。自从 20 世纪初乐业村的李某组织兴修水利,把水从龙潭引到乐业村,再从乐业村引到多椰树村,多椰树村就开始将这个水源作为灌溉用水。每到谷雨开始插秧要用水时,多椰树村都要派人去和李某打交道,商议好放水时间与放水量,李某同意后才能放水灌溉。⑥ 放出来的水流到现在多椰树村山上的上坝塘,然后流到今天的下坝塘,最后再从水沟放下来到各家的梯田,引来的水全村可以共用。

1949 年以前,现在的上坝塘一半是乐业村的水田,一半是本村的冬水田。到建国后土改时,把上坝塘全都划归多椰树村。水从上坝塘流到下坝塘,而下坝塘 1949 年以前则是全村共用的秧田,用来培育水稻的秧苗。

水从上下坝塘流下来后,从各个沟渠流向梯田。在建国前,村中的水利灌溉体系已经很完备,现在存在的沟渠除一条是 20 世纪 60 年代上坝塘修建后所开之外,其余都已经存

---

① 道光《中江县新志》卷 2《水利》,转引自萧正洪《环境与技术选择——清代中国西部地区农业技术地理研究》,第 111 页。
② 张芳:《清代四川的冬水田》,《古今农业》1997 年第 1 期。
③ 檀萃:《滇海虞衡志》卷 12,载方国瑜主编,徐文德等校订《云南史料丛刊》第十一辑,第 227 页。
④ 萧正洪:《环境与技术选择——清代中国西部地区农业技术地理研究》,第 117 页。
⑤ 吴大勋:《滇南闻见录》,载方国瑜主编,徐文德等校订《云南史料丛刊》第十二辑,第 16—17 页。
⑥ 共用此龙潭的几个村,每年都要给乐业村上交一定的水粮,并拿出一些贡品来祭龙,在放水前全村出力维修水渠。

在,而且可以伸展到大部分的梯田,在水源充足的情况下,大部分梯田都可以得到灌溉。
见图 5。

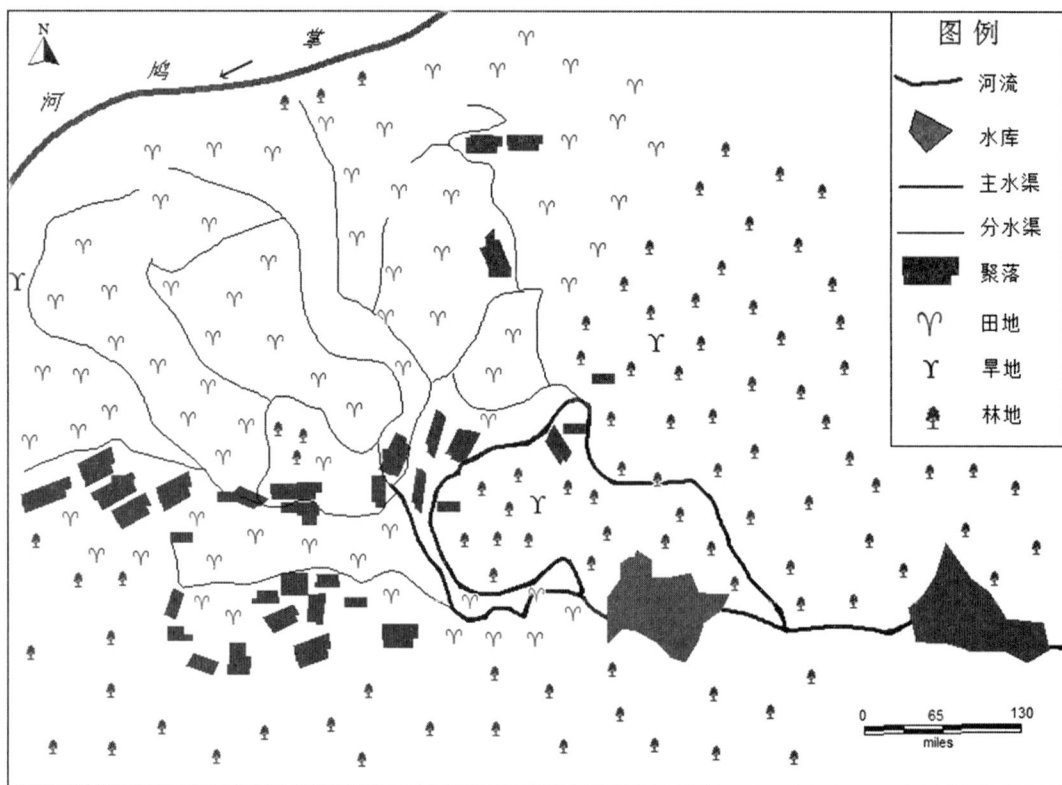

图 5　目前多椰树村水利示意图

即使在引水沟渠修通以后,冬水田也还发生着作用,只是由原来的二分之一减少到三分
之一左右,这也说明了该水源的不稳定。但相比 20 世纪初期以前,相对稳定的引水灌溉在
保证大春水稻产量稳定的同时,也增加了小春粮食作物的种植面积,提高了粮食作物的总
产量。

这一时期水利兴修的直接原因是光绪三十一年至三十三年间(1905—1907)的云南大
灾。这次大灾持续时间长,涉及范围广,是云南"近 500 年来之最"[1]。1905 至 1907 年间,三
年大旱,两年水灾,灾害的中心地区都是滇中和滇南,[2]据方志记载,禄劝县在 1907 年也遭受
到了洪涝灾害的影响。[3] 连续的旱涝灾害直接促进了山区水利的兴修与维护,而多椰树村的
水利兴修就是在这种自然灾害的影响下进行的。

---

[1] 秦剑等:《云南天气灾害总论》,气象出版社,2000 年,第 37 页。
[2] 杨煜达:《清代云南季风气候与天气灾害研究》,复旦大学出版社,2006 年,第 144 页。
[3] 《禄劝彝族苗族自治县志》编纂委员会编:《禄劝彝族苗族自治县志》第二章《自然环境》,第 106 页。

第三阶段是村中上下坝塘的修筑与引水水源的改变与稳定，是为水利完善期。云南山区的灌溉水源因多来自龙潭，流水不易存蓄，导致水源的浪费，故山区的一个重要水利设施即是修筑蓄水坝塘："若能就出水之处，或浚塘筑堋建坝，水发之时，层层停蓄，积满而流，两岸需水之处，均得灌溉，则平田虽少，而山田之可耕者亦多。"①1949 年以前，水利设施的兴修多集中在引水上面，蓄水设施则较少修建。

1949 年以后，为了提高农业生产，政府部门多次组织农田水利的兴修。1951 年，中国二十二个省区受到旱灾的影响，农业损失很大。1952 年 2 月，政务院下达决定，要求各地做好防旱、抗旱工作，"充分利用一切水源，开展群众性的兴修农田水利运动"，为了不耽误当年的农时，政务院要求"所有区、乡(村)两级人民政府自现在起即应集中全力领导群众从事防旱、抗旱和春耕播种工作"。② 全国各地纷纷展开了群众性的小型水利工程修建工作。禄劝县政府立即开办小型水利讲习班来培训基层水利人员，在 1952 年春天"以各区为单位分别开办了水利训练班，(全县)一共开塘 37 个，整修 59 口，开沟 94 条，整修 172 条，堵水坝 56 座，整修 45 座"等，③多椰树村的下坝塘就是在 1952 年兴修的。

1952 年，政府组织多椰树村村民兴修水利，把下坝塘由原来的秧田改为水库，用来专门储水。将下坝塘挖深，塘壁用石块砌高，并装上闸门以便放水。同时，通往各块梯田的沟渠也得到重新整修。

1965 年，《云南省第三个五年水利规划(草案)》提出要"大力发展山区小型水利"④的规划，并先后制定了水利建设的方针，即"大寨精神，小型为主"和"中心是自力更生，依靠群众"。不少地区的水利建设开始注意转向山区，普遍地把建设重点转向小型水利工程。⑤1966—1967 年，当地政府组织多椰树村村民兴修上坝塘，与下坝塘同样用石块砌上，装上闸门，专门用来储水。据村里的老人讲，上下坝塘刚修好时，村里的田都是可以灌溉的，并不缺水，而且每天都会放有少量水以供人畜用。

多椰树村在建国后水利建设的另外一个重要变化就是灌溉用水的水源，由原来从龙潭中以水渠引水变为政府修建的运昌大沟引水。运昌大沟始建于 1956 年，是双化水库灌区的灌溉工程，1970 年延伸到多椰树村。大沟有严格的用水规定，每年的谷雨、立夏、小满、芒种

① 陈宏谋：《请通查兴修水利状 乾隆元年》，魏源《魏源全集》第 19 册《皇朝经世文编》卷 106《工政》，岳麓书社，2004 年，第 24 页。
② 《政务院关于大力开展群众性的防旱、抗旱运动的决定》(一九五二年二月八日政务院第一百二十三次政务会议通过，一九五二年二月十二日发布)，载张培田等编《新中国法制研究史料通鉴》，中国政法大学出版社，2003 年，第 4999—5001 页。
③ 《禄劝县人民政府建设科一九五二年工作总结》，《禄劝县人民政府关于水利建设、农业生产的意见、总结、统计表》，1952 年 12 月 27 日，档案号 1-1-11，禄劝县档案馆藏。
④ 《云南省第三个五年水利规划(草案)》，载云南省地方志编纂委员会总纂《云南省志》卷三十八《水利志》，云南人民出版社，1998 年，第 660 页。
⑤ 《去冬今春水利运动基本情况的报告》，载云南省地方志编纂委员会总纂《云南省志》卷三十八《水利志》，第 660 页。

4 个节令,以办事处为段按规定的时间轮流放水,每段每次放水 2—3 日,提前或延长,需经群众协议。①

从上、下坝塘的修建到 20 世纪 80 年代初,由于两个坝塘维护得比较好,加上运昌大沟水源稳定,水量相对充足,村中的农业灌溉用水基本可以得到保证,冬水田基本消失,农业生产逐渐由粗放向集约化发展,农业产量得到很大的提高。而水利的兴修又直接影响了农业的耕作制度,继而影响农业产量。

3. 耕作制度

农作物耕作制度主要包括作物的品种比例、种植结构与规模、复种指数等,是影响农作物生产的关键因素。李中清认为至少在 20 世纪 70 年代中叶以前,农村劳动力的投入是复种率提高和播种面积增加的动力,②但人口增长必然要受到资源的限制,③并会对有限的耕地面积造成一定的压力,在耕地面积不能再增加的前提下,只能通过农业技术手段来增加粮食的产量。

20 世纪初期以前,当地二分之一左右的梯田是一年两熟制,分为大春与小春两季种植。大春主要粮食作物有水稻,在水稻田梗上种些大豆,而玉米主要种植在缺水的梯田或旱地,种植面积较小。耕作时间在解放前与解放后无太大的区别,都是在谷雨左右开始移种秧苗,到农历的八月十五左右收获。大春收获后,开始种植小春。小春粮食作物主要有小麦、大麦、蚕豆等。

决定北方农业劳动生产率的水与肥④对西南梯田同样具有着决定性的作用,所以由于灌溉水利和肥料不能很好地保证,另一半左右的梯田尤其是面积比较大的田大都是冬水田。还有一些梯田是板田,即冬闲田,冬季不蓄水也不种植作物的休耕田。自从 20 世纪初期村落兴修水利后,冬水田减少到三分之一,可以有更多的梯田来种植小春作物,复种指数有所提高。

中华人民共和国成立后,尤其是 20 世纪 50 年代中期以后,由于两个坝塘的相继修筑,大春水稻的用水供应量增加,单位产量提高,加上冬水田基本消失,小春粮食作物种植面积增大,复种指数大大提高,当地的粮食产量得到了显著的增加。

据当地人回忆,民国时期当地水稻品种主要有旱谷(胭脂吊)、香掉谷等,由于多椰树村水利条件相对较好,气候也比较好,旱谷可亩产 300 公斤,香掉谷亩产 150—175 公斤。由于旱谷产量相对较高,一般的水田还是种植旱谷,香掉谷一般在灌溉水源相对缺乏的地方种植。

---

① 禄劝彝族苗族自治县水利电力局:《禄劝彝族苗族自治县水利电力志》,云南民族出版社,1993 年,第 50—51 页。
② 李中清、王丰:《人类的四分之一:马尔萨斯的神话与中国的现实(1700—2000)》,陈卫等译,生活·读书·新知三联书店,2000 年,第 52 页。
③ 托马斯·马尔萨斯:《人口原理》,陈小白译,华夏出版社,2012 年,第 7 页。
④ 王建革:《传统社会末期华北的生态与社会》,生活·读书·新知三联书店,2009 年,第 271 页。

自 20 世纪 60 年代起,县农业科技部门开始水稻品种的引进和改良工作。60—90 年代,根据境内不同地区的气候、土壤、水利条件先后引进试种了多种水稻新品种,据调查,多椰树村在 60 年代中期开始主要种植了台北 8 号、西南 175、楚粳系列品种等,当时台北 8 号亩产可达 400 公斤,即使水少时也可收获 250 公斤左右。

由于 20 世纪 50—70 年代全县范围的水利兴修与品种改良,全县平均亩产量都有大幅度增加。如表 2 所示,全县水田平均亩产量从 1952 年的 227 斤增长到 1967 年的 336 斤,提高了 48%。从调查中我们也可以看出,由于多椰树村处于地势相对低平的掌鸠河河谷台地上,加上水源相对充足,当地的农业亩产量是大大高于全县平均水平的,这也可以证明多椰树村在整个流域内是一个提供农产品的聚落。

表 2　禄劝县粮食作物亩产量统计表(1952—1973 年)[①]

时　　间	亩产量(单位:市斤)	时　　间	亩产量(单位:市斤)
1952 年	227	1963 年	295
1953 年	226	1964 年	343
1954 年	279	1965 年	298
1955 年	309	1966 年	312
1956 年	357	1967 年	336
1957 年	320	1968 年	310
1958 年	336	1969 年	355
1959 年	346	1970 年	369
1960 年	274	1971 年	390
1961 年	307	1972 年	414
1962 年	300	1973 年	508

四、环境承载能力分析

环境承载力的本质是由环境系统的组成与结构所决定的物质、能量及信息的输入输出

[①] 据《禄劝县人民政府关于水利建设、农业生产的意见、总结、统计表》(1958 年 10 月 12 日,档案号 1-1-11,禄劝县档案馆藏)、《禄劝县经济资料》(1974 年 4 月,禄劝县农业局保存资料)结合、整理而成。

能力所决定的,而区域环境作为一个开放的系统,可以通过与外界交换物质、能量及信息而保持其自身结构与功能的相对稳定,即在一定时期内,区域环境系统在结构、功能方面不会发生质的变化,因此,在一定时期内,环境承载力是相对稳定的。但环境系统的结构会因为环境系统自身的运动变化与人类活动对环境所施加的作用而发生变动,故环境承载力又具有变动性。人类活动对环境所施加的压力是环境系统结构发生变化的主导因素。因此,环境承载力的动态性在很大程度上可以由人类活动加以控制。人类在掌握环境系统的客观运动规律及社会经济系统与环境系统之间的辩证关系基础上,可以根据生产和生活的实际需要,对环境系统有目的地进行改造,从而提高环境承载力,为社会经济发展创造更适宜的条件。①

环境承载能力的这种动态性与相对稳定性的结合,表现在中国传统的农业社会中,是与资源、技术和人口等因素相互联系、相互制约的。在土地作为最重要的环境资源的时期,其开发利用程度和效率,决定着区域内的环境承载能力的大小,既而又决定了人口数量与经济发展水平。而一定区域内人口的数量与密集程度、农业技术的发展情况在一定程度上也决定了土地的开发利用程度。

当一个农业区域的环境承载能力达到一定的阈值时,当地人会面临着几种选择。一是提高当地的环境承载能力,包括增加区域内的耕地资源,提高农业生产技术以增加单位土地资源生产能力等。二是减少对当地环境产生压力的因素,主要是改变农业生产方式以减少对环境系统的压力与控制人口数量。而控制人口数量又可以分为实行计划生育以控制人口出生率来控制人口的自然增长速度,另外就是向区域外移民,即将人口的压力向另一环境承载能力还存在一定空间的区域转移。

从表1中多椰树村最早一批移民的迁出地和时间来看,移民的来源都是掌鸠河的下游村落,这一移民过程至少在18世纪早期就已经开始了。在清代中期以前,自然环境较好、水利条件相对发达②的掌鸠河流域的下游是元明清以来外来移民的主要移居地,到清代中期已经出现"相对人口过剩"③现象。由于土地数量不能持续增加,下游的环境承载力增加以有限的兴修水利来提高集约化为主。然而人口的持续增加,加上乾隆年间鼓励山区开发的政策因素,出现了对于新的农业耕地的要求,驱使农业人口向河流中上游迁移,开垦新的土地,从而促成山区新聚落的产生和山区景观从山林到农田的转化。

清末民初时期,除孔姓与何姓仍从掌鸠河下游依靠姻亲关系等迁入以外,其他几个姓氏都是从多椰树村附近同处中游的其他相邻村落移入,说明人口的增加对更多土地资源的需求已经从下游扩展到了中游地区,并造成了上游区域的开发。这是一种通过增加环境资

---

① 汪诚文等:《环境承载力理论研究及其实践》,中国环境科学出版社,2011年,第25—26页。
② 清代初期所修建的水利设施几乎都分布在靠近县城的掌鸠河下游地区,见许实纂修《禄劝县志》卷《建置志·水利》。
③ 葛剑雄主编,葛剑雄著:《中国人口史》第一卷《导论》,第160页。

源——主要是耕地资源——来提高区域环境承载力的体现。

由于这一时期在区域内还有多余的土地资源可供开垦,所以可以利用简单的方式来开发土地,以获取人类所需,是与相对粗放的农业生产方式相伴随的。在较低的生产力水平下,人口的增加必然导致梯田数量的增加,劳动力的投入是梯田单位产量增加的主要因素之一,所以,在一定时期内,劳动力的增加是受欢迎的。这种情况同清代除关中和四川盆地之外整个西部的以粗放农业技术为主的技术分布特征是相似的。[①] 但这种相对粗放的农业生产方式在区域内耕地资源有限、人口不断增加的情况下是不可持续的。

到 20 世纪初期,当村中主要的经济收入来源是粮食的种植,而很少有手工业或畜牧业收入时,人口的持续增加必然导致人均粮食占有情况的紧张。在这种情况下,经济的增长方式就面临一种转变,即主要依靠扩大土地面积的粗放型增长转为通过兴修水利、改良品种等技术手段来提高单位耕地产量的集约化增长,从而可以提供更多的粮食,提高当地的环境承载能力,以容纳更多的人口。

20 世纪初期多椰树村以发展水利来提高灌溉保证率和复种指数从而提高土地利用率的做法,除了与一定的人口压力相关联[②]外,其直接触发机制是自然灾害的发生。1905—1907 年三年间连续自然灾害的发生,使当地的环境承载力被大大压缩,迫使当地人民以兴修水利来保证农业产量,提高当地的环境承载力。通过这种手段,在耕地面积基本没有增加的情况下,聚落人口从 1910 年的 55 人左右发展到了 1952 年的 110 人左右,四十年间增加了 100%。

到解放后,农田水利的大量兴修等,一度提高了聚落的农业收成,也吸收了新的移民进入。在土改时曾接纳了武姓、徐姓(20 世纪 50 年代因工作迁出)、夏姓等的迁入(20 世纪 50 年代迁出),在 1958 年时还迁入了杨姓一家。这种情形,也说明当时聚落的环境承载能力在 1958 年前还稍有余裕。

虽然人类可以根据生产和生活的实际需要,对环境系统有目的地进行改造,从而提高环境承载力,但环境承载力的可控性是有限度的。[③] 在一定的生产力水平下,当亩产量不能再持续增长,梯田数量不再增加,水利条件不能再改善的情况下,当地的环境承载力基本处于稳定状态。在特定的政治背景下,随着人口的不断增长,环境承载力与人口压力之间就会达到一个平衡点,到了 20 世纪 60 年代中后期修建上坝塘时所发生的拒收外村户口事件,说明了多椰树村这种平衡点的出现。

在 1966 年修上坝塘时,由于扩大坝塘面积而需要淹没海拔相对较高的乐业村 2—3 亩田,当时多椰树村曾提出多缴纳所淹没水田的公余粮来扩大水塘面积,但乐业村要求将该村

---

① 萧正洪:《环境与技术选择——清代中国西部地区农业技术地理研究》,第 5 页。
② 萧正洪:《环境与技术选择——清代中国西部地区农业技术地理研究》,第 269 页。
③ 汪诚文等:《环境承载力理论研究及其实践》,第 26 页。

的 4—5 户人家迁到多椰树村,以换取被淹的田。当时多椰树村有 40 户 200 人左右,为了两三亩田就要迁来 1/10 的人口,他们认为不划算,没有同意,水塘的面积就没有扩大。多椰树村在 20 世纪 50 年代曾无条件地同意迁入几户人家,并未给本村带来实质性的利益,而到 60 年代中后期修水塘时,水塘面积的大小直接关系到蓄水量的多少,蓄水量的增多对水稻的增产有很大的作用,但多椰树村宁愿不扩大水塘面积也不同意迁来人口,这也可以说明当时多椰树村的人口数量已经达到当地环境承载力的阈值,如果再迁来新的人口,人均梯田数量就会减少,人均粮食的减少将不足以保证全村的口粮,所以村民才宁愿放弃扩大水塘面积也不让更多的人口迁入。这是当地村民在当时的生产力水平下,有意识地控制外来人口数量以调整驱动力来维持环境承载力与人口压力之间平衡的表现。

因多椰树村在流域中是一个提供粮食的聚落,故其环境承载力在 20 世纪 60 年代中期左右达到阈值,也可以代表着整个掌鸠河流域的情况。这种环境承载力阈值的出现是有一定的制度和政策背景的:中华人民共和国成立初期,为了解决粮食供求矛盾,1953 年 11 月 19 日政务院通过《关于实行粮食的计划收购和计划供应的命令》,12 月开始,除西藏和台湾外,全国城乡开始实行粮食统购统销。规定生产粮食的农民必须按国家规定的收购粮种、收购价格和计划收购的分配数字将余粮售给国家,并且禁止私商经营粮食,妨碍了农民间粮食的余缺调剂。[1] 据调查,在 60 年代中期,多椰树村要上交的余粮数量占到全村粮食总量的五分之一,如果再加上公粮数,则每年要上交的公余粮数量占到全村粮食总收获量的四分之一左右。公余粮的征收,导致农民存粮减少,对自然灾害与人口压力的承受能力大大下降。

1958 年开始的"大跃进",对农村副业造成了破坏。[2] 20 世纪 60 年代中期全国农村兴起的"农业学大寨",把家庭副业、自留地、集市贸易当作"资本主义尾巴"割掉。所有这些政策,都限制了农村经济的多样性。加上严格的户籍制度,限制了农民在区域之间的自由流动,大部分的农民被束缚在土地上。在这种特殊的制度与政策环境下,人口的持续增加,必然对区域环境产生较大的压力,这种压力在整个流域都是普遍存在的。

由于 20 世纪 50 年代水利等农业技术条件的改善,区域内单位耕地的产量大大提高,环境承载力增加,支撑了这一时期人口数量的大规模增长。这一时期农业技术的改进是国家制度与政策因素或是在自然灾害的直接影响下,或是在国家宏观经济调控的需要下所进行的,是国家制度与政策因素对区域环境承载力的促进作用。但同样是制度与政策因素,导致了农村粮食的紧张,大大压缩了农业技术进步所带来的区域环境承载力的增加量。

20 世纪 60 年代中期以后,随着农作物品种的改良和上坝塘水利的兴修、灌溉水源的稳

① 薄一波:《统购统销的实行》,王瑞璞等主编:《共和国经济大决策》第一卷,中国经济出版社,1999 年,第 171—195 页。
② 黄宗智:《长江三角洲小农家庭与乡村发展》,中华书局,2000 年,第 275 页。

定等技术条件的提高,农业单产出现了大幅度上升。加上 1965 年开始在全国范围内实行的粮食征购一定三年的稳定政策,到 1971 年又改为一定五年,[①]稳定了农民的负担,使农民没有多产会多购的后顾之忧,提高了其增产粮食的积极性,农民粮食储存量大大增加。以上这些都对当地环境承载力的提高有促进作用,缓解了人口增加等因素带来的粮食压力,是继 20 世纪初期和 50 年代大规模兴修水利后再一次对当地环境承载力的大幅度提升。多椰树村的人口数量从 1968 年的 168 人发展到 1981 年的 240 人,短短十多年间增加了 43%。而如果从 1952 年兴修水利后的 125 人到 1981 年的 240 人来看,则技术的进步使得多椰树村的人口在三十年的时间里增长了近 100%。可见,在耕地面积基本没有大规模增加的情况下,技术——主要是水利的兴修与农作物品种的改良——的进步对于环境承载力增长的促进作用是巨大的。

20 世纪 80 年代以后,新的技术进入,粮食单产量大幅增加。而新的制度与经济模式的转变,使得大量人口脱离了农业,和传统的农业聚落的发展模式已经有本质的差别。虽然这同样涉及环境承载能力的问题,但由于质的不同,已经不在本文的讨论范畴。

五、结 论 与 讨 论

本文的工作,是将地理学的田野考察和人类学的社会调查方法相结合所进行的一种尝试,通过对禄劝县多椰树村的实地调查,成功地重建了该聚落移民家族的系谱,以及该地耕地开发、水利建设的时间—空间过程,从而为个案的分析提供了坚实的基础,也说明这种地理学和人类学相结合的田野方法,在山地环境变迁的研究中有着广阔的应用前景。

多椰树村过去三百年间的开发,彻底改变了这一浅山区的环境面貌,使其从河旁的森林景观演变成了现在的农田—聚落—森林交错的农业景观。这一开发的具体过程,一定程度上反映了当时云南山地开发的过程。

以 18 世纪为时间节点,在 18 世纪以前,掌鸠河流域的山区开发主要以流域外或省外的移民开发为主,开发区域主要集中在掌鸠河的下游平坝地区。18 世纪以后,虽然也存在流域外移民的进入,但流域开发的主要驱动力是流域人口持续增长带来的人口压力所导致的流域内部移民,开发的区域转向中游和上游山区。

山区开发是各种驱动力共同作用的结果。在早期开发的时候,国家政策的影响是非常大的,可大大推动山区开发的速度与规模。而且,在开发初期,一定数量的劳动力投入非常

---

① 《关于继续实行粮食征购任务一定五年的通知》(1971 年 8 月 21 日),商务部当代中国粮食工作编辑部编:《当代中国粮食工作史料》(上卷),1989 年,第 531—532 页。

重要,因此聚落在早期对人口的迁入大体持欢迎的态度。而随着人口增加到一定程度,耕地的进一步扩张又受到自然条件的限制时,传统靠天吃饭的粗放耕作方式就难以适应。因此,水利的发展就成为一种必然的技术选择。20世纪初期水渠系统的建立,一定程度上保证了农业收成的稳定,从而促使聚落人口进一步得到增长。这说明人口与田地的增长互为驱动力,而技术的进步一定程度上促使农业生产方式由粗放向集约化发展,提高了区域环境的承载能力。

1949年以后的制度与政策因素所促进的对基本水利设施的改造以及耕作制度的转变,提高了粮食的单产,保证了粮食产量的稳定性,大大提高了区域的环境承载能力。但同样是特殊的制度与政策因素,导致了农村粮食的紧张,大大压缩了农业生产技术提高所带来的环境承载力空间,使得这一聚落到了20世纪60年代后期,就达到了环境承载能力的某种阈值。这种阈值一定程度上反映了整个流域或西南山区的环境承载能力的情况,也证明了利用环境承载力这一分析手段来研究流域山区开发是可行的。

但是,由于一个样本的情况,对于这个个案反映的环境承载能力变化的过程与时间节点,在多大程度上能反映这一地貌类型地区总体的环境承载能力变化的过程与时间节点,我们还需要更多的个案来进行进一步的考察。

霍仁龙,复旦大学历史地理研究中心2016届博士,现任教于四川大学国际关系学院。本文原发表于《历史地理》2013年第2期,2013年5月曾在禹贡博士生论坛第49期报告。

国家·族群·环境：康雍乾时期农牧交错带政区变迁的多元面相

——宁夏府新渠、宝丰二县置废研究*

岳云霄

自谭其骧先生《浙江各地区的开发过程与省界、地区界的形成》[①]一文发表，历史行政区划研究的视角有所扩展，在关注历代政区层级及其变动过程的同时，也积极探索政区变迁背后所蕴含的驱动因素，进而探讨政区变动与地方社会和环境之间复杂的联动关系，并由此窥见地域历史的发展脉络。[②] 周振鹤概括出影响政区变动的几大因素："首先自然是政治因素，尤其是行政管理的需要，其次是军事上的需求，同时也有经济发展的推动。"[③]从近来学界对于政区个案的研究可以看出，研究区域不同，影响政区变迁的因素也不尽相同。[④] 有学者提出将政区变迁置于历史场景，回归地域社会，以整体史和综合的视野来理解政区的变迁过程，[⑤]亦反思将政区演变归结为政治过程或经济过程的局限性，并指出这些背景因素对于政区演变的影响存在阶段性。[⑥] 鉴于此，将政区变迁还原到历史场景和地域环境中，分析各种

---

* 本文为国家社科基金青年项目"汾河流域水利碑刻的搜集、整理与研究"（项目编号：17CZS003）和山西省高等学校人文社科重点研究基地项目"汾河中游的水利、生态与社会（1368—1982）"（项目编号：2016329）的阶段性研究成果。

① 谭其骧：《浙江各地区的开发过程与省界、地区界的形成》，《历史地理研究（第1辑）》，复旦大学出版社，1986年，第1—12页。

② 此类研究可以参见下列研究成果：唐立宗：《在"盗区"与"政区"之间——明代闽粤赣湘交界的秩序变动与地方行政演化》，台湾大学出版委员会，2002年；胡英泽：《河道变动与界的表达——以清代至民国的山、陕滩案为中心》，《中国社会历史评论（第7卷）》，天津古籍出版社，2006年；温春来：《行政成本、汉夷风俗与改土归流——明代贵州贵阳府与新贵县设置始末》，《中山大学学报》（社会科学版）2004年第5期。

③ 周振鹤主编：《中国行政区划通史·总论、先秦卷》，复旦大学出版社，2009年，第181页。

④ 谢湜：《清代江南苏松常三府的分县和并县研究》，《历史地理（第21辑）》，上海人民出版社，2007年。徐建平：《湖滩争夺与省界成型——以皖北青菜湖为例》，《中国历史地理论丛》2008年第3辑。李大海：《政区变动与地方社会构建关系研究——以明清民国时期陕西地区为中心》，陕西师范大学博士学位论文，2009年。乔素玲：《基层政区设置中的地方权力因素——基于广东花县建县过程的考察》，《中国历史地理论丛》2010年第1辑。冯玉新：《界域变动与地方社会——以明清民国时期黄河上游农牧交错带为中心》，陕西师范大学博士学位论文，2011年。

⑤ 胡恒：《关于清代县的裁撤的考察——以山西四县为中心》，《清史研究》2011年第2期。李嘎：《雍正十一年王士俊巡东与山东政区改革》，《历史地理（第22辑）》，上海人民出版社，2007年。

⑥ 林拓、张修桂：《环境变迁、经济开发与政区演变的相关研究——以上海浦东地区为例》，《地理学与国土研究》2001年第4期。

因子如何作用于政区变动的地理过程,进而展示政区变动的清晰画面,对解读地方历史有所裨益。

西北农牧交错带的自然环境、社会历史和地缘政治极其复杂,这使得该区的政区变迁亦存在特殊性。宁夏平原东与鄂尔多斯蒙古隔河相望,西抵贺兰山,北至石嘴子,属于蒙古族与汉族交界地带的核心区域,对于地方与国家的防守至关重要。西夏将宁夏作为其统治的腹地,而大多数王朝都将宁夏作为御边的军事要区。明代在宁夏置军事性卫所防御蒙古人,至清初蒙古人退出,以河为界。清代沿袭明代旧制,改卫所为府州县,宁夏府下辖宁夏、宁朔、平罗和中卫四县,以及灵州。雍正年间由平罗县析置出新渠、宝丰二县,旋于乾隆年间裁汰,复归平罗县。此后,宁夏府下辖四县一州的行政格局一直持续到清代同治年间宁灵厅的增置。两县旋置旋废,存在仅十余年,不禁惹人关注,是什么原因促使政区在短期内剧烈变动? 对此,以往研究均认为水利开发促成两县的设立,地震灾害导致两县的裁汰。[①] 笔者检阅史料发现,两县的置废并非如此简单,而是有着复杂的政治、军事、经济、生态等因素,相互交织、彼此牵引。本文着重探讨新渠、宝丰二县置废的政治地理过程及其驱动因子,兼论诸影响因素作用于两县政区变动的地理过程,以管窥清代宁夏的地域社会与环境。

一、设县背景

新渠县设于雍正四年(1726),宝丰县设于雍正六年,均从宁夏府平罗县的插汉拖灰地区析置。插汉拖灰设县肇始于隆科多[②]和石文焯所提出的开渠招垦事宜。[③] 最初,二人并未提出设置新县,仅提出在插汉拖灰进行水利开发。那么,隆科多为何提议开渠? 这与设置新县又有何关系?

(一)历史场景
鉴于明末对边疆地区无力顾及的历史教训,清王朝特别是清前期的统治者对西北地区

---

① 参见冯玉新《地方开发、环境变迁与政区变动的相关研究——以清代宁夏府新渠、宝丰二县为例》,《兰州学刊》2015年第5期;鲁人勇、吴忠礼、徐庄《宁夏历史地理考》,宁夏人民出版社,1993年,第303页;陈育宁《宁夏通史》,宁夏人民出版社,2008年,第260页;陈明猷《贺兰集》,宁夏人民出版社,1994年,第97页;薛正昌《宁夏历史文化地理》,宁夏人民出版社,2007年,第103页。
② 《吏部尚书隆科多等奏报于布隆吉尔等地筑城修渠垦种等事折》(雍正三年十月十三日),中国第一历史档案馆译编:《雍正朝满文朱批奏折全译》(上册),黄山书社,1998年,第1224页。
③ 隆科多于雍正三年(1725)被派往甘州进行筑城、修渠、垦种之事,于雍正四年正月被调往阿尔泰地区勘议俄罗斯边界事宜;石文焯原为河南巡抚,雍正二年为西安巡抚,雍正三年五月为甘肃巡抚。虽然隆科多和石文焯的奏折原文并未见于文献,《清实录》所载雍正四年二月乙亥的廷议中有关于两者提出的观点。故此,两者提出的时间应在雍正三年下半年。

的管辖极为重视。① 奖励垦荒是清初恢复农业生产的一项基本政策。② 清代西北农牧交错带地区的屯田是在康熙年间清廷与准噶尔关系重趋紧张后兴起的。清廷为了巩固与准作战的后方基地，根据户部尚书富宁安的建议，于康熙五十六年(1717)起，在嘉峪关外至安西、敦煌间设置赤金、靖逆、柳沟、安西、沙州等卫所，招募陇东一带的民人前往屯垦。③ 雍正初年，青海、甘肃、河西走廊地区所面临的首要任务是屯田戍边。川陕总督岳钟琪在西北军事重地榆林、布隆吉尔、安西、沙州等地踏勘适中之地，设兵驻防，招民屯垦，目的即在于此。当时，西北地区蒙古诸部游牧已经拓展到黄河沿线的草滩地带：

> 边外自黄河入中国处，至河州、西宁、兰州、中卫、宁夏、榆林、庄浪、甘州，其间水草丰美、林麓茂密，乃弃此不守，以致蒙古诸部据大草滩地以常宁湖为牧厂，以故所在相通更无阻碍。④

北部长城沿线、西北部河西走廊至湟水流域，属于农牧过渡带，战略区位十分重要。其时，清廷刚刚平定额鲁特蒙古噶尔丹部，对农牧交错带地区的蒙古游牧范围比较重视。雍正三年(1725)，朝廷开始限制游牧范围，在农牧交错带寻找可开发地区进行垦种：

> 请于西宁北川边外上、下白塔处，自巴尔托海至扁都口一带，创筑边墙，悉建城堡，则西番部人妄行窃据之区，悉为内地。又甘州之西洮赉河、常玛尔、鄂敦塔拉等处膏腴之地，应募民耕种，自布隆吉尔修城驻兵后，可渐致富饶。至宁夏险要无过阿拉善山，顾实汗诸孙及额驸阿宝等，旧悉居山后游牧，今或徙置山前，请令阿宝等严饬所属，仍令各归阿拉善山后。⑤

为满足军需，确保垦种效果，雍正五年(1727)出台的越界游牧惩罚条例使农牧界线逐步清晰：

> 越自己所分疆界肆行游牧者王、贝勒、贝子、公、台吉等，无论管旗不管旗，皆罚俸一年，无俸之台吉及庶人犯者，仍照例罚取牲畜。⑥

---

① 赵云田：《清代前期统治西北地区的政策和措施》，《首都师范大学学报》(社会科学版)1982 年第 1 期。
② 张海瀛：《论清代前期的奖励垦荒与蠲免田赋》，《晋阳学刊》1980 年第 1 期。
③ 赵珍：《清代西北地区的农业垦殖政策与生态环境变迁》，《清史研究》2004 年第 1 期。
④ 傅恒：《平定准噶尔方略》前编卷 14，《西藏学汉文文献汇刻》第 2 辑，全国图书馆文献缩微复制中心，1990 年，第 255 页。
⑤ 傅恒：《平定准噶尔方略》前编卷 14，《西藏学汉文文献汇刻》第 2 辑，第 255 页。
⑥ 《大清会典则例》卷 140，永瑢、纪昀等编纂：《文渊阁四库全书》卷 624，史部第 382 册，上海古籍出版社，2003 年，第 435 页。

正是在这样的屯田背景之下,隆科多于雍正三年(1725)被派往阿拉善进行垦田开发,雍正四年被派往阿尔泰地区参与中俄勘界。在阿拉善处理屯田开发期间,他提出插汉拖灰开渠一事。西北干旱与半干旱地区的屯田开发的先决条件为水源,其次便是人口招徕与筑城建堡等。屯田开发一般都选择靠近水源,土壤、地形比较适于垦种的区域。插汉拖灰符合屯田开发的条件,宁夏平原有"汉唐二渠,支流有百家良田、满达拉等渠,旧在查汉拖灰左右,若仿其遗迹开渠建闸,甚善"①。值得注意的是,清代前期鄂尔多斯蒙古在插汉拖灰的游牧事件是提出插汉拖灰开渠一事的主要原因。

(二)族群关系

插汉拖灰在蒙古语中指河湾牧地,在平罗县境东北,靠近黄河。"顺黄河西岸南北直长,自夹河口至石嘴子绵亘一百五六十里,横衍二三十里或四五十里不等,其西以西河之东岸为界,西河之西为贺兰山下平罗营一带。"②该区属于黄河冲积河滩与河流阶地,以自然植被景观为主,由黄河沿岸自东向西由荒漠草原过度为荒滩草滩,牧草生长繁茂。

元代曾于插汉拖灰置屯田万户所,明中叶,蒙古人越过黄河占据该地区,游牧范围在插汉拖灰以及边墙以北,"居民不得耕种,始弃之"。由此,西北地区对蒙古人的防御以边墙为北界。清初蒙古内附后,令蒙古游牧移居套内,以黄河为界。康熙三十六年(1697),鄂尔多斯郡王松阿喇布请于定边、花马池、平罗城三处令蒙古就近贸易,同时,乞发边内汉人与蒙古人一同在边外的车林、他拉苏海阿鲁等处垦殖耕种。③ 边墙以北成为农牧交错带地区。康熙四十七年,鄂尔多斯郡王松阿喇布申请在插汉拖灰地区游牧。④ 为防止宁夏樵采居民与游牧蒙古人互相生事,朝廷派穆和伦前往查勘,"黄河西河之间,柳延河之西所有柳墼、刚柳墼、房墼、西墼均以西台为界,自西台之外插汉拖辉处暂许蒙古游牧至宁夏平罗营一带。地方人民原于插汉拖辉采取柴薪,令限一月内采取五次,其采取时给与号牌令人监管,来往之人并令该地方官严察"⑤。至康熙五十二年,蒙古人的游牧范围已经超越原定界址,延伸至贺兰山麓,但是并未行文地方官员。范时捷奏称"蒙古游牧多越界行走,与宁夏居民蒙混樵采,实属不便",请旨将蒙古游牧者逐出插汉拖灰,宁夏与蒙古改定黄河为界。⑥ 随后,将"查汉拖灰地方以至贺兰山之镇远关诸口"暂给蒙古人牧放以前所设的哨探防守兵丁,"仍照旧例安设"。⑦

① 《世宗宪皇帝实录》卷41"雍正四年二月乙亥",《清实录》第7册,中华书局,1985年,第6462页。
② 《川陕总督岳钟琪等奏踏勘插汉拖灰地方情形并陈开渠设县管见八折》(雍正四年四月初五日),中国第一历史档案馆编:《雍正朝汉文朱批奏折汇编》第7册,江苏古籍出版社,1989年,第81页。
③ 《圣祖仁皇帝实录》卷181"康熙三十六年三月乙亥",《清实录》第5册,第4803页。
④ 《圣祖仁皇帝实录》卷233"康熙四十七年七月庚辰",《清实录》第6册,第5274页。
⑤ 《大清会典则例》卷140,永瑢、纪昀等编纂:《文渊阁四库全书》卷624,史部第382册,第435页。
⑥ 《圣祖仁皇帝实录》卷256"康熙五十二年八月丁丑",《清实录》第6册,第5473页。
⑦ 《宁夏总兵凡事皆奏为遵旨处理辖境蒙汉内界情形折》(康熙五十二年十月十二日),中国第一历史档案馆编:《康熙朝汉文朱批奏折汇编》第5册,档案出版社,1985年,第225页。

鄂尔多斯蒙古迁移套内以后，地方民众便陆续开渠建闸，进行小型的私垦。

清前期蒙古人能够在插汉拖灰游牧，最主要的原因是插汉拖灰尚未开发，属于旷野牧地，从而未纳入平罗县的行政管理。同时，地方防汛在该地区也并不严密。宁夏北部的防守只在边墙以内的威震堡设兵弹压：

> 石嘴子地方东控鄂尔多斯，西达贺兰山外葡萄泉等处，形势险要。
>
> ……查平罗县之威震堡，止分防把总一员，兵一百二十名，离石嘴子七十余里，地远势孤不能弹压，非所以壮边威也。
>
> ……查贺兰山后葡萄全地方，西通瀚海，北达两狼山，实为要地。今额驸阿宝即已迁移，满汉马厂复移山后，则防守甚属紧要。[1]

然而，威震堡距离石嘴子和黄河西岸过远，兵力单薄，防守范围有限。并且，清代沿袭明代以边墙为农牧界线，无形中将威震堡的防守范围限定在边墙以内，其北部地区未列入防守范围。所以，清初逐水草而居的蒙古内附，在插汉拖灰寻求牧放时便被批准。而地方防汛的薄弱，使蒙古游牧者得以扩大范围，到达贺兰山麓一带。

故此，在限制蒙古游牧的政治背景下，便不难理解隆科多提出插汉拖灰水利开发一事，其目的是将游牧地变为农耕地，从而阻止蒙古人越界游牧。

二、新县的设置与充实

雍正四年(1726)隆科多前往阿尔泰地区参与中俄勘界后，在插汉拖灰开渠一事便交由川陕总督岳钟琪督办。经过详细勘察，岳钟琪于当年四月初五正式提出设立新县的建议：

> 查插汉拖灰地方，自镇河堡起至石嘴子，长约一百五十余里，自西河以至黄河岸宽约四五十里，及二三十里不等，三面近边，形势最为辽廓。今议开渠筑堤、招民种地，若非现设县治，则人民远来似觉无所依附，况来垦之人即为此地百姓，一切事务必得有司为之料理。查平罗县治相去插汉拖灰甚远，其现管之地方人民，在边疆亦为中邑，若再兼管新开地亩则户口日殷，未免事繁难顾。应以西河为界，自西河以西属平罗县，其西河以东当另设一县。

---

[1]《川陕总督岳钟琪等奏踏勘插汉拖灰地方情形并陈开渠设县管见八折》(雍正四年四月初五日)，中国第一历史档案馆编：《雍正朝汉文朱批奏折汇编》第7册，第83页。

臣等查葫芦西以南系插汉拖灰适中之地,建城一座,设知县一员,典史一员,盖造县署三十间,典史房屋十间,仓廒五间,文庙二十间,城隍祠十二间,再如渠工一兴,即可招人开垦,预修阡陌,待水灌溉。所有地方事务应归县令以专职守。但经始之际,安辑热敏,编查地亩,责任匪轻,容臣岳钟琪会同臣石文焯在本省知县内拣选才能之员题请补授,颁给印信,庶地方有所责成矣。①

一方面,平罗县东至黄河,北至石嘴子,西达贺兰山,南抵宁夏、宁朔二县,幅员较大。虽然蒙古已经内附,但是地方上仍觉靠近边疆,认为插汉拖灰地域辽阔,靠近蒙古,距离平罗县治过远,应当从平罗县分出,另设县治进行管理。另一方面,平罗县本身人口较多,开发插汉拖灰进行招垦,人口势必增加,更加不易管理。新县之设立极为必要。

同时,针对地方防汛的薄弱,岳钟琪提出了新的建制:

将李刚堡分防把总一员,兵五十名,该归县城防守。盖造把总房屋十间,营房一百间。……石嘴子地方宜设一营,堡一座,盖造守备衙署二十间,把总房屋十间,营房四百间,驻防守备一员,把总一员,兵二百名,沿河一带分汛巡查,并与县城威震堡二处防兵互相声援,实有裨益。其添设之官兵即在平罗营内,分拨守备一员,把总一员,马步兵二百名在石嘴子驻札,仍归平罗营参将管辖。……在额驸阿宝房屋西边修堡造房,驻札守备一员,把总一员,兵六十名。臣等悉思,此处既经安设营汛,归入内地,则一切边外凡人往来俱不可不行,稽查止设兵六十名似觉太少。今议添兵四十名,共一百名,与石嘴子、中卫边口分汛防守,相为犄角。②

五月乙未,朝廷批准设立新县:

插汉托辉之事甚属紧要,着通智留插汉托辉地方办事,单畴书向官宁夏,亦着前往,同通智管理事务。寻定新设县名曰"新渠"。③

(一) 开发渠道与充实人口

冯玉新认为将蒙古游牧者逐出插汉拖灰标志着农牧界线的划定,并且,插汉拖灰的开发

---

① 《川陕总督岳钟琪等奏踏勘插汉拖灰地方情形并陈开渠设县管见八折》(雍正四年四月初五日),中国第一历史档案馆编:《雍正朝汉文朱批奏折汇编》第 7 册,第 81 页。
② 《川陕总督岳钟琪等奏踏勘插汉拖灰地方情形并陈开渠设县管见八折》(雍正四年四月初五日),中国第一历史档案馆编:《雍正朝汉文朱批奏折丛编》第 7 册,第 81 页。
③ 《世宗宪皇帝实录》卷 44"雍正四年五月乙未",《清实录》第 7 册,第 6499 页。

促使区域设县进行管理。① 事实上，插汉拖灰建县的深层原因是"以益屯守"②。设置县级政区的同时，在地方进行水利开发，"预修阡陌，待水灌溉，安辑人民，编查地亩"③，从而充实新县。县的设立根本性地确定了区域的农牧界线，④水利开发后将游牧地变为农耕地，鄂尔多斯蒙古再无条件进行越界游牧，从而巩固了地方，加强了防守。

新县的开发由通智、单畴书主持。先是开凿新渠两条。一为惠农渠，雍正四年（1726）七月动工，雍正七年五月竣工。⑤ "并汉渠而北，至平罗县西河堡归入西河，长二百里。"⑥一为昌润渠。开挖惠农渠的过程中，通过浚河、筑坝、建闸，将惠农渠东南方向的六羊河改建为昌润渠，有支渠二十余道，灌田万顷。⑦ 开凿昌润渠后下游地区渠系扩大，灌溉充足，招徕人口亦密集分布于该区。"田地可得二万余顷，止设新渠一县，鞭长莫及。"岳钟琪又奏请沿贺兰山一带直抵石嘴子为界，在省嵬营南添设新县，经工部复议，雍正六年十一月得旨，新县名曰"宝丰"。⑧ 新渠县治所在"田州塔南"，宝丰县治所在"省嵬城左近"。⑨

招徕人口对于充实新县的作用不言而喻，对此，政府制定了详细的招垦计划和政策。新的政府官员从宁夏府所属各县选才能之人担任，以安辑人民，编查地亩。招垦对象则分官员、富民、穷民三类，且实行不同的招垦政策与起科制度：

> 宁夏附近及本省有力之民，并本省现任官员，俱许其量力开垦，以上官民既系情愿开垦，自备工本，勿用给予牛种，应将所开之地给予永远为业。如开垦之外尚有余地，则招本省之穷民开垦，有愿来者在县报名编入户口册，安插稽查。每户给盖房银二两、牛一只、籽种一石，若户至五口以上，则酌量加赠。所拨给开垦地亩，分作五年带征还项，如渐能自有资本，悉令尽数开垦，不给牛种。以上各垦成熟之地，俱不许无辜典卖。
>
> ……已开之田，今既开渠筑堤，有灌溉之利而无旱潦之虑，自必即可成熟，应将此等之田当年起科。其自备牛种开垦之官民，应三年起科。所有招来穷民给予牛种开垦者，

---

① 冯玉新：《地方开发、环境变迁与政区变动的相关研究——以清代宁夏府新渠、宝丰二县为例》，《兰州学刊》2015 年第 5 期。该文指出"清前期宁北区域开发日臻成熟，使得置县成为可能"。冯玉新：《界域变动与地方社会——以明清民国时期黄河上游农牧交错带为中心》，陕西师范大学博士学位论文，2011 年。其博士论文以黄河上游地区农牧交错带政区变动为切入点，探讨地理环境、政治过程与地方社会的互动关系，亦涉及区域建县之前平罗北部的概况。

② 康基田：《河渠纪闻》卷 18，四库未收书辑刊编纂委员会编：《四库未收书辑刊》第 1 辑第 29 册，北京出版社，2000 年，第 387 页。

③ 《世宗宪皇帝实录》卷 44 "雍正四年五月乙未"，《清实录》第 7 册，第 6499 页。

④ 参见王晗《"界"的动与静：清至民国时期蒙陕边界的形成过程研究》，《历史地理（第 25 辑）》，上海人民出版社，2011 年，第 162 页。

⑤ 《世宗宪皇帝实录》卷 84 "雍正七年闰七月癸未"，《清实录》第 7 册，第 6462 页。

⑥ 张金城修，杨浣雨辑：《宁夏府志》卷 8《田赋》，《中国地方志丛书·塞北地方·第 3 号》，据嘉庆三年刊本影印，成文出版社，1968 年，第 155 页。

⑦ 通智：《钦定昌润渠碑记》，张金城修、杨浣雨纂，陈明猷点校：《宁夏府志》，宁夏人民出版社，1992 年，第 1801 页。

⑧ 《世宗宪皇帝实录》卷 75 "雍正六年十一月壬戌"，《清实录》第 7 册，第 6462 页。

⑨ 根据乾隆《甘肃通志》卷 3《建制沿革》、卷 4《疆域》可知两县的区域范围与界线。

于开垦第二年起科。①

但实际的招垦情况并不乐观,民众大多持观望态度。直至雍正五年(1727)正月,惠农渠长堤初具规模之后,才有少数人愿入新县为民。鉴于招垦艰难,政府遂予偷垦者以合法地位。三月,宁夏等地"无田之人、余丁、借住之外籍民人,相继呈文前来者有二千户近一万人,于是暂时发给火票,准届时垦田"②。至六月,共有二千八百余户报垦。先入新县为民者占据低洼潮湿地方进行播种,未赶上播种者也都占据有利地势,等候渠水一通便进行垦种。③至十一月,共招徕四千六百余户。④因报垦者很少,雍正六年又派发招垦任务,拨发银两从临近的西安、兰州等府所属州县进行招民,同时将无业游民也考虑在内:

> 凡无力民户计程途之远近,大口每百里给脚价、口粮银各八分,小口每百里给脚价、口粮银各四分。倘蒙允仰请勒交西安、兰州抚臣,通饬所属州县确查无业民户,招来前往编入新设两县籍贯,授地垦种。置于答应给盖房、牛具、籽种等银,酌计每户借给银十两,定以二年起科,仍于起科之年将借给银两照数分作五年扣征还项。唯此各应给银两尚未请拨,伏祈皇上勒部于附近省份先酌拨银十五万两,分解陕、甘二省交与西安、兰州府臣经理。⑤

至六年十二月,继续鼓励官员缙绅垦田:"本籍之文武官员或现任或家居,均当踊跃从事,急先垦种,并按照原议给为世业,三年起科。"⑥

由招民的过程可以看出,户民主要来自平罗县靠近插汉拖灰的民众、缙绅、本籍文武官员及其家属;其次是从附近西安府、兰州府所属州县招徕的无业游民,这部分所占比例很小。自愿报垦的民人约二千户,占一半人数;大部分不愿报垦,而不得不通过政府进行干预。一般而言,在边地进行屯垦者多为军人、罪犯或被贬之人,民众则不愿前往。一方面是由于人们的安土重迁思想,另一方面则是出于对陌生区域的不确定性和长期以来对游牧民族的畏

---

① 《川陕总督岳钟琪等奏踏勘插汉拖灰地方情形并陈开渠设县管见八折》(雍正四年四月初五日),中国第一历史档案馆编:《雍正朝汉文朱批奏折汇编》第 7 册,第 83—84 页。
② 《盛京工部左侍郎通智奏报开渠及安置民人开垦折》(雍正五年三月二十七日),中国第一历史档案馆译编:《雍正朝满文朱批奏折全译》(下册),黄山书社,1998 年,第 1451 页。
③ 《盛京工部左侍郎通智奏报会同单畴书折》(雍正五年六月十五日),中国第一历史档案馆译编:《雍正朝满文朱批奏折全译》(下册),第 1473 页。
④ 《川陕总督岳钟琪奏请勒拨银两招民前往宁夏开垦折》,中国第一历史档案馆编:《雍正朝汉文朱批奏折汇编》第 14 册,第 47 页。
⑤ 《川陕总督岳钟琪奏请勒拨银两招民前往宁夏开垦折》,中国第一历史档案馆编:《雍正朝汉文朱批奏折汇编》第 14 册,第 48 页。
⑥ 《世宗宪皇帝实录》卷 76"雍正六年十二月丁亥",《清实录》第 7 册,第 6981 页。

惧。建县以前,该区一直是游牧与樵采地区,其生态环境是否适合发展农耕尚存疑问,况且该区地处边疆,历史时期游牧民族曾不断进犯,也是汉人顾及的重要原因。所以,大多生存尚觉安逸之人不愿冒险前往,即便入新县为民,也在故乡保留原籍。[①]

(二) 聚落分布

灌溉体系的完善为聚落的选择创造了广阔的空间。惠农渠和昌润渠的开挖过程伴随着人口的招徕,人口骤增促使聚落空间拓展和密集化。由于人口招徕是从雍正五年(1727)至七年逐步进行,所以堡寨的建设也大致在这一时段相应展开。大多数堡寨实际上未来得及筑堡,而是将聚落的名字唤作堡或寨,均为民居性质,非军事堡寨。堡寨镶嵌于惠农、昌润两渠的灌溉区域,渠水未及地方没有堡寨分布。宝丰县地处渠系的下游,地势低下,地域广阔,支渠众多,灌溉便利,所以堡寨分布较密集。新渠县地处渠系的中上游,地域狭长,支渠分布相对较少,引灌有限,故而堡寨较为稀少。

总之,新渠、宝丰二县设立的主要驱动力是政治导向,并非地域开发达到了一定程度的必然结果。在限制蒙古人游牧的时代背景之下设立新县,通过水利开发,招徕人口充实和完善新县。

三、废县及其影响因素

乾隆三年十一月二十四日(1739 年 1 月 3 日)宁夏平罗地区发生八级地震,震中位置为北纬 38°9′,东经 106°5′。[②] 由于震中在平罗附近,宁夏、宁朔、平罗、宝丰、新渠遭受了严重破坏。"宁夏地震从西北至东南,平罗郡城尤甚,东南村堡渐减,地如奋跃,土皆坟起,平罗北新渠、宝丰二县,地多坼裂,宽数尺或盈丈,水涌溢,其气皆热,淹没村堡。平罗、新渠、宝丰三县及洪广营、平羌堡,城垣、堤坝、屋舍尽倒,压死官民男妇五万余人。"[③]地震之初,班第上奏裁汰两县:"宁夏地震,所属新渠、宝丰率成冰海,不能建城筑堡,仍复旧规,请将二县裁汰。"[④]

三个月后(1739 年 4 月 13 日)朝廷批准将新渠、宝丰二县裁汰,归并入平罗县。那么,两县仅仅是因为地震灾害破坏严重而被裁撤吗? 当时情况到底如何? 何以不在两县基础上进行灾后重建? 通过梳理两县自建县到撤县期间的区域环境与社会状况发现,政治环境、水利生态和地震灾害对撤县起着关键作用。

---

① 徐保字:《班第请裁新宝二县疏》,道光《平罗纪略》卷 8《艺文・疏》,《中国西北文献丛书》第 51 卷,第 454 页。
② 宁夏回族自治区地震局汇编(内部资料):《宁夏地震目录》,宁夏人民出版社,1982 年,第 14 页。
③ 嘉庆《宁夏府志》卷 22《祥异》,《中国方志丛书・塞北地方・第 3 号》,成文出版社,1968 年,第 573 页。
④ 《高宗纯皇帝实录》卷 88"乾隆四年三月壬子",《清实录》第 10 册,第 9291 页。

（一）地震灾害

地震之初班第便奏请裁汰两县，地震灾害到底产生了哪种程度的破坏，以至必须进行裁汰？首先，地震引发的水灾、火灾和冻灾导致人口伤亡严重。地处震中的新渠、宝丰二县地势低洼，逼近黄河，主要的渠系建筑物近河分布，村镇堡寨均靠近灌溉洼地。地震造成地面裂缝，地下水涌溢，北部石嘴子地势也稍有升高，渠道和黄河河道受到严重的变形和河床抬升，"河水上泛，灌注两邑，而地中涌泉直立丈余者，不计其数，四散溢水，深七八尺，以致丈余不等"①。同时，"宁地苦寒，冬夜家设火盆，屋倒火焰，城中如昼"②。所以，震灾引起水灾、火灾，加之震发时间为寒冬夜半，破坏力加强。溺、塌、冻、烧致"民死伤十之八九，积尸遍野，暴风作，数十里尽成冰海"③。人口大量损失，以致无人可管，是撤县的重要原因。

其次，宝丰、新渠二县的城垣、仓廒、堡寨严重毁坏。"地忽震裂，而地土低陷数尺，城堡房屋倒塌，户民被压溺而死者甚多。新渠县城南门陷下数尺，北城门洞仅如月牙，而内令人刨挖米粮，热如汤泡，微弱酸酒，已不堪食用。宝丰县城郭、仓敖亦半入地中。"④"惟平罗、宝丰、新渠、洪广、平羌五营堡震灾甚重，房屋皆倒，打死军民甚多，……各营堡以及沿河户民一带，地震后裂开大窟窿，旋涌出大水，并河水泛涨进城，一片汪洋，深五尺以至六七尺不等，民人牲畜冻死、淹死亦多，一应军器等项，具被水淹无存，其军民男妇得生者，暂在城上栖身。"⑤宝丰、新渠二县城垣、聚落、堡寨、仓廒等均被震塌或水淹，行政管理的运行和户民的住所无从解决。

再次，渠道严重毁坏。惠农、昌润两渠及其庞多的灌溉支渠是新渠、宝丰二县的立县之本，对于两县的农业生产极其重要，关乎赋税大事。"惠农、昌润两渠俱已坍塌，渠底高于渠坝，自新渠而起二三十里以外，越宝丰而至石嘴子，东达黄河，西达贺兰山，周围一二百里竟成一片水海。"地震之前西河是汉、唐、大清、惠农各渠余水的排水管道，自宁夏县河西寨起至石嘴子归入黄河。地震后，石嘴子地势抬高，"以致西河之水不能直达黄河，随势停蓄于宝丰废县之砚洼池，尾间涌滞而万宝、聚宝、宝马、西永固、西河等堡附近田亩，往往被淹为患，且水性盐碱，一经溢入田亩，多致不毛"⑥。灌溉排水系统受到了破坏，渠水涌溢泛滥，无法排泄入黄河，汇集在低洼区域。清政府在震后便开始着手相关渠道的修复，直至乾隆十七年（1752），西河尾部排水情况才有所改善，解决了尾水淤积的问题。

---

① 徐保字：《班第请裁新宝二县疏》，道光《平罗纪略》卷8《艺文·疏》，《中国西北文献丛书》第51卷，第454页。
② 汪绎辰：《银川小志》，宁夏人民出版社，2000年，第256页。
③ 汪绎辰：《银川小志》，第256页。
④ 徐保字：《班第请裁新宝二县疏》，道光《平罗纪略》卷8《艺文·疏》，《中国西北文献丛书》第51卷，第454页。
⑤ 转引自中国地震历史资料编辑委员会编《中国地震历史资料汇编》第三卷，科学出版社，1987年，第555页。
⑥ 《甘肃巡抚杨应琚奏报查勘渠道情形折》（乾隆十七年三月初九日），《宫中档乾隆朝奏折》第二辑，台北"故宫博物院"，1982年，第407页。

(二) 政治环境

何以不在两县基础上进行灾后重建,却直接裁汰? 处理震务伊始,班第认为九十里之中设立三县不合理,是行政资源的浪费,并且新、宝二县地势低洼,农耕条件较差:

> 臣等相度形势,自宁夏府城至新渠六十里,新渠至平罗四十里,平罗至宝丰五十里,于九十里之中设立三县,本属无益。且平罗地方尚觉高燥,而新渠宝丰二县地土洼下,原非沃壤。近遭此残毁之余,纵使水融水退,可耕之地无多。若欲仍设两县,浚渠筑堡,势所不能,徒费帑金,与民无补。且现在寄居高埠之户,若至春暖水融,无路可行,尤难救济。[①]

由于新、宝二县地震被灾严重,加之石嘴子地势抬高,导致两县大部分地区地势低洼,被水淹没,无法进行耕种和栖息。而人口大量亡佚,失去了设县的基础,为方便赈灾,遂不得不裁汰。

但是,两县的设立并非是行政资源的浪费。两县并入平罗之后,陕甘总督黄廷桂曾上奏复设县治,他认为平罗与蒙古相接,战略位置重要,宝丰废县距离平罗太远,一旦震后恢复生产,地方管理和区域防范难以进行:

> 以平罗繁剧之区而复以一县之土地,人民实有鞭长莫及之虑,是以臣奏请复设县治分驻官兵管理民事,弹压边塞。
>
> ……原为添设县治,今县治既不准设,平罗现有参将一员,石嘴子每月三市,即令该参将亲往弹压,平日仍拨派备并轮流带管,不时前往巡防,勿用再议分驻。惟是平罗处郡西北接壤夷境,山川扼要,缺隶繁难,且于宝丰废地相去遥远。今日现在之人民地土虽酌议暂归该县管辖,诚恐将来招徕日众,开辟日广,该县一员实有竭蹶不遑之势。[②]

事实上,这样的行政区划显然对于平罗北部、两渠下游地区密集的聚落管理极其不便。于是,乾隆十三年(1748)便将宝丰改设县丞,水利通判驻宝丰县城,专管昌润渠渠务。两县的短暂设立,尤其是渠道的开发与堡寨的建设,奠定了区域农业、人口、聚落的空间分布雏形。民国三十年(1941),在平罗北部地区置惠农县。1960年又在惠农县的基础上设立石嘴山市,惠农为市辖区。1987年恢复惠农县,2004年复又划入石嘴山市辖区。随着区域社会经济的发展,在该区行政建制也是历史的诉求。

---

① 徐保字:《班第请裁新宝二县疏》,道光《平罗纪略》卷8《艺文·疏》,《中国西北文献丛书》第51卷,第454页。
② 徐保字:《黄廷桂埂外开垦事宜疏》《班第请裁新宝二县疏》,道光《平罗纪略》卷8《艺文·疏》,《中国西北文献丛书》第51卷,第458页。

不过，当时朝廷批准撤县，一方面是因为震后生态环境的变迁，更主要的还在于区域政治环境发生了变化。建县之时，通过区域开发招民垦殖，防止蒙古人越界游牧，重新划定农牧界线。开发之后，地方由游牧地变为农耕地，对于蒙古人来说已经不存在游牧条件，设县的初衷已经达到。并且，乾隆时期，蒙古（喀尔喀蒙古、额鲁特蒙古、鄂尔多斯蒙古）均已内附朝廷，噶尔丹部也已归顺，原来处于农牧过渡带的边疆地区成为较为巩固的农耕区，无须再对准噶尔部、鄂尔多斯蒙古严密防范。由此而言，政治环境的变化是影响设县的主要原因，在此环境下，统治者认为没有建县之必要。

（三）生态环境

两县所处为宁夏府黄河下游地区，黄河河道极不稳定，黄河泛涨和河道迁徙无常，容易造成灾害。建县以前插汉拖灰的洪涝灾害未见记载，因为当时尚未进行农业开发，地方政府并不关注荒野区域，但并不代表没有河患。建县之后，洪涝灾害记载颇多。如，乾隆元年（1736）宝丰、新渠"夏雨甚多，黄河泛涨，以致冲决堤岸，淹浸民田。新渠县之通吉、通义、通昶、清水等堡被灾偏重，宝丰县之红岗、永润等堡被灾较轻"[①]。乾隆三年大地震，石嘴子地势和黄河河床稍有升高，河水上泛，将新渠、宝丰两县淹没大半。[②]

根据《清代黄河流域洪涝档案史料》《清实录》《宁夏省政十年述要》的记载，两县裁撤后，乾隆五年（1740）、四十六年，嘉庆元年（1796）、七年、八年、九年、十年，光绪二十四年（1898）、二十八年、三十年，民国二十三年（1934）、二十四年分别出现黄河泛涨，冲毁渠道、堤坝，淹没屋舍农田的洪水灾害。主要因为两县所处属于黄河西岸低洼地段，大部属宽浅沙质摆动性河床，河面多边滩、心滩。汛期河床显著增宽，淹没边滩、心滩，对附近田地农舍造成破坏。

在这样的农业生态环境下，农业生产具有不稳定性，影响田赋科则的缴纳，朝廷也一直加以豁免。两县正式运行始于雍正六年（1728），按计划起科应从雍正十一年开始。由于安业未久，雍正十一年、十二年以前的钱粮没能及时交付，所欠钱粮后来全行豁免。[③] 乾隆元年（1736），宝丰、新渠二县遭受洪灾，所欠额征银两"三万两有奇"，于乾隆三年三月以"两邑招垦新户，安业未久，所欠（雍正）十三年额赋悉行豁免，乾隆元年、二年未完正额钱粮，着分作十年带征"。[④] 乾隆三年宁夏地震之初，考虑到"民人等困苦播迁之后，纵能勉力耕耘，岂能复输租税？着将宁夏、宁朔、平罗、新渠、宝丰五县本年应征地丁及粮米草束杂税等项，悉行豁免，如有旧欠，亦着蠲除"[⑤]。又于乾隆四年正月二十七日将宁夏、宝丰、新渠等处新征旧欠，

① 《高宗纯皇帝实录》卷30"乾隆元年十一月辛丑"，《清实录》第9册，第8577页。
② 徐保字：《班第请裁新宝二县疏》，道光《平罗纪略》卷8《艺文·疏》，《中国西北文献丛书》第51卷，第454页。
③ 《高宗纯皇帝实录》卷29"乾隆元年十月丁丑"，《清实录》第9册，第8562页。
④ 《高宗纯皇帝实录》卷63"乾隆三年三月丙寅"，《清实录》第10册，第8973页。
⑤ 《高宗纯皇帝实录》卷85"乾隆四年正月丁卯"，《清实录》第10册，第9260页。

俱行豁免。① 总之，由于黄河水患问题，两县被灾频繁，影响了农业生产的顺利进行，进而影响了赋税的正常缴纳。

同时，两县还面临其他的环境隐患。两县处于干旱半干旱区，土壤以黄河冲积土和砾石沙地为主，开渠引水后的新土地土壤肥力较低，需要一定的过渡期方能适应耕作制度。该区传统的灌溉方法是将携带泥沙的黄河水引入田地进行撤清澄浑，操作不当便会形成盐碱化。另外，两县地处下游，地势低洼，上游尾水均由下游排入黄河，如果排水不通畅，也会造成盐碱化问题。下游地区的隐患还在于距离渠口太远，如果分水不及时或上游截坝，极易导致下游无水可灌。

故而，区域生态的脆弱性致使两县不能有效运作，突发事件便理所当然促成两县的裁撤。

(四) 废县的安置

两县虽于震后第二年即遭裁汰，但实际的安置是逐步进行的：

> 自地震水决之后，现在田亩有高阜低洼之不齐，得水有难易多寡之不一，且招徕户民牛具房屋尚未齐全，垦荒伊始，民无余粟，春耕无多之种，必得细心筹划，从长计议，逐渐安置，方始妥协。②

堡寨、户口、仓廒、学校等一并划归平罗。新渠县的五堡——通宁、通贵、通朔、通吉、通昌因靠近宁夏县，遂并入之，其余堡寨全部归入平罗县。新、宝二县入学之人暂时"令该学政按试时于五州县内，视人文多寡酌量增取八名，分隶各学"③。行政人员、军事建制等的安置也分别进行：

> 其新、宝二县似可无用建设，所有现在之通判知县教谕典史等各员，应请留甘另行补用。……其平罗一县系向日参将住劄之营，为临边要隘，虽现在城垣衙舍亦系倒塌，而较之新、宝二县地势尚属高坚，仍应修筑完固，以严汛守。④

因地震破坏严重，两县归入平罗不仅需要重新进行管理，更迫切的是灾后重建工作。从

---

① 《高宗纯皇帝实录》卷85"乾隆四年正月甲戌"，《清实录》第10册，第9262页。
② 徐保字：《黄廷桂埂外开垦事宜疏》《班第请裁新宝二县疏》，道光《平罗纪略》卷8《艺文·疏》，《中国西北文献丛书》第51卷，第458页。
③ 《高宗纯皇帝实录》卷111"乾隆五年二月丁酉"，《清实录》第10册，第9570页。
④ 徐保字：《班第请裁新宝二县疏》，道光《平罗纪略》卷8《艺文·疏》，《中国西北文献丛书》第51卷，第454页。

乾隆五年（1740）开始修复城垣和建制，新渠、宝丰二堡除原设文武衙署及庙宇仓厫等官方建筑仍留备用外，其余皆划归民用。乾隆十五年以前，逐步通过安置人口、疏浚修复渠道、恢复地亩生产、修复城垣等措施稳定了地方社会。

地震之初，田舍毁坏，民人无栖息之所，为便于管理，政府将原来从宁夏、宁朔、灵州、中卫、固原等处招徕的民人遣回原籍，有情愿留住佣工者则令其在工所觅工，以工代赈。[1] 但是，原籍陕甘的民人因路途较远多数不愿回原籍，加之地震的破坏，无力回乡。附近平罗、宁夏、宁朔籍民人则就近回原籍，其余归入平罗。[2] 乾隆五年（1740），又因裁汰的两县"田地荒芜，户口离散"，而重新招户报垦。参照"夏、朔、平三县之例，每户借给牛具八两，赏给口粮五斗，全支本色。夏秋籽种，无论旧存及新招，查明认垦田地，一并借给。请照所需银于府库下剩银内发给，分作八年征还"[3]。乾隆七年，安插穷民三千余户。[4]

四、小　　结

插汉拖灰从游牧地发展成县级行政区既是西北地区屯田确立农牧界线的时代契机之下的产物，又离不开自身农牧互动历史因素的影响。插汉拖灰的设县绝不仅仅是一个地域开发的问题，而是伴随着军事、经济、生态三者交织在一起的政治地理过程。雍正初年西北农牧交错带地区对于农牧地的争夺引发了农牧边界的处理，在这样的政治环境与军事防御状况下，国家政治力量起着决定性作用，通过刚性介入设立县级行政区划，并对地方进行开发，招徕人口，充实新县，其更深程度上是为了确立农牧界线，从而防御蒙古人游牧。

一般而言，新县之设代表一个地区开发达到一定规模，而且设县伊始便较多地考虑到了自然环境、经济和行政运作需要等因素搭配，在较长时间的发展之后也形成了一个个辖境适中的地域单元，在行政和文化上都有其稳定性和合理性。[5] 然而，新渠、宝丰二县的设立表明，新县的设置并非地方经济发展到一定程度的必然结果。所以，在行政、文化和经济上尚未达到稳定与独立的情况下，新的行政区划依然可行。这是在研究历史时期我国边疆地区政治地理时需要尤其重视的问题。

两县自设立以来，区域农耕生态环境相对脆弱，水利灌溉无法有效运作，导致农业生产效益差，影响两县赋税的缴纳。欲达到并维持稳定发展，还需政策、制度、经济等长期的投入

---

[1] 徐保字：《班第请裁新宝二县疏》，道光《平罗纪略》卷8《艺文·疏》，《中国西北文献丛书》第51卷，第454页。
[2] 《高宗纯皇帝实录》卷88"乾隆四年三月壬子"，《清实录》第10册，第9291页。
[3] 《高宗纯皇帝实录》卷117"乾隆五年五月丙辰"，《清实录》第10册，第9633页。
[4] 《高宗纯皇帝实录》卷173"乾隆七年八月甲寅"，《清实录》第11册，第10406页。
[5] 周振鹤：《中国历史上行政区域划界的两大原则》，《中国方域》1996年第6期。

来对抗脆弱的农耕环境。当政治、经济、生态等因素不能与其行政等级相匹配,甚至无力维持其行政建制时,突发性事件就成为政区调整的诱发性因素。新、宝二县裁汰的直接诱因在于乾隆三年(1738)的大地震,但更深层的原因在政治环境的转变和区域生态环境自身的脆弱。蒙古内附和西北地区的相对稳定,使中央对蒙古之态度发生变化,当初设县之目的已经实现,加之该区脆弱的生态影响了经济发展,甚至会引发新的不稳定因素,两县的裁汰就成为必然。

在政区变迁研究中,不仅要考虑山川形变等自然地理要素的影响,更重要的是关注人文要素与自然要素在区域叠加而形成的复杂的历史背景,一般情况下,这种背景所引发的特殊性更为直接地影响政区变动的走向。同时,也要厘清各种因素如何综合作用于政区变动的地理过程,以及不同时间轴发展的动态过程中诸因素在空间上表现出的复杂关系和其阶段性特征。这对理解政区变动的过程及其影响因素是有意义的。

岳云霄,复旦大学历史地理研究中心 2013 届博士,现任教于太原师范学院汾河流域科学发展研究中心。本文原发表于《社会史研究》2018 年第 1 期,2013 年 5 月曾在禹贡博士生论坛第 50 期报告。

清初迁界与移民

——以顺治十八年的温州迁界为中心

罗　诚

摘　要： 现今学者多着墨于清初迁界之"事件史"研究，后将迁界与地方社会秩序的重建建立联系，然而对清初迁界的地理范围、迁民的数量与规模、迁民主体与地方官府安置等一系列重要的问题，论者却鲜有关注。本文以浙江温州为中心，对顺治十八年这一地区沿海各县的迁界过程中，涉及的地域空间、人口土地规模及社会响应进行了复原和讨论。通过研究发现，清初温州沿海各县的迁界人口规模客观上超出了界内土地的承载能力，因而尽管官方采取多种措施进行安置，但仍无法快速有效安置迁民，加之迁界施行之严酷，对以文集、家谱、碑刻等文献为载体的移民记忆造成了深远的影响。

关键词： 温州；迁界；移民；地方社会

前　　言

学界在清初迁界问题上已有丰硕的成果，大体而言分为两方面：一为从"事件史"的角度来研究迁界始末及其影响，一为将迁界之事置于具体的空间作为区域整体史的一部分来研究地方社会的变迁。[①] 前者以谢国桢、顾诚、李东珠等学者为代表，后者以陈春声、鲍炜等人为代表。早在 1930 年，谢国桢就以详实的史料撰写了《清初东南沿海迁界考》一文，详细论述了清初迁界始末、各省迁界情况、迁界的利害关系等重要问题，后又于 1940 年补充了部分文集史料撰写了《清初东南沿海迁界补考》一文，两文后收入其文集。[②] 顾诚《清初的迁海》

[①] 笔者基本赞成林修合对清初迁界研究的概括。学术界有关清初迁界的研究成果众多，林修合曾作过详细的梳理和评述，本文只回顾相关代表性论著。参见林修合《从迁界到复界：清初晋江的宗族与国家》，台湾大学硕士学位论文，2005年，第3—6页。

[②] 谢国桢：《清初东南沿海迁界考》《清初东南沿海迁界补考》，收录于氏著《明清之际党社运动考》，中华书局，1982年，第237—269、270—278页。

是继谢国桢之后在清初迁界问题上论述最为清晰的文章,作者详细考证了迁界的提出者及实施过程、迁界给民众与社会造成的影响,此外评价了迁界的实际效果。① 李东珠《清初广东"迁海"的经过及其对社会经济的影响——清初广东"迁海"考实》主要考证了清初广东迁海的目的与范围、迁界的经过及迁界的结果。② 20 世纪 90 年代以来,部分学者将迁界纳入区域社会史的研究之中,探讨社会变动对区域社会历史进程的影响。陈春声《从"倭乱"到"迁海"——明末清初潮州地方动乱与乡村社会变迁》一文以广东潮州为空间背景,探讨明末社会动乱至清初迁界这一时间段内沿海社会动乱的内部原因,揭示了不同的社会人群在动荡的社会环境中如何塑造社会形态、如何让社会结构发生转型等问题,作者认为,迁界是当时"不清不明"的政治状态下重建社会秩序的一种措施。③ 鲍炜在其博士论文《迁界与明清之际广东地方社会》中,通过清初的迁界与复界,复原了广东地方社会在重建之后由"乱"到"治"的历史过程。④ 谢湜也尝试着将迁界与区域社会变迁结合起来探讨。⑤

以往研究在迁界的"事件史"方面着墨颇多,后将迁界与地方社会秩序的重建建立联系,然而在涉及清初迁界的地理范围、迁民的数量与规模、迁民主体与地方官府安置等一系列重要的问题上却仍多有语焉不详之处。前辈学者的研究特别强调清初迁界的始末及其社会影响,民间历史文献中所记载的痛苦历史记忆影响着历史学家对迁界的价值判断,以至于我们难以在迁界现实与苦痛的集体记忆之间取得平衡,从而客观地去理解这种集体记忆背后的现实问题。本文以浙江温州为中心,探讨清顺治十八年(1661)温州沿海各县迁界的地理范围、人口土地规模,进而评估当时官方在迁界过程中对迁民所采取的行为,厘清地方文献中对这次迁界的移民记忆和地方史实之间的关系。

本文以温州为研究区域,基于以下两点原因。

首先,温州为清顺治十八年东南沿海迁界的重点区域,具有一定的代表性。从其区位而言,温州地处浙江南部,南联福建,是浙闽重要联结之处,"瓯当闽浙之界,称南北咽喉,近海氛已戢,远岛荡平可纾"⑥,地理区位非常重要。历来东南沿海动乱都会波及温州,据民国温州著名学者孙延钊辑录的《明季温州抗清事纂》统计,自顺治十年至顺治十八年的 9 年时间里,郑成功派遣张煌言、甘辉、刘猷等重要将领 18 次前往温州筹饷或攻城略地,"所过米粟财物悉卷入海",多个城池、卫所被攻陷。⑦ 沿海府县之钱粮与兵丁是郑氏军队的重要经济与军

① 顾诚:《清初的迁海》,《北京师范大学学报》(社会科学版)1993 年第 3 期。
② 李东珠:《清初广东"迁海"的经过及其对社会经济的影响——清初广东"迁海"考实》,《中国社会经济史研究》1995 年第 1 期。
③ 陈春声:《从"倭乱"到"迁海"——明末清初潮州地方动乱与乡村社会变迁》,《明清论丛(第二辑)》,紫禁城出版社,2001 年,第 73—106 页。
④ 鲍炜:《迁界与明清之际广东地方社会》,中山大学博士学位论文,2003 年。
⑤ 谢湜:《明清舟山群岛的迁界与展复》,《历史地理(第三十二辑)》,上海人民出版社,2015 年,第 80—98 页。
⑥ 康熙《温州府志》卷 14《兵防》,温州市图书馆古籍部藏刻本。
⑦ 孙延钊:《明季温州抗清事纂》,陈光熙编《明清之际温州史料集》,上海社会科学院出版社,2005 年,第 9—13 页。

事来源,切断这些重要物资与人员的供给显然是当时清廷除军事征伐之外非常重要的战略手段。温州客观上作为闽、浙两省物资与人员联系最为紧密的地区之一,清廷在此迁界的重视程度自然不会亚于浙江其他区域。以往学者的研究多重视福建、广东两省的迁界,却较少关注浙江,尤其是温台地区。①

其次,温州在明末清初时留下了丰富的地方文献,对还原历史现场有着直接的帮助。清初迁界研究方面,除上述孙延钊先生所辑之史料外,明末清初瑞安人朱鸿瞻②的《时变记略》《竹园类辑》、永嘉人王至彪③的《玄对草》、乐清人李象坤④的《菊庵集选》、平阳人项师契⑤的《十禽言》等对此均有记述,深入地反映了温州及府属各县的迁界情况。此外,历经迁界的温州沿海之乐清、永嘉、瑞安、平阳四县,有三县(乐清、永嘉、平阳)保留了康熙年间所修之地方志,辅以其他方志、文集、族谱、碑刻等资料,让我们复原这一时期的历史动向成为可能。

一、都里之间:清初温州沿海各县的迁界范围

清顺治十五年,郑成功率军从福建北伐,直捣南京。在此之前,郑氏军队命其将领领军在东南沿海各地征收钱粮,在其败退之后,仍盘踞东南沿海一些岛屿,取钱粮于陆上。清师并不善于海战,且海内未平,为坚壁清野,断绝郑氏对沿海地区钱粮的索取,清廷命山东、江南、浙江、福建、广东五省沿海地方迁界,以三十里为限,迁界程度以福建、广东为巨,浙江、江南为次,山东更次。闽广一带的迁界范围可通过杜臻的《粤闽巡视纪略》得到较为详细的复原,⑥而温州沿海各县的迁界范围并无此类详细记载,我们只能从地方文献中一些零碎记载予以推测。在温州的迁界中,也并非如清廷所谓的一概将沿海地区迁界三十里,而是

---

① 有关浙江迁界的研究有:张宪文:《略论清初浙江沿海的迁界》,《浙江学刊》1992 年第 1 期;谢湜:《明清舟山群岛的迁界与展复》,《历史地理(第三十二辑)》,第 80—98 页;罗欧亚:《从迁界到展界——以浙江乐清湾为中心》,中山大学硕士学位论文,2011 年。感谢中山大学历史系李娜娜、李甲新提供罗欧亚的论文。

② 朱鸿瞻(1618—1690),字表民,号默庵,瑞安人。弱冠为府学生员,究心于濂、洛、关、闽诸学,晚年以明经授宜平司训,以理学闻名于当时。著有《竹园类辑》《四书详说》《时变记略》等书。温州市图书馆古籍部藏有清康熙十二年《竹园类辑》绿竹轩刻本及《时变记略》抄本,陈光熙主编的《明清之际温州史料集》整理收录了两书部分内容。

③ 王至彪(1596—?),字文虎,号积石,永嘉人。明崇祯二年拔贡,六年浙闽副榜,授南康知县。著有《玄对草》,温州市图书馆藏永嘉乡著会抄本,陈光熙主编的《明清之际温州史料集》整理收录了该书部分内容。

④ 李象坤(1612—1689),字宁侯,号菊庵,乐清人,后迁居温州郡城。康熙岁贡,工诗歌,善文辞。著有《菊庵集》等书。温州市图书馆藏有多个版本,分别为清初旧抄本、瑞安孙氏玉海楼抄本、永嘉黄氏敬乡楼抄本、永嘉乡著会抄本。陈光熙主编的《明清之际温州史料集》整理收录了部分内容,蔡听涛将其整理成《菊庵集选》(黄山书社,2012 年)。

⑤ 项师契,生卒年不详,明末清初人,字玄生(一作元甡),号仰平,平阳(今苍南)人。明崇祯十五年诸生,著有《三蒲综核》等。《平阳县志》节录项氏《十禽言》。

⑥ 林汀水先生利用杜臻《粤闽巡视纪略》一书的记载,通过地名考证,简要复原了福建沿海的迁界范围。参见林汀水《康熙元年清廷对福建沿海的迁界及其灾难》,《历史地理(第十九辑)》,上海人民出版社,2003 年,第 206—215 页。

将各种因素纳入考虑后加以区分对待。大致而言,"永嘉议将一都至五都濒海民内徙,以茅竹岭为界;乐清弃地九十,存里四十二;瑞安迁弃五里;平阳迁弃十余里"[①]。

1. 乐清

明代乐清有 34 个都,成化十二年(1476)将山门乡二十九、三十、三十一都及玉环乡三十二、三十三、三十四都分属太平县。[②] 入清后,乐清存有 28 都,136 里。"顺治十八年,兵部尚书苏纳海、刑部侍郎宜里布同替抚巡视沿海,遵旨将居民遣入内地,扦椿立界。"[③]此次迁界,乐清奉令迁徙弃地 94 里,只存 42 里,康熙十年(1671)在对乐清图里编审后,仅存 36 里。[④]在清初迁界中,通常是以道里数为计,乐清所迁弃里数应为地方编审的里甲数。在此次迁界中,乐清所弃里数是原有编审里数的 2/3 之多,而至康熙九年复界后,在康熙十年重新编审时,所存里数竟还要少于迁界之际存留里数,是未迁界时里数的 1/4。由此可见,清廷在乐清的迁界力度甚巨,对乐清的经济社会产生了深远的影响,以至于在康熙二十四年编纂《乐清县志》时,编纂者不禁感叹道:"安土重迁,生民之情,自海氛不靖一时,谋国者不惜弃壤以绝寇!"[⑤]

在乐清迁界中,沿海卫所、盐场、民居是界外被迁弃的重点对象。入清后,尽管废除了卫所建置,但卫所军民后代仍留在原地居住,清军派有军事力量在此驻守。"磐石卫城……顺治十五年十一月初一,海寇破其城,防将熊应凤力战而死,被害甚酷。十八年奉遣隳城。""蒲岐城,顺治十五年,寇党据之。十八年奉迁隳城。""后所城,(顺治)十五年十一月初八,与县同毁。十八年奉迁。"[⑥]乐清县治甚至也因迁界而被迁移。顺治十五年,乐清县治被毁后,县令僦居民间办公,而县丞衙、典史衙等官署亦被焚毁,县治各衙门于顺治十八年被迁至大荆,次年大荆筑城守御,直至康熙四年,县令窦三聘重建县衙后才得以回迁。[⑦] 乐清东部濒临乐清湾,古称白沙海,滨海地带是为温州重要的天富北监场(清康熙三十九年并入长林场,雍正六年[1727]展复玉环)、长林场两大盐场。天富北监场宋代设于玉环乡,明初禁海后,遂将其迁至乐清白沙一带(今乐清县城东部),长林场位于乐清六都,两大盐场均在顺治十八年迁弃。[⑧] 在乐清,留存界是自县东北之水涨西南,经巽坑、蔡岙、芙蓉、窑岙,瑞应乡之湖边,永康乡之芳林、白沙、县前铺,沿驿路至茗屿乡之塘下铺。界外的民居、水利设施、交通道路也都

---

① 孟锦城:《东瓯轶事随笔》,俞光编《温州古代经济史料汇编》,上海社会科学出版社,2005 年,第 19 页。

② 隆庆《乐清县志》卷 1《壤地·坊里》,国家图书馆藏民国七年戊午温州务本石印公司仿印本。

③ 康熙《乐清县志》卷 2《建置沿革》,温州市图书馆古籍部藏抄本,不分页。

④ 康熙《乐清县志》卷 2《建置沿革》。缺略部分参照光绪《乐清县志》卷 1《邑里一》,清光绪修,民国元年刊本。

⑤ 康熙《乐清县志》卷 2《建置沿革》。

⑥ 康熙《乐清县志》卷 2《城池·卫所城》。

⑦ 康熙《乐清县志》卷 2《公署》。康熙《温州府志》卷 6《公署》,温州市图书馆古籍部藏刻本。

⑧ 康熙《温州府志》卷 13《盐法》。

一并毁坏与废弃,①"徙沿海农民罢耕种,桑田而沧海矣。久之闸埭倾,溪河淤,潮汐汩没,田亩抛荒"②。

2. 永嘉县

"顺治十八年,遣大人苏纳海等巡阅,尽徙沿海民于内地,毁堡、所、城垣、庐舍,弃置田亩基山池塘十万二千三百有奇。"③迁弃的范围集中在今大罗山以东的龙湾地区,永嘉场,即华盖乡之一至四都与膺符乡之五都,"自一都以至五都,负山濒海,有鱼盐之利,地虽斥卤,而民勤耕作,且习工匠。顺治十八年,以沿海迁弃"④。此外还有膺符乡之七都(今七都岛),"计十二里,编役一图,地名任洲、沙洲、青岙。本都四面临江,前经迁弃"⑤。

永嘉县所迁之地主要为永嘉场,唐代就已在此设立盐场,经宋元发展,至明代已成为温州人文鹊起的富庶之地,形成了英桥王氏、普门张氏、李浦王氏、七甲项氏等望族,以及一系列的城镇与村落。顺治十八年的迁界,倏忽之间繁华之地毁于一炬。时人永嘉场士绅王至彪记述了其目睹之状况:"五十里余庐井稠,民风物望甲东瓯。罗山佳气钟台辅,蜃浦祥源毓素侯。子弟吴中推秀出,诸生鲁国尽名流。无端一炬灾诸族,目惨焦墟四望愁。"⑥

3. 瑞安县

温州沿海四县的迁界,瑞安所受影响最小。首先是位于飞云江北岸的东山巡检司,"皇清顺治十八年,防海迁界,弃之界外"⑦。安禄庙山,"两岩蜿蜒入海,上有三港惠民庙,故名。去城东五里,顺治十八年迁界毁"⑧,是为今瑞安烟墩山。此次迁界中,影响最大的要数双穗盐场的迁弃,"自顺治十八年,奉迁海界,双穗场坛荡尽弃界外"⑨。

清顺治三年,瑞安、沙园、海安三所被裁撤,海安不设兵,沙园改为寨,方志中并未说海安与沙园在顺治年间的迁界中被迁弃。因此,瑞安被迁弃的范围是相对较小的,大致为东山至双穗盐场一线,当然这也与宋代以来人口集中于温瑞塘河一线有关,直至今日瑞安靠近海边的区域,也并无多少人口居住。

4. 平阳县

"顺治十八年,钦差内大臣阅视边境,迁金舟等乡民入内地,画界为守,以困海孽。"⑩在实

① 骞振飞:《严禁官役滥差需索长林场户碑》,祖应善:《磐石大营记》,吴明哲编《温州碑刻二集》(上),上海社会科学出版社,2002年,第442、438—439页。康熙《乐清县志》卷3《贡赋·水利》,温州市图书馆古籍部藏抄本。
② 王度昭:《陈令重修学宫修浚陡闸溪塘碑》,吴明哲编:《温州碑刻二集》(上),第448—449页。
③ 康熙《永嘉县志》卷14《遗事》,清康熙二十一年刻本。
④ 康熙《永嘉县志》卷2《乡隅》。
⑤ 康熙《永嘉县志》卷2《乡隅》。
⑥ 王志彪:《哀乡党》,陈光熙编《明清之际温州史料集》,第432页。
⑦ 乾隆《瑞安县志》卷1《舆地志·城池》,清乾隆十四年刻本。
⑧ 乾隆《瑞安县志》卷1《舆地志·山川》。
⑨ 乾隆《瑞安县志》卷3《田赋志》。
⑩ 隆庆《平阳县志》卷1《舆地志·沿革》,明隆庆五年刊清康熙增抄本。

施迁界之前,平阳县令高仪坤与副总兵张思达的意见相左,高仪坤主张平阳应依照瑞安例,迁界五里,而张思达却怀疑其收受贿赂,坚持要求迁界十余里。[①] 从迁界的结果来看,显然张思达的主张成为平阳迁界的政令。在康熙三十三年平阳纂修的《平阳县志》中只有零星的迁界记录,但我们却可以从明隆庆《平阳县志》的记载中获得迁界范围。隆庆《平阳县志》虽为明人朱东光、侯一元等人编纂,万民华补遗,但清人石金和增补后,将清代初期的情况添入该方志。我们可以透过迁弃的都图来确定清顺治十八年平阳的迁界范围,兹据隆庆《平阳县志》记载列举如下:

表1　清顺治十八年平阳县迁弃都图

都	乡	图
十六都	西乡	浦边、黄浦、缪程、对口、上令
二十一都	今舟乡	郑楼、斜溪、盐亭、肥艚、东魁、河头
二十二都	今舟乡	王洋、彭保、戴保、下岭、黄宅、湖头、珠明、滩头、夏口、项桥、陈库、前库、宋港、三石桥
二十三都	今舟乡	河场、将军、王岙、张村、深岙、石碎、大岙
二十五都	亲仁乡	乌石、荪湖、仪山、龟山
二十六都	亲仁乡	石盘、浦边、下湾、繁枝
二十七都	亲仁乡	燥溪
二十九都	亲仁乡	金洋、南港、古港、龙阁
五十二都	招顺乡	石塘、后垅、鱼墅、大岿、小岿、武曲、韩峰
五十三都	招顺乡	城门、王孙、魁里
五十四都	招顺乡	岑山
五十五都	招顺乡	厦村、外奥、镇下、后嵯

资料来源:隆庆《平阳县志》卷1《舆地志》,明隆庆五年刊清康熙增钞本。
注:缺略图名依康熙《平阳县志》(清康熙刻本)补正。

此次迁界中,平阳"各则田、地、园,弃置过半,所存图里十仅有四"[②],清初平阳人口主要集聚在飞云江南岸的万全平原、鳌江两岸的小南平原、江南平原及南港平原区域,而这些区

---

① 康熙《平阳县志》卷12《杂志·时变》,清康熙刻本。
② 康熙《平阳县志》卷3《贡赋志·图里》。

域又恰好为迁界的重点区域,所受影响不可谓不大。平阳境内重要的军事据点金乡卫、蒲壮所也被迁弃界外,[①]卫所城池被拆毁,位于江南平原的天富南监场被迁弃。[②] 此外,调控整个万全平原与江南平原的沙塘陡门及阴均陡门亦被废弃,这影响了整个平原的水利调控。[③] 因此,实际迁弃区域可能比隆庆《平阳县志》所记载的范围还要大。

总之,温州沿海四县在此次迁界中,乐清所受影响最大,而平阳、永嘉次之,瑞安所受影响最小,所迁范围也最小。清廷在温州的迁界并非都是以"内迁三十里"的方式处理,不同的区域迁界的范围有较大区别,地形、区位、人口、个人决策都是影响迁界范围的因素。

二、土地与人口：以赋役制度为切入的迁界影响估计

清廷在顺治十八年八月发布上谕要求东南沿海各省妥善安置迁民。[④] 然而在讨论清初温州官方安置迁民问题之前,首先必须清楚迁界过程中迁废土地的面积、受其影响的人口规模,在对这些基本问题理解的基础上,我们才可以对当时迁民的真实状态和官方措施进行效用评估,进而对朝代更迭背景下的地域社会重建进行深层次的理解。

土地与人口问题是明清史学界非常重要的问题,而现存官方资料所载的相关数据却是令人失望的。我们并不能从官方提供的数据直接去解决清初温州迁界的土地与人口问题,而是需要在理解明清特殊的土地与人口登记制度基础上,利用相关的数据进行一定程度上的推导和估计。首先,就土地数字而言,据何炳棣先生研究,明清两代土地数字的性质极其错综复杂,官方所统计的土地数字并非实际的耕地面积,而是纳税单位。[⑤] 有清一代,清廷从未进行过全国性的土地调查,基本上是在继承明代的土地资料与土地登记办法的基础上作一些微小的补订。[⑥] 清军入关后,顺治年间的土地原额是以万历年间的土地数额为基准,在适当结合明清鼎革之际各地土地存留与人口耗损后制定的土地原额数。

明初土地制度随着人口的不断增加出现了各种弊端,致使当局不得不实行丈量均税。万历初年,张居正主持了所谓的全国性的土地丈量,丈量的目的不在于获得精确的土地数字,而在于保持原额下的均税,在一系列复杂的折亩统计后,最终获得了在均税基础上全国

---

① 隆庆《平阳县志》卷1《舆地志·卫所》。
② 隆庆《平阳县志》卷7《公署》。
③ 康熙《平阳县志》卷2《建置志·水利》。
④ 《圣祖仁皇帝实录》卷4,顺治十八年八月乙未,《清实录》第4册,中华书局影印本,1985年,第84页。
⑤ 何炳棣：《中国历代土地数字考实》,第三、四、五章,联经出版事业有限公司,1995年,第53—128页。
⑥ 王业建：《清代田赋刍论》,人民出版社,2008年,第26—39页。

与地方的纳税田亩数。① 温州在万历年间也进行了这样的土地清丈,万历《温州府志》卷 5
《食货·田土》云:"按五县田地山塘原额具有籍。……万历十年以后,各县次第清丈实在,
不失原额,而虚粮为之一洗,官民两无病而已。"②清顺治年间温州五县的土地原额基本上
继承了万历年间温州五县的土地丈量数据。这些丈量数据实际是建立在地方拥有的土地
数、田亩质量及人口数量基础之上的换算结果,其背后是实际缴纳赋税的田地与人口。因此
我们可以将温州沿海四县迁弃的田地数作为迁界时土地废弃、人口迁移的代指标,从中可
以看出各县的迁民比例与迁界的影响程度,但是这不应被理解为实际迁弃的田地与人口
数(见表 2)。

明清两代的人口也是极其错综复杂,据何炳棣先生研究,明太祖时期的人口统计在中国
大部分地区都相当接近现代人口调查,之后尽管这一人口登记制度依然存在,但统计的重点
和方法却都已发生了重大变化,人口上报数字与实际人口差异越来越大。明代后期某些地
区和清代前期全国的所谓的人口统计数,只能被视为纳税单位。清顺治年间征调赋税的依
据,来自明代后期各府县的赋役全书。"丁"成为赋税中最为重要的因素,但清初的人丁编审
既不代表人口数量,也不代表真正的成年男子人口,而只是作为这一阶段征收丁银的根据。③
在温处台地区,丁银的征收是照人起丁,载籍人丁与实际人丁可能相差甚远,④但不能就此认
为人口的分布与丁银征收毫无关系,否则各县迁界后也无必要迁弃人丁,免除相应的赋税。
实际上,温州沿海四县的迁界导致这一区域的人口分布发生变化后,失去生产资料的百姓自
然也无法再承担相应赋税,迁弃相应的人丁数也应是赋税人口内部结构与地理分布发生变
化的即时反映。在无其他可资利用的数据时,人丁数的迁弃程度也可视为一县在迁界中所
受影响的替代性指标(见表 2)。⑤

表 2　清顺治十八年温州沿海四县迁弃土地与人丁数　　　　(单位:亩、丁)

	土地原额 (A)	人丁原额 (B)	迁弃土地 (C)	迁弃人丁 (D)	比例 1 (C/A,%)	比例 2 (D/B,%)
乐清县	460 704	79 715	307 092	69 636	66.66	87.36
永嘉县	984 595	103 729	103 276	13 642	10.49	13.15

① 何炳棣:《中国历代土地数字考实》,第 77—81 页。
② 万历《温州府志》卷 5《食货·田土》,温州市图书馆藏明万历三十三年原刊本。
③ 何炳棣:《明初以降人口及其相关问题(1368—1953)》,第一、二章,葛剑雄译,生活·读书·新知三联书店,2000 年,第
　 3—41 页。
④ 薛理禹:《清代人丁研究》,社会科学文献出版社,2014 年,第 113—115 页。
⑤ 张宪文在《略论清初浙江沿海的迁界》一文中也述及温州府属各县在清顺治十八年迁界的人口损耗情况,作者虽怀疑
　 人丁数过少而不可靠,但并未就清初温州各县的人丁数展开讨论。

续　表

	土地原额 (A)	人丁原额 (B)	迁弃土地 (C)	迁弃人丁 (D)	比例1 (C/A,%)	比例2 (D/B,%)
瑞安县	497 208	45 864	36 861	11 366	7.41	24.78
平阳县	783 988	86 779	520 789	43 324	66.43	49.92

资料来源:康熙《乐清县志》卷3《贡赋·户口》,温州市图书馆古籍部藏钞本;康熙《永嘉县志》卷4《食货志·贡赋》,清康熙
　　　　二十一年刻本;乾隆《瑞安县志》卷3《田赋·土田》,清乾隆十四年刻本;康熙《平阳县志》卷3《贡赋志·户口》,清康熙
　　　　刻本。

说明:土地原额、迁弃土地是包括田、地、山、池、塘等各种类型及不同等级的土地数据,亩以后的小数点一律舍弃。此处
　　　人丁包括市民成丁、灶成丁、军成丁、食盐课口、灶户食盐钞丁等各色人丁。

注:1. 康熙《乐清县志》记顺治十八年乐清县迁弃土地为370 092亩,而康熙《温州府志》(温州市图书馆古籍部藏刻本)作
　　　307 092亩,道光《乐清县志》(温州市图书馆藏清道光十四年原刊本)、光绪《乐清县志》(清光绪修民国元年刊本)皆
　　　认为康熙《乐清县志》有误,皆作307 092亩,现依府志记载。
　　2. 康熙《浙江赋役全书》(复旦大学图书馆古籍部藏善本,索引号0127)所记人丁数与县志部分数字略有差异。乐清县
　　　人丁原额79 714,迁弃人丁72 431.5,比例在90.86%。平阳县迁弃人丁43 224.7,与县志人丁相差100.7。

从表2温州沿海四县的迁弃土地数据来看,平阳县被迁弃的面积最广,其次为乐清县,永嘉、瑞安次之。然而迁弃土地数占土地原额及迁弃人丁数占人丁原额比例最大的应属乐清县,其所受影响也最大,其次为平阳县,永嘉、瑞安两县再次之。就乐清与平阳相比,乐清人口比平阳更大量地集聚在东部沿海平原地带。在66.66%的迁弃土地上,乐清县有将近90%的人丁数被迁,相对而言,平阳县界内土地则更为宽裕一些,即便沿海迁弃的绝对土地数字要高于乐清,但其迁弃的人丁数大约为原额人丁的一半。换言之,乐清剩余33.33%的赋税土地,可能需要承担突然增加的全县将近90%赋税人口的生计;而平阳33.57%的赋税土地,可能需要承担突然增加的本县将近50%赋税人口的生计。无论就迁弃人丁的绝对数量还是界内土地要承担本县人口生计的比例而言,乐清显然比平阳承受的压力更大。此外,乐清西部的雁荡山区可资开垦的土地极其有限,而平阳西部的南港、北港有较大面积的河流冲积平原及低缓丘陵可供安置移民。

永嘉与瑞安在东部沿海地区主要为永嘉盐场与双穗盐场,灶民是这一区域集聚的主要人口。具体而言,温州沿海四县中,瑞安被迁弃的土地最少,但迁弃的人丁与永嘉县大致相当,原因是瑞安东部的双穗场与永嘉场的灶丁数大致相当,沿海盐场被迁,灶丁自然被弃。然而永嘉的迁界影响程度要甚于瑞安,原因是永嘉场在宋元明时代已经形成了比较密集的民户居住区,民户在此次迁界中也一并被迁。瑞安至今在最靠近沿海的区域仍然人口较为稀少,聚落主要集聚于塘河一线,因此实际被迁人口应该要少于永嘉县。

如果要作一简单评估,清顺治十八年的迁界中,乐清所受的影响程度最深,超过66%的赋税土地可能被迁弃,剩余33%左右的赋税土地可能需要额外承担突增的全县近90%赋税人口的生计;平阳所受影响次之,该县也有66%以上的土地被弃,剩余33%左右的赋税土地可能需要额外承担一时增加的50%左右的全县赋税人口的生计;永嘉再次之,土地与人丁都

被迁弃 1/10 以上；瑞安所受影响最小，尽管康熙七年仍续弃置 7 815.577 67 亩，①但它仍然是弃置土地与人丁最少的县份。从各县迁界情况来看，地方官府要在如此有限的土地上安置大批的迁界人口，显然不大现实。

三、迁民与官府：地方社会的社会响应

清顺治十八年八月己未，上谕户部"前因江南、浙江、福建、广东濒海地方逼近贼巢，海逆不时侵犯，以致生民不获宁宇，故尽令迁移内地，实为保全民生。今若不速给田地居屋，小民何以资生？着该督抚详察酌给，务须亲身料理，安插得所，使小民尽沾实惠，不得但委属员草率了事"②。在清廷发布诏令要求各地妥善安置迁民后，温州地方官员也采取了相应的安置措施。

既然需安置迁民，首先需要清楚迁民的类型。沿海被迁之民因职业各异，不能一概而论。概言之，大致分为灶户、军户、渔民、民户及部分官署人员。灶户是迁界中首当其冲的人群。温州沿海平原地区素来为产盐之地，自乐清天富北监场、长林场以南，依次有永嘉场、双穗场、天富南监场，各大盐场居住了大量的灶民。如上文所述，这些盐场在此次迁界中都被弃置界外，绝大多数赋税之灶丁原额也被迁弃。如清初永嘉县的原额灶丁为7412，顺治十八年全部弃置无征，占全部迁弃人丁的 54.33％。③温州沿海的卫所入清后都奉令裁改，但城内军户仍留城内居住，顺治十八年沿海卫所大多被迁，城中军户内迁，如蒲壮所"于顺治十八年辛丑闰七月一日奉迁，大兵翌日抵蒲，尽驱男女出城。三百年之生聚，一旦俱倾；千万户之居庐，经爇而尽"④。渔民最为依赖大海，"鲛民蛋户非海不活，则以海株死"⑤，然而"皇清顺治十八年，沿海弃置，禁令森严，渔民由是失业焉"⑥。此外，原置于沿海的一些官方管理机构也受迁界影响，被迫内迁，如瑞安东山巡检司被迁弃界外，所筑之城亦遭毁弃，直至康熙九年展复后，才拓土重筑。⑦乐清、平阳在此次迁界中，民户是迁弃人丁中所占比例最大的迁弃人群，对这些区域产生了深远影响。⑧

大量迁民被驱离原址后，生活艰难。我们从零碎的地方文献记载中可以推断温州地方

---

① 乾隆《瑞安县志》卷 3《田赋·土田》。
② 《圣祖仁皇帝实录》卷 4，顺治十八年八月乙未，《清实录》第 4 册，第 84 页。
③ 康熙《永嘉县志》卷 4《食货志·贡赋》。
④ 项师契：《十禽言》序言，转引自苍南县志编纂委员会《苍南县志》，浙江人民出版社，1997 年，第 837 页。
⑤ 李象坤：《文林郎浙江温州府推官刘君墓志铭》，《菊庵集选》，第 194 页。
⑥ 康熙《永嘉县志》卷 5《兵戎·渔税》。
⑦ 乾隆《温州府志》卷 5《城池》，清乾隆二十五年刊，民国三年补刻本。
⑧ 康熙《乐清县志》卷 3《贡赋·户口》，康熙《平阳县志》卷 3《贡赋志·户口》。

官在安置迁民的过程中所采取的主要措施。

第一,设立临时救助场所,提供暂时性生活救助。如在平阳,当时"迁民人众,界内屋少,贫而无亲戚者,凡庙宇及人家门外皆设灶设榻"①。康熙元年,郡推官稽宗孟在平阳县城东门外小桥头设置了"仁寿院",作为迁民临时住所,在此设立粥场,分赐衣物、粮食等。② 时人瑞安士绅朱鸿瞻描述,在"尽徙江滨之民于内地,堕其庐,潴其田,筑为边界,使内外不通,用以饥寇,寇不久当降"之后,"朝廷又恻然念曰:惟此迁人,艰于衣食,得无生变? 是靖一外寇,又长一内寇也。于是敕所在有司为振恤之举。夫岂不知惠出于费,势有难给,虽赐食不能疗其饥,赐衣不能嘘其寒哉? 亦不过借以感动其心,为弭乱计耳"。③ 为弭盗乱,赐予衣食,使其临时过渡。然而这些临时措施施行的范围与力度是有限的,并不能实际解决迁民的生计问题。

第二,给予荒地、闲田等予以耕种。康熙年间府学岁贡乐清东乡人李象坤的《菊庵集选》中收录了他为多名在当时温州及府属各县任职的官员撰写的行状、寿序等,都不同程度提到他们对待迁民的措施。如康熙元年任温州镇总兵官的张承恩,目击"滨海数百里遣置界外,徙其民人内",深知"民故业渔盐,非海不活","公恻然矜之,具牒督府,得于内地复其业,全活无数",同时也约束兵马、尊重儒士、减少对百姓骚扰。④ 沿海的疍户、渔民改行换业成了农民,"鲛人疍户,纹身杂鱼龙以戏者悉屈所伸,锄耕硙亩,海徼肃清"⑤。朱鸿瞻在康熙二年至三年间亦特意撰写了《安插迁民议》一文供执政者参考,其中也提到当道者的安置措施:"乃今者振恤之令业已屡下,贷之粟矣,给之绵矣,散之钱矣,荒土使之辟,闲田授之业矣,内地之鱼予之捕,盐予之煮矣,谋画不一端。"⑥

第三,以官方之力,恢复或开放部分严禁之地以供生产,盐业生产即是其明证。因"温郡无盐,乃令杭商贩卖,价昂数倍,穷民食淡,有经旬不见盐者"⑦,康熙元年至永嘉任知县的王世显曾力主申请内地开煎,但遭杭商阻扰,⑧后浙江总督赵廷臣巡历温台时,见温台一带盐运久远、灶丁困苦后允许温州在界内烧煎。⑨ 尽管内地开煎的最主要目的是缓解温州无盐的困境,而实际上这也是安置部分迁民的措施。乐清"康熙三年,题明于界内白沙、芳林、大小芙

---

① 康熙《平阳县志》卷12《杂志·时变》。
② 康熙《平阳县志》卷6《建置志·公署》。
③ 朱鸿瞻:《安插迁民议》,陈光熙编《明清之际温州史料集》,第461页。
④ 李象坤:《光禄大夫都督同知张公行状》,《菊庵集选》,第179页。
⑤ 李象坤:《寿水师李总镇序》,《菊庵集选》,第268页。
⑥ 朱鸿瞻:《安插迁民议》,陈光熙编《明清之际温州史料集》,第461页。
⑦ 韩则愈:《韩则愈杂记》,光绪《乐清县志》卷5《田赋·盐法》。
⑧ 康熙《永嘉县志》卷8《选举·武科》。
⑨ 李卫纂修:《敕修两浙盐法志》,《稀见明清经济史料丛刊》(第二辑),国家图书馆出版社2012年影印本,第37册,第54页。

蓉等处开坦一百五十六亩,每坦科银六分六厘四毫六忽,配丁一百五十七丁"[1],永嘉"康熙三年题明内地开煎,议于六都茆(茅)竹地方开坦一百一亩五分,每坦科税银六分六厘四毫六丝,入本县鞭银征解,配丁一百一丁"[2],瑞安"至康熙四年,议于飞云两岸借垦民地,开坦九百八十亩,科丁九百八十丁,升课银一百七十两四钱零,立永、乐、瑞三字号征解"[3]。值得一提的是,在瑞安飞云江两岸开坦的不仅有瑞安灶丁,也有来自永嘉、乐清两地的灶丁,"又前顺治十八年,坛荡弃置时,永、乐、瑞三县迁民开垦飞云江两岸盐坦九十六灶",并设立了相应的字号,以供征解课银。[4] 所开之盐场,有一部分实为界外之地。[5] 虽开煎的盐场所配灶丁有限,但仍不失为一种官方安置迁民的有效方式。

然而正如前文所述,即便是温州地方官员倾尽全力安置,界内土地存留量也不可能承载如此大规模的迁民。况且经明后期的发展,整个温州沿海、沿江平原都得到较为充分的开发,山区也兴起了一股开发的热潮,所剩之地多为水土条件较差的荒地、边角地、滩涂地等,其单位面积内所能承载的人口数量极其有限。[6] 而沿海宗族被迁后并未远徙,大都仍就近安置,这从迁民留下的记载和复界后的实际结果来看确实如此。[7] 如永嘉士绅王至彪在被清军从永嘉场仓促赶出后,定居在永嘉上丘(近今吹台山),[8]他撰写了几十首诗刻画当地凄冷生活景象、多次登山眺望永嘉场废弃的荒凉景象,[9]待复界后马上回迁到原来所在村落重建庐舍、祖墓等。[10] 居住于平阳金乡卫城内的军户王之楫,因迁界而被迫迁至平阳西部山区,要求死后归葬故土。[11] 在乐清宅前阮氏奉旨迁界时,族人青溪公等抱着族谱躲至雁荡山区,开界后重归故里。[12] 尽管这类人的具体数量我们难以估算,但可以肯定的是当时的迁民对于迁界是一种观望和迟疑的心态,认为有可能随时重归故里,但又遥遥无期。

事实上,官方的安置效果是很差的,他们的重任仍是对郑成功集团的海防,对待迁民的

---

① 康熙《乐清县志》卷3《贡赋·盐法》。
② 康熙《永嘉县志》卷4《食货·盐法》。
③ 乾隆《瑞安县志》卷3《田赋志·盐法》。
④ 乾隆《瑞安县志》卷3《田赋志》。
⑤ 罗欧亚:《从迁界到展界——以浙江乐清湾为中心》,第21页。
⑥ 罗诚:《明代中国东南沿海的移民及其背景——以浙江瑞安为中心》,《历史地理(第三十六辑)》,复旦大学出版社,第189—204页。
⑦ 林修合关于清初福建晋江迁界和复界的研究表明,复界后回迁的人数虽不多,但大部分宗族回迁到故土。李晓龙关于清初迁界前后广东归德、靖康等盐场的研究表明,迁界并未对沿海盐场大宗族主要成员造成太大影响,相反他们还获得了宗族发展的机遇。考虑到温州大部分地区迁界时间相对较短,尽管可能有部分被迁家族已迁往外地,但回迁的宗族应该是很多的,与此同时也有新来移民的迁入。参见林修合《从迁界到复界:清初晋江的宗族与国家》,第61—71页;李晓龙:《清初迁海前后的沿海盐场与地方宗族——以广东归德、靖康诸盐场为例》,《安徽史学》2015年第5期。
⑧ 王志彪:《迁居上丘(三首)》,陈光熙编《明清之际温州史料集》,第433页。
⑨ 王志彪:《玄对草(后集)》,陈光熙编《明清之际温州史料集》,第433—442页。
⑩ 王志彪:《开界后出归故里》《开界后喜瞻祖墓》《见庐舍废址》《百世述恨》,陈光熙编《明清之际温州史料集》,第442页。
⑪ 余象乾:《金城梅友王公志》,杨思好主编《苍南金石志》,浙江古籍出版社,2011年,第66页。
⑫ 詹鹏:《玉溪泽川重修谱叙》,蒋振喜选编《乐清谱牒文献选编》,线装书局,2009年,第113页。

安置有所怠慢,大多措施具有过渡的性质。一方面是温州界内土地客观上无法承载如此大规模的迁民,另一方面是官方对迁民安置的不力,最终导致大量迁民死亡。时人乐清士绅李象坤于康熙元年前后撰写的《郡司理嵇公建翠微山义冢碑记》描述了这种严峻的现实状况:

> 往岁抚恤迁民之役,制府委其事于公。单车狗下邑,遍及穷壤,集哀鸿以十数万计。已又愀然于露胔涂殡,曰:"夫人也,故昔日登生齿之版者也。今乃宿莽栖之,砂砾委之,谁实为其父母焉者?"檄下所部,悉掩所暴骼,营万人坑……今春麾盖出西郊,陟翠微岭,瞩寺旁有废塔可容万骨,公有会于中。适予甥王某暨其叔氏某偕同学数辈憩于寺,公则顾之曰:"传不记郭元振事乎?诸子以天下为己任,矧此桑梓枯骸不能敛而归诸土,颡弗泚欤?"诸子唯唯。公又相其周遭,各拓地数百武,碑为"义冢",计可悉瘗境内之骨。复布训辞,罕譬曲喻,若惟恐暴骸之俗犹未尽澌浣然者……①

"万人坑"和大量义冢的营建,或许文献存在夸张的描述,但不可否认的是迁界造成温州人口大量死亡。这不仅是因为迁民居无定所、食物缺乏,也是因为瘟疫的盛行。而瘟疫的盛行是因为迁民的尸体没有及时得到掩坤,同时也因饥饿或生活水平下降导致体质下降,让疾病和瘟疫如影随形。平阳沿浦镇云亭《栢叶林氏宗谱》中记载:"前扦界时,瘟毒流行,十家九绝,二伯父义、三伯父礼并姃等俱于是年继没,祖姃刘氏亦卒于是年。"②林氏家族所面临的问题可能也是所有被迁家族要面临的严峻问题。从迁界之始至展界复井之间,大量迁民的死亡和界内艰辛的生活,在各种历史文献中多有反映,③这实际上也是一种基于民间记忆的自身历史观念的反馈与评价。

结　　论

通过以上梳理和分析,本文主要得出以下结论。

一、考证和复原出清顺治十八年温州沿海四县迁界的地理范围。温州沿海四县在清初迁界中所迁范围各有不同,迁界时根据沿海各县的具体情形作了区别对待。概言之,平阳、乐清被迁弃的面积最大,永嘉次之,瑞安所迁面积最小,但四县在此次迁界中所受影响都比较大。

---

① 李象坤:《郡司理嵇公建翠微山义冢碑记》,《菊庵集选》,第137—138页。
② 林项:《林君鸣鹤先生墓志》,杨思好主编《苍南金石志》,第69页。
③ 温州地方文献中关于迁界前后的苦痛经历的记载不胜枚举,代表性的有项师契《十禽言》序言,转引自苍南县志编纂委员会《苍南县志》,第837页。

二、以明清赋役制度为切入点,分析了清初温州迁界的人口和土地规模,认为界内所存土地客观上无法承载如此大规模的迁界移民。乐清、平阳所弃土地数量大致相当(占土地原额66％左右),而乐清有近90％的赋税人丁被迁弃,平阳则有近50％,两县西部山区的土地客观上无法承载如此大量突增的迁民。永嘉和瑞安所受影响也很大。尽管清初土地和人口数字不能作为实际的土地数和人口数,但仍可以作为一种参考性指标予以衡量。

三、分析和评估了温州官方在安置迁民方面的措施。沿海多种类型的人群被迁,官方尽管采取多种主要措施,但地方官的主要注意力在对郑成功部的海防,对于迁民的安置扮演了一个消极的角色。界内所存土地数量客观上无法承载大量突增的迁民和官方安置迁民的不力,是迁民大量死亡的主要原因,而这也导致时人在民间文献中记载了迁民的许多痛苦遭遇。

从清顺治十八年温州迁界的案例来看,尽管清初东南沿海地区迁界的实际土地面积可能并不大,但这一区域的人口和耕地主要集中在沿海的海积与河流冲积平原上,而清初迁界又恰恰主要针对沿海平原地区,尽管这一区域西部山区面积广阔,但耕地非常有限,人口容量远小于平原地区,迁界造成界内土地数量客观上无法承载沿海大量的迁民。自诏令发布到实际执行之间间隔很短,迁界执行过程又非常严酷,官方尽管采取了一系列安置措施,但因当时地方的重任仍是针对明郑势力的海防,官府对迁民的安置效果大打折扣,由此造成时人在文献中记载了大量的迁界苦痛经历,这也蕴含了民众对迁界的历史评价。过去历史学家对清初迁界政策的制定、执行及其影响作了大量的梳理和探讨,完整复原了迁界的过程,并将迁界所带来的灾难主要归因于统治者的残暴,而本文则是尝试从新的角度去理解清初迁界给东南沿海地区迁民带来痛苦性历史记忆的深层次原因。

罗诚,复旦大学历史地理研究中心2018届博士,现任教于暨南大学历史地理研究中心、历史学系。本文原发表于《中国社会经济史研究》2018年第2期,2017年11月曾在禹贡博士生论坛第70期报告。

黄河因素影响下的山东西部区域
人文环境(1855—1911)*

古　帅

摘　要：在黄河变迁史上，1855 年黄河铜瓦厢北徙无疑是一次重大历史事件，给铜瓦厢以下，尤其是山东西部地区的地理环境亦带来巨大影响。本文分别从土壤与民生、齐东地方社会、荒地开发与利津地方社会、民风民俗嬗变、交通、市镇与商贸五个方面，重点探讨了黄河铜瓦厢北徙后对山东西部区域人文环境产生的影响。由于山东西部地区地理环境存在内部差异，在黄河因素的影响下，不同类型人文景观的变迁在该区域内部亦表现各异，但总体看来，晚清山东西部地区与"水"和"土"相关的各人文景象又都或多或少地有着黄河的印迹，显示出地理环境的整体性。加深对黄河铜瓦厢北徙对山东西部地理环境影响的研究，不仅有利于促进黄河变迁史的研究，更有利于推进对山东西部区域历史地理进程的认知。

关键词：晚清；黄河；铜瓦厢；山东西部；人文环境

一、引　言

黄河是中华民族的母亲河，被看作是中华民族的象征。同时，作为世界上含沙量最高的河流，黄河也以其"善淤、善徙、善决"而闻名于世。在地形地势上，黄河跨越了我国的三级阶梯，自西向东依次穿越了青藏高原、黄土高原和华北平原三大地形单元区，这样的地理形势也决定了其经流于上中游峡谷之中的河段难以发生较大的迁徙，而一旦流出峡谷进入华北大平原，其频繁决溢改道的序幕也就随之拉开，所谓"河入中国，行太行西，曲折山间，不能为大患。既出大岯，东走赴海，更平地二千余里，禹迹既湮，河并为一，特以堤防为之限。夏秋

---

* 本文中所说的"山东西部地区"主要是指山东沿黄区域。本文为笔者博士论文中的一部分，在此对笔者的导师安介生教授致以衷心的谢意。在参加学术会议、论坛期间，侯甬坚、李嘎、王大学、孙涛、鲍俊林等诸多师友给本文提出有益的修改建议，匿名审稿专家也为本文提出了宝贵的修改意见，在此一并表示感谢。

霖潦,百川众流所会,不免决溢之忧"[1]。

据统计,在 1946 年以前的三四千年中,黄河决口泛滥达 1500 余次,其中较大的改道有 26 次。从黄河改道的空间范围上看,最北的经海河出大沽口,最南的经淮河入长江,北至天津、南至长江下游近 25 万平方千米的广大区域均受其波及。[2] 对于历史时期黄河的大改道,由于统计标准不一,不同学者给出了不同的次数,[3]但不可否认的是,在历次黄河的大改道中,清咸丰五年的铜瓦厢改道为一不容忽视的重大改道。

目前,学术界关于晚清黄河铜瓦厢改道及其影响的研究成果已相当丰富。[4] 然而,具体看来,这些研究多集中在河道变迁、河政、水患应对等方面,对于黄河此次大改道给铜瓦厢以下河段沿岸区域具体带来哪些影响这样的基本性问题反而研究甚少。在本文中,笔者沿着黄河铜瓦厢改道后的新流路(图 1),从土壤与民生、水患与水利、民风民俗等多个方面对晚清黄河铜瓦厢改道后对下游沿岸区域人文环境变迁的影响进行一番梳理,并在此基础上对黄河影响下的区域人地关系进行初步探讨。

二、黄河因素影响下的区域人文环境

在中国历史发展的进程中,黄河变迁无疑是始终伴随并对其产生重大影响的事件之一。在论及黄河变迁的影响时,邹逸麟先生曾总结道:"三四千年黄河的决溢和改道曾影响了下游平原地区的地理面貌:淤塞了河流,填平了湖泊,毁灭了城市,阻塞了交通;使良田变为沙

---

[1] 脱脱等:《宋史》卷 91《志第四十四·河渠一·黄河上》,中华书局,1977 年,第 2256 页。

[2] 水利电力部黄河水利委员会编:《人民黄河》,水利电力出版社,1960 年,第 32—33 页。

[3] 与前引《人民黄河》中黄河 26 次大改道的统计次数不同,清人胡渭在其《禹贡锥指》一书中首先提出黄河五大迁徙说,即周定王五年、王莽始建国三年、北宋庆历八年、金明昌五年、元至元二十六年。郑肇经在《中国水利史》一书中认为黄河有六次大徙,即周定王五年、王莽始建国三年、北宋庆历八年、金明昌五年、明弘治七年、清咸丰五年。徐福龄在《黄河下游河道的历史演变》一文中提出黄河五次大改道说,即周定王五年、王莽始建国三年、北宋庆历八年、南宋建炎二年、清咸丰五年。

[4] 关于晚清黄河铜瓦厢改道的研究成果,参见颜元亮《清代黄河铜瓦厢决口及新河道的演变》,《人民黄河》1986 年第 2 期;钱宁《1855 年铜瓦厢决口以后黄河下游历史演变过程中的若干问题》,《人民黄河》1986 年第 5 期;颜元亮《黄河铜瓦厢决口后改新道与复故道的争论》,《黄河史志资料》1988 年第 3 期;夏明方《铜瓦厢改道后清政府对黄河的治理》,《清史研究》1995 年第 4 期;董龙凯《清光绪年间黄河变迁与山东人口迁移》,《中国历史地理论丛》1998 年第 1 期;董龙凯《1855~1874 年黄河漫流与山东人口迁移》,《文史哲》1998 年第 3 期;董龙凯《山东段黄河灾害与人口迁移(1855—1947)》,复旦大学博士学位论文,1999 年;王林、王金凤《黄河铜瓦厢决口与清政府内部的复道与改道之争》,《山东师范大学学报》(人文社会科学版)2003 年第 4 期;贾国静《黄河铜瓦厢决口改道与晚清政局》,中国人民大学博士学位论文,2008 年;唐博《铜瓦厢改道后清廷的施政及其得失》,《历史教学》(高校版)2008 年第 4 期;贾国静《大灾之下众生相——黄河铜瓦厢改道后水患治理中的官、绅、民》,《史林》2009 年第 3 期;贾国静《黄河铜瓦厢改道后的新旧河道之争》,《史学月刊》2009 年第 12 期;贾国静《黄河铜瓦厢决口后清廷的应对》,《西南大学学报》(社会科学版)2010 年第 3 期;席会东《晚清黄河改道与河政变革——以"黄河改道图"的绘制运用为中心》,《中国历史地理论丛》2013 年第 3 期等。

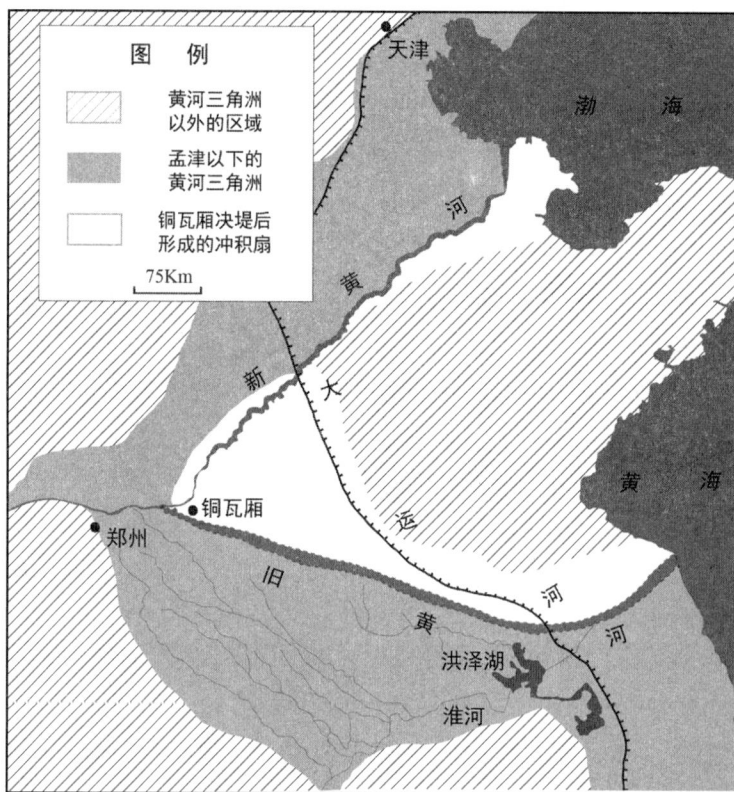

图1　1855 年黄河铜瓦厢决口后的入海河道及其下游冲积扇分布示意图

(说明:底图采自[美]戴维·艾伦·佩兹著,姜智芹译《黄河之水:蜿蜒中的现代中国》(中国政法大学出版社,2017 年)一书中第 58 页所附《1855 年黄河大堤决口后的黄河入海河道》一图。)

荒,洼地沦为湖沼,沃土化为盐碱,生产遭受到破坏,社会经济凋敝。"[1]可以说,此一总结无疑是较为全面的,而在邹先生研究的基础上,笔者亦拟从多个方面对黄河铜瓦厢北徙后给沿线区域人文环境带来的具体影响作一分析。

1. 土壤与民生

黄河改道后的淤积对沿岸地带土壤的影响无疑是最直接的。作为自然环境变迁中的一个重要表现,土质的变化无疑又给传统社会紧紧依附于土地的农民生活带来重大影响。对于晚清时期黄河泛滥影响下的土壤变迁,前人已进行了不少研究,[2]但与其不同之处在于,笔者主要以黄河为线,集中探讨 1855 年黄河北徙后给铜瓦厢以下河段沿岸区域土壤带来哪些

[1] 邹逸麟:《黄河下游河道变迁及其影响概述》,原载《复旦大学学报》(历史地理专辑),1980 年,此次引自邹逸麟《椿庐史地论稿》,天津古籍出版社,2005 年,第 20 页。

[2] 可参考李庆华《鲁西地区的灾荒、变乱与地方应对(1855—1937)》,齐鲁书社,2008 年,第 43—51 页;王建革《传统社会末期华北的生态与社会》,生活·读书·新知三联书店,2009 年,第 63—67 页。

影响,其在不同地区又有哪些表现,这些影响又对当地民众生活产生怎样的影响,而沿岸民众又是如何应对的。

在黄河进入山东省境之前,作为黄河漫水经流的重要县,长垣所遭受的影响无疑是较重的,"黄河自河南铜瓦厢决口,洪流档贯全境二次,又复迁徙,经过地方尽成淤沙,更时常东滩西刷,两岸民田多变为飞沙不毛。同光之际屡经查勘,仅将河身占地免去田赋,而两岸滩地尚仍故也"①,黄河铜瓦厢北徙给长垣境内土壤与民生带来的影响可见一斑。不仅仅是长垣,东明县境内土壤所遭黄水影响亦非常严重,所谓"地接大河,河之迁徙靡定,而土质优劣亦因之无常。本沙也而忽为淤,本涂泥也而忽为飞沙,甚至毛苇弥望之田一经水淤,数月间即可桑麻遍野,故东明之土质极难言也"②。即使黄河泛滥致使东明县境土质达到"极难言"的地步,地方士人仍将境内的土壤分成五类,③我们可以先看看沙地质与不毛地质这两类土质。从面积上看,这两类土质共占东明县总田亩的百分之三十五六,其中沙地质约占百分之三十,不毛地质占百分之五六;从土壤性质与农作耕植上看,沙地质"在田地中亦下品也,其色白而黄,其性涂而散。近百年来迭受河害者,大率此质为多,不过较强于不毛者耳。若值秋涝之年,则收货较斥卤者为愈,秋禾中如菽、粱、黍、稷之类,均可播植;若不润以肥料,则所得极少,至于二麦之获尤称寥寥,谓之比岁不登也",至于土质最差的不毛地质,"此地几不成质,乡人所谓飞沙不毛者也。近百年来,每于大河迁徙时,而大溜所经之地率遗此种飞沙,其色白,其性散而碎,即以水掺和亦不成泥,且其质中往往见星星之点,为黄白色,古人谓淘沙得金殆此类欤。偶值狂风大作则飞沙石走,扑面击鼻,避之不及也。五谷之播殖无一可者,即茅苇亦多半枯。乡人或于界域间植金簪菜等物,若不资以肥料,亦属苗而不秀,即资矣,而值亢旱之时,依然秀而不实也"。很显然,这两类土质均为黄河迁徙改道淤积而成,土质含沙量高而保水性差,土壤肥力低下,必须"资以肥料"才可能有所收成。当然并不是黄河泛滥都会形成前述"飞沙",在流速较缓的河段,其近河处则易形成肥力较高、宜于耕种的淤地质。此类土壤"在田地中为上品,其色赤而黄,其性坚而硬,近河滨者率以是质为多,盖因河水既涨,流之缓速不同,其挟带泥沙大抵在急流处所遗者为沙质,而缓冲之地所遗者属淤质。每值水涨不骤之际,仅可漫衍于两岸之旁,故近河者,此质为多也,宜种二麦及菉黄豆等"。

在东平,自黄河北徙后,低洼地带由于常年积水,"良田变为湖泊者区域逐渐扩大,收货之减更不待言"④,但局部地区经过黄水淤积,土壤肥力则大为提高,反而成为民人争种之地。这种沙淤地,"坐落西乡安民山前,何官庄以南,西与梁山相望,向来寸草不生,并无粮赋。自

① 安静溪纂修:《长垣县志》卷5《财政志》,《中国地方志集成·河南府县志辑》第28册,第83页。
② 任传藻修,穆祥仲纂:民国《东明县新志》卷1《土质》,《中国地方志集成·山东府县志辑》第86册,第19页。
③ 即淤地质、青沙地质、斥卤地质、沙地质、不毛地质五类土壤,淤地质占百分之十,青沙地质约占百分之四十,斥卤地质占百分之十四五。
④ 张志熙修,刘靖宇纂:《东平县志》,《中国地方志集成·山东府县志辑》第66册,第19页。

被黄水之后,地渐淤涸,转瘠为腴,居民争种,搆讼不休",为了平息此类土地纷争,"清同治年间,经东平州牧蒋庆箎移会寿张县请委同丈出划界,分段散给居民垦种,并请仿照湖田租例征收"。与此相类似的民间土地纠纷亦出现在郓城,"同治十年,济河东岸侯林决口,沙荒填淤,皆可耕种,附近村庄并圣屯军户纷兴讼端,徐公大容甫卸郓篆,奉宪札委丈量此项地亩,得三十六顷,议归书院而未行。瑞公详请上宪批归书院,公亲查丈量,实得地二十顷有奇,按地之肥硗分为上、中、下三则,招佃纳租,永作书院经费"①。除此之外,郓城"邑城南盐场旧有无主荒田约五十亩,经黄水淤成膏壤,光绪间归入书院,嗣经庄长呈明开除八亩,余田四十一亩有奇,佃户按年纳租,作书院经费"。通过东平与郓城的上述事例,不难发现,黄河淤积过后,与难以垦种的不毛之地恰恰相反,在局部地带会产生非常适宜耕垦的膏腴之壤,成为民间争夺的对象,而官方为平息土地纠纷而作出相应处理,无疑为我们了解晚清地方土地纠纷提供了很好的案例。

在鲁中地区,由于黄河河身不断抬高,濒河地带雨涝难以排泄,给农业种植带来不利影响。在平阴,"地境夹河南北,南多山石,童冈起伏,居民杂垦其中……北多沙麟,河堤卑薄……自河身日高,濒河之民为闸以御水,七八月之间雨集山水内注者不得出,河水外溢者,复虑其入,常惴惴然,以故埘城之西北之地每不得耕种"②。水闸的筑就虽能在一定程度上起到抵御黄水的效用,但同时也阻挡了夏秋山区来水的下泄,最终导致田地长期被淹而得不到耕种。类似情况也出现在长清县八里洼地带,在八里洼,"每当夏秋间,东南山水皆汇于此,田亩变为泽国,禾稼易为淹没,冬则冰结数里,农民咨嗟无可如何,是宜讲明沟洫之法,以期消纳此水,或播种不畏潦之谷以与水抗,否则,虽有闸口期将此水泄于黄河,无奈河身太高,往往倒灌,非至秋后河水低落不能宣泄,故应别筹良策也"③。很显然,与平阴不同的是,长清县八里洼地带在积水难以排泄的情况下,已试图采取改变耕种方式或选择耐涝农作物品种,来适应这种新的环境。毫无疑问,在黄水频繁为患的濒河地带,毋宁被动地任其肆虐,不如主动地采取措施加以改善,濒临黄河的齐河县的例子就很好地说明了这一点。

由于紧邻黄河且频受黄河泛滥的冲击,齐河县境土地被沙压的现象较为严重。研究者指出:"清咸丰五年至咸丰六年,黄河在齐河李家岸、济阳廓纸坊、桑家渡多次决口泛滥,水势极大,在黄河北岸淤积了上百万亩的沙地,即为齐河、济阳南部现在大面积沙地、沙丘和沙岗地所在。"④据方志记载,光绪十一年(1885),"河自李家岸决口,上自裴庄柳屯,下至赵良钱官井庄,绵亘四十余里,尽被沙压,约计八百余顷。地名郝家洼,一经微风弥漫,不辨行径,五谷

---

① 毕炳炎、胡建枢修,赵翰銮、李承先纂:《郓城县志》卷2《书院》,《中国地方志集成·山东府县志辑》第85册,第45页。
② 黄笃璘修,朱焯纂:光绪《平阴县乡土志》之《序》,北京大学图书馆编《北京大学图书馆藏稀见方志丛刊》第87册,国家图书馆出版社,2013年,第3页。
③ 李起元修,王连儒纂:《长清县志》卷1《地舆志上》,《中国地方志集成·山东府县志辑》第60册,第140页。
④ 巴音、彭斌等:《齐河县土壤盐渍化及其特征》,载许越先主编《鲁西北平原自然条件与农业发展》,科学出版社,1993年,第71页。

不生,野无青草,厥田下下。又李家岸决口时,冲入西北一股,自兴隆屯起,曲折至胡店西北偏,约三十余里,亦尽被沙压,惟此经过村庄,地势高下不等,故积沙有深浅之分,其间肥硗互见,非如郝家洼之寸草不生也"①。受黄河影响,齐河县境局部地区的土壤受到很大破坏,甚至已经达到"五谷不生,野无青草"的严重地步,但同时我们也能看出,由于地势起伏不同,被压沙层在深浅程度上呈现出不均匀分布的特点,这样,在沙层较薄之处仍有可垦之田。值得注意的是齐河境内的那些被沙覆盖较浅的地方,经过民众翻耕则变成了膏腴之地。

下面具体看看这一过程。在齐河,"自黄流漂荡,田亩变迁,其沙压较浅之地计四百余顷"②,从时间上来看,翻垦被沙所压田地的试行与推广应在光绪二十年(1894)前后。光绪十五年,"河决张村、纸营等处,水深丈余,自十里堡、马坊屯冲开遥堤后,上自贾市、十槐树,下至蒋屯,约有数十村亦被沙压。经十余年,虽麦谷莫登,比户仰屋,但积沙较浅,居民将黄淤翻上,流沙填下,遂成膏腴,用工愚拙,为术不奇,利自倍焉"③。对此,民国《齐河县志》亦有记载:"光绪十五六年间,黄河屡决,被灾各村地尽沙压,浅者四五尺,深者至丈余,一白无际,道途迷漫之如烟瘴如流水,即寸草亦不生殖,一班居民无不待炊,仰屋相向而嗟。越七八年,忽有翻淤土以筑塘者,所遗赤埵,试植蔬菜,异常畅茂,沿村传闻,始知翻地之利益。近则争相取效,化沙瘠为沃壤矣。"④齐河县通过翻土的办法,"将黄淤翻上,流沙填下",最终"化沙瘠为沃壤"。⑤ 可能这种做法并不适宜于其他沿黄县区,也可能这仅仅是一个可遇而不可求的偶然性事件,但对紧邻黄河、频遭水灾的齐河县民众来说,不啻民生之福音。

2. 黄河北徙影响下的齐东地方社会

在晚清山东黄河中游地带,黄河河道的迁徙及河床的淤积抬高,亦对沿岸地带社会环境产生较大影响。其一,黄河在此段的迁徙改道,不仅使得原先以黄河为政区边界的局面被打破,新淤积而成的黄河滩地更加重了沿岸各县之间的土地纠纷;其二,自黄河改道夺大清河入海后,伴随着泥沙淤积及河床抬升,发源于鲁中山区的一些河流,像长清境内的南沙河和北沙河、历城境内的玉符河、齐东县境的坝河等,均在其入黄口处发生黄水倒灌的现象,所谓"黄河北徙由大清河入海,河身淤垫,向入大清河之水为黄堤所阻,无所宣泄。历城之巨野

---

① 杨豫修等修,郝金章、孙秀塈纂:《齐河县志》卷12《户口志》,《中国地方志集成·山东府县志辑》第13册,第74—75页。
② 民国《齐河县志》卷17《实业》,第132页。
③ 民国《齐河县志》卷12《户口志》,第75页。
④ 民国《齐河县志》卷34《艺文 杂录》,第537页。
⑤ 除此办法外,沿河水涝地带还有改种水稻、编制苇席等谋生方式。据民国《齐河县志》卷17《实业》部分(《中国地方志集成·山东府县志辑》第13册,第131页)记载:"水稻,稻有秔、糯二种,旧志所载乃秔也。现滨黄河之处,终年积水,多有芟除芦苇试种水稻者,春晚分秧,秋末成熟,经砻轧成米,不亚于南省所出。……苇席,沿黄河一带,芦苇丛生,土人但编制为箔,作为建房之具。惟城西莲红附近等村多用此制为卧席,男女老稚类以此为业,销售甚多,获利亦厚。"此部分记录的虽是民国时期的滨河民生状况,但这样的民生状态似可追溯至晚清时期,故附录于此。

河,章邱、齐东交界之繖江河两岸水淹,半成泽国"①,不仅加重了此一地带的水患,更激化了这些河流两岸民众间的矛盾。在黄河产生的上述两方面的影响上,齐东县无疑是较为典型的。

(1)黄河水患与边界纠纷

不管是在古代还是现代,人们常常会因"山川形便"来分疆划界。当然,由巨大山川的天然阻隔所带来的交通与行政管理上的不便,再加上其所导致的区域文化等方面的差异,使得这种划分疆界的方法在一定程度上有其合理性。但是,在看到因"山川形便"来进行疆界划分的优越性的同时,也应该看到其不利的一面,②黄河或许就是一个很好的例子。无论是战国时代列国之间的"以河为境(即边界)",还是在传统时代作为其流经地区沿岸各府州县之间的政区界线,黄河都凭借其宽广的河面而扮演者重要的政治角色。但由于高含沙量的黄河在其下游河段善决、善淤、善徙,这样,频繁的迁徙改道则使其失去作为边界的稳定性,新淤而成的沙滩地亦往往致使边界线变得模糊不清,最终遂造成两岸归属于不同政区的民众间的土地纠纷,晚清黄河在流经齐东、济阳、惠民三县附近时就出现了这种情况。

光绪十年(1884),黄河在齐东、济阳二县附近发生一次较小的改道,民间土地纠纷遂起。至于两县土地纠纷之起因,始于济阳刁民霸种齐东高家圈五庄地(图 2),时任齐东知县的孙绍曾于光绪二十七年到任后即"请委会勘,并同济阳县知县丈量明白,立定界址"③。至于两县土地纠纷的具体情况,光绪二十八年三月初六日所立的两县界碑上有着较详细的记录:"查本县(齐东县)第四区高家圈、孙家、萧家、大小张博士家,及闫家、郭家寺、方家、时家圈等庄,原在黄河东岸及南岸,与济阳县之马圈、桑家渡、徐家道口等庄隔河为界。清光绪十年,黄河决口,河流迁徙时,将高家圈等庄房田抛于河西及河北,此后齐、济两县直接连界,附近居民屡为争地兴讼。自光绪二十二年至三十年,迭经府县及省委莅县会勘划界,立碑以旧河中心为断,而疆界始定。"④若再进一步看,"此次三面会勘讯断,由旧河中心栽柳筑堰,划分齐、济界限,上至时、秦二圈起,下至大张博士家、桑家渡止,共柳一百三十株,各分六十五株,如遇枯萎,各自补栽"。经过如此细致而明确的县界勘划,两县民人是不是真的就能"毋为此判"而"永息讼端"了呢?事情远没有这么简单。此后不久,由于黄河新淤地亩对老百姓具有很大的诱惑力,拔柳毁堰铤而走险的大有人在,两县间土地争端纷纷再起。鉴于此,齐东、济

① 民国《续修历城县志》卷 9《山川考五·水一》,《中国地方志集成·山东府县志辑》第 5 册,第 112 页。
② 对此,波兰地理学家尤琴纽什·罗梅尔就驳斥河流应当用作国界的说法,他说河流是居民点的轴心,不是它的疆界(参见普雷斯顿·詹姆斯著,李旭旦译《地理学思想史》,商务印书馆,1982 年,第 309 页)。笔者认为在考虑河流的疆(边)界属性时,由于其所径流区域的自然与人文状态各异,且各河流的径流特征差别亦较大,故而对能否以河流为界来划分疆(边)界应作具体分析。
③ 袁馥春等纂修:《齐东县乡土志》卷上之《政绩录》,成文版,清宣统二年刊本,《中国方志丛书·华北地方》第 7 册,第 20 页。
④ 梁中权修,于清洋纂:《齐东县志》卷 2《地理志》,《中国地方志集成·山东府县志辑》第 30 册,第 346 页。

阳两县遂不得不重立界碑。对于这一次划界的详细经过,光绪三十年正月重立界碑的碑文中有记述:"窃齐、济高、马等庄控争河淤地亩,去年三月已蒙前候补府宪督饬,栽柳筑堰,立碑分界,因有拔毁情事,蒙上宪饬委勘办。查原堰高二尺,底宽四尺,长一千三百丈,每十丈栽柳一株,两县均分,济上齐下,济三庄中亩地九顷三亩零,齐五庄中亩地八顷八十三亩零。又东接堰二百丈,栽柳二十株,系案外新淤之地,因连控地,一并分地立界,界归齐管。兹定堰高四尺,底宽五尺,顶宽二尺,两面挑沟,堰下每五十丈埋灰一处,照旧栽柳,此皆禀上办理,后再拔毁,即照盗伐官柳、毁弃官物例严惩办,如自枯自坍,各按段补好。"如此详细的记录,不仅深化了我们对解决传统社会的县界划分与争端问题的认知,它似乎更显示着当时两县土地争讼的激烈程度。

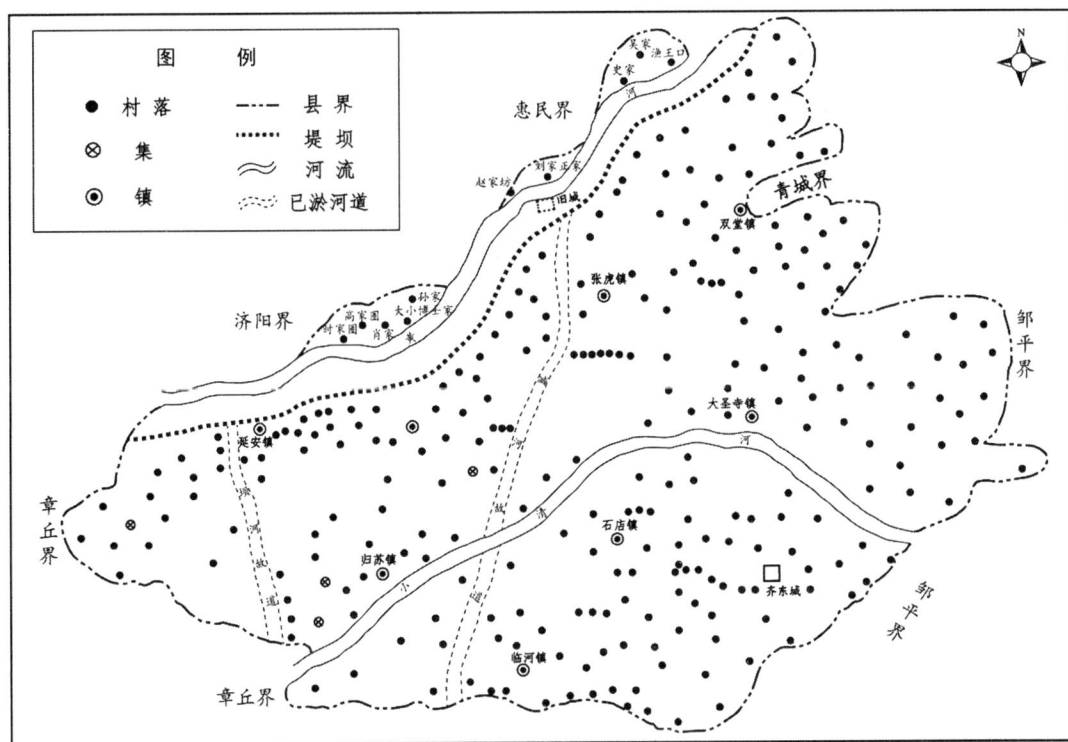

图 2 清光绪时期齐东县境略图

(说明:底图采自清袁馥村等纂修:《齐东县乡土志》上卷目录后所附地图,成文版,清宣统二年刊本,《中国方志丛书·华北地方》第 7 号,第 8—9 页。)

不仅是与济阳县,齐东县与临近的惠民县之间也存在类似的边界土地纠纷,虽然齐、惠两县交界处土地纠纷的激烈程度不如前述齐、济二县,但亦能丰富我们对黄河影响下的边界土地纠纷的认知。对于齐、惠两县间的边界土地纷争,《齐东、惠民两县界碑》中记录道:"查两县县界曾于光绪二十八年(1902)经两县县长会同勘定,以惠民大堤为清丈根据……嗣因黄河东迁,渐有淤地,双方互争,涉讼多年,以致县界发生问题。兹经两县县长呈请(民政、建设)两厅派委会同勘丈清晰,制立永久界石,仍以光绪二十八年原界为准。"①虽然此次界碑的确立已经是民国二十一年(1932)的事情,但似乎不难判断,至少从光绪二十八年之前至民国二十一年止,齐、惠两县间对黄河淤地的民间争夺就没有间断过。

(2)水利纠纷

前文说过,由于黄河北徙夺大清河入海,随着河床不断淤高,原先注入大清河的那些支流遂失去泄水出路,水患频发,当时齐东县境内的坝河就属于这种情况。坝河位于齐东县城西约四十里,其上源为章丘境内的绣江河。"自清咸丰五年,黄河入济,坝河因水屡溢,曾筑堤防之。至光绪七年(1881),大清河道淤填渐高,坝水逆流,为患甚巨。复将河口截塞,计免黄水之灾,而坝河下注终无所归,为害尤烈。"②面对如此严重的灾情,地方官员率民筑堤加以防范,对此我们从黄河北徙时的齐河知县苏铭显的事迹上就能看出。是时,"(坝河)山水涨发,沿河被灾,公昼夜住乡,督劝灾民,两岸筑堤"③,在筑堤的过程中,苏铭显委派李观海为总董,率众筑堤,"南接章境,北至延安镇"④。坝河堤修成之后,齐东县"得免沈灾者几二十年",后人为纪念知县苏铭显,将此堤命名为"苏公堤"。但至秦浩然任齐东知县时,坝河堤就已遭到严重破坏,具体来看,当时"因坝河年久淤塞,两岸顺堤犹存,夏秋间山洪暴发,水由绣江河建瓴而下,无所宣泄,西堤遂圮,坝河以西,弥望汪洋,幸东堤尚完,足以保障全境,但亦岌岌可危"⑤。面对此情,知县秦浩然"乃亲历周视,督民筑守,卒使危堤巩固,得免漂没"。值得注意的是,危堤暂时得以巩固并不意味着沿岸水患的彻底消除,光绪七年至十年间,堤岸以西地区受灾依然很重,堤东、西两岸在泄水问题上的争端亦随之愈演愈烈。

"光绪七年(1881),黄河淤浅,坝水逆流,河防局将坝水入河之口截塞,由是水无所归,漫

① 民国《齐东县志》卷2《地理志》,第346—347页。关于光绪二十八年齐东、惠民两县会勘边界的具体案文,由于较为珍贵,特附录于此:"(1)(此编号为笔者所加,下同)齐东于王口与惠民于王口分界:惠民于王口(即渔王口)自行宫庙东山向西,至堤根五十五步,又自东山向东,除于王口(渔王口)庙基六十三步,又量一百一十九步二分五厘为惠、齐交界,界西归惠民于王口(渔王口)管业。又自界向东至齐东于王口关帝庙西山止,计一百一十九步二分五厘,归齐东于王口管业。(2)齐东于王口与惠民毛家口分界:惠民毛家口自三官庙东山向西至堤根,计二百七十一步,又自该东山向东丈一百三十五步,为惠、齐交界,界西归惠民毛家口管业,界东归齐东于王口管业,自交界向东北斜丈二百五十二步,由北首再向西丈至堤根四百六是步。(3)齐东吴家与惠民毛家口地界:惠民毛家口毛成让按,现走南北道向西退出,东西阔四十步,为惠、齐交界。南自齐东于王口,北界起北至王思建所退地南界止,计南北阔一百七十六步,南首自界向西至堤根,计东西阔三百九十步,界西归惠民毛家口管业,界东尽归齐东吴家管业。(4)齐东吴家与惠民王枣家地界:惠民王思建按,现走南北道向西退出,东西阔二十步,为惠、齐交界,南自毛家口毛成让所退地界起,北至王元普所退地界止,计南北阔一百八十一步。南首自界向西至堤根,计东西阔四十步,北首自界向西至堤根,计东西阔三百六十五步六分,界西归惠民人管业,界东尽归齐东吴家管业。(5)齐东史家与惠民王枣家地界:惠民王枣家,按现走南北道向西退出十步为惠、齐交界,南首接王思建所退地界起,北至河岸为界,计南北阔三百零六步。南首自惠、齐交界向西至堤根,计东西阔三百七十五步六分,自南首向北丈出二百零三步作一中间,向西至堤根,计东西阔二百八十二步,界西、界北均归惠民王枣家管业,界东尽归齐东史家管业。"(民国《齐东县志》卷2《地理志》,第347—348页。)
② 民国《齐东县志》卷2《地理志》,第360页。
③ 民国《齐东县志》卷3《政治志》,第410页。
④ 民国《齐东县志》卷5《人物志》,第486页。
⑤ 民国《齐东县志》卷3《政治志》,第410页。

溢为灾,与历、章诸泉同时泛滥。堤西各村议去堤以泄水,呈请数次,上宪未准,因造枪炮等物强行拆毁,知县秦浩然请兵弹压。八年,大清河决水出,将堤冲坏。九年,知县张洪钧饬邑人重行修筑,坝西水势仍然为灾,于是,坝西乃共议扒堰,定于某月某夜实行。坝东各村闻之,即约齐八十三庄共守东岸。越日,官军亦至。六月二十四日傍晚,坝西船只百余艘,载众而来,鸣鼓呐喊,枪炮齐开,直向东岸进攻。东岸亦张号鸣金,施枪以应之,一时电光四射,霹雳连天,不啻两军对敌,官军无法制止,仅从烟波黑暗处夺得一船而已。明日,坝西方退,坝东守堤如故,是自东西时有冲突,却无大害。"[1]据上引文不难看出,除黄河河床淤高致使泛滥之水难以排泄外,黄河决水亦给坝河堤岸带来很大的破坏,故而我们不难想见当时坝西地带水患之严重情形。在屡次呈请开坝泄水无望的情况下,坝西民人采取了扒堰放水的过激措施,与坝东村民之间展开了一场异常激烈的枪炮之战,其激烈程度"不啻两军对敌",使得"官军无法制止,仅从烟波黑暗处夺得一船而已"。很可能是寡不敌众,再加之坝东村民早有防范,坝西民人在初次激战后不久即退回。但至光绪十年,"坝西民众复大纠民众,由济阳渡河而来,济阳知县亦请兵弹压,当时无事,不意兵甫调回,坝西人即乘机登岸,连决数口,又将史公河口之月牙堰拆决几尽"。在这次开坝泄水的过程中,坝西村民可谓有备而来,不仅"大纠民众",还乘官军"兵甫调回"之际决口拆堰,鲜活地呈现出晚清坝河水灾影响下地方社会的真面孔。坝河东西两岸村民间如此反复的激烈争斗,更反映了当时灾情之严峻局面。

除坝河水灾诱发的扒堰争斗外,光绪年间齐东县境顺水堰南北民众间也存在较为激烈的械斗。光绪年间,"黄河决口,水漫溢而东,武举吴殿元、贡生袁馥村、举人伊化南等约集数十庄,从油马家坡南,筑一顺水堰,高二三尺,东西长二十余里,所以防水之北溢也。堰南诸村之北来者,船泊堰下,人畜时损崖岸,北人见之即以恶言相加,南人大愤,约集数十庄前来毁堰,堰北人闻之,备军械以待,堰南杨四官庄郭应禹、桑王庄郑敬才等架三炮二尊,率千余人涉水挑战,炮弹横飞,不顾人畜,堰北人发枪还击,堰南人连发山炮,北人不支遂败退,南人乘胜追击至三官庙,短兵相接,死伤甚多,一时人声、枪声闻数里外"[2]。很显然,这又是一起因堤堰而起的充满血腥的民间争斗,其激烈程度似不亚于前述坝河东西两岸间的斗争,在此之后,"两造兴讼,数岁不结",最后"狱上刑部",并由朝廷下旨,将"郭应禹论绞,郑敬才论徒,革武殿元武举",肇事者最终得到应有的惩罚,顺水堰也于案结后被削平。

3. 荒地开发与利津地方社会

在黄河尾闾地带,由于黄河频繁改道,再加上潮流与河汉的相互作用,地势洼下的沾化、利津二县遂形成较大面积的淤地。对此,从当时沾化县境地理环境就能看出。沾化一县,"渤海环绕东北,为黄河尾闾,县境洼下,时有海溢河决之患。境内大川向有徒骇、钩盘二河,

---

[1]《坝岸之争》,民国《齐东县志》卷6《艺文志》,第589—590页。
[2]《扒堰械斗》,民国《齐东县志》卷6《艺文志》,第590页。

均由县西南部流入,迤逦向东北流,横贯全境,以至于海。钩盘河故道湮塞日久,今已作废,徒骇河下游亦为黄河所淤,现虽挑浚新河,而河身浅狭,仍不足以利航运。至沿海一带,纵横百余里,淤地既多,水产亦富,天府宝藏,正待开发"①。毫无疑问,日趋增长的土地资源确为沾邑之独特区位优势,但同时亦应清楚,若要有效开发利用这些淤地资源,必须要有较为丰富的劳动力作支撑,更何况这些淤地"地滨河海,半多荒碱"②。

就晚清利、沾二县的新淤土地来说,移民垦荒确为其开发之重要措施,办理垦务遂随之成为政府的重要职责。于此,可以看看当时利津县境的垦务情况。对于利津境内的垦荒情况,李鸿章在其奏折中有记载:"距城六十余里之陈家庄迤北一带,向系海滩无主之地,自黄水泛溢海滩淤积,渐可耕种。前任知县朱庆元创议招垦收租,俟一律成熟再请升科,未及举办,博山县知县钱镳调署该缺,因汛官王国柱久任该处,熟习民情,委令丈量,共约大地六千余亩,租于附近居民开垦,每亩约纳租钱一千数百文及两千文不等。"③同时,利津地志亦对境内垦荒垦务的进程有较为详细的记述:"县境濒临渤海,大部为退海滩荒,不堪耕种。自黄河改道由利津入海,连年淤垫,多可种植,各县人民争先垦殖。彼时县署仅发给领单、验单,每亩收费甚微,意在提倡垦务,任人拓地开荒。清光绪中叶,全省垦务总局成立,由藩属兼理,乃改领单、验单为司照,饬县设司,照房按户填发,每亩收租一角,并定岁租、押租两种办法。光绪三十一年(1905),外来垦户渐多,垦务日见发展,遂于利津县盐窝镇设立垦务分局,别为仁、义、礼、智、信五路一并清丈,同时又在无棣县设立分局。光绪三十二年,以沾化新淤之地二万余顷亟须丈放,遂于沾化县之利国镇设立分局,委派专员管理沾化垦务,并参照利津垦务章程办理。宣统元年(1909),全省垦务归并劝业道公署内,并于沾化分局设正办委员。"④

据上引文不难看出,退海荒滩由于含盐较高,不适宜耕种,而经过黄水淤垫后形成的地亩则利于垦作。政府垦务总局与分局的先后增设,不仅反映出淤地面积及农垦人口的增长势头,更是有利可图的淤地逐渐纳入地方行政管辖的鲜活写照。但不得不提出质疑的是,与垦荒相始终的垦务工作之进展,真的像上引文献中所说的那么顺利吗?要回答这样的问题,必须要弄清楚当时的淤地垦荒究竟是怎样具体推进的。于此,或可从当时利津县第五区的建设过程中窥知一二。

利津县第五区内的垦荒活动似应始于光绪八九年间。当时黄河在南北岭子决口,海滩盐场多处被淹没,决口合龙后,"地被河淤,灶地之外亦有堪种之田,芦苇深处始有垦户出

---

① 梁建章修,于清泮纂:《沾化县志》卷1《疆域志》,《中国地方志集成·山东府县志辑》第25册,第237页。
② 于清泮:《续修沾化县志序》,民国《沾化县志》卷首,第200页。
③ 李鸿章:《查明山东巡抚知县等官被参各款折》,国家清史编纂委员会编《李鸿章全集》第15册,安徽教育出版社,2008年,第298页。
④ 王廷彦修,盖尔佶纂:《利津县续志》第1卷《舆地图第一》,《中国地方志集成·山东府县志辑》第24册,第510—511页。

入"①。至光绪十七年(1891),利津县西境连遭水灾,在抚院派员协同勘验海滩后,知县钱镤在邑绅岳廷栋、徐绍陵的陪同下,"指定界址,自割草窝以下,顺旧河道以北至柳树林子而止,以次安置他乡之民",后又有部分生活窘迫的民人赴萧圣庙、二河盖等处,搭盖窝棚以专事垦荒。至光绪十八年(1892),知县吴兆鏻又将南阳家灾民迁于红头子坞,"灾民受地后垦荒成熟,连年收货,借资衣食者不少",②利津垦荒初显成效。谭其骧在论述浙江省各地区开发过程时,提出了"一地方创建县治即标志着该地开发已臻成熟"的观点,③这一观点也得到了多数学者的赞同。若依此类推,对于某县境内的荒地来说,乡镇的创设或可看作是其开发成熟的标志。在利津县第五区境内,乡镇之创设似始于光绪二十八年,该年迁罗盖十庄于汪二河的同时,迁崔毕庄于汀河西,"毕家庄首事李丹亭、东宋庄首事胡士先为便利办公起见,每村或二十户或三十户不等,编为十乡,总名新安乡,遇有要公约同各村首事赴罗家集商议,懋迁有无,具有乡镇雏形"④。后至光绪三十四年,"棣州公学与利津县学同崔衍芳四分卧坨子地,该处始有居人"。至宣统二年(1910),知县宁继光为增加县财政收入,在利津当地邑绅的偕同下,"勘定面条沟荒地数百顷,作为公产,学堂各机关酌量分配,招佃交纳押款以充公用",最终使得"垦地之户纷至沓来,聚族而居,几无旷土",利津县第五区的垦荒遂告一段落。

值得注意的是,垦荒的进程并非一帆风顺,其本身就意味着要与恶劣的自然环境相抗争,这绝不是衣食丰裕之民所愿加入的,真正走上垦荒道路的是那些生活极度困窘的灾民和"冒险家"。对此,旧志记载:"铁门关以下至海,广袤约各六十余里,犹系洪荒世界,芦苇蔽天,杳无居人。相传蚊大如蝇,本县穷民或冒险前往刈苇作燃料,亦卖作河工修埽之用。"如果靠刈苇捕捞能够生存下去还好,但有时则要为之付出生命。光绪十八年(1892)十月,海潮涨发,"淹毙灾民不计其数,亦有全家覆没者",面对此情,时人亦发出"此开辟海滩之一大打击也"之慨叹,⑤垦荒之艰难可见一斑。

毫无疑问,不管是利、沾境内新淤荒地之形成,还是垦荒的渐趋推进,黄河漫决均为其背后的重要推手。在此一地带荒滩开辟的过程中,地方政府无疑发挥着主导作用,新淤荒地次第开发的进程亦为地方政府安置灾民的过程。从表面上看,对灾民的这种安置是省府与地方积极应对黄河水灾的表现,其实亦为山东省抚与利津地方在灾民安置上的无奈之举。早在张曜任山东巡抚时,面对黄河水灾,利津地方士绅徐逢源就禀称,若将灾民迁至大堤以外,

① 《第五区建设纪略》,民国《利津县续志》第1卷《舆地图第一》,第492页。
② 李鸿章:《查明山东巡抚知县等官被参各款折》,《李鸿章全集》第15册,第298—299页。
③ 谭其骧:《浙江省历代行政区域——兼论浙江各地区的开发过程》,原载杭州《东南日报》,1947年10月4日,收入《长水集》(上),人民出版社,1987年。
④ 《第五区建设纪略》,民国《利津县续志》第1卷《舆地图第一》,第492页。
⑤ 据李鸿章在《查明山东巡抚知县等官被参各款折》中对此次风暴潮灾的记载:"适值十月初五日风潮大作,海水泛溢,滨海村庄均被淹灌。南阳庄地势低洼,淹毙人口较多,此外二道沟、三道沟地方割草捕鱼及外境客民亦有淹毙之人。该令(指吴兆鏻)禀报六七名系指灾民之有尸身者而言,其漂没无存、莫可稽考者实不止此数,详加查访,并无千余口之多。"参见《李鸿章全集》第15册,第298页。

需买地修房,用费甚巨且灾民仍无地可种,遂建议省抚将城东灾民迁至海滨新淤地亩,此提议最终被张曜采纳,并饬令时任利津知县的钱鏴酌情办理。至于接下来的迁民,先于光绪十七年(1891)春迁出西宋、王庄等四十一村,又于十八年秋续迁韩家垣等十二村,每人拨给荒地一二亩不等。在迁民安置的问题上,钱鏴的办理较有条理,可至下一任知县吴兆鏴时,情况则发生逆转。

当时由于新淤滩地距海较近且环境恶劣,故而对灾民来说,政府的命令式安置并不一定是其所乐于接受的,故而对这类迁民事务的处理无疑是对地方政府官员行政能力与综合素养的考验。但在面对省府下达的任务时,往往有不少地方官员为及时完成任务而不择手段,继钱鏴之后的利津知县吴兆鏴就是一典型例子。当吴兆鏴续办迁民之事时,因所迁之地距海较近,且又时值秋末而非耕种之际,灾民多不愿即刻前往,在此情况下,吴兆鏴仍限令灾民于当年(1892)十月初完成迁移,甚至采取纵使差役逼迫灾民前往的卑劣手段,最终导致前文所说风暴潮淹死不少民众的惨况。[①] 这不仅启发我们对晚清黄河三角洲地带地方政府应对水灾的举措进行重新认识,更使我们清晰地看到,在一定程度上,利、沾境内新淤荒地之开发,实为地方政府牺牲了部分民众的利益乃至生命换来的。

4. 民风民俗之嬗变

研究者指出:"人类文化与地理条件有着密切的关系,一方面,任何文化的创造与发展都离不开特定的空间范围,受到地理环境的深刻影响;另一方面,文化一经形成,便具有明显的地域特征,并构成人类环境的人为部分。"[②]同时,仍需注意的是,"文化不仅具有地域性,同时还具有显著的历史承袭性"[③]。作为文化的一部分,一地民风民俗的形成无疑是人们对当地环境适应的结果,往往表现为衣、食、住、行等各个方面与环境之间相互影响而成的稳定的且独具特色的人文景观。当然,我们在承认一地民风民俗具有承袭性的同时,也必须看到地理环境变迁对其带来的影响。一旦环境发生变化,民俗亦往往随之而改变。对于其沿岸地区来说,黄河铜瓦厢改道北徙,不啻一场环境巨变,而经此巨变后,其下游沿岸地带的民风民俗又发生了怎样的变化呢?

(1) 黄河水患与民居

黄河北徙后,随着两岸大堤的建成,在大堤内外便形成不同的生活习俗。对于居住在黄河滩区的村民来说,"洪水给他们造就了肥沃的田地,使他们获得丰收,因此他们期盼洪水;洪水又常给他们带来巨大的损失,他们不得不与洪水周旋"[④]。对于此点,可以看看东明县黄河滩内的情况。在东明,"至滨临黄河内滩人家多架木为屋,四围墙壁每以秫秆为之,一遇水

---

① 李鸿章:《查明山东巡抚知县等官被参各款折》,《李鸿章全集》第 15 册,第 298—299 页。
② 卢云:《汉晋文化地理》,陕西人民教育出版社,1991 年,第 2 页。
③ 同上,第 3 页。
④ 山曼、乔方辉等:《山东黄河民俗》,济南出版社,2005 年,第 137 页。

涨即拔宅他徙,家无定居;沿堤一带直以堤为街衢,其住屋多搭盖蓬茅芦席等类,皆柴门蓽窦云"①。很显然,对于东明黄河滩区的这些民众来说,其对居住方式的选择本身就是出于防御黄河洪灾的考虑,虽说"家无定居",但其在安家地点的选择上不外乎距离较近且地势较高的河堤一带,这不仅与黄水过后所淤积的肥沃土地的吸引力有关,更受到传统社会安土重迁的民众心理的影响。②

当然,相对于长期而稳定的居住形式,上述东明县境黄河滩区的民居状况或许只能看作是局部地带的特例。对于鲁西南和鲁西北地区整体而言,两者虽"同属黄河泛滥造成的冲积地带,但一南一北建筑样式迥然不同。鲁西北以土坯筑墙,笆砖或灰土盖顶的囤形屋,至今古风不改。而鲁西南则以四根砖柱顶着两面坡的屋盖,以篱笆墙挡风寒雨露,黄河泛滥时冲掉篱笆泥墙,减弱洪水对房屋的冲击力,保住了房体,尽量减少损失,灾后立墙又可居住"③。很显然,在黄河泛滥的影响下,鲁西南与鲁西北地区在民居的表现形式上呈现出较大差异,但又不得不承认的是,前述差异的出现亦是适应地理环境的结果。在鲁西沿黄地区,为应对黄河水灾,亦有不少民人在堤坝之间筑土台而居,此一表现从晚清以来的济阳县史家坞村就能看出来。济阳"属黄河冲积平原,地势由西南向东北倾斜,黄河在它的地界边缘有五十公里长。历史上这一带年年到汛期必泛滥成灾"④。毫无疑问,对于济阳沿黄地带来说,黄河铜瓦厢决口北流之后,近乎"年年到汛期必泛滥成灾"的灾象才成为定局。对于史家坞村来说,其"在一道坝和二道坝之间建村,并筑二米高的一个个土台子,在上面建院盖屋。台地上的每户人家都备有一个小划子(木船),当黄河泛滥时纷纷将细软和家人陆续渡到大堤上,住到临时搭的小棚里,或是到地势高一些的亲戚家,避过这十天半个月的汛期再返回家园。也有些勇敢者,在几棵树之间架上檩条,筑屋避风雨安然入睡的。这些人所以因在这土台上,是不舍得这苦心经营的家业,怕有人趁大水打家劫舍"⑤。除此之外,在筑房用材上,史家坞村的做法亦为我们提供了很好的认知素材。为了使屋面更为牢固,在黄河淤土层之上"用石灰加粗沙,表面上撒细沙,用泥板拍出浆来"⑥,再者,"这石灰里还掺上麦穰,所以相当牢固。因其微微起脊,屋盖的重力分散到前后檐墙,所以不易坍陷"。在筑房技巧上,为在黄水洪灾之际保住屋盖部分,"当地人往往用砖在房的四个角砌砖垛,在上面架屋顶以土坯填充墙体"⑦,除此方法外,还有另一种更为简易的方法,"在两山墙以土坯填充,其前后墙则以秫秸或玉米

① 佚名:《东明县志料》,北京大学图书馆编《北京大学图书馆藏稀见方志丛刊》第94册,第91页。
② 对于山东沿黄地带居民选择高地居住的成因,可参考李博文、张卡等《黄河三角洲高台民居形成的原因探析》,《中国石油大学学报》(社会科学版)2018年第2期。
③ 孙运久:《山东民居》,山东文化音像出版社,1999年,第4页。
④ 孙运久:《山东民居》,第108页。
⑤ 孙运久:《山东民居》,第108—109页。
⑥ 孙运久:《山东民居》,第109页。
⑦ 孙运久:《山东民居》,第110页。

秸扎成篱笆,里外抹上约三指厚的泥",之所以采用这样的筑屋方式,是因为"当洪水泛滥时,经水浸泡的土坯极易被滚滚的黄水冲垮,篱笆墙也是一样,它减少了水对屋体的冲击力,四个砖垛支撑的屋顶保留下来了。当洪峰来临时,人们还可以登上屋顶,以待救援,待洪水退后人们返回家园。在保住的屋架的基础上又可垒土和加上篱笆墙,节省了灾后重建的费用"。①

毋庸置疑,在看到黄河水灾给沿岸风俗带来影响的同时,亦理应看到沿河民众对地理环境变迁的适应,上述济阳县史家坞村土台筑屋的风俗即为这一适应的具体体现。当然,这里只是通过济阳县史家坞村的土台民居这一个案来看黄河水灾给沿岸带来的影响,但毫无疑问,于高台之上筑屋的这一独特民居形式在晚清山东沿黄两岸似乎并不罕见。不得不承认的是,由于前引史料大多来自 20 世纪八九十年代的实地调访,它们虽对晚清山东沿黄民居特征之形成并没有直接的说服力,但鉴于民风民俗这一文化现象的承继性与相对稳定性,故其对我们认知晚清山东沿黄地带民居仍具有重要的参考意义。

(2)蒲台县境风俗之变迁

除民居外,晚清山东黄河水灾对沿岸地区婚丧礼俗的变迁也有较为明显的影响。于此,我们从蒲台县的情形就能看出来。在明代,"蒲于济属三十中号小邑,然济水环之,秦堤拱之,地渐迤东北而近海矣。户有盐利,人习渔农"②,对于蒲境民生与民风,李化龙在蒲台旧志中亦记述道:"其地近海,其土产盐,其民织啬而力农,其士劲特而勇于义,有泱泱大风之遗焉。"③值得注意的是,明代蒲台境内频繁遭受寇匪劫掠,其力事渔盐耕织之朴素民风也随之渐趋消失,④至清代,蒲境"积之四十载,宜恢乎复旧,然灾祲频告,仅得保聚。恒产不给,因无恒心,苟且剿争,非齐旧矣"⑤,很显然,在频繁灾荒的侵扰之下,明初蒲台旧俗在清代未能恢复,所谓"鸡鸣四境,且为泽中鸿号矣。况闻土风,今复浇漓,窃掠攻剽,至亲相仇,民顽吏黠,寨寇偷生,鲜知礼让"⑥。

历经明代至清代,在匪寇与旱蝗灾荒的频繁侵扰下,朴实而知礼明义的蒲台民风已难以恢复。至清乾隆时期,由于大清河的淤积及水陆商贸经济的衰落,"蒲人生计惟恃耕织,富室无田连阡陌者,多不及十余顷,次则顷余或数十亩及数亩而已。东北一带地苦斥卤,且洼下

---

① 孙运久:《山东民居》,第 110 页。
② 孔兴珎:《邑志旧序》,严文典修,任相纂:乾隆《蒲台县志》,《中国地方志集成·山东府县志辑》第 28 册,第 413 页。
③ 李化龙:《邑志旧序》,乾隆《蒲台县志》,第 409 页。
④ 对此,孔兴珎在《邑志旧序》中有记述:"城池空虚,庐舍颓废,进诸生而质之,金曰:噫,城小数被寇也。盖兹邑户版盛于明初,至嘉靖凋过半,隆庆中最削。端由女孽山寇蟠据蹂躏,元气未苏。"(乾隆《蒲台县志》,第 413 页)严曾业于《邑志旧序》中对此亦有记载:"明季闯氛蔓延,岱左世历三纪,元元(注:应为"气")未苏。衽帏汗雨之盛,未可卒睹。"(乾隆《蒲台县志》,第 410 页)李梿在《邑志旧序》中对此也记述道:"自鼎革兵燹以来,田野荒芜,生理鲜少,又屡遭旱蝗,流离相继,桑梓之区凋敝日甚。"(乾隆《蒲台县志》,第 415 页)
⑤ 孔兴珎:《邑志旧序》,乾隆《蒲台县志》,第 413 页。
⑥ 严曾业:《邑志旧序》,乾隆《蒲台县志》,第 410 页。

积水,一遇阴雨,尽付波臣。农家终岁勤动,不免菜根糠覈,仅供朝夕"①,在如此贫困的情势下,蒲境民人"被服不尚华丽,虽饶裕不过布素,有炫耀者,众共揶揄之"。同时,仅就婚丧礼俗来看,蒲境"婚礼仪节多遵古制……丧礼称家有无,丰俭不拘一辙……祭礼四时举行,量丰俭为隆杀"。②

值得注意的是,至清光绪时期,蒲台境内的婚丧习俗虽仍表现出一定的承继性,所谓"婚礼、祭礼与结社之助吉凶、济缓急者,一如前志所载"③,但同时也应看到,此时蒲台境内的婚丧习俗亦发生不小的改变,所谓"婚娶之仪仗,丧葬之陈设,筵会之饮食较前倍加奢靡"。至于是什么原因导致这种改变,虽然笔者尚未找到直接的史料记载,但我们似乎可作进一步推测。毋庸置疑,奢靡婚丧礼俗的形成应是建立在一定的经济基础之上的。虽至乾隆时大清河由于淤积较重,东南沿海的商贸船只已难以溯大清河而抵蒲境,但作为山东省内一条重要的水陆通道,它仍承担着省内水运的重要职责,漕盐及东北地区的粮食渔产仍于蒲境临河之北镇进行交易转运。④ 因此之故,在清乾隆至光绪之间的一百二十多年里,拥有优越地理位置的蒲台,其商贸经济的发展在一定条件下无疑能够对其境内风俗起到一定的刺激作用。当然,在看到蒲台便利的水路交通的同时,亦不应忽视其在山东省内陆路交通上的重要地位,"北枕清河,南仰长白,舟车之会;东走登、莱,西通京畿,亦海济视为区聚,而淄、青借为咽喉者也"⑤。正是凭借着如此优越的水陆咽喉之交通区位,蒲邑商贸经济才有繁盛之可能,基于经济之上的婚丧礼俗才有可能发生转变。值得注意的是,自黄河铜瓦厢改道北徙后,在频繁水灾的侵扰下,蒲邑婚丧礼俗中的奢靡之风又因之而改变,"黄水比年为患,邑西南自阎家庄,东至曹家店,一百零四村尽随波荡然,无一完善之家,以故大堤以内户口之凋敝,人民之流离,欲稽其数而难悉"⑥,蒲邑婚丧之奢靡遂"颇为少减"⑦。此虽为黄河水灾所导致的婚丧民风转变之一例,但似乎又是对笔者前述基于地方经济与民风民俗之关系的推测的佐证与补充。

(3)鲁西匪患与民生

作为首先受到黄河北徙冲击的地带,鲁西南及其邻近区域的社会环境亦受到很大影响,除前述黄河水灾对民居的影响外,匪患频发亦为其重要表现之一。对于鲁西地区的匪乱,明

---

① 乾隆《蒲台县志》卷 2 之《风俗》,第 451 页。
② 乾隆《蒲台县志》卷 2 之《风俗》,第 450 页。
③ 张朝玮修、孙叔梓等纂:光绪《重修蒲台县志》之《风俗》,南京大学图书馆编《南京大学图书馆藏稀见方志丛刊》第 13 册,第 115 页。
④ 具体参见乾隆《蒲台县志》卷 2 之《风俗》,第 451 页。
⑤ 李柟:《邑志旧序》,乾隆《蒲台县志》,第 415 页。
⑥ 光绪《重修蒲台县志》之《户口》,第 77 页。另,张朝玮在《续修蒲台县志序》中亦对此记载道:"蒲邑距大清河一里,枕河而城。自黄水窜入河,而濒河居民受昏垫,自河堤溃决,而夹河内一百四村悉离荡。"(见光绪《重修蒲台县志》第 13 页)
⑦ 光绪《重修蒲台县志》之《风俗》,第 115 页。

人王士性曾记述道:"武(城)、德(州)亦多盗之地,以北直、河南三界往来,易于窜匿。"①很显然,王士性主要强调了武、德等地地处三省交界这一适宜盗匪活动的地理环境,但值得注意的是,与武、德两地相比,直隶东明县更是绝对处于三省交界之地,所谓"东明为畿辅东南界,疆域错繡,东连曹、濮、陶、单,南逼祥、考、兰、仪,地不一省,省不一县,不独开州、长、滑土壤杂纶而已,以故逋逃易匿,崔苻时警,盖操长吏之权,仅及所部,逾寻尺则不得过而问矣,亡羊之路多歧,狡兔之穴三窟,良难控制"②。政区交错地带即为行政管辖的边缘地带,由于各省府在此地区的行政控制力度均较弱,故而这一交错杂处的地理格局更易于被盗匪所利用,并成为其往来逃窜的"保护伞",不仅给地方行政管理带来极大不便,更易促成不良民风之形成。

对于鲁西地区犬牙交错的政区疆界格局之形成,黄河频繁的决口漫溢及其迁徙改道无疑发挥着重要作用,不仅加重了地方行政管理的难度,更进而促使民风发生转变。在东明县,自明代以来,黄河决溢就对其境内风俗变迁产生很大影响,"庚寅(清顺治七年)荆隆河决,百姓为鱼,后先数载,刑政失平,刚柔悆节,此人心之所以日变,风俗之所以日移也"③,黄河水患对地方行政与民风民俗之影响据此可见一斑。自清咸丰五年(1855)黄河铜瓦厢北徙后,在黄河的影响下,鲁西地区亦出现类似上述东明县的情况,于此,僧格林沁在其奏折中就述说道:"黄河改道以来,西至考城,东至利津,各州县犬牙相错,被水隔绝,土匪四起,州县难以稽查,不能即行捕缉,以致酿成巨患。"④当时为镇压匪乱,朝廷甚至派员"带领黑龙江及京旗官兵驻扎直东交界"。在寿张梁山一带,"黄水以南河面漫溢数十里,该管地方官即稽查难周,其请将新黄河以南地方归以南各州县管理,以北地方归以北各州县管理"。地处寿张边界附近的白莲池一带,"亦属犬牙交错,向为藏奸之所,应即改为一州县管理,以便稽查而专责成……如一州县官职尚轻,不足以资统摄,应否升设直隶州厅稍重事权,以资镇压"。在晚清黄河水患的影响下,面对犬牙交错的政区地理格局与盗匪横行的社会环境,政府已考虑是否应采用设置直隶州厅的手段对其进行镇压,黄河水患背景下的地理环境对地方民风与社会之影响竟达到如此地步。

"仓廪实而知礼节,衣食足而知荣辱",在晚清黄河水灾的诱发之下,灾民为匪的情形不难想见,前述曹州民风亦极易一触即发,⑤何况黄河在此区域漫流所形成的"水套",更为贼匪

---

① 王士性撰,周振鹤点校:《五岳游草 广志绎》,中华书局,2006 年,第 242 页。
② 乾隆《东明县志》卷 1《舆地志·沿革》,第 545 页。
③ 储元升纂修:乾隆《东明县志》卷 1《舆地志·风俗》,《中国地方志集成·山东府县志集》第 85 册,第 558 页。
④ 王先谦编:《同治朝东华续录》(一)卷 26,《近代中国史料丛刊三编》第 97 辑,文海出版社,第 411 页。
⑤ 据林修竹编《山东各县乡土调查录》(见宫楚涵、齐希编《中国稀见地方史料集成》第 3 集、第 7 册,学苑出版社,2014 年,第 317 页)一书中对濮县境内东南乡民民风的记载,"东南乡民,性情强悍,喜尚游惰,恒流为匪类。故一遇岁歉,伏莽时起",而黄河北徙所带来的巨大水灾对农业生产无疑是一巨灾,有些地区甚至会出现颗粒无收的情况,极易出现"伏莽时起"灾民为匪的局面。

的藏匿提供了天然的"庇护所"。所谓"水套",简而言之,即为河道多股汊流交织而成的水网地带。对此,英国旅行者埃利阿斯曾描述道:"这个地点的黄河没有明确的河道,只是在中国的土地上呈带状漫流,宽度大约有10—12英里,人们看到的仅是一片受洪水淹没的平坦地区。"①旧志中对此亦有记载说:"黄河支流分歧,广数十里,其间村民咸避去,其高原新柳蔽天,茂草没人,而巨匪恶贼悉匿其中。"②很显然,"广数十里"的黄河水套应是从其最大宽幅来看的,但此一水套在不同河段宽窄不一,"濮、范被水之地,宽处二三十里,窄处亦五六里及七八里"③。至于此一水套及其中的具体情形,谭廷襄在其奏折中也有较为详细的介绍:"查濮、范河东水套屯匪,大抵皆黄流浸灌失业穷民,虽数逾巨万,只因逃匪数十人潜入,为之渠率,穷民无识,从以谋生,故焚掠之情,究与畔民有间。惟逋逃日众,每外匪麕至,则接引渡河,倚其凶焰,不得不勒兵捕斩。又以黄流衮延往复,其藏匿最深之处,有隔泥沙一二道者,有隔泥沙四五道者,水涨则沦涟数里,水落则曲折千条,必土人方识其径路。"④除灾民与外来贼匪的进入外,此一水套亦被本地长枪会匪所利用,其"来往于郓、钜沿河之安兴墓、新兴集、濮、范之洪川口、罗河口与水南群匪相翕辟,胜则驰驱焚掠,败则遁入水套"⑤。晚清鲁西南地区的黄河水套地带,凭借其天然的河道汊流及黄水涨落影响下复杂多变的地理环境,成为数以万计灾民流匪的天然"根据地"。仍需注意的是,此一水套区域不仅对直、东、豫三省交界附近的灾民与贼匪具有很大的吸引力,对于外境匪徒来说,亦有着较强的诱惑力,一旦内、外灾民贼匪联起手来,其后果将不堪设想,故而此区域亦成为朝廷集中兵力围剿的对象。时至同治元年(1862)三月,"附近贼悉平,惟菏北、濮南水套中,贼尚潜伏"⑥,黄河水套对于贼匪的自我防御与保护所起到的作用据此可见一斑。

5. 交通、市镇与商贸

黄河铜瓦厢北徙夺大清河入海,给原大清河两侧的水陆交通带来重大影响,从陆路看,黄水北徙冲断道路,冲毁桥梁和渡口,这无疑对原大清河东西两侧的陆路交通造成阻滞;从水路上看,黄河北徙不仅意味着大清河淤积的加速,更使其北侧的运河河段失去水源补给。在黄河的影响下,水陆运输格局的转变又对沿线地区市镇与商贸兴衰产生链条式影响,这种影响在局部地区虽曾(比如徒骇河下游)表现过一定的积极性,但总的来看,黄河北徙对沿岸市镇与商贸发展带来的主要是破坏。

---

① 戴维·艾伦·佩兹著,姜智芹译:《黄河之水:蜿蜒中的现代中国》,中国政法大学出版社,2017年,第65页。
② 王廷赞:《刘公澜平墓表》,郁濬生纂修《续修巨野县志》卷7《艺文志·墓表》,成文版,民国十年刊本,《中国方志丛书·华北地方》第31号,第637页。
③ 张曜:《山东军兴纪略》(二)卷11《土匪四》,沈云龙主编:《近代中国史料丛刊》第543号,文海出版社,第678页。
④ 《山东军兴纪略》(二)卷11《土匪四》,第693页。
⑤ 《山东军兴纪略》(二)卷11《土匪四》,第677页。
⑥ 王廷赞:《刘公澜平墓表》,民国《续修巨野县志》卷7《艺文志·墓表》,第637页。

(1)黄河北徙与水陆交通

毫无疑问,传统时代的市镇繁荣与商贸发展离不开便捷的水陆交通,而晚清黄河北徙则给沿岸水陆交通带来很大的冲击与破坏,遭到侵坏后的水陆交通反过来又影响到沿岸地区市镇与商贸业的发展。至于晚清黄河北徙对山东区域交通与经济产生的影响,侯仁之先生在其硕士论文《续〈天下郡国利病书〉山东之部》中就进行了较好的总结:"咸丰五年,黄河北徙,遂夺大清入海。雒口以下之航路既渐废弃,贯通南北之运河,亦遭淤断。数百年来内陆转输之中枢,自是一击而破,地方经济,遂失统系。滨海盐斤不能溯河而上,济宁北趋之势亦竟同断臂。……所幸,黄河改道既久,堤岸高筑,章丘、邹平诸水,向之注大清河以入海者,今皆绝流,停潴为灾,于是浚复小清故道之举,遂不可缓。光绪中叶,小清大治,航运渐复,转代大清而为盐运要道,上起羊角沟,下至黄台桥,然后路转,至于雒口,以接大清旧途。自是内地转输系统,稍稍恢复。"①就黄河铜瓦厢北徙给山东水运整体格局与经济带来的影响而言,侯先生的前述总结无疑是精准的,但至于晚清黄河变迁给山东区域交通与商贸经济带来哪些具体的影响,仍需展开进一步考察。

很显然,对于传统时代交通地理的考察,绝不能仅仅停留于单线条式的研究层面上,而应统筹自然与社会因素,以及与交通相关的内部与外部各种因素,从多维视角对其展开系统探索。就本节所涉及的晚清黄河北徙影响下的山东区域交通来看,对于水路与陆路两种运输路径,就不能简单地将其割裂开来,相反,鲁西地区的水陆交通更表现为一个紧密联系的统一整体。再进一步说,鲁西地区对内与对外的商贸活动,都离不开大致呈南北走向的运河与大、小清河的便捷水运,而无论是漕盐,还是其他商贸物品,其向省内腹地的进一步传播,又离不开与水运密切相连的陆路运输网络。

据研究,在黄河铜瓦厢北徙之前,"山东大清河是海河联通的河流,河口利津县码头为海河交汇点。上游来的农副产品在利津换船驶往沿海各口,入口货物也在利津换载溯河而上,运往腹地。1880 年后,河口淤积,船舶入海已相当困难。1891 年,小清河疏浚后成为连接省城济南至沿海口岸的通道,而羊角沟成为海河转运的中转港。'内海民船运载客货,每由烟台出海经蓬莱县之天桥口、黄县之龙口、掖县之虎头崖抵羊角沟,换载小船取道该河(即小清河)上驶,经过岔河石村,直抵济南省城东关外之黄台桥'"②。可以说,对晚清山东水运格局的如此概括,亦是对前引侯先生的总结的进一步补充,同时亦不难看出,大清河在黄河北徙后渐趋淤积,其航运功能亦随之而大减,而随着小清河的重新疏浚,其在山东水路交通中的重要性日趋显著,所谓"船艇往来如织,昼夜不息,商甚赖焉,且济属盐务与南运盐务皆由此

---

① 侯仁之:《我从燕京大学来》,生活·读书·新知三联书店,2009 年,第 227—228 页。
② 《山东航运史》编委会编:《山东航运史》,人民交通出版社,1993 年,第 133 页。对于晚清时期小清河的水运状况可进一步参考张玉法著《中国现代化的区域研究:山东省(1860—1916)》("中研院"近代史研究所,1982 年)一书第 33—34 页。

搬运,视昔尤便,则有裨于盐政者更巨"①。值得注意的是,黄河北徙夺大清河入海,其所带来的不仅仅是北运河与大清河水运价值的丧失与鲁西水运格局的改变,更影响到与水陆紧密相连的陆路交通线路的变更。再进一步说,咸丰黄河北徙的直接后果不仅仅是对鲁西地区原水运系统的破坏,更是在很大程度上阻碍且改变了山东省城济南与广大的鲁西地区之间的陆路驿递交通。对此,或可以鲁西南诸府县与济南之间,以及齐东县附近的驿递交通为例,来看看黄河北徙后带来的具体影响。

在肥城,位于县城西北七十里潘庄附近的义和桥,"下临深涧,北接通衢"②,但"自黄水东趋,北路不通,西南诸府县驿递皆由此桥焉",黄河北徙对驿递交通之影响可见一斑。与肥城西南诸府县情况不同,在齐东,由于受黄水冲击,齐东县城被迫迁至位于县境东南部的九扈镇,伴随县治转移而来的是驿递交通的再调整。对此,时山东巡抚李秉衡在光绪二十一年(1895)九月二十二日的奏折中称:"惟(齐东)县城已迁徙,驿站必须改道。缘齐东、青城、蒲台、利津等县一切公文、饷鞘、人贩、差使,向由济阳县往来递送,济阳距齐东旧城七十里,今距九扈镇新城一百二十里,且中隔大、小清河两道,若仍由济阳转递,道路绵长,贻误堪虞。不若改由章丘县递送较为便捷。"③毋庸置疑,交通线路的选择一般是以轻便直达而省时省力为基本原则,无论是对于鲁西南,还是对于鲁西北,若至省城济南,其距离最短的线路均须跨越大清河,而黄河北徙后夺大清河入海,黄河遂成为东达济南的巨大屏障,鲁西南广大府县绕道肥城义和桥而至济南就是其所导致的后果。对于以省城为中心的驿递交通体系,黄河北徙无疑亦给其带来严重的侵扰,或许前述齐东县因迁城而导致的驿递交通线路的再调整只是一个特例,原大清河两岸的驿递交通体系在黄河北徙后的再调整则是不容置疑的。

至于黄河铜瓦厢北徙给水陆运输带来的影响,除泥沙淤积所导致的大清河与北运河河段难以通航以及巨大洪流吞没沿岸渡口外,原先横架于河道之上的桥梁无疑亦为黄水肆虐之目标。时至1881年,当韦廉臣夫人从烟台至北京路过黄河时,就看到黄水冲毁桥梁的景象:"在不远处,有一座桥梁就已被河水完全彻底地冲毁了,只能看到些许的残存,也就是在河流的中心,还能看到几根桥墩。从这些残存的桥墩可以看出,曾经架设在这里的这座桥梁,还是相当结实和坚固的。河水在桥面以下流过的时候,不会对大桥产生冲击,但是随着河床的不断抬升,黄河水面越来越高,直至河水漫过了桥面,汇聚的水流形成了巨大的能量,

① 袁馥村等纂修:《齐东县乡土志》卷下之《山水》,成文版,清宣统二年刊本,《中国方志丛书·华北地方》第 7 册,第 95 页。
② 李传熙等纂修:《肥城县乡土志》卷 7《地理·桥梁》,成文版,清光绪三十四年刊本,《中国方志丛书·华北地方》第 11 号,第 105 页。
③ 李秉衡:《奏齐东县城迁徙驿站改道协拨夫发工料核入奏销造报折》,戚其章辑校:《李秉衡集》(中),中华书局,2013 年,第 436 页。

大桥自然就被冲毁了。"①其实,在黄河咸丰北徙之前,大清河的泛滥或淤积就给跨越其上的桥梁及沿岸津渡带来了较为严重的破坏。在蒲台,"大清河旧有广济桥、通济桥、朝宗桥、大义桥,今俱废"②,河道之淤积亦使得商船难以抵达蒲境,商贸业的发展亦随之遭受严重影响,所谓"向年海舶自闽广来,泊蒲台关口,商贾辐辏,号称殷富。数十年来,河渐沙淤,海舶不至,惟盐艘经由,及关东粮石、木板、海鱼诸物,装载抵蒲,在北镇交易,镇属滨境,于蒲无涉也,蒲人生计惟恃耕织"③。至咸丰五年(1855)黄河北徙后,创建于道光年间的大清河浮桥亦遭到致命的冲击。此桥"道光四年(1824)滨乐分司杨宗楷捐京钱三百千,发盐店每月二分行息,冬月搭桥以渡行人,至春清明前后拆之"④,但自黄河北徙后,"水深岸阔,不能下桩",此桥遂废。不仅蒲台县境内的大清河浮桥惨遭黄水覆灭,有着"九省通衢"之称的大清桥亦有着同样的命运。

大清桥位于齐河县城南,为齐河、长清二县分界,西半边属齐河,东半边属长清,"明嘉靖二十七年(1548),羽士张演昇募修石桥,陶仲文捐银助之,复奏发帑金一万四千余两,敕巡抚沈应龙,委济南府同知王应乾、通判萧奇怪督修。至三十四年桥成,九空石皆铁钳,上置狻猊槛柱,结构完密,额曰大清桥。天启七年(1627),山水涨发,桥栏冲损,齐河监生刘一琳捐募修补"⑤。至清顺治七年(1650),"黄河荆隆口决,冲入济河,水势驾桥而上,五年有余,桥屹然未动,独东西两端并石槛被水冲毁,章邱监生穆遇青捐金募化,又为补葺,更于桥西增置小桥七空,行旅亦借以得便"。经过此次补修,至乾隆年间,大清桥又经重修。至道光初年,"山水暴发,桥东塌陷,石坊亦坏"⑥。

自咸丰五年(1855)黄河铜瓦厢决口以来,大清桥又接连惨遭破坏。"咸丰癸丑,铜瓦厢决口,桥东塌陷,行旅裹足,齐、长二县官绅创修石桥一空。嗣因连年水涨,复被冲陷。"桥梁本为跨于河流之上而连接陆上交通之纽带,然而在一定条件下,则又会变为阻碍水上交通的障碍物,这一点在光绪十三年(1887)郑州河决后的大清桥身上就体现出来了。"厥后郑州决口,黄流改道,水势愈大,中三大空遂相冲陷,继仅存桥墙,来往船只避之不及,恒遭不测。水

---

① 伊莎贝拉·韦廉臣(Isabelle Williamson)著,刘惠琴、陈海涛译:《中国古道:1881 年韦廉臣夫人从烟台到北京行纪》,中华书局,2019 年,第 219 页。

② 乾隆《蒲台县志》卷 1《河渠》,第 430 页。此处引文全文为:"大清河旧有广济桥明洪武建,通济桥嘉靖特建,朝宗桥隆庆时建,大义桥万历时建,今俱废。行人往来津渡之处则有蒲台关口在北关外离城一里、五里庄城东五里、石家口城东二十里,石家在北岸,滨州境南岸系贾家庄、三岔口城东北三十里、曹家口城东北五十里、吕家马头城东北五十五里利津交界。"在此我们必须承认的是,除河水泛滥淤积所带来的破坏作用外,这些桥梁与津渡的建筑材质、地理位置(在河流沿岸的地理位置)、经营管理等亦是重要的影响因素。

③ 乾隆《蒲台县志》卷 2《风俗》,第 451 页。

④ 光绪《重修蒲台县志》之《桥梁》,第 107 页。

⑤ 舒化民等修,徐德城等纂:道光《长清县志》卷 1《舆地志上·津梁》,《中国地方志集成·山东府县志辑》第 59 册,第 317 页。

⑥ 吴福森:《大清桥沿革记并序》,民国《齐河县志》卷 32《艺文 记》,《中国地方志集成·山东府县志辑》第 13 册,第 457 页。

盛涨时,则与惊涛骇浪中竖望桿以示警。桥西首石尽冲,活水浅则船不能行,水大船行其上,误触乱石,为害尤烈。运盐船民食有关保险之术,又为醝务一大障碍。"遭到破坏后的大清桥残迹对水运交通的影响据此可见一斑。面对此情,时任山东巡抚的丁宝桢曾"饬运司每于霜降后,派员觅匠,拆卸桥石",可是"八年余,工未及半,水复架桥而上",最后不得不被迫中止。"自壬午以来,河身东徙日甚一日,东、南、北三店冲刷殆尽,神仙坟已付之洪涛巨浪,而桥亦与之俱没者近二十年矣。"在黄河洪水频繁的冲激之下,大清桥终究没有逃脱覆灭的命运。

(2)商贸与市镇兴衰

此外,还需注意的是,黄河铜瓦厢北徙后不仅给大清河的水运交通及沿岸商贸带来严重冲击,由于北徙后的黄河时常北决或南浸,相距不远的小清河、徒骇河等河流的水运与商贸盛衰亦受到严重影响。对此,可以看看当时徒骇河沿岸的状况。黄河铜瓦厢改道北徙之前,徒骇河径流总量很小且季节变化很大,不利于通航。所谓"河道窄浅,春冬之际,不过潺潺之水而已。至夏秋间,盈涸无常,深则厉,浅则揭,无用舟楫,无碍交通,间有桥梁以便行旅"[1]。但自咸丰北徙之后,虽然巨大洪流给沿岸百姓带来巨大灾难,[2]但徒骇河的水运交通状况也的确因此而大为改善,沿岸商贸业的发展也随之盛极一时。"自经此水患后,河道即冲刷深且宽矣,且日有潮汐之流,而河水洋洋,以致沿河市镇逐见发达,如流钟镇、黄昇镇、泊头镇,夏秋两季,帆船如梭,商贾云集,复在徒骇河下游辟一巨埠,名为泺河码头,设东海关厘金局,富商大贾,联袂毕至,茶馆酒肆,无一不备。帆船林立,夏秋间不下千余艘,宁波船装运竹货糖纸等类,络绎不绝。复由东三省吉林等处,运来松杉大木等,源源而来,颇极一时之盛。"[3]黄河北徙之初,由于缺少堤坝束缚,其下游河段的河道亦处于一定的散漫乱流状态。作为常受黄水巨流入侵的河道之一,窄浅的徒骇河难以容纳如此洪大的溢流,遂形成泽国之患。经过一段时期的黄水冲刷之后,徒骇河即变得深宽,水运交通遂愈见发达,同时呈现"帆船如梭,商贾云集"的繁盛景象。

"水能载舟,亦能覆舟",黄河北决夺徒骇河入海,其在促进沿岸商贸业发展的同时,亦能淤没河道,进而给沿岸商贸经济的发展带来逆转性的变化。光绪三十三年(1907),黄河在利津县薄家庄决口,"洪水横流,遂将徒骇河下游自孔家庄至海口一段,被水淤澱"。经此之变,"泺河之繁荣顿入于萧条之状态",黄河决溢给徒骇河沿岸带来的沧桑巨变可见一斑。后武定府太守桂芬虽"复在徒骇河下口,邵家庄东向北,挑一新河,衔接巴沟子入海",但"时涸时

① 李锡峰:《徒骇河沿革考》,民国《沾化县志》卷8《艺文志》,第511页。
② 据李锡峰《徒骇河沿革考》一文中对咸丰五年(1855)黄河铜瓦厢北徙对徒骇河流域水灾影响的记载:"洎清咸丰五年,豫省铜瓦厢决口,夺大清河以入海,洪水泛滥,而徒骇河上游,大溜直趋,滚滚东下(案:原文此处有"沿河居民"四字,似应为转抄错讹所致,应省去),伤人畜,毁田庐,因饥溺而死者,不可胜计,当斯时也,沾境殆成泽国,此诚为一大浩劫。"
③ 李锡峰:《徒骇河沿革考》,民国《沾化县志》卷8《艺文志》,第511页。

流,旋即淤塞",昔日徒骇河沿岸的繁盛丽景终难恢复。

　　类似前文所述,晚清黄河北流所带来的泥沙淤积及其决溢对徒骇等河的冲刷,都给水运及沿岸商贸经济的发展带来积极或消极的影响,而商贸经济的发展无疑又影响着沿岸市镇之兴衰。如位于济南府西黄河沿岸的泺口镇,"当初黄河未并大清河的时候,凡城里的七十二泉泉水,皆从此地入河,本是个极繁盛的所在。自从黄河并了,虽仍有货船来往,究竟不过十分之一二,差得远了"①。虽然此则史料出自刘鹗之谴责小说《老残游记》,但鉴于其中的可信成分很大,且刘鹗本人"在河南和山东投效河工,治理黄河,显示了卓越的治河才能,并被保举以知府任用"②,故而其对泺口的前引记述,能在较大程度上反映出黄河北徙夺大清河入海前后的真实情况,晚清黄河沿岸市镇之盛衰据此可见一斑。除黄水给市镇带来的直接影响外,因治黄而修筑堤埝亦给沿岸市镇带来不小的影响,这一点主要体现在市(集)镇盛衰与布局上。在蒲台,自光绪十年(1884)兴筑黄河大堤以后,"水患频仍,堤内会集停止殆尽,三岔镇集移于堤外"③;在齐东,由于光绪十八年黄水灌入,县治不得不搬迁至县境东南部地势较高的九扈镇,旧治遂废,另境内有长福镇,"因城迁移,附近商民于光绪二十四年接堤筑台以立,市厘商贾群萃,贸易隆盛,遂成邑之巨镇"④。

　　在黄河入海尾闾地带,由于河道频繁迁徙,水运交通与商贸发展亦受到严重影响,所谓"溯自黄流穿运以来,南北帆樯久难畅行,因而大贾巨商远莫能至"⑤,这一点,距离海口最近的利津县表现较为明显。在利津县境,黄河铜瓦厢北徙之前,"济水由利津入海,名曰大清河,河门通畅,南北商船由渤海驶入河口,在铁门关卸侕,由河内帆船转运而上,彼时物品云集,商人辐凑,此为商业最盛时期"⑥。然而自黄河北徙夺大清河入海,"当时尚不为大害",至光绪十二年(1886)"铁门关被黄水淹没,将码头迁至县城东关,大船即不能驶入,仅河内较小帆船往来拨运,商业即见衰落"。黄河在入海口处的频繁改道给利津县的水运交通与商贸带来重创,铁门关水路码头的淤没与新码头的内迁,不仅使得"大船即不能驶入",而"商业即见衰落",此亦为晚清黄河北徙对交通与商贸产生影响的又一重要表现。当然,必须承认,晚清黄河变迁对于山东区域交通、市镇与商贸发展的影响绝不止于前述表现,其更真实而全面的影响亦更为复杂。为了更加深入地理解与认识这一影响,我们或许能从当时山东省境内水陆商税与厘卡分布的时空变迁中再探究竟。

　　在山东省境内,运河作为漕粮要道的同时,亦无疑是南北商贸交通之要道,但自黄河北徙后,运道遭到破坏,依附于运河的商贸遂渐趋衰落,商税收入亦随之大减,于此,从临清关

① 刘鹗:《老残游记》第四回《宫保求贤爱才若渴,太尊治盗疾恶如仇》,中华书局,2016年,第21页。
② 中华书籍编辑部:《醒世救民的哭泣之作——〈老残游记〉》,《老残游记》书首附文。
③ 光绪《重修蒲台县志》之《会集日期》,第113页。
④ 宣统《齐东县乡土志》卷下之《地理》,第93页。
⑤ 李秉衡:《奏分别筹款免借商本折》,《李秉衡集》(上),第200页。
⑥ 民国《利津县续志》第2卷《法制》,第535页。

商税的变化上就能看出。在清代,临清城无疑是大运河上的一颗明珠,寄靠于临清城的临清钞关原定五万六千多两的税银亦主要向南北往来商船征收,但"自咸丰五年黄河铜瓦厢决口穿运,自张秋镇以北至临清州运河无水,税收大减,所收者仅天津卫河一路之税,其余东昌府、魏家湾、北尖冢、樊村厂皆属有名无实"①。不仅如此,受黄水影响,设于商贸水运要道的厘卡的数量及其布局亦发生较大改变。对于晚清山东省境水陆厘卡的设置与分布,山东巡抚周馥在其奏文中曾提到:"至内地行船河道只有四路:一曰卫河,山东仅设馆陶一卡;一曰南运河,仅设安山一卡;一曰黄河,设有姜家沟、泺口镇两卡;一曰小清河,设有石村、岔河两卡。"②据此,我们对晚清山东厘卡的布局有了大致了解,值得注意的是,周馥所说的山东厘卡分布已是晚清后期的状况了,但值得进一步追问的是,山东厘卡之置设情况如何? 自咸同黄河北徙以来又发生了哪些变化?

据丁宝桢奏称:"东省则地居北方,货物多由陆运,商贩之成本过重,则抽厘之举办维艰,故通省向未设有厘卡。自咸丰十一年(1861)及同治元年(1862),前抚臣谭廷襄任内因经费万分支绌,先后在历城之泺口镇、聊城之东关、阳谷、寿张,东阿兼管之张秋镇、平阴,东阿兼管之滑口镇四处设卡抽厘,亦以泺口、滑口为大清河商船必由之路,设局较为扼要……至同治二年,又因馆陶卫河杂货盐斤颇觉通畅,添设一卡。嗣因黄河西来,船只可以绕越张秋,遂将滑口厘金裁撤,改设于寿张之沈家口,上年因黄水南趋,商船并可绕越沈家口,本年复将该处厘局移设东阿之姜家沟,而于东平运河之安山另设分卡以资查验。"③很明显,晚清山东因经费支绌而设置厘卡,在黄河北徙对境内水道的影响下,不得不对依附于水路的厘卡分布进行调整,尤其是受影响较大的黄运交汇处附近的厘卡。当然,黄河北徙不仅仅影响到厘卡分布,由于其影响到水路畅通,商船通行与税厘数额亦随之受到不小的影响。光绪二十四年(1898),黄河在杨史道口漫溢,漫水直灌小清河,"水过沙停,节节淤饱,舟楫不通,商民病之,税厘来源顿塞"④。相对来说,小清河受黄河漫溢而影响其水路交通及税厘收入的事例应只是暂时性的,而黄河北徙对山东境内北运河段水运交通及税厘收入的影响则无疑是长期性的:"聊城则(抽厘)最旺之年曾收支三千金,常年皆不过一二千金,并有仅六七百金者,因该处值运河淤塞,必待伏汛黄水灌入商船始通,终年计不过三四个月,故收厘独少。"⑤黄河对运河交通与厘金收入的影响可见一斑。

---

① 周馥:《临清关该归委员仿照海关章程试办片》,《秋浦周尚书玉山全集》第一集《奏稿》,《近代中国史料丛刊》第82集,第151页。

② 周馥:《山东厘金请照旧办理折》,《秋浦周尚书玉山全集》第一集《奏稿》,第264页。

③ 丁宝桢:《遵查东省厘卡情形分别存留裁撤折》,罗文彬:《丁文诚公(宝桢)遗集》卷6,沈云龙编:《近代中国史料丛刊》第74集,第789—791页。

④ 中国第一历史档案馆编:《光绪朝朱批奏折》第100辑,中华书局,1996年,第332页。

⑤ 丁宝桢:《遵查东省厘卡情形分别存留裁撤折》,罗文彬:《丁文诚公(宝桢)遗集》卷6,第791页。

三、结　语

法国学者米什莱在其名著《法国概况》（即长达 17 卷的《法国史》首卷，初版于 1833 年）一书的开篇就曾有力地宣称："历史学首先是地理环境的史学。"他在该书 1869 年的《序言》中更强调："如果没有地理学的基础，作为历史创造者的人民就好像行走在半空中。"[①]若要深入理解晚清鲁西及其临近区域的社会发展进程，不结合黄河变迁这一地理背景显然是不够的，而笔者对晚清黄河铜瓦厢改道北徙后给其下游沿岸区域人文环境所带来影响的探索，正是对该区域历史发展进程的一种地理诠释。

著名历史地理学家谭其骧先生在谈及历史地理学时曾指出："历史地理学本身就是一个相互密切关联的系统，只有对历史时期各类地理要素有了相当深度的理解，才有可能科学地揭示人类文化与地理环境的关系。"[②]很显然，谭先生不仅注重对地理环境整体性的思考，同时亦重视对区域环境各要素的深度考察。在本文中，笔者以晚清黄河铜瓦厢北徙为主线，并对其影响下的下游沿线区域的土壤与民生、水患与水利、交通与商贸、民风民俗等人文地理要素进行重点考察，也是为了从黄河北徙这一自然地理背景与人文要素相互影响过程中，揭示晚清铜瓦厢以下黄河沿岸地带人类活动与地理环境的关系。

对于晚清黄河铜瓦厢北徙后的下游河段沿岸区域，尤其是对于鲁西地区而言，黄河北徙的确带来不小的灾难，这场灾难甚至被西方考察者认为是"中国之患"（China's Sorrow）。[③]但是，在承认其灾患性一面的同时，亦不能对其进行过分夸大，毕竟其所影响的区域范围相对有限，更何况对局部时段内的部分区域来说，黄河北徙还带来不少有利的影响。另外，我们不得不承认的是，黄河铜瓦厢决口北徙亦为一重大环境事件，并且，在此一重大环境事件的影响下，又导致许多次生环境响应。具体来看，在鲁西南及其附近的平原低地形成有着多股汉流的"水套"地带；在鲁中丘陵的西侧，由于黄河河道不断淤高，导致原先汇入大清河的坝河等支流排水困难；而在黄河的入海尾闾地带，由于黄河频繁决溢改道，形成较大面积的新淤荒地。作为次生环境响应的重要部分，黄河沿线区域的人文环境亦发生很大转变，通过本文不难看出，晚清黄河铜瓦厢以下河段沿岸区域人文环境的转变实质上亦是对黄河北徙所带来的自然环境改变的一种调适与重建，而这种调适与重建无疑又是紧紧围绕着黄河影响下的"水"与"土"这两个与民生休戚相关的重要方面来展开的。从"水"的方面来说，鲁西

---

① 吕西安·费弗尔著，高福进、任玉雪、侯洪颖译：《大地与人类演进：地理学视野下的史学引论》，三联书店，2012 年，第 12 页。

② 谭其骧：《序》，卢云：《汉晋文化地理》，第 3 页。

③ 王毅：《1868 年亚洲文会黄河科考："中国之患"形象的确立》，《自然科学史研究》2018 年第 2 期，第 206 页。

南地区"水套"地带成为灾民避难的天然场所,坝河等入黄支流排水困难则诱发持续的水患纠纷,黄河水患对沿黄民居民俗、水路交通的影响结果则表现为民居民俗形式、交通线路与格局的相应转变;从"土"的方面来看,黄水冲积过后,有些区域变为飞沙不毛之地,而另有一些地带的土壤经人工改良则变为适宜农作的膏腴之地,甚至在以黄河为边界的区域,黄河河道迁徙导致民间对黄水淤地的抢占与争夺。即使在黄河尾闾地带经黄水淤积而成的荒地上,随着地方政府对灾民的安置与垦务工作的展开,这些荒地也逐渐纳入地方行政版图之中。

侯甬坚先生在论及区域历史地理研究时曾指出:"从事区域历史地理研究必须时空并重,最重要的是从空间上对区域进行分区、分类、分级的研究,从时间上进行区域空间发展过程的研究,集中探讨区域内部的组织结构以揭示其区域特性,充分关注不同类型、不同等级以及同等级区域之间的疏密关系,以把握区域的历史地位和未来走向,最终在高度综合、多维空间的基础上形成区域发展系统。"[①]就本文的研究区域来看,虽然铜瓦厢以下的沿黄区域(主要是山东西部地区)并非一独立而完整的自然地理单元区,但在黄河的贯穿之下,的确形成了其独特的区域特征,同时,由于受各沿黄区域的区位及自然地理环境的影响,人文环境的区域内部差异性表现也较为明显。质言之,此一区域的发展历程是黄河影响下的整体性与差异性的统一。再者,如果将视野放大到整个山东乃至华北地区,黄河铜瓦厢北徙所带来的显著影响,不仅奠定了晚清以来鲁西地区社会发展的基调,伴随着东部沿海地带的开埠通商,地处内陆的鲁西与东部沿海区域的社会经济差异亦进一步拉大,且一直持续到现在。

古帅,复旦大学历史地理研究中心 2019 届博士,现任教于山东财经大学文学与新闻传播学院。本文原发表于《中国历史地理论丛》2020 年第 3 期,2019 年 3 月曾在禹贡青年沙龙第 81 期报告。

本文为国家社科基金青年项目"铜瓦厢决口后黄河下游的河道、灾害与环境(1855—1911)"(项目编号:22CZS050)的阶段性成果。

---

① 侯甬坚:《区域历史地理申论——构建中国历史地理学科体系的重要环节》,《陕西师范大学学报》(社会科学版)1994年第 1 期。此处转引自侯甬坚《历史地理学探索》,中国社会科学出版社,2004 年,第 56—57 页。

建构与解构：明代浙东湖水纠纷中的利益表达

——以上虞皂李湖为中心的考察

耿 金

摘 要：浙东上虞皂李湖灌溉区域以运河为界，运河北岸为湖水灌溉区，南岸则不在灌溉范围内。在明代的湖水纠纷中，北岸得利湖民与县级官府和南岸民众间的矛盾一直贯穿始终。得利湖民通过构建湖由曹黎二姓割田而成之"史实"，抵制官方济运与南岸分水之诉求。县级官府在运河干涸时希望开湖水济运，这与南岸民众旱时要求分水灌溉之愿望契合，万历年间南岸精英家族通过编纂由县级官府主导的地方志，意图将湖泊变为公有，彻底激化了湖水矛盾。湖水灌溉的地理区域界限、运河两岸农田分布差异和家族势力等综合因素，决定了湖水纠纷的发生及运作过程。矛盾双方通过文献的建构与解构，以实现护水与分水的目的。

关键词：明代；皂李湖；湖民；县官；宗族

水利社会史研究较早就开始构建一些基层社会关系理论，最有代表者为日本学者提倡之"水利共同体"。[1] 对基层水利社会高度概括，可以总体上把握地方社会演进规律，但也容易忽视地域之间的差异性。谢湜在对豫北地区县际水利纠纷的研究中认为，水利社会史的考察需要多层面的融通，其最终目的不是描述静态的模式或者凝固的传统，基层水利社会史不应该被既有的水利模式框定，"水利共同体"概念限制了基层水利社会史的开展。[2] 基层水利社会运作本身是极为复杂的，水利社会史研究需要透视掩藏在水利纠纷背后的地域社会之复杂面相。在解读基层水利社会过程中，史料是所有研究得以开展之基础。但地方史料的形成本身即是利益群体博弈的结果，何炳松先生就一直强调史料只是一种媒介，而非历史本身。[3] 地方史料不仅包括官方主导的地方志，也包括地方精英所留下的各种文献，使用这

---

[1] 对于"水利共同体"理论之详细阐述，请参阅钞晓鸿《灌溉、环境与水利共同体——基于清代关中中部的分析》，《中国社会科学》2006 年第 4 期，第 190—204 页。

[2] 谢湜：《"利及临封"——明清豫北的灌溉水利开发和县际关系》，《清史研究》2007 年第 2 期，第 12—27 页。

[3] 何炳松：《通史新义》，岳麓书社，2010 年，第 11—15 页。

些史料，也需要进行细致考证分析。刘志伟在传统地域社会研究中，较早注意到了社会文化的"结构过程"(structuring)，提出要反省历史叙述本身如何在地域社会建构过程中被结构化，而这种结构又如何推动和规限人们的行动。① 被"结构"起来的"历史"往往具有很强的目的性与解释性。钱杭也提到，历代精英通过对现状和历史所作出的一系列解释，构筑了地域社会中的"意识形态结构"，而这种支撑民间意识形态结构的解释，却往往经不起认真的检验。② 不过，解构史料以及考证史料背后的利益关系仍不是历史研究的最终目的，水利社会史研究最终需要以"理解之同情"心态去看待矛盾双方，关怀群体生境与区域小环境间之内在联系，并期望以此真正了解立体的"乡土中国"。

本文以浙东上虞皂李湖为例，试图解析地方利益群体（包括县级官府）围绕湖水纠纷而呈现的复杂历史面相，并在此基础上揭示小区域民生环境。湖水纠纷中贯穿着两组矛盾群体：得利湖民与县级官府、得利湖民与运河南岸不得利民众。湖民以明代高级官员所写之《记》文及以万历三十四年(1606)纠纷为中心而形成案卷汇编——《皂李湖水利事实》③（也称《湖经》，以下正文称《湖经》），以及得利核心家族的家谱等材料，不断叙述湖泊历史与受荫范围，形成一套湖区湖水叙事体系；运河南岸不得利民众一直有分水灌溉诉求，而县级官府旱时希望掘湖水济运。因地形条件所限，分湖水济运则可灌溉南岸农田，灌溉南岸农田必须以济运为前提，故县级官府与南岸不得利民众从湖水纠纷开始即立场一致。明代初期，南岸的灌溉诉求被湖民以湖税分派湖区及曹黎二姓割田成湖而拒绝，到明万历间南岸家族直接参与县志编纂，对湖的私有属性进行解构，在此基础上将湖泊灌溉范围以及性质进行修改，意图形成另一套湖水话语体系。但此举却将明代皂李湖纠纷问题彻底激化。府级以及更上级官府在处理纠纷中，以维持地方稳定为重，应湖民之请，最终确定了湖水仍只灌溉湖区而不接济运河。

---

① 刘志伟：《地域社会与文化的结构过程——珠江三角洲研究的历史学与人类学对话》，《历史研究》2003年第1期，第54页。

② 钱杭：《库域型水利社会研究——萧山湘湖水利集团的兴与衰》，上海人民出版社，2009年，第219页。

③ 罗朋辑录、曹云庆编：《皂李湖水利事实·沿革》，乾隆二十年刻本，《中华山水志丛刊·水志卷》第36册，线装书局2004年影印版，第8页。按：明代正统七年(1442)当地乡士罗朋(友睦)辑录湖水文献，成《皂李湖水利事实》一书（也称《湖经》），请致仕在家的郭南写序；清乾隆年间，曹氏后人曹云庆再次编纂重刻，增加了明正统至清康熙年间的史料。《皂李湖水利事实》内容大致可分六部分。一、序文、湖泊沿革。正文前有小引"湖说"一文、"序"文四篇、湖泊灌溉范围附图一张，序文后为湖泊"沿革"，详载湖泊由来以及明代历次湖水纠纷事件。二、"水利碑记"三通，分别为洪武十五年(1382)翰林院致仕赵俶、永乐五年(1407)翰林学士王景章、正统六年工部左侍郎周忱所写记文。三、绍兴府处理纠纷下发之告示，以及康熙十年(1671)知府张三异所立"禁碑"，还包括湖民之呈文数篇、官府判案批文数篇。四、明、清绍兴府知府朱芹、张三异"生祠"碑记，皂李湖斗门闸坝、堤塘以及湖灌溉田亩"古号"，明洪武三十二年"争讼事迹"中告状人之"原呈"（明代呈文）以及浙江按察司"施行"情况。五、"古今歌谣""跋文"及皂李湖八景诗"多首。最后为"皂李湖四闸齐修实迹""朱公（按：朱芹）祠改建实迹""议捐置产给种酬劳实迹"以及"重定派堡巡闸规制""永泽庵住僧瑞云承修湖闸实迹"五篇纪实文字。总之，《事实》搜录了明正统至清乾隆年间围绕湖水纠纷的各种文献，重点围绕明万历三十四年(1606)的湖水纠纷展开，虽然《事实》基本为湖区得利湖民之意愿表达，但其中保留的官府判案以及纠纷中湖民所上呈文，仍是解析湖水纠纷的最核心材料。

在展现水利纠纷复杂面相基础上,本文最后尝试回应以下几个问题,以求教于方家:浙东地区宗族与基层官府关系与地方志修纂中的"官方性"界定问题;浙东湖水水权特点与纠纷处理关系,以及水利文献构建在湖水纠纷中的特殊作用;南宋至明代浙东运河与国家漕运关系之变。

一、湖水灌溉范围与运河水情

皂李湖位于今浙江省绍兴市上虞区梁湖镇,湖水水域面积 1 500 亩左右,是上虞现存的最大湖泊,平均水深 1.8 米,最深处 6 米,三面环山,南面筑塘蓄水。[①] 该湖明清时期主要属于上虞县十都,水域面积与今变化不大,灌溉运河以北的十都、二十二都一万余亩农田。湖区受湖水灌溉之利的人群称湖民。在代表湖民意志的《湖经》中,清楚交代了湖民受荫范围,并详细标示出田亩字号:其中十都官民田一万四百九十六亩三分八厘,包括下辖的四、六、七、八、九保各字号田;二十二都一保,田亩九百五十二亩四分七厘,灌溉的沟渠范围也十分具体。[②] 在《湖经》正文前保留了一张湖水灌溉区域详图,图中灌溉农田区以运河为南界,北、东、西三面靠山,湖水灌溉范围受地理环境限制极为明显。[③] 笔者根据实测地形图,改绘当时湖水的灌溉区域范围如图 1。

湖水灌溉区域集中于运河北岸湖水以西和南部,因受东西及北面山脉限制,湖水在运河北岸的范围是十分固定的。因灌溉区域固定,北岸事实上形成了利益一致的共同体。灌溉区南靠浙东运河上虞段,也称四十里河。该段运河地势略低于北岸,却与南岸平原区基本持平。南岸郑家堡北靠鲤鱼山、龙头山,山与运河平行,鲤鱼山南侧为一大片平坦的农田区,农田区东、西皆有河道与运河沟通,且南部平原区的屈华村周围海拔仅 5.4 米,为该区域最低,因此运河水可通过枝杈河港深入南岸平原区的田间地头,区域内又有郑家堡河、贾塔河、后膨河等河流与运河相通。[④] 所以,运河也是南岸农田灌溉之重要水源,遇干旱时,南岸即希望分北岸湖水入运河。需要强调的是,南岸农田本身境内有一些水源,诸如西溪湖湖水、南部山区溪水等,其对皂李湖湖水的分水诉求,一般只是在干旱时期表现得特别明显,而此时运河也因干涸而出现通行困难。在同一时空背景下,运河北岸湖区对湖水的需求自然也最大。故而,整个明代皂李湖湖水纠纷呈现出长时段持续性与阶段突发性并存的特点。

---

① 上虞市水利局编:《上虞市水利志》,中国水利水电出版社,1997 年,第 42 页。
② 《皂李湖水利事实·古字号》,第 36—39 页。
③ 《皂李湖水利事实》,第 7 页。
④ 《上虞地名志·西湖公社概括》,第 246 页。

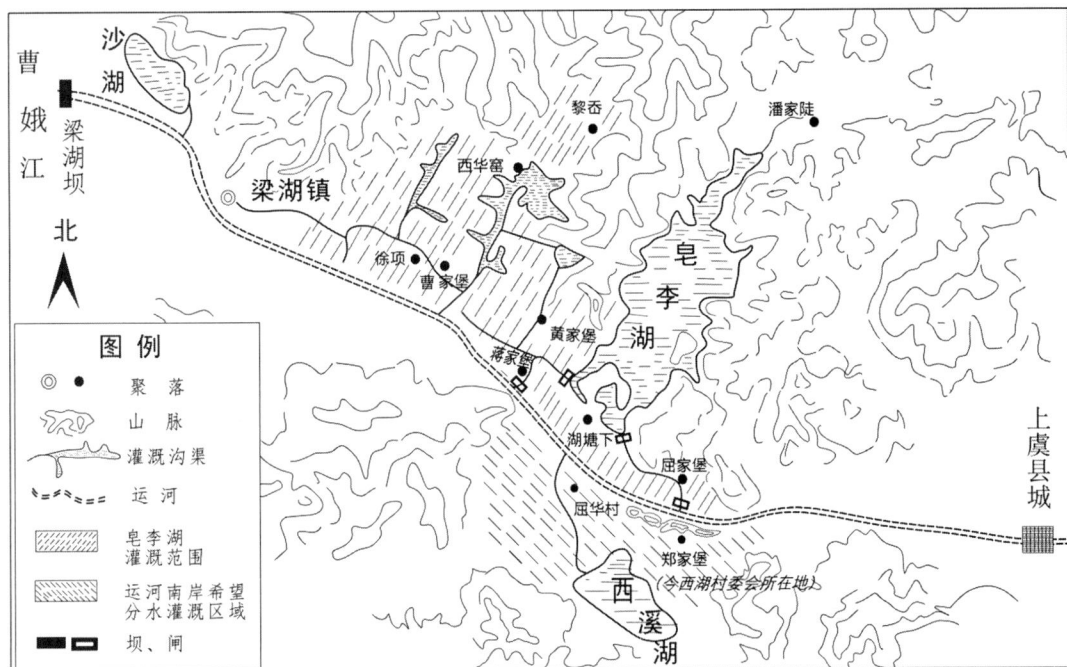

图1 皂李湖灌溉范围示意图①

由于运河及南岸农田地势略低于北岸,湖区为防止湖水顺势流入运河,因此在湖水入河处皆设置了水闸。对湖水管理也有系统、完善的制度,湖水决放十分敏感,不可随意放水,即使遇暴雨水涨,也需要上报塘长,不可私掘。"倘漕渠干涸,涓滴不许走泄。轮流昼夜在闸看守,置立木牌一面,书填日期姓名,明白交递,周而复始,如有走泄水利者,询其牌内日期,呈官治罪;或失去闸板者,会同乡老量情责罚,每失一片罚三片,及不看守者,亦罚三片。凡遇雨骤水涨,惟西瓦窑田低洼被浸,即时报于塘长启闭疏通,不许私掘。如有不遵,擅放者访其名数,各罚板三片。或有官军民人聚众强决者,急赴禄泽庙,擂鼓一通,汇众护救,有不至者,每家罚板五片,俱给本闸公用。直至秋成之后,方罢看守。"②即使漕渠(运河)干涸,湖水也涓滴不许走泄,这是明代运河与湖水矛盾之所在,而运河在明代的水情与通行情况较差,则又是此矛盾症结所在。

钱塘江下游河口段杭州湾呈喇叭形,潮水作用极强,加之河口中暗藏沙潭,故古时从宁波往杭州的船只很少走杭州湾,而是选择从宁绍平原内部走浙东运河。北宋龙图阁学士燕肃著《海潮论》,言:"今观浙江之口(按:杭州湾),起自纂风亭,北望嘉兴大山,水阔二百余

---

① 底图来自浙江省上虞县地名委员会编《上虞地名志》"皂李湖公社"图幅,内部资料,1984年,第245页。比例尺1∶35 000。沙湖位置参照清代《浙江全省舆地图》"上虞县图",西安地图出版社,2005年,第339页。
② 《皂李湖水利事实·序》,第34页。

里,故海商泊船怖于上潭,惟泛余姚小江,易舟而浮运河,达于杭、越矣。"①这条运河自杭州东渡钱塘江至萧山县西兴镇,自西兴东至宁波,长约400里,中间过钱清江至绍兴城,自绍兴东过曹娥江至上虞旧城(即丰惠镇)再东北接余姚江,东至宁波。浙东运河在春秋越王勾践时似已有局部运道,一般称创自西晋。南北朝时已建有渠化堰埭,唐代修建运道堤塘。北宋由杭州至宁波要渡过钱塘、钱清、曹娥三大江,越过七大堰坝,即钱清二堰、都泗堰、曹娥堰、梁湖堰、通明堰、西渡堰。南宋都杭州,运河为东通宁波出海之主要航道,时人维修、管理,增建堰坝、斗门、闸及水门等用力最勤。② 但即便如此,浙东运河,特别是上虞段的通航条件仍不理想。③ 元明时期基本能维持,但已不如南宋重视。由于自然环境变化,特别是明代浦阳江下游改道向北入浙江,此后三江闸兴建,浙东运河萧绍段无复险阻,通行顺畅;而上虞至余姚段,则通行条件比南宋时更差,此段在明代变动也较多,如改进通明北堰,开十八里河,增建江口坝以及菁江新河水道以代替运河等,④但遇大旱多干涸而不能通行。

清初黄宗羲记录了从余姚向西的运河情况,其言从余姚至绍兴有两条航路,分于城西二十里之曹墅桥:溯姚江而行,谓之南路;进曹墅桥入支港而行,谓之北路。北路在夏盖湖存续时期,经由夏盖湖闸堰而西至百官;南路即由通名坝至上虞县城,向西过梁湖坝,进入曹娥江。当时南北两路船只皆需要人工拖拽,只是北路皆为小船,徒手即可拖行,而南路则需要通过牛埭,由牛转动辘轳,拖船过坝。宋以降,在由杭州过钱塘江至宁波的浙东运河上需要经过七道堰(坝),诗文称"七堰相望,万牛回首"⑤。明三江闸建成后,萧绍段的水位平缓,而曹娥江以东的上虞段仍旧通行困难,黄宗羲言,过曹娥江向西"路无支径,地势平衍,无拖堰之劳,无候潮之苦,较曹娥而东相悬绝矣"⑥。

由于曹娥江感潮,江水性咸,运河除用于航运外,还兼具灌溉之用,不到万不得已,一般不引曹娥江水济运,地方史料中也以梁湖镇周边的湖水、溪水作为该段运河的源头,如南宋嘉泰《会稽志》言:"(运河)在县南(今丰惠镇)二百二十步,源出七里湖、渔门浦,自皂李湖皆汇于河。"⑦而在万历《新修上虞县志》中,上虞段运河主要水源变为山水,"源出百楼、坤象诸山,由溪涧汇注于河"⑧。这种文献记载的细微变化,其实反映的是运河周边的湖泊逐渐消失的过程。随着农业垦殖不断推进,旱时济运的湖泊也多被围垦,运河水位维持越来越困难。

明代初期,运河周边众多湖泊遭到围垦,嘉泰《志》中记载在县西南三里,旧广七里的西

① 嘉泰《会稽志》卷十九《杂记》,文渊阁《四库全书》本。
② 姚汉源:《浙东运河史考略》,盛鸿郎主编《鉴湖与绍兴水利》,中国书店,1991年,第146—175页。
③ 黄纯艳:《宋代运河的水情与航运》,《史学月刊》2016年第6期,第97页。
④ 姚汉源:《浙东运河史考略》,盛鸿郎主编《鉴湖与绍兴水利》,第146页。
⑤ 萧良幹修,张元忭、孙鑛等撰,李能成点校:万历《绍兴府志》卷十七《水利志二·坝》,宁波出版社,2012年,第356页。
⑥ 黄宗羲:《余姚至省下路程沿革记》,吴光主编《黄宗羲全集》第19册,浙江古籍出版社,2012年,第104—105页。
⑦ 嘉泰《会稽志》卷十《水》,文渊阁《四库全书》本。
⑧ 万历《绍兴府志》卷七《山川志四·河》,第162页。

溪湖（按：位于运河南岸，郑家堡南）到元代基本垦废。万历《新修上虞县志》载："宋绍兴初，割湖三分之一以给功臣李显忠为牧马地，后挟功兼并，而湖遂以渐废。迨宋末，民私其田，辄献之福王邸，旋籍入太后宫，供输租谷。入元，豪民肆侵湖，尽为平陆，而承荫之田失利焉。"到元至正年间，翰林学士林希元出任上虞县令，认为西溪湖之于上虞犹如人之有脏腑，极力复湖。在其努力下湖水虽有所恢复，但入明朝又废。嘉靖二十三年（1544），县令陈大宾力图恢复，但"甫经开始被征而寝"，直到万历十二年（1584），县令朱维藩才又复此湖。①

此外，嘉靖间，县令郑芸在曹娥江滨筑沙湖，筑湖目的很明确，即为运河提供水源。康熙《上虞县志》称："沙湖，十都，在县西三十里，北倚兰芎山，南滨曹娥江，周六里。明宏治间，侵于姚人怙势者；嘉靖戊戌，县令郑公芸复之，已渐为潮汐所淤；万历己亥，胡公思伸筑堤建闸，以时启闭，若旱则递决而注于运河。"②万历以后此湖又废，但以其济运的说法却一直被保留。

皂李湖南与运河相邻，湖水海拔高于运河，湖水经由南部的东西二斗门、石闸分流后，西流由大板、蒋保闸调蓄；东流向南至屈家保处置土坝为防。③ 设闸、坝的目的在于防止湖水径直流入运河。皂李湖八景（下文有阐述）中，有"斗门水势"一景，"斗门在湖正西，其地高阜，决水时势若建瓴，故名。置闸为防，久雨则泄，久晴则决以灌受溉之田"④。开湖济运，影响湖区农田灌溉，自然遭到湖民坚决反对。因运河水有与南岸农田灌溉沟渠相通，于是抵制济运，也即抵制南岸分水灌溉的要求。

南岸虽在明力历年间复浚了西溪湖，但西溪湖因水浅而时常干涸。笔者考察过程中走访西溪湖湖区老农，老农称该湖湖水很浅，大多数地方都是浅水，深水区少，水深平均不足1米。因此该湖历史上经常垦废，南岸对运河灌溉一直有依赖。而北岸湖民在明代中前期，则以湖税分派湖区拒绝南岸不得利民众的分水诉求，《湖经》言："（湖水）灌溉第十都、二十二都官民田一万一千四百四十八亩有奇，为湖田租则均派于受溉之田，视他乡租额倍之。"⑤造册纳税的具体时间在洪武十九年（1386），"钦差监生李张赍捧敕书宣谕黎氓，遍历田亩，丈量无余，图册入贡。其湖内田荡增科，其税不失包纳湖面之额"⑥。湖税自然是宣称湖水所有权的最佳依据，但湖税并不是最稳固之借口，洪武初年分摊的湖税到嘉靖四十一年（1562）即蠲除了（对此下文有具体论述）。因此，万历三十四年（1606）新修县志时，湖区已不纳湖税，这也成为南岸再次要求均分湖水的重要理由，加之有来自官方要求旱时济运的压力，构建湖泊的

---

① 徐待聘修，胡耀灿、黄颂翔主编：万历《新修上虞县志》卷三《舆地志三·湖陂》，中国文史出版社，2013年，第75—76页。
② 康熙《上虞县志》卷三《舆地志三·水利》，《中国方志丛书》华中地方第545号，成文出版社据康熙十年刊本影印，1983年，第196页。
③ 《皂李湖水利事实·陡门》，第34—35页。
④ 《皂李湖水利事实·诗》，第44页。
⑤ 《皂李湖水利事实·沿革》，第8页。
⑥ 《皂李湖水利事实·沿革》，第10页。

私有属性就极为重要了。

二、"割田造湖说"的形成、发展与质疑

皂李湖由民割田而成的说法,目前所见文献始于元代,称唐贞观年间由乡民割田筑成。[①]
但到明洪武末、永乐初开始出现曹黎二姓割田成湖的说法,此说法称割田成湖后,乡民本欲
以曹黎二姓名湖,因二姓辞不就,音近而改名皂李湖。此说形成后逐步成为湖水私有属性之
坚实论据,也成为抵制济运与南岸分湖水的最佳理由。但由于此说法存在一些无法抹去的
史实疑点,因此也一直遭到南岸质疑,甚至到清嘉庆年间仍有无关利益者对此提出质问。因
此,以曹黎二姓割田成湖来宣示湖泊的所有权就具有极大风险,此根基若动摇,则湖水所有
权也将动摇。

目前所见,皂李湖名最早载于南宋嘉泰《会稽志》,不过从下文葛晓的论说中,可能在《越
州图经志》中已有该湖。《图经》乃北宋李宗谔所著,[②]但早已亡佚。由此看来,皂李湖湖名最
晚到北宋时已存在。明洪武初,当地文人谢肃《密庵诗文稿》中有两首记载皂李湖的诗文,诗
中皂李湖"菱荷风急",景色优美,湖中荷叶繁茂,[③]湖名与南宋文献无异。既然明初以及南宋
嘉泰《会稽志》中皆名皂李湖,为何又与曹黎二姓扯上关系?

我们先看《湖经》的"沿革"部分对湖泊形成史及灌溉范围之叙述:

> 上虞县西有皂李湖,一名皂里,去县半舍,坐第十都,其都地势高仰,民患旱暵。唐
> 贞观初,乡人曹氏、黎氏率众割己田为湖,以二姓音近者皂李名湖。湖周围十五里,群山
> 环绕,西南土筑为塘,蓄纳众流,乃建东西二陡门闸以限兹水,灌溉十都、二十二都官民
> 田一万一千亩有奇,其湖田租则摊派于受溉之田。[④]

追寻《湖经》所载,此说始于永乐年间王景章之《记》文。今王景章《记》文仍保存于《湖经》中,
中有"湖在县西十里许,本曹黎二大姓倡民割田而为之者也,湖成民请以曹黎题名,图其永
传"[⑤]。正统年间地方士人郭南纂修县志,将王景章《记》文载入县志,今正统县志已亡佚,但

---

① 《皂李湖水利事实·诗》"皂李湖八景诗"中元至正年间乡人莫嗛甫《杜墩夜雨》诗称,乡民割田成湖时,杜氏兄弟因"滂
　沱一夜雨,人屋俱沉沦"(第44页)。
② 《宋史》卷二百四《艺文三》,中华书局,1977年,第5156页。
③ 谢肃:《密庵诗文藁》丙卷《同朱伯贤先生、刘茂之处士、王玉氏游皂李湖山,观赵府判墓》、戊卷《荷伞》,《四部丛刊》三编
　景明洪武本。
④ 《皂李湖水利事实·沿革》,第8页。
⑤ 王景章:《上虞县皂李湖水利记》,《皂李湖水利事实·碑记》,第13页。按:王景章,浙江山阴人,永乐年间翰林学士。

万历三十四年(1606)上虞县令徐待聘主持、葛晓等人负责编纂的县志中转录了郭南《上虞志》对皂李湖所作注释全文，兹列如下：

> 待制赵俶《记》、①学士王景章《记》、侍郎周忱《记》，②咸称此湖本曹、黎二大姓割田而为之，湖成，民请即以曹黎名，图永其传，辞让恳至，再四不已，民乃体其姓音之近似者呼之，故曰皂李。其为湖之田之租，则均于受溉之田，故其田视他租尤重，运河虽龟坼，不得少通涓滴。③

对于造湖历史，赵俶的《记》文中只言"唐贞观初，乡人割田为之也"④，未说曹、黎二姓割田成湖；正统六年周忱所作之《记》文也只是称"唐乡人割己田，包税粮而为者也"⑤。只有王景章的《记》文中称曹黎二姓倡民割田成湖，因湖民以曹黎名湖，辞不就，乃以音近而改名之皂李。⑥ 但他也没有说湖由此二姓割田而成，二姓只是带头者。王《记》成文之过程，却是永乐五年(1407)，黎姓后人黎启贤写就《水利事状》后，由儒士徐友直"走金陵"谒王求得。⑦ 王景章对湖区的了解自然是从黎启贤所写的《水利事状》中获得，且受人之请，故王之《记》文不过是以黎姓族人等为代表的湖区得利者之代言。黎启贤可以直接到南京请王景章"写"《记》文，也能看出湖区精英家族本身的强大影响力。郭南将王景章《记》文中曹、黎割田成湖之说载入县志，此问题就具有了更大影响力。要否定此说法，就得先否定郭南《志》，于是我们看到了万历十五年(1587)的《绍兴府志》中对郭南及其编修的《上虞志》进行全面否定，这一点将在下文中展开。

皂李湖由曹黎二姓割田而成之说法的形成与发展，与明初湖水不断遭到来自济运与南岸分湖水之威胁有关。《湖经》中详述了明初五次对湖水威胁较大的事件，事件涉及县级官员、运河过路官员、得利湖民以及不得利民众。具体事件如下。

洪武初年，信国公汤和为"征南大将军，道上虞，会漕渠胶舟，议决防"，因湖民黄正伦等

① 赵俶：《皂李湖重建三闸之记》，《皂李湖水利事实·碑记》，第11页。按：赵俶，字本初，山阴人。元进士。洪武六年(1373)征授国子博士。俶因请颁正定十三经于天下，屏《战国策》及阴阳谶卜诸书，勿列学宫。明年，择诸生颖异者三十五人，命俶专领之，教以古文。以翰林院待制致仕，赐内帑钱治装。宋濂率同官暨诸生千余人送之。卒年八十一。(《明史》卷一百三十七《赵俶传》，中华书局，1974年，第3954—3955页。)
② 周忱：《修皂李湖闸水利记》，《皂李湖水利事实·碑记》，第14页。按：周忱，字恂如，吉水人。永乐二年(1404)进士。选庶吉士。明年，成祖择其中二十八人，令进学文渊阁。忱自陈年少乞预。帝嘉其有志，许之。寻擢刑部主事，进员外郎。(《明史》卷一百五十三《周忱传》，第4212页。)
③ 万历《新修上虞县志》卷三《舆地志三·湖陂》，第70—71页。
④ 赵俶：《皂李湖重建三闸之记》，《皂李湖水利事实·碑记》，第11页。
⑤ 周忱：《修皂李湖闸水利记》，《皂李湖水利事实·碑记》，第14页。
⑥ 王景章：《上虞县皂李湖水利记》，《皂李湖水利事实·碑记》，第13页。
⑦ 《上虞县皂李湖水利记》，《皂李湖水利事实·碑记》，第13页。

力阻而未成。① 洪武三十二年(按：建文元年,1399)得利范围以外的二十二都民任宗等人希望扩大湖水灌溉范围,以分湖水之利,县级官府支持任宗等人请求,县令马驯带人开闸放水,结果湖民抵制非常强烈,县府以阻碍官府办事,拘押一百三十九人,并杖责主要人员,后十都籍湖民项圭五等"将旧有碑图具状赴浙江按察司陈告",未得开湖;②第二年(1400),不得利民众俞士珉再次要求分水灌溉,十都里长黎得雨等再上呈官府,案件由府级宪金唐泰处理,支持湖水只灌溉湖区。永乐十六年(1418),夏大旱,漕运路过官员要求掘湖济运,府判禤明德先至湖区查看,之后上报钦差,湖水不可济运,过路官员不得已开曹娥江济运而去。宣德二年(1427),上虞又旱,运河干涸,钦使西洋指挥使刘公督促邑丞赵智决湖通水,赵智却引湖民至刘公麾下当面陈述,结果货物打包由陆路转运。③以上五次威胁湖水安全事件可分两种情况：一、官方希望旱时开湖济运;二、不在分荫范围内的农民要求旱时分水。由于史料缺乏,虽无法获得任宗、俞士珉的详细信息,但从既有的湖水灌溉范围看,任、俞当为南岸利益群体之代表。正因如此,湖民为应对此两方压力,才有了以上三位名士《记》文。将湖由乡民割田而成,向具体的曹黎二姓割田成湖推进,无疑能进一步框定湖泊的私有属性。

湖区最早称湖由乡民割田而成,洪武末、永乐初形成曹黎二姓割田成湖说,在万历以后的曹氏族谱中,还将具体带头割田的曹黎先祖、造湖时间落实得更为具体。笔者查阅曹氏家谱,所见清代最晚一部家谱乃光绪二十一年(1895)修,谱中收录了万历年间首次修谱后的历次谱序,历代序文中所述造湖历史也基本以《湖经》为模板,变化不大。但在光绪谱中,曹黎二姓祖先造湖的历史变得更为清晰：

> 皂李湖,距县西北半舍,地属十都,其都地势高仰,民苦旱暵。唐贞观十二年,吾宗祖廷洪公与乡邻黎公汝先铲己田一千三百余亩而为之也。潴水溉田,人民感之,请以曹黎题名,固辞,众乃以谐声之近似者呼之,曰皂李湖。④

此文成于清末,对唐代之事反倒记载得更清楚,其基本史实来源于《湖经》,但将《湖经》及明

---

① 此事多次被记载于《湖经》中,但首记见于赵俶《皂李湖重建三闸之记》(《皂李湖水利事实·碑记》,第12页)。万历三十四年(1606)葛晓对此提出质疑："记称国初信国舟行,值旱涸欲放湖水,父老具其事上白,遂寝。按刘绩《霏雪[录]》云：洪武丁卯(二十年,1387)春,汤信国持节发杭绍等五郡之民,城沿海诸镇,至会稽王家堰,夜大雨,水暴至,水上有火万炬,习海事者曰：咸水夜动有光,盖海坏也。自此抵上虞不熟十里,而曰漕渠舟阻,议决湖而中止,吾谁欺乎?"(万历《新修上虞县志》卷三《舆地志·湖陂》,第71—72页。)葛晓认为汤和放弃掘湖济运非湖民力争结果,乃潮水倒灌之作用。从时间上看,刘绩《霏雪录》中所记之事当非汤和南征,而是洪武二十年,受命前往浙江经营海防,修筑城池。(对该年汤和于浙东筑城防之时间及区域可参阅刘景纯、何乃恩《汤和"沿海筑城"问题考补》,《中国历史地理论丛》2015年第2期,第139—147页。)明初南征决湖受阻之事由赵俶所记,赵乃当时人,如非刻意造假,则应可信。葛晓有故意张冠李戴之嫌。
② 《皂李湖水利事实·前呈》,第40页。
③ 《皂李湖水利事实·沿革》,第10—11页。
④ 《虞西板桥曹氏全宗谱》卷一《皂李湖事实记》,清光绪二十一年木活字本,上海图书馆藏。

初官员《记》文中十分模糊的造湖时间落实为贞观十二年，"乡民"落实为"吾祖廷洪公与乡邻黎公汝先"，割田亩数也十分明确，而湖名皂李的解释性说明仍采用王景章最早说法。

正如上文所述，南宋及明初文献中已有皂李湖之名称，因此所谓曹黎二姓割田成湖，因音近而改名之说法也就不断遭到质疑。万历三十四年葛晓修县志时，即对此有否定（下文中有阐述）。而除此以外，曹黎割田说还受到湖由唐贞观年间杜姓兄弟率众割田而成之说的挑战。清嘉庆年间，居住于湖水北面潘家陡（按：不在湖水灌溉范围内）的宋璇对湖名曹黎即有质疑，写就专文《驳皂李湖易名曹黎湖说》，并收入宋氏族谱。宋璇的质疑理由分七条，主要有湖泊命名依据、水域范围及曹黎二姓不可能完成割田造湖等。他提出湖泊形成与唐代杜姓兄弟有关：

> 然则曷为而有是湖？查唐贞观间，杜君讳良兴兄弟三人于此，悯农夫苦涸，割己成渠以公桔槔，天成其志，一夕风雨，陆沉为湖。惟其陆沉，故沧海桑田变化无端，不必浚深而自成为巨浸也。然则后之人曷以"割田为湖"美杜君？余谓割田者杜君之惠，为湖者天之意。惟天因其割田而陆沉为湖，则是湖不啻杜君之割而成也。[1]

宋璇认为：带头割田者为杜氏兄弟，而湖之所成乃天所为也；所谓曹黎二姓创湖之说，实乃因"当时湖民与任宗、郑用九等迭次争夺，托言曹黎两姓所割，不能分涓滴之水于漕河，以示确据。而两家子姓遂久假其名，而以谓伊祖上功"。[2]

对于宋璇的质疑，及该文被载入宋氏家谱，曹氏家族在光绪二十一年（1895）所修谱中作《皂李湖辨正说》一文极力反驳，对宋璇的质疑皆有回应，只是对宋璇提出的当时湖水不断遭到官民威胁，"托言曹黎两姓所割，不能分涓滴之水于漕河，以示确据"并不反驳。曹氏对所谓杜氏兄弟与创湖有关之说也极力否定。但不可否认的是，直到光绪《上虞县志》中仍记载在湖的北、南、西三面立有三座庙宇，供奉杜氏兄弟。[3] 由于庙宇中所供奉之神的来历渐为人所不知，故香火渐淡，以至于曹氏在《辨正》中称所谓杜君者，不知何许人，其里居也无载。[4] 其实在元代，对湖水的争夺还没有十分剧烈之时，皂李湖风景优美，当地文人莫嗛甫造了"皂李湖八景"[5]。他的八咏诗中首列者即为"杜墩夜雨"，诗前的题记中言："墩在湖南近中，昔杜良兴昆季家焉，故名。唐贞观初，割田成湖时，徙居未遂，一昔雨沉漉，尸不存，或言仙化，乡人立庙祀焉。"[6]咏"杜墩夜雨"景的诗为："湖南杜家墩，伊昔居杜君。割田创湖后，欲徙西山

---

① 宋璇：《驳皂李湖易名曹黎湖说》，宋清标修：《重修古虞宋氏宗谱》卷七，民国十三年木活字本，上海图书馆藏。
② 宋璇：《驳皂李湖易名曹黎湖说》，宋清标修：《重修古虞宋氏宗谱》卷七。
③ 光绪《上虞县志》卷三十一《建置志·祠祀》，清光绪十七年刊本。
④《虞西板桥曹氏全宗谱》卷一《皂李湖辨正说》。
⑤ 皂李湖八景具体指：杜墩夜雨、郭墓春云、东阪朝耕、西塘晚眺、马湾雨牧、姜岙雪樵、陡门水势、澜岭泉声。
⑥《皂李湖水利事实·诗》，第43页。

根。滂沱一夜雨，人屋俱沉沦，父老表其事，立祠在湖边。"①虽未言明湖由杜氏兄弟所造，但湖成确与之有关。莫嗛甫之后，明初张𬙂、刘鹏皆作有八景诗，无一不将"杜墩夜雨"列在首位，②但都没有提及湖与曹黎二姓有关。不过到永乐年间，叶砥的八景诗，咏"斗门水势"景中，出现了"千古曹黎名不泯，功沾田里发歌谣"③。可见，到洪武末永乐初，曹黎二姓割田造湖的说法才形成并具有一定影响，这与王景章的《记》文大致同时。到清康熙年间，曹氏后人曹章的八景诗则将"东阪朝耕"列在首位，将"杜墩夜雨"排在第五，④这不应只是排序上的简单调整，实乃曹氏族人有意降低杜氏兄弟对曹、黎造湖说的"干扰"。

如此看来，皂李湖由曹黎二姓割田而成的观点在湖区仍有异议，虽然此观点已成为"常识"，即便到了清代仍有无关利益的局外人对此有质疑，而利益相关者也极力对造湖历史进行追问，但无论如何，通过明初三位重要官员的《记》文，及《湖经》、族谱等文献的不断叙述，皂李湖由私人割田而成，已成为湖民对抗官府以及不得利民众要求分水的最佳理由。如何破这样的"故事"，即成为南岸民众与县级官府努力之方向，而湖名即是最佳突破口。

三、葛氏家族与地方志编纂

由于正统年间郭南最早将湖由曹黎二姓割田而成的说法载入其编纂的《上虞志》中，故要否定湖泊的私有属性，需先否定郭南《志》。于是我们看到了万历十五年《绍兴府志·经籍志》对郭南及其所修志书的全面否定：

> 《上虞志》十二卷。邑人郭南撰。南，居曹黎湖侧，欲以湖为己有，又冒郭子仪为祖，遂托修志，尽更旧本，改曹黎为皂李，又妄入汾阳裔孙后。为通判，以贪致富，乃重价购旧志焚之，并毁其板，今所存者，南志也。久之，南志亦毁于火，而其子孙陵替，乃以志为乞贷资，南盖起自县功曹云。⑤

万历《绍兴府志》于十五年（1587）刻成，全书共五十卷，是绍兴地区所存继南宋嘉泰《会稽志》之后的又一部府志。从成书时间看，过程相对仓促，编修者为知府萧良幹，具体内容则分包到各县，上虞部分由时任县令的朱维藩负责，而具体修纂者则与此前修《上虞县志》者为同一

① 《皂李湖水利事实·诗》，第44页。
② 《皂李湖水利事实·诗》，第43—47页。
③ 《皂李湖水利事实·诗》，第46页。
④ 《皂李湖水利事实·诗》，第47页。
⑤ 萧良幹修，张元忭、孙鑛等撰，李能成点校：万历《绍兴府志》卷五十《序志》（点校本），第926页。

批人，其中主要负责人即为南岸葛氏家族中的精英士绅。

万历三十四年（1606）县令徐待聘主持编修的《新修上虞县志》序言中称："始檄部中修郡邑志，于时前令朱公维藩属葛、陈两先生秉笔。"① 所谓"葛先生"即为葛桷，② 葛桷为嘉靖甲辰年（二十三年，1544）进士，后任常熟县令，在任期间"辑盐盗、豁坍江、修治七浦，皆有惠于民"，因秉性耿直，"取忤于时，投劾而归，杜门读书，不以外事"，晚年回到乡里，成为地方乡绅。③《新修上虞县志》中保留了万历十一年修《上虞县志》时葛桷撰写的序文，详细阐述了《上虞县志》的成书过程：

> 时判越州侄焜，以给葬家居，其学识才行，余所取信，乃与之参互考订，综之使会，核之使实，约之使当，亦聊辑见闻，以备遗忘耳。兹朱侯维藩，政通人和，稽古右文，慨虞志之尚缺也，亟图其事，属余重裁定之，汇成共十二卷。其人物论撰，则自朱侯独断焉。④

文中的"侄焜"即葛焜，《新修上虞县志》载："葛焜，字仲韬，其父葛木，初任岳州府通判，后升任袁州府通知。"葛焜乃葛晓之父，即万历十一年县志初稿乃葛焜所作，但最终由葛桷裁定汇总而成。葛氏一族宋代迁入上虞，此后成为当地望族，累世为官。⑤ 笔者走访运河南岸的郑家堡地区，当地人称葛姓在西溪湖周边分布极多，乃当地一大姓，可以推测明代的葛氏家族也分布于运河南岸今西湖村一带。⑥

从上述可知，万历十一年（1583）负责县志编纂的葛桷又负责《府志》上虞部分的修撰工作，由于《县志》基本修定，于是《府志》上虞部分的内容自然来源于县志。因此，《府志·经籍志》对郭南《志》之评价也即出自南岸葛氏家族之手。《府志》否定郭南《志》主要基于三点：

一、郭南居曹黎湖侧，欲以湖为己有，改曹黎为皂李；

二、冒郭子仪为祖，遂托修志，尽更旧本，又妄入汾阳裔孙后；

三、重价购旧志焚之，并毁其板。

其一，郭南欲占湖为己有，改曹黎为皂李，在逻辑上明显不通。此湖本名皂李，明初以前

---

① 万历《新修上虞县志》卷首《徐待聘序》，第3页。
② 陈先生当为陈绛，雍正《浙江通志》卷二五三《经籍》："《上虞县志》十二卷，万历癸未（十一年，1583），贰守乐颂聘陈绛及葛桷纂修。"（清文渊阁《四库全书》本）
③ 万历《新修上虞县志》卷十八《人物志二·名贤列传》，第249页。
④ 万历《新修上虞县志》卷首《葛桷序》，第5页。
⑤ 葛晓之前，葛氏家族重要的人物有葛启、葛浩、葛木、葛桷、葛焜，在葛晓主要负责的《新修上虞县志·人物志》中皆列入"名贤列传"。葛启，字蒙吉，永乐、宣德年间人，永乐六年（1408）参修《永乐大典》，书成，拜陕西道监察御史。葛浩，字天宏，葛启曾孙，弘治丙辰（九年，1496）进士，此后官至两京大理卿，年九十二而卒，恩赐祭葬，赐刑部右侍郎，从祀明宦乡贤。葛浩有两子：长子葛木，次子葛臬。葛木字仁甫，正德丁丑（十二年，1517）进士，历任刑部郎中。葛臬恩荫南京督察院照磨。葛桷即葛木或葛臬之子，因未见家谱，未能断言。葛焜，字仲韬，初任岳州府通判，后升任袁州府同知，年七十而终，长期居于乡里，乃地方名士。（见万历《新修上虞县志》卷十八《人物志二·名贤列传》，第246—248页。）
⑥ 今西湖村由郑家堡、后湖、甑底山、屈华等多个自然村合并而成。

的文献皆可为据。曹黎二姓割田造湖之说出现于洪武末、永乐年间,目前所见最早文献为王景章永乐年间的《记》文,非自郭南始。且正统六年郭南主动将周忱《记》文立石于湖边,该《记》文从头到尾都在论述湖民为造闸、护湖所作之各种努力,称"皂李湖在县西北十都,唐乡人割己田包税粮而为者也"①。文中已声明湖由民造,郭南若欲占湖为己有,又怎肯立此碑?其实批郭南私占湖泊,意在说明郭南将湖泊变为湖区私有。需要指出的是,在万历十一年(1583)修县志时,葛氏家族仍以湖初名曹黎、郭南改皂李叙述湖泊历史,可见在万历初修县志时,曹黎割田成湖之说已深入人心,不过在三十四年葛晓修志时,则对湖名曹黎进行了否定。

其二,以郭南冒汾阳郭子仪后裔,将其主持编修之《县志》完全否定。族谱冒名人之后实乃常事,故黄宗羲才言族谱与郡县之志最不可信:"以余观之,天下之书,最不可信者有二:郡县之志也,氏族之谱也。"②但即便如此,县志并非家族志,冒名人之后入家谱乃至入县志,也并不能完全否定县志内容。而且葛晓修县志时,也将葛氏祖上的官员、士绅大量载入县志。况且从目前保留的正统《志》郭南序中可知,该志是在永乐旧志基础上修订而来,郭南言:"大明永乐戊戌岁,朝廷颁布凡例,命郡县儒生采搜山川人物、古今事迹、户口田粮等目,编纂以进,诚我朝稽古右文之盛举也。邑民袁铧得预编纂之末,遗稿其兄铉,于课童暇,辄取遍观,略者详之,浮者核之,缺者补之,紊者正之,傅(附)会而不纯者芟去之,汇成十二卷,仍图山川疆域于首。正统辛酉(六年,1441)公暇,以此稿就余校正。"③郭南只是负责校正,而所据之底本乃永乐古志,以此否定正统《志》,实在勉强。

其三,《府志》称郭南为一己私利尽毁前志,这是否属实,无从查考。目前可知在元代有过两次编纂县志,对此郭南在正统《志》序中也有交代:

> 故无志书,肇自皇元至正戊子(按:二十五年,1288),县尹云中张叔温命邑民张德润裒集成秩,诿学掾三衢余克让,肃乡儒余元老校正,为书甚不苟,而或有未精者也。越几年,天能林希元由翰林出尹兹邑,莅政之余,因得观阅,见其详略未核,类序无伦,仍属学掾句章陈子翚重修之。子翚不轻取舍,又稽谂文献,著成如干卷,复镂板行远,其用心之勤,亦不下于张、余矣。④

从序文内容看,郭南对元代的两次修志评价较为客观,似乎没有要抹杀前志的意思。可

---

① 周忱:《修皂李湖闸利水记》,《皂李湖水利事实·碑记》,第 14 页。
② 黄宗羲:《淮安戴氏家谱序》,吴光主编《黄宗羲全集》第 22 册"序类",第 61 页。
③ 万历《新修上虞县志》卷首《郭南序》,第 5 页。
④ 万历《新修上虞县志》卷首《郭南序》,第 5 页。

以肯定的是，至少到万历新修县志时，永乐志还存留着，"访民间，得永乐古志抄本"①，新县志中许多沿革内容即来自永乐志。《府志》又称"久之，南志亦毁于火"，似乎想造成一种既成事实。实际上，郭南《志》并没有完全毁掉，至少到清乾隆年间，湖区曹氏家族中仍保留有郭南《志》，《曹氏全宗谱》言"高高祖闓齐府君，珍藏于明楼，悬之于梁上，历百有余年，传至曾叔祖松崖府君，见子孙繁衍，恐有遗失，乾隆二十一年二月初二日，将是卷逐一点交与族伯祖高山公贮藏"，其中有"正统年间郭《志》一本"。②

曹氏家族保留郭南正统《志》，原因定然是志书对其有利，故才将其与历代家谱藏于明楼，悬于梁上，乃湖泊属湖区湖民私有之凭据。而要否定湖泊私有，扩大受荫范围，首先就得从源头上否定郭南《志》。葛桷、葛焜所修之《县志》已完成草稿，却未得刊行，《新修上虞县志》徐待聘序称："又以弹射者众，虽尝具草，竟未成书。"③修志遭到多方"弹射"而未能刊行，为何遭到弹射，并未详载。不过从万历《府志》对皂李湖的处理态度看，来自皂李湖得利精英阻力的可能性较大。在《府志·山川志》河湖部分，并没有专门记载皂李湖，却对朱维藩万历十二年（1584）主导筑复的西溪湖重点记载，而皂李湖无论是水体面积还是灌溉农田范围，都不比西溪湖小，《府志》中唯独缺少"皂李湖"条，很可能是在成书前被删掉了。朱维藩在任期间希望旱时引湖水入运，也是南岸希望分水灌溉之诉求，但此诉求在《县志》编纂中遭到强大阻力，故而未成。县志虽未成，《府志》中却保留了部分信息。

万历十一年（1583）的《县志》虽未刊行，但通过《府志》成功地将郭南《志》否定了。而否定郭南《志》也只是南岸不得利民众分水行动中的第一步。万历三十四年，上虞县知县徐待聘再次主持编修县志，即《新修上虞县志》，而此次县志编纂者仍是葛氏家族中人——葛晓。县志编纂中，将湖水的灌溉范围及与运河关系进一步论说为湖泊应属公有，应分水入运以及灌溉更多区域。

《新修上虞县志》卷三《舆地志》列"皂李湖"条，将此湖水分配范围扩大到运河以南"峨眉、上管、始宁三乡"。明清时期，峨眉乡下领一都十保、二都一保，共11保；上管乡下领二十都二保、二十一都十保、二十二都六保，共18保；始宁乡下领二十二都四保、二十三都十保，共14保。④此三都共43保，灌溉农田面积在此前的基础上扩大了数倍，扩大的灌溉区域集中在运河南岸。新志在"皂李湖"条下有葛晓长篇按文，部分内容如下：

> 按：皂李湖湖名在古《图经》久矣。郭《志》载，洪武中待制赵㣙《记》、学士王景章《记》、侍郎周忱《记》，咸称此湖本曹黎二大姓倡民割田而为之，湖成，民请即以曹黎名，

① 万历《新修上虞县志》卷首《徐待聘序》，第3页。
② 《虞西板桥曹氏全宗谱》卷一《湖卷存记》。
③ 万历《新修上虞县志》卷首《徐待聘序》，第3页。
④ 万历《新修上虞县志》卷一《舆地志一·坊都》，第27页。

图永其传,辞让恳至,再四不已,民乃体其姓音之近似者呼之,故曰皂李。其为田之租,则均于受溉之田,故其田视他租尤重,运河虽龟坼,不得少通涓滴。且历援往事为证,其说甚详。至今民犹强执以抗官府。乃于运河一款注云:潴蓄皂李、西溪二湖之水,以通官民舟楫,灌溉峨眉、上管、始宁三乡之田凡数百顷,则此湖之公于运河而得以溉他乡明矣。①

新志于运河一条注称此湖水不仅应济运河,而且应灌溉峨眉、上管、始宁三乡的更多田亩,意图确立湖泊的公有性质。

葛晓认为皂李湖不应只属于湖区,提出七条理由。一、以曹黎名湖不过是自我掩饰。二、皂李湖税派于全县,湖水之利自当归公。三、境内夏盖、白马、小查等湖与余姚共灌溉,为何只有皂李湖由湖区独霸?四、《湖经》等文献称,国初信国公汤和欲决湖济运遭到阻止,乃是因为夜大雨水暴涨而缓解运河干涸,非湖民力劝之结果。五、皂李湖夏以灌溉湖区农田,秋而埏植,实利己而妨人。六、湖水既然只荫本都,就应该与运河隔绝,为何又开大小板桥之港,作东西二斗门?七、所谓湖水济运,即使尽发一湖,不足旱河一吸,也非实情,称湖周一十五里,度其所蓄,注于运河,可资旱时十日之溉。②此"七说"从法、理、情等方面阐释湖水应属公有,旱时济运。所提出的七条质疑中,湖名问题仍是湖水私有解释中最难圆说之处,虽然曹黎造湖说已十分完备,但仍受质疑,新县志称:"湖名皂李者,则《古越州图经》宋南渡以前所作,已有是名矣。至元时林希元、陈子羣两公者修志,亦曰皂李湖。而郭《志》始称唐贞观间曹黎二姓割田为之,欲私之以为一方之利。"③确如所言,皂李湖之名早已存在,新志特别强调郭南《志》"始"称唐贞观间曹黎二姓割田为之。其实在郭南《志》之前,《湖经》中所载明初三篇《记》文,特别是王景章之《记》文中已经称曹黎二姓割田成湖。不过以县志载之,确以郭南《志》始。葛晓的其他论据则或张冠李戴,或所指不实,多无坚实之立论根据。最为有力者则属湖税问题,但湖税在嘉靖四十一年(1562)蠲免前确由湖区分纳,蠲免后再无分派湖税之说。

葛晓指出遇有大旱时,运河与南岸农田即面临缺水困境,湖水成为运河通畅和南岸农田灌溉之水源所寄,乃当时区域内真实生境之描写:"总之,一邑之水,自当公一邑之利。刬运河为东西孔道,经旬不雨,不惟桔槔莫施,而官民之舫尾尾若鲋鱼矣。其在四乡及下流者,其源既不可达,仅仅仰给三湖以资灌输,而必欲私之以为一方利,甚至官与民构,岂万世通行无弊之道哉?"其提出之解决方案为:干旱时从东西二闸放水灌溉一都、二十二都更大范围农田,留塘下湖水灌溉附近十都之田。"今宜定为画一之规,于旱时放湖面之水从东西二闸而

① 万历《新修上虞县志》卷三《舆地志·湖陂》,第71页。
② 万历《新修上虞县志》卷三《舆地志·湖陂》,第71—72页。
③ 万历《新修上虞县志》卷三《舆地志·湖陂》,第71页。

出，以溉一都、廿二都之田。而留其塘下者，以溉十都近境之田。庶几公而不偏，便而可久远，以均沾濡之泽，而近以塞嚣争之口，是在当事采览焉。"①二十二都一保有九百余亩在灌溉区域内，但二十二都还包括其他保，其下辖农田范围更大，一都则一直不在湖水灌溉范围之内。

而此时县官之态度也表明了在济运与南岸农田灌溉上，县级官府与不得利民众之立场一致，县令徐待聘言：

> 昔郭氏产谋膏腴，势居上游，并皂李湖之名而易之，为子孙不拔计，再世后郭有乞食者矣，向之以河为壑者安在哉！且先年湖粮由区民自办，故民得私其湖。今湖粮已派于概县，则此湖故公家之湖也。强有力者安得私之，而攘臂以争涓滴之流也？虽然，人各有欲，彼其捐田为湖以济众，较之壤湖为田以自封者，心之公私又有间已。②

徐待聘在任期间也一直致力于兴修境内水利灌溉工程及疏浚运河，其中两处重要者分别为复漳汀湖与疏浚玉带溪。康熙《上虞县志》有徐待聘传，文称："徐待聘，字廷珍，常熟人。万历辛丑（二十九年，1601）进士，自乐清调繁上虞。雅好文学，惠民劝士，城乡水利靡不修举。核漳汀湖侵占，清玉带溪雍淤，相度西溪湖地形，条议请复。"③复漳汀湖乃为农田灌溉，清玉带溪之淤积则为疏浚运河，以保持运河畅通，"然河之水实仰给于溪，诸溪迴旋濡衍，分百楼、五癸诸山涧之流，合输而受以成河，故溪竭则河枯，而舟胶不前，固一定之势也。运河东走通明，西距梁湖，穿灌于邑城，分演为玉带诸溪，左右前后环抱，曲折宛然若带，相传为古迹"④。因此，万历新志中特别强调，"诸湖水利之外，尚于河溪稍留意"⑤。

四、盖棺定论：纠纷处理与水权确定

《新修上虞县志》一经刊刻，即引起湖民哗变。万历三十五年（1607）六月，绍兴知府朱芹由宁波府回绍兴，途经上虞时，被数千乡民拦道控诉，乡民称"豪民""郑用九私易志书，告开接济运河"。朱芹与水利通判一起赴湖区查勘，经过审理，下发告示，言明所谓接济运河，不过是假运河之名行灌溉之实。告示中也对葛晓质疑中最核心的税派于全县问题进行回应，"查通邑湖皆无粮，安称粮派概县，亦安得混称包粮？总之，皆未考其实也"，而今勘查明了，

---

① 万历《新修上虞县志》卷三《舆地志·湖陂》，第72页。
② 万历《新修上虞县志》卷三《舆地志·湖陂》，第72页。
③ 康熙《上虞县志》卷十一《官师志一》，第654—655页。
④ 万历《新修上虞县志》卷四《舆地志·水利》，第86—87页。
⑤ 万历《新修上虞县志》卷四《舆地志·水利》，第87页。

"其湖水合照旧额,听近湖居民潴放,灌荫仍行,该县改正《新志》,永为定规。此后不许籍口《新志》七说,再起衅端"。① 告示中也明确指出新修《县志》意图构建公湖属性之目的:"近修县志者因以湖为不宜私,欲宜公之以济运。"②

其实在拦截朱芹之前,湖民黄文等人已于万历三十五年(1607)三月、五月先后联名上告至府县,分别上"呈为朋奸乱志夺荫殃民事""呈为勘复血荫亟救万灵事",再次重申湖由曹黎二姓割田而成,以及正统年间郭南修志将曹黎改称皂李,"自唐迄今,湖水涓滴不同别荫"之观点,认为祸首乃郑用九趁修县志,由"赝儒"葛晓"倡造七说",意图夺荫。③

湖民所上呈文,矛头直指居于运河南岸郑家堡的乡民郑用九,对负责人徐县令却并未追究。案件处理中,郑用九被水利厅拘捕,"招供"了其"假济运河,车荫各都田亩"之险恶目的。④ 而具体负责修撰的士绅葛晓在湖区背上了"赝儒"骂名。

府级告示分两份:一份下到县衙张挂,一份下到湖区张挂。万历三十七年(1609)九月,新任县令王同谦遵照知府告示,在湖边立禁碑,碑文为《皂李湖水利禁碑记》,文中详备湖民黄文等力陈七说之谬,以及知府朱芹的处理过程,再次强调湖由曹黎二姓割田而成,郭南为谋私利改曹黎为皂李,⑤不可再纠缠于湖名问题。除府级官府外,督抚军门也作了批文:"此湖止溉近湖田万余亩,何能远达运河,遍及他都?郑永九假公济私,且力能增改邑乘,其亦生事病民甚矣。姑依拟发落,湖水照旧潴荫近田,仍改正新《志》以杜衅端。"⑥

由于朝代更替,万历三十四年(1606)的县志成为明代上虞最后一部县志。清康熙十年(1671),上虞县再修县志,是年二月,湖民张俊、徐甫浩、曹章等,又上呈知县"为造说乱志,夺荫殃民,号天划削伪说,永杜盗决事"文,知县郑侨批文:"皂李湖水有限,灌溉近湖田土犹恐不足,若放泄运河,则湖田悉成焦土矣。批阅成案,利害甚悉,岂容一人私说更易乎?为运河计,惟浚筑西溪、沙湖潴水救旱以荫田亩,当勘查举行,准送志局,秉公载入,务致聚族而居者反为聚讼之端也。"⑦知县上知府文中,也详细阐述了湖水与运河地势关系,言"(皂李湖)向来湖民修筑,不费官帑,不轻放水,盖因虞地西高东低,而湖身尤高出运河,势若建瓴,一放则涓滴无余,傍湖之田悉成龟坼",称"莫若照旧听其自修自溉"。⑧

四月初八日,湖民再向绍兴府上"为秽志造说夺湖,前宪敕改在案,今蒙修志复号督改事"文;初十日,又向巡抚衙门上"为乱志夺湖斩课杀命,极号天宪,划削伪说,恩复古志,以念

---

① 《皂李湖水利事实·示》,第15页。
② 《皂李湖水利事实·示》,第15页。
③ 《皂李湖水利事实·原呈》,第19—20页。
④ 《皂李湖水利事实·前案》,第22页。
⑤ 《皂李湖水利事实·禁碑》,第16—17页。
⑥ 《皂李湖水利事实·前案》,第23页。
⑦ 《皂李湖水利事实·后呈》,第24页。
⑧ 《皂李湖水利事实·本案》,第26页。

万年水利事"文,巡抚批文绍兴府"确查速报"。① 绍兴府于七月二十四日将勘查结果上报巡抚,附了驳斥葛晓"七说"之专文,其中对湖税问题也有阐述:

> 伪说二(按:葛晓七说中第二条)云:粮派于该县,利不宜专于一方。[前件]湖民辟本县七十一湖,俱各分土承荫,未丈量之先,俱系田包纳湖税。自嘉靖四十一年丈量以后,入册征粮者唯田、地、山、池四项,而各湖之税尽蠲,并不曾有湖若干而征收若干者。②

湖税在嘉靖四十一年(1562)即已蠲免,也就不存在派税于全县之说,湖水公有之基础自然也就不存在了。在绍兴府查核后,宪台批示:"削去葛晓七说,永决异议。"③就在同年(康熙十年),知府张三异主持编修的《绍兴府志》将此更新入志,"念郡乘之缺失百有余季,乃修而更新之"④。可惜的是这部府志未见流传。但从后来康熙五十八年(1719)俞卿主持编修的《绍兴府志》中还是能读到一些细节的变化,已将万历《府志》中的"潴蓄皂李、西溪二湖水以通舟楫",改为"潴蓄沙湖、西溪二湖水以通舟楫"⑤。遗憾的是,康熙五十八年《府志》中"山川志"部分一如万历《府志》,也没有单独记载皂李湖。此后,知府张三异于康熙十年十月就"禁碑尔时七说刊就未即改正"专门檄文上虞县,声明"尽削伪,复古志之旧",并言:"皂李湖系居民自为捐筑,又与运河水势相悬,则开决诚有未便矣。"⑥将运河与湖水关系完全分离。湖水由湖民所有,湖的私有属性也最终确定。

康熙十年(1671)的《绍兴府志》今虽不得见,但康熙十年修的《上虞县志》今却可阅之。此《志》卷二《舆地志·山川》部分列"皂李湖"条,开篇即言"皂李湖(十都)原名曹黎湖,在县西北十五里,唐贞观初,乡人曹黎二姓割田而成,后因姓音近似,□为皂李,犹夏盖之讹为夏驾,上妃之讹为上陂",给皂李湖湖名来历下了一个清晰的定义,即湖由曹黎二姓割田而成,音近皂李而讹为皂李湖。为证此并非特例,又举夏盖湖、上妃湖有讹为别名之例。此外,该《县志》中再次强调了湖水的灌溉范围,即"十都、廿二都田一万二千亩有奇"⑦,并收入赵俶、王景章、周忱三人之《记》文,详载万历三十四年(1606)"葛晓修志,豪民郑用九乘间贿嘱伪创七说,毁古志"、湖民上呈"七说"之谬,以及知府朱芹处理经过乃至康熙十年知府张三异之定案过程。⑧ 康熙《上虞县志》及《绍兴府志》的更新,也使湖水之争就此定案,此后再无异议。

---

① 《皂李湖水利事实·前案》,第24—25页。
② 《皂李湖水利事实·本案》,第27页。
③ 《皂李湖水利事实·本案》,第28页。
④ 《皂李湖水利事实·生祠》,第32页。
⑤ 康熙《绍兴府志》卷七《山川志·河》,《中国方志丛书》华中地方第537号,成文出版社1983年影印本,第688页。
⑥ 《皂李湖水利事实·禁碑》,第17页。
⑦ 康熙《上虞县志》卷三《舆地志·山川》,第184页。
⑧ 康熙《上虞县志》卷三《舆地志·山川》,第184—195页。

由于知府朱芹为湖民主持了公道，湖民在湖边为朱芹立了生祠。到康熙十一年，湖民恳请绍兴府同知孙鲁撰写《郡侯张公生祠碑记》，又将知府张三异同祀于朱公祠中。[1] 在皂李湖泄水济运与本地灌溉的博弈中，湖区的得利士绅借助京官序文以及曹黎割田成湖之"史实"，应对来自官府开湖济运及不在分荫范围内农民分水之诉求，维护了湖水的灌溉私有属性。府级官员力主湖民所请，受湖民立祠祭祀，而湖民祭祀官员之行为，本身也是为湖水的存续、分配制造了又一法理依据。

五、余　论

由于浙东运河上虞段地势略低于北岸湖水灌溉区，并有河道沟通南岸农田内部，故运河干涸、航运受阻的同时，南岸灌溉也将缺水。万历三十五年（1607）绍兴府对纠纷案件的判决中，明确指出南岸不得"假济运河"以行灌溉之实。实际上，湖水济运，南岸即可灌溉；南岸欲分湖水灌溉，则必须济运。除县级官府外，湖水纠纷双方都有发达的宗族势力，这也是宋代以后宗族移民大量进入浙东后形成的地域力量之体现。湖区及运河两岸大量分布以家族姓氏命名的村落，这些村落即为一个个宗族势力的代表，为获得更大范围的湖水之利，多个宗族又联合形成更大的利益群体。于是北岸湖区在明代争水中先后出现黄（黄家堡）、莫、徐、项（徐项村）、罗、曹（曹家堡）、黎（黎岙）等家族参与保护湖水，运河南岸则先后有任、俞、葛（今西湖村）、郑（郑家堡）等家族表达利益诉求。湖区湖民精英一方面强调湖区分派湖税，以及湖由湖民自行运营维护，拒绝接受南岸不得利民众与县级官府济运之诉求；另一方面则逐步构建湖由曹黎二姓割田而成之"史实"。南岸精英家族代表则在万历年间对湖的私有性进行解构，先否定正统年间的郭南《志》，此后再对湖名等问题进行质疑，而且明代以后这样的质疑仍一直存在。解构私湖是为了建构公湖，因解构本身带有目的性，因此也就存在故意曲解之处。万历年间，县级官府与南岸地方精英家族关系极为紧密也非偶然，这与湖民在湖水济运上与县级官府一直存在矛盾有关，县级官府更依赖南岸精英家族势力，万历十一年县令朱维藩开始修县志，即依靠葛氏家族中的葛桷及葛焜，万历三十四年县令徐待聘修县志时，仍依靠葛氏家族中的葛晓，这一方面反映了明代葛氏家族在当地文化地位上的强势，另一方面也折射出县级官府对该群体之依赖。

从代表得利湖民意志的《湖经》记载看，元至正年间官方曾主持过修筑湖塘，[2]可见当时基层官府仍可介入湖水管理、维护。进入明代，由于官府要求湖水济运之诉求越来越强，以

---

① 《皂李湖水利事实·生祠》，第30页。
② 《皂李湖水利事实·沿革》，第9—10页。

及南岸民众分水声音不断，湖区湖民逐渐将官府排斥在外，并极力构建湖的私有性。县级官府处于整个国家官僚机器的末端，一方面要接受上级部门的指示和督导，另一方面则直接面向基层社会和普通百姓实施政令。基层官员的考核升迁、地方赋税的征收等压力也迫使官府在一些问题上与民争利；另外，基层官府对地方社会的治理与调控仍需要借助地方精英力量，于是当官府与南岸民众诉求相切合时，一种很自然的合作默契即可达成。在万历十一年（1583）修县志以及十五年修府志的过程中，官方与南岸精英家族的合作就表现得较为明显了，对郭南及其主持的《上虞志》进行全面否定，也是为了分湖水，只是这种目的在当时的运作过程中还未能很明确地展现出来，但是到三十四年修志时，分水目的就非常明确了。官方主导的地方志称郭南《志》为私修，原因是称郭南欲占湖为私利，其实是对郭南将湖水只灌溉湖区载入县志不满；而万历年间官方主持的县志编纂中，南岸精英家族一直在发挥作用。所以，即便由官方主导编纂的方志，也不过是另外一部分利益群体的利益表达。官修或私修，并不能成为评判县志公正与否之依据，私修固然有私人目的，但官修也并不就客观公正。

若从纠纷类型看，皂李湖的湖水纠纷中存在两组分水关系：其一，农业灌溉与漕运通航的分水关系；其二，农业灌溉内部的分水关系。若只是其中一组矛盾，都相对容易处理。因为无论是前者还是后者，已有的水利史研究中皆有大量参照案例：以运河与农业灌溉分水矛盾来说，河南北部区域即存在漕运与农田灌溉争水，却形成“官三民一”的用水规章；[1]而以灌溉分水纠纷而言，在北方旱地缺水型水利纠纷中，虽然争水过程中冲突极大，但也形成了照顾广泛区域的分水格局，诸如山西汾水流域分水中普遍形成的“三七分水”模式。[2] 皂李湖湖水纠纷中，此两组分水关系交织在一起，变得更为复杂。有一点不同之处在于，北方的分水纠纷中，更多强调水的使用权，即使强调所有权也是依赖灌溉土地而言的，较少就水体本身的所有权进行争论，因此在水利纠纷中无论是与官争水（与漕运争水），抑或是民间的农业灌溉争水，更多争的是分水的多少与是否相对公平，或由官方界定分水格局，或由民间协商分水规矩。浙东地区，湖泊的形成并不一定都是自然作用的结果，一些湖泊确实是由乡民割田筑成的，诸如萧山湘湖、上虞夏盖湖，在这些湖泊的分水过程中，所依据之重要借口即为湖泊的私有性，即湖由湖区割田而成，自然只能由湖区享有湖水之利。当然湘湖主要以“均包湖米”作为分水的制度基础，但核心也是对湖水所有权的强调。虽然皂李湖由曹黎二姓割田而成的说法遭到质疑（湖区还有杜姓兄弟割田成湖说），但是湖由乡民割田而成的观点还是深入人心的。因此，在浙东地区的湖水纠纷中，湖水所有权就与使用权同等重要了，而且所有权决定使用权。湖水的这种私有属性，也就决定了湖水分派上的不可协商性，当然这还与湖水的自然蓄水量有限有关，但这无疑也是一种产权宣示的表现。湖区如若退步，旱时分湖

---

① 程森：《国家漕运与地方水利：明清豫北丹河下游地区的水利开发与水资源利用》，《中国农史》2010 年第 2 期，第 58—67 页。

② 赵世瑜：《分水之争：公共资源与乡土社会的权力和象征》，《中国社会科学》2005 年第 2 期，第 189—203 页。

水入运河,南岸农田即可灌溉,但此先例一开,湖水使用权将可能无法收回,而湖水所有权也将失去价值。因此,在皂李湖的历次湖水纠纷中,湖区特别强调湖泊的私有属性,上至明初高官《记》文,下至历次湖民上呈官府之呈文,皆以湖由民造开始叙述湖泊形成史,而对先民筑湖历史的叙述越详细越具体,湖水的私有属性就越有说服力,故而形成了独特的文献建构,以及不得利方的文献解构过程。这也是浙东地区水利纠纷处理中与全国其他地区略有不同之处,对浙东湖水所有权问题也还需要给予更多关注。

南宋朝廷驻跸临安(杭州),宁波成为南宋对外交流、通商之重要港口,因此国家对浙东运河之维护、疏浚用力最勤。元代国家定都北京,南方漕运多依靠海运,浙东运河地位与南宋时相比急速下降,维护、疏浚力度也大不如前。明代此趋势仍未改变,浙东运河也从南宋年间的国家漕运要道下降为元明以后的地方航运通道,虽然其作用与价值仍不可小视,然缺乏国家力量维护,浙东运河之通行困局也自难改观。此种格局到清代依旧如此,皂李湖与运河纠纷虽在万历三十五年(1607)以及康熙十年(1671)修志中已被定案,但运河地势与水情决定了此问题并不会因此而彻底解决,康熙二十二年负责绍兴盐政的官员因运河干涸,影响盐运,饬令上虞县暂时开湖济运,"将皂隶河之水开放济运,商船过毕,仍行闭闸,庶商民两便,汉国课有资,目下掣期火急,本院按临,如有阻误,定行拿究"①,湖民仍以旧案陈说湖水与运河关系,历史再次陷入循环往复之中。

区域水利社会史研究的最终目的在于重新认识中国历史。从当前中国水利社会史的研究现状看,与国家层面的宏观研究相比,微观的、地域性的个案研究不是太多,而是太少,研究者尚需要从容地展开地域性、个案的微观整体史的研究。②而这或许也是目前中国水利社会史研究进入相对瓶颈期的原因所在。如何打破瓶颈,不妨对区域水利文献本身再进行细致解读,虽然目前这方面也有一些研究成果,诸如钱杭对湘湖水利文献的再解构等,但仍有进一步推进之必要。挖掘水利文献形成背后的权力关系网络,正是深入区域水利史研究的重要手段。这种剥洋葱式的水利社会史研究,或许还能为其他横向层面的中国历史研究打开新局面。

致谢: 对于编审汪维真教授在文章修改过程中给予的多次指点、审稿专家给出的宝贵修改意见,及复旦大学历史地理研究中心朱海滨教授、杭州师范大学历史系王才友副教授对文章的点评与建议,在此表示真诚感谢。

耿金,复旦大学历史地理研究中心 2017 届博士,现任教于云南大学历史与档案学院。本文原发表于《史学月刊》2017 年第 4 期,2016 年 9 月曾在禹贡博士生论坛第 66 期报告。

---

① 《皂李湖水利事实·盐院批》,第 29 页。
② 张俊峰:《明清中国水利社会史研究的理论视野》,《史学理论研究》2012 年第 2 期,第 107 页。

地域与社会

明清保甲制下的基层编制、户籍管理和聚落地理

——《江西新城县保甲图册》的古地图信息分析

郭永钦

摘要：本文通过对明、清两代《江西新城县保甲图册》以及方志中各统计项目的验算，首先明确了如"户""丁""堡""甲""家"等概念和计算方法，证实了王守仁的"十家牌法"在万历年间在赣东地区的实施情况。其次通过对明清两代县以下微观政区的定点复原，发现存在着"一村两都"的情形，证明了保甲制度与里甲制度"务不出本都"的差别。对照方志中"户"的数字和烟户册中"户"的数字，比较了赋税户和实在户的数量差异，说明赋税户影响了"图"的稳定性，清代较之明代对于保甲编制的调整基于"七并八分"法的广泛实施。最后通过空间分析，阐明了村落的聚集程度与"图"的关系，即按照"人多划图，就近补图，总数稳定"的原则。

关键词：保甲；户；十家牌法；空间分析；聚落地理

保甲制度可追溯到北宋王安石变法正式确立保甲法，后来也多沿此法，每十家为一甲，合十甲编为一保，选一保长。明代中叶，里甲制度日益衰败崩溃，流民和盗寇问题尖锐突出，保甲制度作为治安手段在地方上盛行一时。明清交替之时，虽然大致经历了里甲制到保甲制的转换，[①]但对于保甲里甲并行和嬗变时期具体情形，学者尚有不同意见。[②] 清代以降，随着中央不断整饬，保甲制度逐渐完善。学者多偏重于保甲制度层面的研究，这方面材料相对丰富，如道光年间徐栋所辑《保甲书》[③]中，记录了《清会典》及各家文集中有关保甲的条例、章

---

① 孙海泉：《论清代从里甲到保甲的演变》，《中国史研究》1994 年第 2 期。

② 唐文基认为："明后期是保甲与里甲双轨并存的时期，彻底取消里甲是在清代雍乾时期。"（氏著《明代赋役制度史》，中国社会科学出版社，1991 年，第 345 页。）杨国安认为："明中后期保甲制的兴起并非意味着里甲制的取消，言其在明代即有演替多有不妥；同时明中后期的保甲制主要是作为一种治安手段在局部地区推行，据此推断其与里甲为双轨并存亦稍显牵强。"（氏著《明清两湖地区基层组织与乡村社会研究》，武汉大学出版社，2004 年，第 55 页。）

③ 徐栋辑：《保甲书》，张霞云点校，安徽师范大学出版社，2012 年。

程、奏疏、论说、公牍等，内容相当详尽。虽文献所载情形未必和新城县完全一致，但其中规章制度，应有可参照之处，本文拟勘对赵日崇编《江西新城县保甲图册》(下文简称保甲册)和《保甲书》以及各方志资料，以揭橥其保甲制实施的诸细节问题。

新城县位于赣东，比邻武夷山脉，在明清的行政区划中属于江西省建昌府。该省较早推行了差役折银雇募和一条鞭法，因而在实行里甲制度后，"都""图""甲"等基层单位的编制与运作已经有了一定基础。但里甲和保甲有着本质上的不同，里甲大致对应着赋税征收，而保甲对应着治安、编审人丁等功能，这也可以从保甲册中所载万历年间推行保甲法的具体办法如各家门牌样式、告谕、条约中看出。另外，图册中保留了相当详细的各"都"中"家"与"堡"的分布地图、每个"都"的村落和村中各家的数目。附册中还涉及人口数据中的详细的职业调查，比如"山、川、寺庙、桥梁、烟户、男丁、女口(分大小丁口)、衿监、农民、贸易人、歇店、驾船人、僧人、斋公、道士、女僧、乞丐、贼匪、土娼、寄籍、无业佣工人"等。烟户册研究成果并不多见，但可也看出其具体样式。[1] 为了解读该保甲册内部各条项内容，笔者准备将各比例统计关系利用 GIS 方法作图，复原当时聚落分布状况，再进行空间分析。

《江西新城县保甲图册》笔者所见有两个版本，一个是上海图书馆藏本，一册，道光刻本；另一个为复旦大学古籍部藏本，四卷，咸丰刻本。[2] 此两版本差异甚大，从其中地图的版刻风格来看，并非一版所刻，应是咸丰版本仿刻前者，但具体地理方位和数据信息完全一致(如偶漏数字处也一样)。咸丰刻本中有道光年间的杨希闵案语，其中记载：新城县人鲁九皋仅仅收录了其中论说部分，并没有留存图的部分。陈伯芝(兰祥)的转抄版本也无图册，后来石家绍"病缺其图，访求甚殷"，最后从杨榆山处得到了图的部分，但这部分图是康熙行保甲法时的图，并非赵日崇原图，杨希闵不忍废之，仍然将这部分图附录于原书之后，并将石本的论说部分相同相异之处一一注于赵书列入正册，再将石本图则附刻卷后列为附册。

据该册《建昌府志名宦传》以及鲁九皋跋文可知：赵日崇，福建晋江人，万历丙子(四年，1576)举人，二十九年由刑部主事左迁至新城县令，"甫下车，即仿王文成公所立十家牌遗规，斟酌润色，定为保甲法"，其在任四年之中，"劳绩颇多，邑人为立生祠于吴家桥"，可见该保甲图册大致反映万历间的情形。鲁九皋跋文曰："余偶得其保甲册，披而览之，都各有图，图各有论，虽历年既久，用途变易，图多不确，又村堡之名，亦有昔是而今非者。"已有学者利用保甲册对鲁氏家族作过深入研究，鲁氏自明中叶迁入该地烟户最多的十九都，逐渐发展为当地

---

① 栾成显：《〈康熙休宁县保甲烟户册〉研究》，《西南师范大学学报》2006 年第 6 期。除了徽州，四川、石仓等地方文书中亦有相应的保甲册样式。

② 该图册除衷海燕《〈江西新城保甲图册〉与新城中田地方势力》(《华南研究资料中心通讯》2000 年第 18 期)外尚无人关注。笔者曾咨询过她版本问题，她所使用版本为咸丰刻本，江西图书馆藏。

世家望族,又与其后康熙年间迁入的后起之秀陈氏联姻,成为地方精英,管理控制当地义仓。[①] 因而鲁氏记载他见到保甲册后,"读其论则所谓因土俗而施政教者,怃然恻然,甚可念也。因综而录之,共为一册,备观览焉"。

《江西新城县保甲图册》内容有两个部分,一是万历年间赵日崇版烟户册,主要有详尽的论说部分,内有所编丁甲以及党正、副姓名和各都图所含村名,也有各都下所含村中标有家数的地图,但并无含有详细的人口职业统计数据的地图,即鲁九皋所收之图册,亦即石家绍、杨希闵所言"无图之保甲册"。另一部分为附册,此为从杨榆山处所收康熙李士桢保甲图册,这个图册全为含有详细人口职业统计数据的地图,但并无论说部分。上海图书馆藏道光刻本实为道光八年(1828)陈伯芝整理本,他仅保留鲁九皋保甲册论说部分,并人为拼接上了杨榆山的康熙年间保甲图。他在后面的跋中写道:"往于山木先生(笔者注:鲁九皋)家见有手写明邑侯赵公新城保甲论一册,未有图也,去年五月石瑶辰(笔者注:石家绍)同年将解篆去,乃于杨榆山员外家放得一图,而无论,既写放一册,而属(嘱)兰祥(笔者注:陈伯芝),假山木先生本书入册内,留案头将一年,今始写毕而归之。"但实际上这只是个清代"图"对明代"论"的杂糅体,故以此图册分析,连陈伯芝都大惑不解,他写道:"按此册只五十五图,而说云七十有八图,不知当日何所分也。"[②]

幸而后来杨希闵在校刊时发现了这一问题,[③]故而咸丰时刻的四卷本中,正册为万历保甲册(下文简称明保甲册),附册为康熙保甲册(下文简称清保甲册)。他也解释了陈伯芝的疑问:"陈伯芝先生乃谓原云七十有八图,今止五十有奇,不省何故,误认为图绘之图矣。"[④]此点容后文再述。该图册版本源流关系颇为复杂,故整理为下图所示:

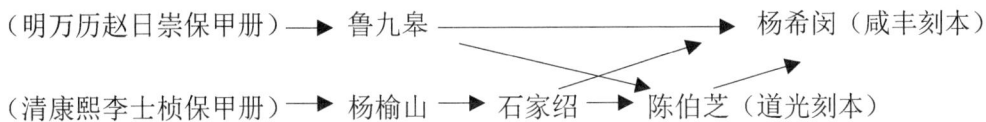

(明万历赵日崇保甲册)——→ 鲁九皋 ——————————→ 杨希闵(咸丰刻本)

(清康熙李士桢保甲册)——→ 杨榆山 ——→ 石家绍 ——→ 陈伯芝(道光刻本)

笔者此处对保甲册版本源流的考订无非是想说明:万历赵日崇的明本保甲册和清李士桢的保甲册刚好被咸丰刻本所包含进来,其后的方志中亦有鲁九皋参加康熙李任庭两次保甲调查的心得。将这些时间纵轴放在空间断面进行比较,便可以大致复原保甲制度在一个小县内的具体流变过程,其中也牵涉了地方基层政区和户籍管理等诸方面的关系。

---

① 衷海燕:《清代江西的家族、乡绅与义仓——新城县广仁庄研究》,《中国社会经济史研究》2002年4期,第40页;《清代江西的乡绅、望族与地方社会——新城县中田镇的个案研究》,《清史研究》2003年第2期,第62页。

② 赵日崇撰,陈伯芝整理:《保甲册》,道光刻本,题记,后亦收入咸丰刻本《保甲册》。

③ 赵日崇撰,杨希闵校刊:《保甲册》,咸丰刻本,杨希闵题识:"以石本为附册,图及上方所注字悉仍之,各论说已见赵书者不更赘。都为一卷,共四卷,计正册图五十六,补图十,附册图五十四。"

④ 赵日崇撰,杨希闵校刊:《保甲册》,咸丰刻本,第11页。

对于村落和政区边界的复原,由于没有比较详细的现代坐标意义地图参考,所以比较困难。笔者复原小尺度聚落地点及边界采用以下三步。第一是对照地名志、①方志和 Google Earth 等先将小地名进行古今对照复原,但这一步往往有一定局限性,困难主要在于许多村名变换和消失。第二步是对照每部图册的图和论说,由于论说记载有对应"各都"的图的信息,便于确定大致边界。例如某都后的论说记载该都有村多少,则在图中数出村落数目,如二者相等则可确定该都范围即所绘全部村落之界。但需注意排除极少数为了画图方便而重绘的部分,如清《保甲图》南乡七都一图左下角的"界连五都"边沿处出现了"黄家湾堡",但"黄家湾堡"在五都中心处也出现,黄家湾实际应属于五都,这可能是由于七都边界作图的时候包含进了五都的黄家湾。我们假设七都在保甲统计时算入了五都的"黄家湾堡",则从图上村堡总数加总可知,应该有 21 处,但该都记载数目为 20 村堡,假设不成立。因此清代图册编写者在制图、统计村落时应该是非常小心的,并没有出现混乱。

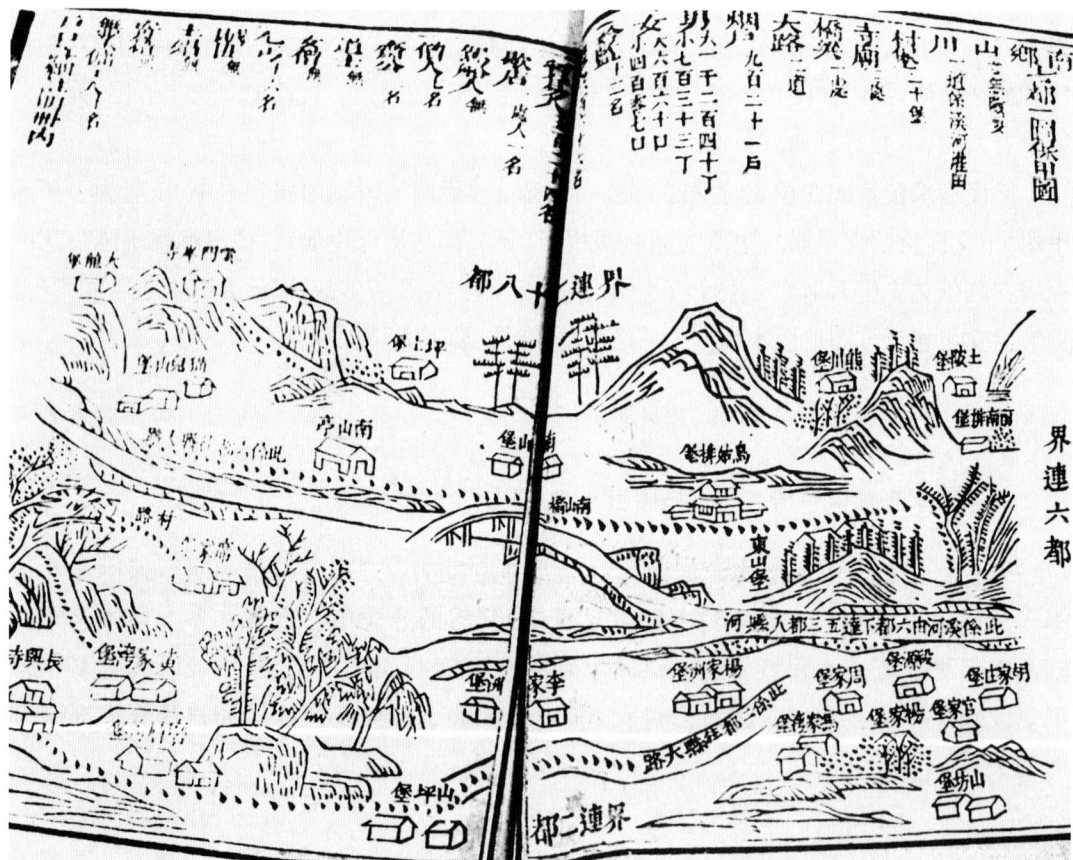

图 1

① 黎川县地名办公室编:《黎川县地名志》,黎川县地名办公室,1987 年。

通过以上两步,只能部分复原村落的大致聚集点区域,而笔者的目的是利用保甲册中存在的各类数目,进行定点后的空间分析,因此仅考证出各村落的大致位置,无法进一步利用图册中的数字信息。因此,需要进行第三步,即为了反映区域聚落点的数值,要进行微观区域划界。笔者借用泰森多边形方法将各都以其已定之点进行地域划分。泰森多边形是荷兰气候学家 Thiessen 提出的将空间中各要素点连成三角形,作这些三角形各边的垂直平分线,于是这些垂直平分线便围成一个多边形。用这个多边形内所包含的唯一要素属性值表示这个多边形区域的属性值,其特性是:每个泰森多边形内仅含有一个离散点数据;泰森多边形上的点到相应离散点的距离最近;位于泰森多边形边上的点到其两边的离散点的距离相等。这是理想化的聚落分布产生边界的情形,即找到一条到各点最方便的界线,实际情况虽然比较复杂,但在实际划界中可能无意识地运用了这一原理,因此利用泰森多边形进行域值分析具有一定参考价值。尽管如此,笔者下文分析中的泰森多边形边界并非实际边界,而是为聚落地理分析方便而使用。

在通过以上三步复原了聚落点和边界之后(参见后文图 6《明万历新城县各都村落聚落分布图》和图 7《清康熙新城县各都村落聚集分布图》),再对比不同时代的数据间变动,来看基层政区如"都""图""堡""村""家"的调整和变迁。另外,可以通过对各都、村落中所含的数字信息进行空间统计分析,进行如"甲""户""丁""口""职业生理"等概念内涵的探讨。

一、坊—区(乡)—都—村(堡)

新城县基层区划按"坊""乡"排列,其中坊分为东南西北四坊,专指城内,而乡则指城外,分为丰义、东兴、德安、旌善、礼教五乡。都为乡之下的单位。内缺一都、四都、三十五都、三十七都、五十都,都目最多至五十四都,其中四十八都后来分为上下都,全县总共五十都。由于元末战乱,上两都合为一都,因此现在以二都称为首都。对于都图划分,清方志记载道:

> 其未析县也。隶于南城,统里二十有九,置县而后,更加厘定为坊四,为都五十四,其在有明,分为七区,凡一百一十户为一图,十户为里,里有长,百户为甲,甲有首,凡十甲,我朝因之。[1]

明代这七区的划分与宋五乡的划分有所不同,但二者所含都的总数一致,可惜明代七区

---

[1] 徐江纂修:《江西新城县志》,国家图书馆出版社 2011 年影印本,第 167 页。

未载具体辖区，其"虽见于《隆庆志》，然以所分之都参差错杂，不便记忆，康熙十二年(1673)志已删去不载，今父老亦鲜有知之者，姑附记其名于此"①。这些乡的名称后来被广泛使用，直至较晚的方志中亦沿用五乡说。现对二者列表如下：

表 1

宋、清五乡（共 51 都）		明七区（共 52 都）	
名　称	都	名　称	都　数
丰义乡	2—11 都，除 4 都	丰义区	13
旌善乡	12—24 都	西北区	5
礼教乡	25—32 都	东南区	10
东兴乡	33—43 都，除 35、37 都	东兴区	7
德安乡	44—54 都，除 50 都	西南区	8
		东北区	5
		田东区	4

保甲册中明确记载了基层政区关系是"都统堡，堡统甲，甲统家"，即按照都—堡—甲—家的层级关系。"堡"和"甲"是介于都和家之间的中间层级，"堡"本来是基层的军事组织，后逐渐转化为一般的基层政区，随时间和地域的不同，概念略不相同，但其为自然形成的一类社区单位已成为共识。从清保甲册中可以判断，"堡"有时也可以和"村"同义，证据有二：其一，清保甲册图的部分，全部标注的地名都是"堡"，这些堡的命名规则都是"原村名＋堡"；其二，在明保甲册论说部分中，村堡和村为同一概念，如第四十六都记录"村"这一项目时，直接写成"村堡"，而下辖村名中并无堡这一地名。

在厘清了都、区、村(堡)几个概念以后，则可初步将清保甲册中的"堡"换成"村"，通过对照明保甲册发现其中的基层政区调整的线索。

在里甲制度中，对于未能完整编入甲中的"未尽之数"，一定按照"都"的范围进行划分，洪武十四年(1381)全面推行里甲制度时，就确立了"务不出本都"原则。②刘志伟认为，黄册编订时，对于"都"等地域单位社区有过不同程度调整，但变动范围不大，"因为每个里甲所包含的社会范围，并不与特定的地域单位或既有社区一一对应"，但是"都"将里甲编排与乡村

---

① 徐江纂修：《江西新城县志》，第 167 页。
② 夏维中：《洪武初期艰难农村基层组织的演进》，《江苏社会科学》2005 年第 6 期，第 145—147 页；《洪武中后期江南里甲制度的调整》，《江海学刊》2006 年第 1 期，第 150—157 页。

地域社会有机地连接了起来。①

由于"历年既久,用途变易,图多不确",实际上很多明代的村在清保甲册中或发生分化,或已不存在,二者地名又各有不同。笔者仔细比对了各张保甲图中相邻地域的接壤部分,发现竟有同村分为二都所属的情况。如图2、图3所示,五都有墩上五家、黄竹源二十二家、里局十一家,二十一都有墩上六家、黄竹源二家、里局六家。这三处村落所辖各家数字不一,显然在画图造册时,该三村分为两都所属已为当时人所共知。这几处地名现在仍然存在,通过地点复原可以看到,处于交界之处的三处村落远离其他村落,孤悬山中。今已改"黄竹源"地名为"篁竹源",可能为地名雅化结果,这在徽州地区也有类似情形,如将"黄墩"改为"篁墩","乃其氏族思想之显著者,盖不欲他姓专此墩耳"②,即后来的大姓兴起而将原有地名中姓氏因素抹去,用谐音雅化地名代替之。③

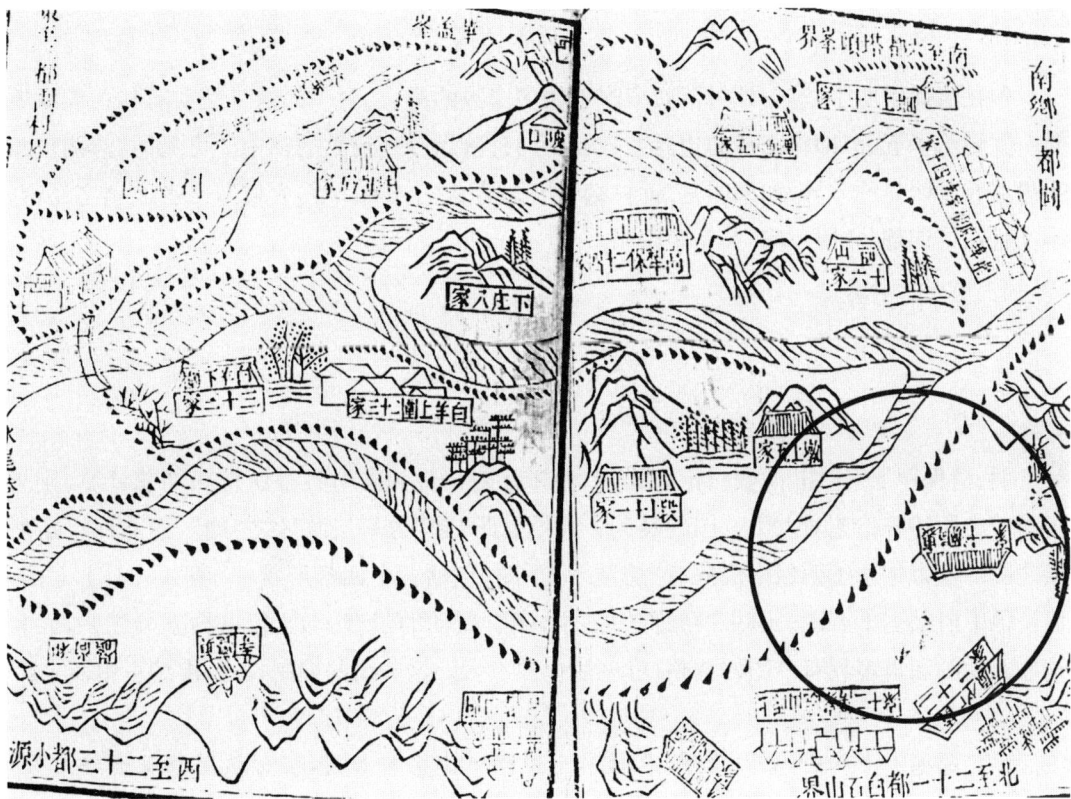

图2

---

① 刘志伟:《在国家和社会之间——明清广东地区里甲赋役制度与乡村社会》,中国人民大学出版社,2010年,第38—41页。

② 许承尧撰:《歙事闲谭》卷24《〈新安文献志〉歙先贤事略》,李明回等校点,黄山书社,2001年,第859—860页。

③ 王振忠:《瞻彼淇奥:族姓纷争与清代前期的徽州社会》,唐力行编《江南社会历史评论(第一期)》,商务印书馆,2009年,第236—237页。

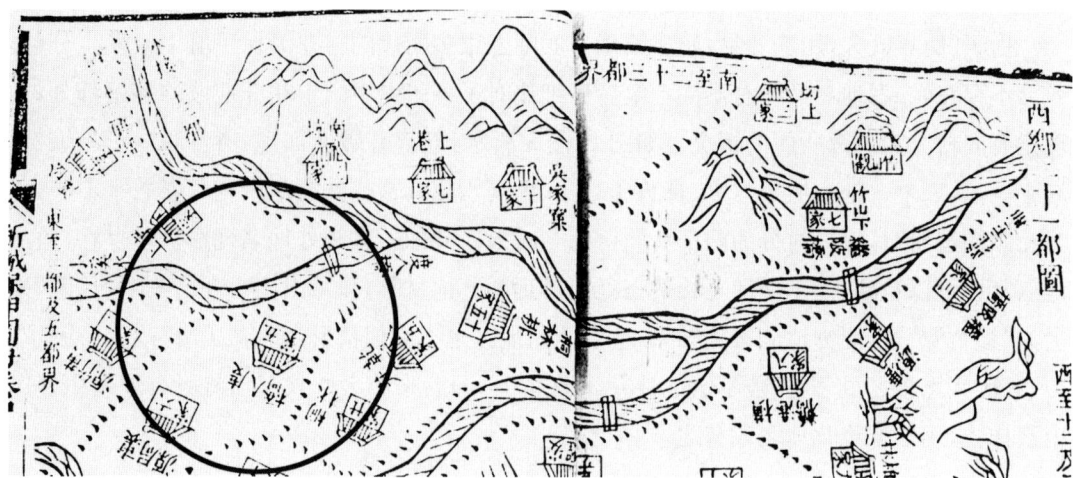

图 3

但在清保甲册中,这三处村落就依附了较多家数的都,二十一都的三处共有村在编保甲时一并划给了五都,即将交错的边界人数较少的村落划分到较大的都中。可见明、清两代编甲思路有着明显的差异,如果明是"拆村编甲",则清是"小村编甲归大村",二者区别之秘密,本文将在第四部分"甲一家"关系中阐明。

二、图一户

明、清保甲册对"图"的数目记载详细,便于比对研究。若对各都所辖图加总计算,则可解释前文所述陈伯芝对七十八图的疑问:实际上此"图"为基层政区之"图",而非保甲册所绘之图。笔者加总了明保甲册所有"坊""乡"下图,包括三十四都所含一"市",共七十七图,而清保甲册共七十五图。其中两幅保甲图中,图有变动的仅有十处,仅占约五分之一,而且这些变动的图最多只有一图的调整,可见变化并不大。这些图的编制,本是由编里甲而来:

原编七十八图,每图十甲,凡居第十甲里户者名曰黄册,经营该图推收册粮亩分。康熙十三四等年,甲乙兵燹,亩分鱼鳞册籍无存,惟存册粮石斗升合之数。①

这七十八图在明代"分为七区,凡一百一十户为一图",则一共有 110(户/图)×78(图)= 8 580 户。对比新城县方志所载历年户数,情况如下:

① 徐江纂修:《江西新城县志》,第 474 页。

嘉靖元年(1552)　　　　　8 741

嘉靖二十一年　　　　　　8 989

嘉靖四十一年　　　　　　8 567

万历元年(1573)　　　　　7 676

万历四十年　　　　　　　8 927[1]

自明以来,方志所载的"户"数目大致都在 8 580 户上下浮动,故而七十八图这一信息和方志中户数恰好吻合,可知这一"户"的数字在这一概念理解下应该是准确无误的。但对照保甲册所载户数,可以发现差距非常之大。例如笔者加总了清康熙保甲册中所有都的户数,竟有 54 533 户,大约是 8 580 户的五倍多。

道光《新城县志》后所附《续修新城县志》中收录了鲁九皋的两篇《中田保甲图说》,从中可以看到乾隆年间人口户数日渐凋敝。乾隆三十八年(1773),李任庭推行保甲法时,委托同亲族彻查户口,并使鲁九皋写《保甲图说》。鲁九皋是江西新城人,乾隆辛卯(三十六年)进士,后任山西夏县知县,当年曾亲自参加过户口调查,他写道:

> 惟黄塘一区,在古云峰后,众山之中,而下炉一村,明以前本十五都境,不知何时附入于此。殆以犬牙相错之意乎? 中田之户一千四百有奇,其为士者二十之一,为商贾者亦二十之一,为农者十之三,农而兼工者十之二,其专为工而游艺于闽越楚吴者亦十之一焉。[2]

其中一千四百余户被编为一百六十五甲。三年以后,鲁九皋再次奉命编查,一共查得一千三百余户,编为一百五十八甲。这三年中,风调雨顺,五谷时熟,并无灾荒,但户数仍不断减少,于是他感叹道:

> 余尝闻之长老,数十年前,此地烟户稠密,二千有余。今较之,则是所存犹未及三分之二也。[3]

虽康、乾两次保甲调查相距近百年,但当地长老明确知道十九都人数能有两千以上,只可能是利用了上次保甲调查的成果。对照清保甲图中十九都人数有 2 270 人,二者数字似吻合无误。

---

[1] 邹鸣雷、赵元吉等纂修:《建昌府志》,成文出版社 1989 年影印本,第 93—94 页。

[2] 徐江纂修:《江西新城县志·保甲图说一》,第 611 页。

[3] 徐江纂修:《江西新城县志·保甲图说二》,第 614 页。

何炳棣认为,保甲系统的人口登记是从乾隆六年(1741)才开始的,而在各省实施先后不一。① 但从新城县保甲册可以看出,该说不确,保甲制在某些地方可能已经有了实行的地方性经验,江西地区在王守仁时期就已有基础。郑锐达对赣南萍乡地区的《萍乡十乡图册》《万载都图甲户册》和族谱、《进户约》等的研究表明,江西袁州府的"户"存在着"顶充"(或"顶差""招顶")现象,户的组合存在复杂的现象,不必受血缘限制,而是突破"家庭"和"宗族"所限而凑合成一定承担差役能力的集体或单位。② 栾成显先生则认为,"户"有三种情形,即一户为一家庭、一户为数家共有以及户中有户(即一户由本户和附属户构成)。③ 另外,从新发现的石仓土地执照中,也出现了"户"的几种形态,如反映赋税户的花户,花户最开始基本反映实在人户情况,随着分爨子户等情况出现,因田产不易进行物理上的分割,而使一个花户下存在若干烟户,即实现了赋税户和实在人户的分离。④

结合以上几种其他地区"户"的定义易知,在明清赣东地区,"户"这一概念也存在两套系统,一套是以赋税版籍为基础的"户",即纳税户,又可称为"花户""粮户""产户",另一套是实在人口户即"烟户"。从清保甲册中尤其可以看出这个趋势,即方志中所记载的户应为纳税户的统计,保甲册中的烟户为实在人户的统计,两者总数差别大致有五倍左右,这两种户同时并行不悖地流传下来,可见当时人对两种户的认识非常清楚。⑤ 另外,新城县最为富庶的中田十九都,三年以来风调雨顺却户口凋敝,究其原因,鲁九皋认为:过去虽然"乡土瘠狭",但善于耕种的佣力较多,乡里风气朴实,士农工商安居乐业;而现在,以往的富人也都十室九贫,并无雇佣之实力,甚至有的还得求佣于人。另外,以前册载中多有单丁成户之人,人亡户绝,或有家室之人因为贫困而其妻再醮,户亦绝。"盖自富者贫而贫者益贫也,此户口加少之故也。"⑥

可见以鲁九皋调查所得人户数回溯到清保甲册中的数字,为"实在人户"无误,否则"顶充"及多户共用一个户头并不会造成户的数量急剧减少。因此有别于郑锐达先生所参考的图册应该为"花户"即纳税户系统,赣东地区实际上还存在另一套系统即烟户系统。

明、清两代的图变动很小,而各都图的个数实际上是由明初纳税户(花户)所决定下来,但是对比明、清两份保甲册,该地实在人户增长幅度远远高于纳税户增长速度,该都各图的微小调整刚好是纳税户数目相对固定的明证。过去研究中直接利用明、清方志中的人户代替实际户数进行统计、分析实际上是错误做法,这样用纳税户代替实在户,所得户数将会远远低于当地的实在户数。

---

① 何炳棣:《明初以降人口及其相关问题——1368—1953》,葛剑雄译,三联书店,2000 年,第 46 页。
② 郑锐达:《移民、户籍与宗族——清代至民国期间江西袁州府地区研究》,三联书店,2009 年,第 56—57 页。
③ 栾成显:《〈康熙休宁县保甲烟户册〉研究》,《西南师范大学学报》2006 年第 6 期。
④ 单丽、曹树基:《从石仓土地执照看花户内涵的衍变与本质》,《社会科学》2010 年第 8 期,第 128 页。
⑤ 单丽、曹树基一文中所见石仓文书中也可以看到类似现象。
⑥ 徐江纂修:《江西新城县志·保甲图说二》,第 614 页。

三、丁—"生理"

明清时期的丁,是个非常复杂的概念,已有较多学者对此作过深入的研究,目前认为其中有些为赋税单位已成共识,[1]但最近也有研究指出其中存在各种情形。[2] 保甲册中对此问题的说法是"按丁受赈""按户记责"。明、清两种《保甲册》中,所记载的丁含义也不相同。明代共有 28 828 丁,但清男大丁数目竟达 89 976。

明保甲册中论说部分透露出"丁"的部分信息。该册各都的排布顺序是一图一评论。图中详细描绘出各村的"家"的数目,其后评论部分则记载了其中的甲、丁数目。如:"东坊:一百三十四甲,二千零八十八丁,乡官二十六,举人一,贡士一,监生七,生员六十,儒士一,省祭四,巡书一,吏员二十四。"保甲册并未具体阐述"丁"的含义,但是既然列举了乡官、举人、贡士、监生、生员、儒士、省祭、巡书、吏员等的具体数字,这些人在纳税丁含义中,大多都是以优免人丁身份出现的,作为对立面,这里所列的"丁"很可能就是具有纳税能力的丁。

另外,保甲册中详细记录了对该县村民的职业调查情况,即"生理"情况。经过整理保甲册中全部"生理"数据后,逆推各项数据之间的联系,得到以下公式:男大丁=衿监+农民+贸易人+歇店+驾船人+僧人+斋公+道士+乞丐+贼匪+寄籍+无业佣工人。[3] 也就是说,男大丁的人数直接为后面各职业人数的加总,其中只剔除了"女僧"和"土娼"。从这个公式中可以看出,除了官、农、商之外,连乞丐、盗贼和寄籍之人也登记在册,也被认为是"男大丁"的组成部分。乞丐、强盗和客籍人并不参加劳动生产,也无纳税能力,与赋税单位并无任何关系,而是实际存在的各类成年男子的数目,故可"按丁受赈"。

可见,即便同样是"丁"这个项目,在同类系统的保甲册中,随着时代不同含义也大不相同,使用这些数字作分析时应该非常慎重。对于这些依照不同职业类别划分的"丁",保甲册中并未详载,但在徐栋《保甲书》中可检索到每种职业保甲调查时的具体程序,兹移录如下。

如驾船人,有如下甲、号样式:

渔首某,承管若干甲

一甲甲长某,承管渔船若干只:

一号渔户某,年×岁,母×氏,妻×氏,子×,媳×氏,女×,孙×,孙女×。

---

[1] 何炳棣著:《明初以降人口及其相关问题——1368—1953》,第 28—41 页。
[2] 薛理禹:《清代人丁研究》,复旦大学博士学位论文,2012 年。该文综合了目前关于清代人丁问题的争论,认为根据地区的不同,"丁"为赋税单位或实在成年男子数。
[3] 除了有几处未填写数据外,也有少部分都的数目有些许出入。

二号

三号

二甲甲长某,承管渔船若干只:

一号渔户某,年×岁,母×氏,妻×氏,子×,媳×氏,女×,孙×,孙女×。①

僧、道方面亦有相应的记载:

此寺、庵、观、院僧人循环册第一页式,以下空白页,饬令照式按月填报。其册面签写"×县某坊某寺院僧道循环册"字样。尼僧循环册,第一行除去"面黄/白/黑,无/有/微须"字样,册面签写"×县某坊某庵尼僧循环册",余俱同。道士循环册,第一行改写"住持道某",其住持道并众道、挂单道之下除去"某年某处披剃","僧会司"改写"道纪司"字样,册面签写"×县某坊某观/院道士循环册",余俱同。②

由于乞丐具有流动性强、犯罪率高的特点,较难管理,保甲一般采用设立"丐头",并通过登记居住地、犯案情况,以及检查腰牌来控制下层乞丐:

外来流丐,保正督率丐头稽查。少壮者询明籍贯,禀官递回原籍安插,其余归入栖流等所管束,不许散处滋事。③

丐头某,承管某某坊共乞丐若干名。

某坊乞丐若干名:

丐某,年若干岁,某处人,无/有微须,有无家属,是否残疾,现在某某古庙/凉亭,旧日曾否犯案,近日有无为匪。

某月某日止:

旧管几人,新收几人,开除几人,实在几人。

该丐头于月之晦日按月一报,赍循册送县倒换,本县即日阅对发环册令填,如书役需索留难,准其喊禀提究。该管各坊乞丐,只任其在该数坊求乞,勿许硬索强讨,并不得越往别坊讨乞滋事。各丐近日有无为匪,责令稽察,随时禀报。每届月终,于"实在几人"之下一行,填写"本月本管坊分乞丐,并无为匪滋事,如违甘罪"字样花押,其下倘犯前项不法,立提该丐头重究。其旧曾犯窃之丐,如该数坊报有窃案,即饬丐头盘诘,押令协同捕保查缉,倘有外邑新来之丐,无得容留,该丐头即行禀官,以凭给发口粮递籍。……上

---

① 徐栋辑:《保甲书》卷2《成规上·保甲事宜王凤生》,第42—43页。
② 徐栋辑:《保甲书》卷2《成规上·保甲事宜王凤生》,第40—41页。
③ 徐栋辑:《保甲书》卷1《定例·户部则例》,第3页。

乞丐腰牌式,盖用图记,给与土丐佩带。乞丐一流,散无可稽,恐各匪犯在此隐混,今按名造册,各给腰牌,饬丐头散给,仍随时查察。如无此牌者,即行盘诘,庶外来游匪,无从混迹。倘该丐病故,或另往他处,即饬丐头对号收回腰牌缴县,将册内注销。①

清嘉庆年间陕西兴安府南山地区对当时办理保甲的手续记叙非常详备,虽地区不同,但其中对腰牌样式的画样,透露了两套户体系差别的重要信息,即对照清保甲册,这些乞丐仅被划入了烟户册,却并不纳入花户范畴。兹仅录其腰牌中文字部分于下:

给　铺　保

甲丐头　　收执

如敢借牌向该处花户滋事者,许禀官严惩。②

对于外来寄籍店铺如前屋租店、后屋住家者,仍以屋主为户;只有店铺并无住家者,即以店主为户,将店伙人等归入店主户下。③ 其具体调查样式亦有详细记录,④内容包括时间、姓名、年龄、籍贯、有须无须、是何生理、行李以及来往地,并开写清单,就近呈送在城之捕衙、在乡镇之该管巡司署查核,半月一报。

整个清《保甲册》人口统计表中,仅有西乡二十二都有土娼一名,但在每个图的职业统计中都一直存在这个空条目,似可说明此类保甲册应该不止这一册,而是有类似的调查模板格式,该册是依次一一填充而已。另外,"女僧"一项,也仅在一都东坊(九名)、二都北坊(九名)、三都西坊(十一名)和三都南坊(二十名)四处有数字存在。这在其他地方所见的保甲册中也有类似的发现,如一份乾隆四十九年(1784)徽州歙县三十三都三图保长方日新签名的"烟户门牌","其中没有任何人名,如同我们经常开具的空白介绍信"⑤。因此在保甲册中这些格式化空白项的信息,让我们对这种保甲调查的流程产生兴趣,所幸文献有载:

令各里长于所管本里中,每百家作为一甲,每甲听公举诚实甲长一人,约计通邑乡村之远近,往返不过十余日,期于每日,里长同所举甲长至县,该县当堂发给空白循环册二百页、空白门牌一百张,俱交甲长收领,谕令持归各里,按一甲百户中分作每十家一牌,各举晓事牌长一人,每牌长交与空白册二十页、空白门牌十张,令其将本牌人户姓

---

① 徐栋辑:《保甲书》卷2《成规上·保甲事宜王凤生》,第44—46页。

② 徐栋辑:《保甲书》附录《重刊南山保甲书》,第196页。

③ 徐栋辑:《保甲书》卷1《定例·户部则例》,第25页。

④ 徐栋辑:《保甲书》卷2《成规上·保甲事宜王凤生》,第38页。

⑤ 单丽、曹树基:《从石仓土地执照看花户内涵的衍变与本质》,《社会科学》2010年第8期,第129页。

名、丁口、年岁等项,于空白门牌内详悉填注,倘有隐匿遗漏,惟甲、牌长是问。……写完后,牌长将册牌汇交甲长,甲长合十牌之册,挨次分订循环二本。自发册至缮日,一牌写则各牌俱写,一里完则一邑俱完。定期或一旬或半月,令里长各携牌册,准于某日齐集至县,牌长、甲长均不必来,该县当堂令各抱册亲交,收回署内,谕令次日当堂领册。①

四川巴县的烟户册循环过程也是类似:

烟户既清,草册造竣,保正将草册送县,本县将草册照式誊写,登于正册,各钤其印。正册有二,一曰循册,一曰环册。每保正先给循册一分,每年腊月封印后,送县换给环册。②

徐栋《保甲书》中记载了存放这些循环册的柜子图样,并提到抽查或诉讼时,如有犯案者将打入“另册”的用途:

上橱式,将本县分坊保甲,并僧尼、道士、饭店、牙行各循环册统储于橱内,每格用梅红纸条写明“某某坊”,外制锁一把,平日关启,置诸堂隅。或遇因公下乡之便,取出经由乡村册籍,携带抽查;或审理词讼之时,两造俱存,随意详诘数家,取册校核,并讯有娼赌贼匪及不法之徒,当堂查察,朱笔注其犯案缘由,改写“另户”,一面谕知乡、里长按册除名,饬地保编入“另户册”。③

四、甲一家

明保甲册中记载了新城县从王守仁时期开始为了“剪除盗贼,安养小民”④而推行保甲制。牌分为两种:一种是分给各家的“各家悬门牌”,每家“备写门户籍贯,及人丁多寡之数,有无寄住暂宿之人,揭于各家门首,以凭官府查考”;另一种是“十家牌”,开列每户姓名,日轮一家,沿门按牌审查。十家编为一组是便于轮家清查,如有作奸犯科或者隐匿的情况,可以十家连罪。此十家牌轮流收掌,按时持牌到各家询问“某家今夜少某人,往某处,干某事,某日当回;某家今夜多某人,是某姓名,从某处来,干某事”⑤,发现形迹可疑或藏匿之人必须马

---

① 徐栋辑:《保甲书》卷3《成规上·保甲事宜王凤生》,第12—13页。
② 徐栋辑:《保甲书》卷3《成规下·巴县编联保甲式刘衡》,第82页。
③ 徐栋辑:《保甲书》卷2《成规上·保甲事宜王凤生》,第41页。
④ 王守仁:《王阳明全集》,上海古籍出版社,1992年,第528页。
⑤ 王守仁:《王阳明全集》,第530页。

上报官。对比赵日崇保甲册中所载两种牌的样式,基本和王守仁"十家牌"相一致,从中可以看出,不仅各家的人口"官""军""匠""僧"等职业均须上报,外来寄籍者和房屋牛羊等私人财产也须书写明确。现将两种牌的样式对比列表如下:

表 2

	王守仁"十家牌法"	赵日崇"十家牌法"
各家悬门牌	某县某坊民户某人。 某坊都里长某下,甲首军户则云,某所总旗小旗某下。匠户则云,某里甲下,某色匠。客户则云,原籍某处,某里甲下,某色人,见作何生理,当某处差役,有寄庄田在本县某都,原买人田,亲征保住人某某。若官户则云,某衙门,某官下,舍人,舍余。 若客户不报写庄田在牌者,日后来告有庄田,皆不准。不报写原籍里甲,即系来历不明,即须查究。 男子几丁 某某项官,见任,致仕,在京听选,或在家某某处生员,吏典某治何生业,成丁,未成丁,或往何处经营某见当某差役 某有何技能,或患废疾某 某某 见在家几丁若人丁多者,牌许增阔,量添行格填写 一妇女几口 一门面屋几间系自己屋,或典赁某人屋 一寄歇客人某人系某处人,到此作何生理,一名名开写浮票写帖,客去则揭票;无则云无 案行各分巡道督编十家牌	(用横木阔一尺二寸,高八寸,画为一十三行) 新城县某坊都街巷村。 家某系某坊都里长,或里长某下甲首军民匠等籍,若僧道亦仿此。其寓居人则必具原籍原乡,此寓居人与寄住客异。 男子几丁内分老壮幼三等 某官吏某作何生理某在某处买卖某生员某童生某有何手艺某现当某役某有何残疾 妇女人口无则不开 田若干亩该粮若干石斗 房屋门面几间或自置买或典赁某人居住 寄住客某某系某府州县人某年月日来家典住或寄歇,作何生理或在某衙门充某役或为人佣工,陆续开填 牛若干头 马若干匹 以上三条无则不开
十家牌	某县某坊 某人某籍 某人某籍 某人某籍 某人某籍 某人某籍 某人某籍 某人某籍 某人某籍 某人某籍 某人某籍 右甲尾某人 右甲头某人 (背写告谕)	(直木高一尺八寸,阔一尺,柄二尺,画为上下二截,下高于上,上截画一十三行) 新城县某坊都某街村某巷镇 第一家某某籍 第二家某某籍 第三家某某籍 第四家某某籍 第五家某某籍 第六家某某籍 第七家某某籍 第八家某某籍 第九家某某籍 第十家某某籍 (或不能齐,多寡一家不妨) 左甲尾某 右甲头某 (下截画八行书云告谕各家务要训行)
轮牌时间	每日酉牌时分,持牌到各家,照粉牌查审	每日晡时,轮牌人提牌告谕各家一次

对于保甲制的具体功能和执行方法,赵日崇又在王守仁原有条款上补充了六条,分为"遵戒训""严稽查""谨巡逻""联守望""均劳费""治奸诡"。其中有警时,更夫按照比例从家中抽出,实行数家联保制:

> 故又因其情而简其法,每甲三家共当更夫一人,登于保册,无事巡警如故。有警,党正副统帅册内夫家,更迭以出,或乘便而击,或据险而守。册内不必籍其名,止云某某三家出夫一名,某某二家出夫三名,盖有常数无常人,各推其家之壮者为兵。①

虽经过对比大致可知保甲法应当有过实施,但究竟实施状况如何尚不得而知。因为如按十家抽甲原则,虽一县之地,因为各家分散,疏密不一,"或不能齐,多寡一家不妨"。由前面"都—区—村"关系分析可知,即便是里甲制下"务不出本都"的都,都可能将同一村堡析分为二。则更为基层的家和甲的关系是否仅存其名,应当作进一步考证。

对于明保甲册而言,各都前页在地图中零散的"家"的数目和后页已经编成的"甲"数是两个统计系统。本着质疑文本史料的精神,我们可以增加一层论证方法,即针对同一统计项目,在不同统计系统中的数字互验。因此通过对比计算,可以排除造册者刻意以"十家一甲"的比例捏造出"甲"数的可能性。笔者依次从地图中提取各村所含家数,计算出总的"家"数(例如下图,共 256 家),再联系各图之后所载的"甲"数,进行回归分析,这样有助于撇开人为因素,来判别这些历史数据之间是否有特定关系。由于其中五十三都、五十四都数据缺失,

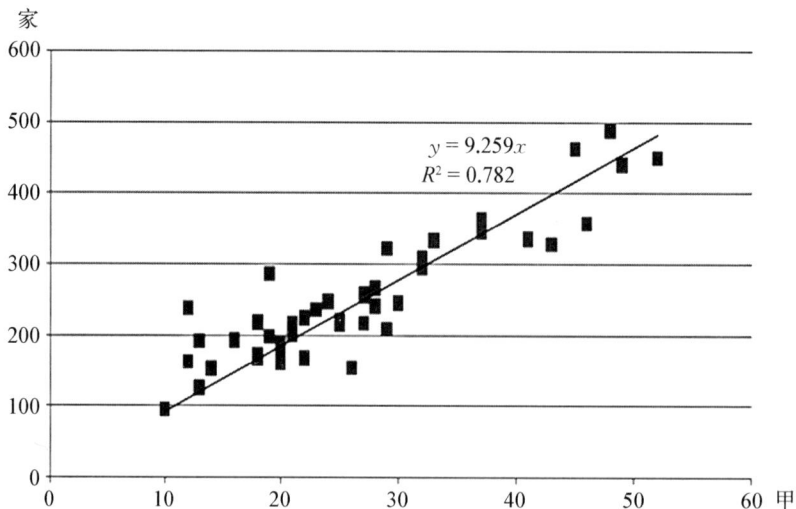

$$y = 9.259x$$
$$R^2 = 0.782$$

图 4

---

① 赵日崇撰,杨希闵校刊:《保甲册》卷 2,咸丰刻本。

三十三都有四十三甲却有六百一十二家,可能是出于某些特殊原因,明显属于异常值。剔除了这三项数据,进行线性拟合,家甲之比约为 9.26,R^2 达到 0.78,可见十家牌法大致确实执行过。

　　笔者验算过这些"甲"的数目,在明保甲册中,各"甲"的分布情况在各都地图上有明显的呈现,如前文所引南乡五都图中,除开寺院道观等建筑,每个画有"小房间"的图例表示其为一个甲,也有很多家聚居在一起合标为数甲的情况(见图 5 阿拉伯数字标注)。如右上角棠埠上原胡家湾四十家就以六个小房间表示有六甲,整幅地图的甲之和二十七与图后记载"甲数"相符,笔者验算过其余各都情况也基本一致。因此从地图中可以看到,各村编甲并无明显规律,家甲比例变动较大,但对于整体一个都而言,却维持了近似于十比一的比例。从前文所述对比清保甲册部分,可知右下角部分的几个小村明代"拆村编甲"后,入清都划入了大的村中。

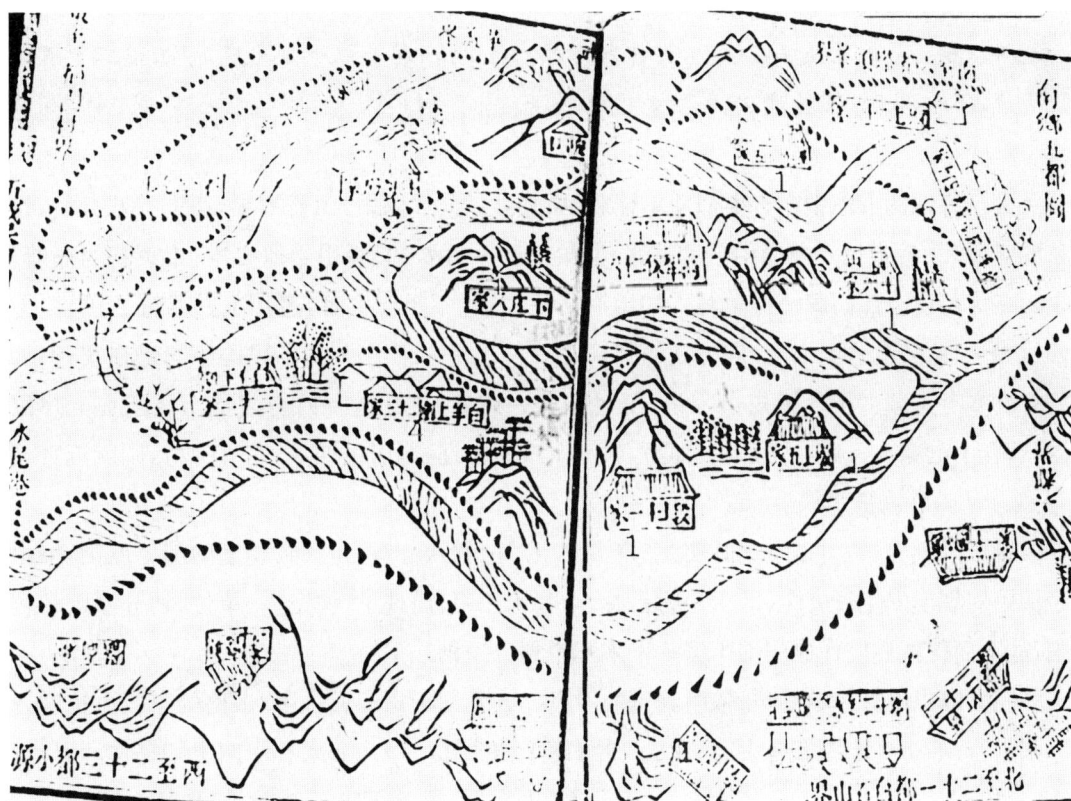

图 5

　　在清代,同样的几个村保甲时却是"小村编甲归大村",二者差别主要在于对畸零户或偏远的小户编甲方法。

　　如在四川巴县实行保甲时,以三户作为零头的标准:

编联之法,每牌十户,若有零户,数在三户以内,则附于末牌之末;如数过三户,则与末牌匀分为两牌。每甲十牌,若有零牌,数在三牌以内,则附于末甲之末;如数过三牌,则与末甲匀分为两甲。[①]

而在陕西省兴安府南山区,则再一次提到了前文所述的"七并八分"之法,并讨论了地处偏远的小村落编甲的原则:

至山内保甲,须行以齐团之法,每牌不论户数,但取路径相接,消息可通,其居民情谊款洽,声势联络,或六七家,或十五六家,皆可为一牌。若至十八家,照七并八分之例为两牌。编甲亦然。至保长,则自六七甲至二十余甲为一保,惟众心是从,户口多寡,更属不拘。

山中居处畸零,不成村落,水边岭角,或一户,或三四户,有隔数里十数里无邻居者,惟以相隔最近之处联成牌甲,仍计里为限。至远者,牌长以十里为度,甲长以二十里为度,保长以五十里为度,庶易往来稽察。[②]

其余各地的方志中亦有类似零星记载,如滕县:"公严保甲,山僻零星,用七并八分法,设条约守望。"[③]保定府:"每家给门牌一张,共给门牌一百张;又每甲给册二本,十页备为循册,十页备为环册。照门牌一样填写。如内有居民四散、不足十家者,遵用七并八分之法,以十四家为一牌;若剩八家以上,即另立一牌。"[④]这一"七并八分法",到了民国年间仍在实行,如宿松县亦有记载:"至各里户口零星,不足十家一牌者,则用七并八分之法。所遗在七户以内,即合十七家为一牌,八家以上即另立一牌;或地方辽阔,居民四散,三五为村,则就近数处合一二十家为一牌。"[⑤]

综合以上材料,可以发现其实"三户零头"和"七并八分"法是大致相当的编甲原则,但由于保甲的规模发生过变化,即十户为一牌,十牌为一甲,出现了"牌"这一单位,划分原则却相同,故下面仅按照明代比例即十家一甲来解说划分原则。

三家或以下算作畸零户,依附到别的甲里。四家到十家编成一甲,多出的家数再按这一原则进行;如十到十三家舍去,只算成一甲(即十四家算一甲),如果有十四家则算作两甲,折算一甲为七家,并以十八家作为一、二甲分界,故为"七并八分"。依次类推,如下图所示:

---

① 徐栋辑:《保甲书》卷3《成规下·巴县编联保甲式刘衡》,第80页。
② 徐栋辑:《保甲书》附录《重刊南山保甲书》,第167页。
③ 王政纂:《道光滕县志》卷8,道光二十六年刻本。
④ 李培祜纂:《光绪保定府志》卷34,光绪十二年刻本。
⑤ 俞庆澜:《民国宿松县志》卷4,民国十年刊本。

```
家数  0      3        (7并8分)   10        14      17   18
      |___|_____|   |_____|   |
甲数    0              1                      1    2

   三家畸零          十四家一甲           三家畸零   十八家
   附于末牌                            附于末牌   分为二甲
```

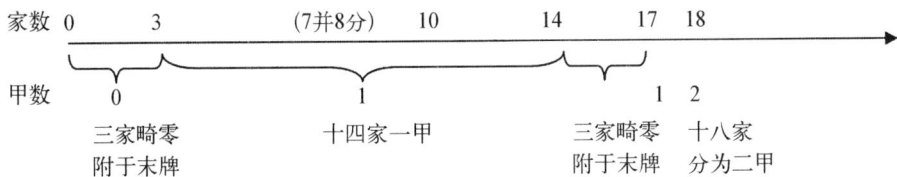

这种做法实际上是对原有的完全按照地理聚落的编甲方法的改进(参见前图 3《西乡二十一都图》中,两三家的也都编甲),原则是三家以下舍去,十四家编为一甲,十八家编为两甲,如此整个都内的家甲比例仍然也大致维持在 10∶1 左右,原有"十家牌"法的制度照样可以执行,但这样的好处是兼顾了村落地理分布、人口规模的不平衡性,可以使得保甲制度更好地控制基层组织。而如此一来,一些比较偏远的小村落被拆分的情况则在清保甲册中消失,而被划到了其依附的大村落中。

五、图—村

明、清保甲册中都记载了各都具体的图的数目,笔者比较以后发现整个七十七图中,清代较明代增加图的都只有四处,减少图的都只有六处,而且增减数量只有一图,故而放到全县范围来看,总数变动不大。徽州地区里甲增减现象中,权仁溶认为到明末为止从里数层面很难看出其崩溃征兆,并提出户数增减是里增减的根本原因,里增加而里甲制稳定。到康熙年间又对里进行增减,地方官对增图呈消极态度,通过增减里,以减缓变化带来的压力。[①] 而保甲编制中也会有类似现象,传统史料并不会记载这些图增减原因以及原则,故而需要通过空间分析来解答以上问题。

如上所述,保甲册所载"都统堡,堡统甲,甲统家",其中堡大致与村概念相符,该册一般按照某都某图有某村(堡)的顺序记录。故而图的调整可能与村(堡)的变动有直接关系,但各都所含村落数目差别较大,直接使用该数字会忽略村落的空间分布趋势特征。因此如何选取一定指标研究村落变化情况是该问题关键点和难点所在,不仅不宜直接用村落数量进行评估,同时,利用泰森多边形复原的各都边界也是其均衡理想化情形,并不能反映各都真实的区域面积(如五都和二十一都本来有部分相邻,图所反映的五都和二十一都仅有很小一点连接),因此用村落密度作为指标也难以实施。

根据地理学第一定律(Tobler's First Law),地理事物在空间分布上互为相关,存在着聚集、随机等分布。时空相邻的空间信息存在着近似属性,即近距离事物之间的影响作用大于远距离之间。因而对聚落的分析应考虑相邻地理单元的变化趋势和聚集程度。对聚落聚集程度可以通过 Moran I 指数进行评估,该指数的广泛应用主要在社会科学空间分析方面,如

---

① 权仁溶:《明代徽州里的编制与增减》,《上海师范大学学报》2005 年第 4 期;《清初徽州的里编制和增图》,《上海师范大学学报》2007 年第 3 期。

语言、疾病地理分布,以及犯罪率的地理集中程度。Moran I 系数主要是衡量聚落是否具有空间自相关性(Spatial Autocorrelation),即判断聚落属性分布是否有统计上显著的聚集或分散现象。空间回归主要是在经典的回归分析中考虑了空间自相关性,通过量化要素的空间关系,生成空间权重矩阵,以此更好解释地理事物的空间关系。Moran I 指数计算式如下:

$$I = \frac{N \sum_i \sum_j w_{ij}(x_i - \bar{x})(x_j - \bar{x})}{(\sum_i \sum_j w_{ij}) \sum_i (x_i - \bar{x})^2}$$

其中 N 是研究区地区总数,w_{ij} 是都 i 和 j 空间权重矩阵,其产生过程为如果两个都相邻则为 1,否则为 0。x_i 和 x_j 分别是村落 i 和 j 的属性,$\bar{x}$ 是属性平均值。Moran I 是计算聚落属性值的均值和方差,再由每个聚落属性值和均值之差求得叉积,将叉积之和作为统计量分子。而用于检验局部地区是否存在相似或相异的观察值的聚集情况,可以用局部 Moran 指数(Local Moran Index)来度量某地区和其他领域之关联程度:

$$I_i = \frac{(x_i - \bar{x})}{s_x^2} \sum_j \left[w_{ij}(x_j - \bar{x}) \right]$$

s_x^2 为其方差,其余符号与 Moran 指数相同。它反映了这些数据的集中倾向(高值聚集在高值附近:HH 部分;低值聚集在低值附近:LL 部分),再由此计算所得的 Z 得分值和 P 值,零假设为新城县各都村落分布并不具有空间相关性,以此考察该聚集所产生的地理差异性是否具有统计学上的显著性。当 Z 得分或 P 值指示统计显著时,若 Moran I 指数值为正则表示聚落为聚集分布,如为负则表示聚落为分散分布。对于不同时间的同类聚落分布模式,Z 分值越大,则聚集程度越大。

利用 Arcgis 中 Anselin Local Moran's I 统计量工具计算明万历年间,清康熙、道光、咸丰时期各都村落聚集地图,其中四十五、四十八都出现了低值聚集情形,这是由于原来的四十八都分为上下都(图 6 中 481、482 区域),情况特殊。由图 6、图 7 中可以看出,明清两代各都大部分村落的聚集现象并不显著(图中白色区域)。明万历年间明显和周围都呈现区域型聚集的区域为八、十一、十二、二十一都,清康熙年间为五十四、十九、二十一都,其中十九都即为中田区,该地有原土著鲁氏家族和后来康熙年间大批迁入的陈氏家族,该都出身的豪族与地方士绅逐步控制了整个新城县的资源。

这两个时期图发生过微调,大致有以下几个特点:照顾人群聚集趋势明显地区,对邻近地区图进行调整,都内图的总数大致不变。即"人多划图,就近补图,总数稳定"原则,针对村落相邻地区聚集现象最明显的区域,减少相邻都的图数来弥补这些地区,以实现全都以图控制村的数目较为平衡。控制总的图数原则可能与户的总量变化不大有关,根据历代方志中对户的统计,大多在七十八图所统户数上下徘徊,这个"户"由前文所证为纳税户,因此是通过对纳税单位"图"的微小调整来均衡村落发展的不平衡性。

明万历新城县各都村落聚集分布图

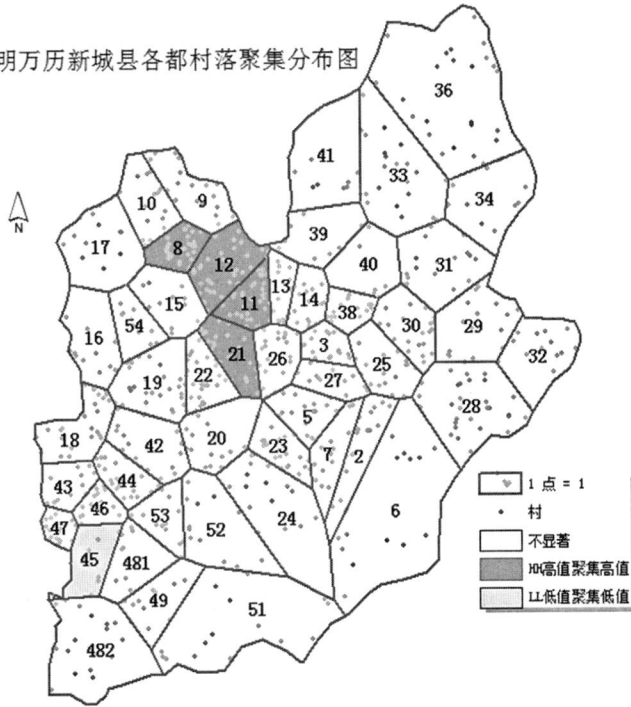

图 6

清康熙新城县各都村落聚集分布图

图 7

六、结　论

由同治《江西新城县志》①可知,新城县在明清时期至少实行了比较严格的保甲制:正德十二年(1517)王守仁、万历年间赵日崇、康熙四年(1665)李士桢、乾隆三十八年(1773)及四十一年李任庭,以及咸丰年间由保甲制转为团练制。在这几个时间断面间,实行"十家牌"法后,尽管人户增长,保甲也未长期间断,与此相伴的纳税户也一直相对稳定。另外通过对明清两代县以下微观政区的定点和边界的复原,发现了跨都村落存在着"一村两都"的情形,可见都图保甲体制打破了原有自然聚落所产生的村落体系,但明清之际经历了一个转变,即纯粹以地理聚落分配编甲名额到兼顾人口疏密、地理远近而实行的"七并八分"法,呈现"小村编甲归大村"的情形。通过对方志中数据的校验也证实赣东两套户系统的存在,以及一些概念如"丁"的混用。通过空间分析,发现了村落的聚集程度不同影响了"图"的微调。可见从"户""丁"到"都""图",从自然人口统计指标到自然村落形成,可能受到赋税体系的影响。我们可以从中看出,两套系统的存在可能与该地较早实行里甲制后税赋征收体系完善有关,后面的一切乡村控制手段如保甲制都是围绕着这个中心实施的,这大概也是传统社会基层政区之所以稳定的一个解释。

郭永钦,复旦大学历史地理研究中心 2016 届博士,现任教于广州大学人文学院。本文原发表于《历史地理》第二十九辑(2014 年),2013 年 6 月曾在禹贡博士生论坛第 51 期暨第一次工作坊报告。

---

① 刘昌岳修,邓家祺纂:《同治江西新城县志》,成文出版社 1989 年影印本。

清代图甲与保甲关系新论

——基于徽州赋役合同文书的考察

黄忠鑫

摘 要： 在徽州赋役保甲合同文书的语境中，清代保甲的推行主要以图甲为基本框架，是在图甲基础上添设的一个职役，长期沿用或模仿图甲的结构和运作方式。徽州民间长期存在图（里）、保并存的格局，它们之间功能或有重合的情况，却没有发生更替。这说明了以都图里甲体系为主体的基层社会管理体制之进一步细化分工。

关键词： 图甲；保甲；职役；徽州

一、学术史述评

关于清中叶及其以后图甲（里甲）的走向，学界一直有不同的看法。主流观点认为里甲制被保甲制取代是历史发展大势，只是在交替的轨迹上存在一些不同的意见。如，唐文基认为明后期是保甲和里甲双轨并存时期，彻底取消里甲是在清代乾嘉时期。[①] 赵秀玲进一步提出明、清两代都经历了从里甲到保甲的演进过程的看法。[②] 孙海泉勾勒了清代里甲制向保甲制演变的过程，其标志是保甲开始行使钱粮催科、编查人户等职责。[③]

尽管保甲取代里甲的观点为多数人所接受，但是一直存在不同的意见。萧公权将里甲、保甲、社仓和乡约并列为清代乡村控制的主要因素，它们各具功能。[④] 刘志伟则认为按里编

---

① 唐文基：《明代赋役制度史》，中国社会科学出版社，1991年，第345页。

② 赵秀玲：《中国乡里制度》，社科文献出版社，1998年，第40—50页。不过，余清良对赵秀玲的观点提出了批评，认为明代乡里制度的实际操作和演变还需要具体深入的论证，不能只停留在制度的表象上。见余清良《中国乡里制度研究的路径——读〈中国乡里制度〉》，《史学月刊》2002年第8期。

③ 孙海泉：《论清代从里甲到保甲的演变》，《中国史研究》1994年第2期。

④ Kung-Chuan Hsiao，*Rural China: Imperial Control in the Nineteenth Century*，University of Washington Press，1960.

甲的做法不但没有停止，而且由于一条鞭法的推行，更加偏重以土地作为征税依据，加上当时的均粮均役运动的需要，这一做法更为普遍。"事实上，在包括广东在内的许多地方，里甲制（清代文献多称为图甲制）不但保留下来，而且还是一种比保甲制更为重要的地方制度。"[①]相比而言，刘志伟的说法是基于一个具体区域的论证，而不是从全国角度泛泛而谈。这一说法也得到一些区域研究者的证实。如隗瀛涛从清代巴县档案中发现，尽管建立了保甲制度，但是里甲制度并没有被废除，只是其功能集中在征收赋税方面。巴县档案中在涉及事件发生地和百姓住处时仍称里甲，可见里甲作为行政区划是比较稳定持久的。[②]

相比而言，杨国安的观点较为调和，其论断是基于两湖地区的地方特点得出的。[③] 他以为明中后期的保甲制主要是作为一种治安手段在局部地区推行，直至清初方可称为"双轨并行"。从里甲到保甲的转换，过程是逐步而缓慢的，而且其内涵也是相当丰富的。他还进一步指出，"在历史传承极为浓厚的传统乡村，或在里甲体系之内编排保甲，或在保甲组织内融入里甲是地方较常见的做法"。这是具有相当启发意义的观点，说明里甲和保甲的关系可以从区域差异的角度进行考察。类似地，杜正贞亦认为山西泽州的保甲，也是在里甲的框架或者在里甲的名义下执行的。[④]

台湾古代基层组织中的里、保并行的情况，则是具有南北差异。南部"里"的编制，始于郑氏统治时代，清代继续沿袭。清中叶以后逐步开发的中北部地带，由于当时保甲制的施行，使得"保"成为当地的基层组织。[⑤] 这一发现也为基层组织和区划的地区差异性提供了鲜活案例。

在徽州研究领域中，不少学者亦持有里甲必然为保甲取代的看法。周绍泉以都图文书《休宁县都图里役备览》为例，认为此类文书在当时还是有用的，里甲编审仍在进行。同时他还认为明初以来一直存在的里长、排年，至迟到清中叶尚未消亡。但这一论点并没有深入展开。[⑥] 栾成显基本沿用了这些论点。[⑦] 权仁溶从徽州里甲编制增减的侧面进行观察，认为明清之际通过里的增减方式，缓解了里甲内部变化的压力。他由此认为直至清前期徽州的里甲制仍旧存在。[⑧] 正因为深受里甲必然为保甲取代观点的影响，上述学者都没有对里甲究竟何时、如何为保甲取代展开具体讨论。

---

① 刘志伟：《在国家与社会之间——明清广东地区里甲赋役制度与地方社会》，中国人民大学出版社，2010年，第186、190页。
② 隗瀛涛主编：《近代重庆城市史》，四川大学出版社，1991年，第567页。
③ 杨国安：《明清两湖地区基层组织与乡村社会研究》，武汉大学出版社，2004年，第53—55、67页。
④ 杜正贞：《村社传统与明清绅士——山西泽州乡土社会的制度变迁》，上海辞书出版社，2007年，第249页。
⑤ 戴炎辉：《清代台湾之乡治》，联经出版事业公司，1979年，第5—6页。
⑥ 周绍泉：《徽州文书所见明末清初的粮长、里长和老人》，《中国史研究》1998年第1期。
⑦ 栾成显：《明代黄册研究》，中国社会科学出版社，2007年，第245页。
⑧ 权任溶：《明代徽州里的编制与增减》，《上海师范大学学报》2005年第4期；《清初徽州的里编制和增图》，《上海师范大学学报》2007年第3期。

　　刘道胜发现了徽州基层保甲的管理范围在很多情况下是与特定聚居宗族相重叠的情况。同时,他还发现徽州保甲设置往往于一图之中,由大姓各自设立一保,其仆人或细民小姓则归辖大姓保甲之下。[①] 但是,这一发现受制于保甲制在清中叶取代里甲制的前提,没有得到更多的阐发。洪性鸠虽然承认保甲是在里甲、宗族基础上设置的,但是随着徽州既具有顺庄法意义,又以保甲为基础的滚单催征的施行,保甲取代了里甲。显然,他们都发现了清代保甲的设置基础,却没有继续深入挖掘而受制于主流观点。

　　还有一些学者提出了不同的看法。汪庆元依据鱼鳞图册、保甲烟户册等第一手资料,强调了里甲与保甲内涵的差异。"里甲主于役,是把农民编制起来承担赋役,并限制其流动;而保甲不论原管都图册籍,是在承认社会人员流动前提下的治安组织。清代由保甲编户取代里甲编审,只是户籍制度的转变,都图的地籍管理仍然存在。"这便是接受了里甲、保甲并存观点而提出的新看法。另外,他也发现了清初徽州保长由里长金派的现象,也论证了"图"直至清末仍是赋税催征单位的事实。[②] 陈瑞的研究又将该认识推进了一步,他通过对休宁县二十八都多份赋役合同的解读,认为徽州宗族社区中保甲之役的承充是在里甲制的框架内进行运转的。[③] 这一看法,与前述的杨国安、杜正贞等人的意见一致。可见,保甲与里甲间的关系是颇为复杂的,不能用简单的替代论进行概括。

　　前人的讨论,主要从功能与形制两个维度展开。基于区域史的研究,能够将里甲、保甲关系梳理得更为细致,也更有说服力。乾隆时期,户口编审统一归于保甲,事实上取消了里甲编审人口的功能。但在实际上,这是里甲与保甲互补功能的内在因素,且户口编审与赋税征收未必同属于一个系统,在户籍登记上存在烟户和花户的差别。[④] 更何况,基层组织在形制上因地而异。因此,笔者认为简单提出里甲向保甲转化的结论,是过于草率的。

　　徽州相当数量的民间文书,尤其是赋役合同的留存,能够为这一话题的深入探索提供支撑。徽州赋役合同的数量在二百份以上。其中,一部分实物以散件形式,混入大量契约文书之中,又有相当一部分存在于谱牒、誊契簿、讼诉案卷等簿册文书中。从赋役制度与基层组织角度来看,赋役合同可以分为土地清丈、里役承充、户名更替、保甲乡约等几类。这类文书的主要价值体现在:它们包含的赋役信息较为丰富,体现了民间社会应对赋役制度的种种策略,以及民间社会内部的复杂关系,尤其能够反映宗族、村落中的各种社会关系。笔者经过初步归纳认为,保甲合同等民间文书语境中的保甲与里甲关系,至少包括职役金点、组织形式与实际功能三个方面。

---

① 刘道胜:《明清时期徽州的都保与保甲——以文书资料为中心》,《历史地理(第二十三辑)》,上海人民出版社,2008 年。
② 汪庆元:《清初徽州的"均图"鱼鳞册研究》,《清史研究》2009 年第 2 期。
③ 陈瑞:《明清时期徽州的宗族与保甲推行》,《中国农史》2012 年第 1 期。
④ 单丽、曹树基:《从石仓土地执照看花户内涵的衍变与本质》,《社会科学》2010 年第 8 期。

二、职役：保长的佥点

保长作为基层赋役体系的一种职役，主要是由图甲佥点。不少保甲合同就记载了订立缘由，从中可以反映出保甲制在施行之初的实态。如雍正五年(1727)的一份合同明确无误地指出当时保长就是在图甲基础上添加的一个职役，与相关合同结合，可为我们认识保长佥点方式提供重要的线索。

> 立议合同汪兴、吴宗睦、戴宗远、金华宗、王宗章、朱淳义、叶涌等，缘因雍正五年奉旨，各都图添设保正，续奉县主票唤本里众报，是以合里公议，分作四阄，对神拈定，轮流承充，不得推诿。所有工食银十二两，每年在于本里二十九甲户内公派，议为承充之人料理公务等用。其承充之人一应公务，尽在承值，不得误事。所有分阄条款另列于后。今恐无凭，立此合同一样四张，每阄各执一张存照。
> 一阄丁未年四月起，金华宗、王宗章、朱淳义、叶涌
> 二阄戊申年四月起，吴宗睦
> 三阄己酉年四月起，戴宗远
> 四阄庚戌年四月起，汪　兴
> 一议、承充之人在于各阄自行议举。
> 一议、唤认使费银三两四阄，每阄派银七钱五分，在于四阄名目付出与承充之人应用。倘下年另唤报，亦照此例公派。
> 一议、倘有飞差，照都内概例四公议。
> 其十甲倪尚义住居三十都地方，路途遥远，难以照管，不在议内。倘有累及，四阄理论。
> 公议在官名目系"王仁德"，轮流顶名充当，倘遇换报，听从本阄名姓具报。（下略）①

合同开头明确指出：保正一职，是在各都图甲基础上添设，由各图呈报。这是官方规定的一般程序。其规定可以追溯至明代，如，"地方设立保长，司一图公务，其责甚重"②。这里，保长的管辖范围就是一图，换句话说，保长就是基于图甲框架而设立的。然而，实际情形是较为复杂的。

其一，该合同内容虽为图内民众决定保正承当人选和分工，但保长人选的佥点往往被图

① 周向华编：《安徽师范大学馆藏徽州文书》，安徽人民出版社，2009年，第166页。
② 《新安歙西沙溪汪氏族谱》卷十二《崇祯三年众议保长逐门轮流承管》，道光五年刻本，南京图书馆藏，书号：2006065。

差垄断。由于保长职役负担沉重,图差任意佥点忠厚懦弱之家充任,"懦弱之辈不谙事理,何能充当,多有误公"①。这就导致相当一部分保甲合同的订立,要求摆脱图差任意佥点的束缚,由图众或族众自行约定人选,或组成共同协作组织,如以下所引光绪五年(1879)祁门县三四都的合同:

> 立议三四都四保越国汪公圣会合文经手人等,议论该阖地保甲,向奉迁点。不料,近年本图差役,此虎狼之辈,近年条换各处安厚农民,不存良心,贪佥爱利,恐有误了公事,地方所害,以致阖地心伤。各姓自愿出身,嘀议助出资本,建立越国汪公圣会以好(引者注:此处似为衍文)。近年向奉迁点,四保会内懦弱之人当年保甲,会内派人充当,公议贴补保甲以办工食之资。簿据再明,以免日后所遭图差之害,点换农民,贪利肥己。倘有官差公务正事,我等会内之人,公同出身料理,不得累及充当之人,保甲亦不得推挨一处。自今立合文之后,遵文为据,会内之人,无得生端,反悔异说。如有等情,听凭鸣公理论。恐后无凭,立此四保越国汪公圣会合文一样十七纸,各收一纸,永远遵守存照。
>
> 再批:日后会[内]丰肥,人心不一,自愿出会,先前助出资本不得退回,又照。
>
> 又批:合同一样十七纸,匣存一纸,挨次轮流,各收一纸,又照。(下略)②

当地六姓以越国汪公圣会的名义进行互助。尽管图差佥点不能取消,但无论点到何人,会内皆派人充当,便能在相当程度上减少受侵害的程度。不过,更早的合同显示,当地是由乡约佥点保长。

> 立议仝心充当保长李子学、汪君旺、黄仲和,今因乡约谢朋万举报身等三人充当该地三四都一图小洲地方保长。因身等三人俱系务农生理,恐有不暇误公,是以立此仝心合墨,倘官内有事票唤,不拘唤何一名,总是三人相帮管办,凡地方内编查烟火巡查等事,亦议三人附近照理管办,不得推卸。凡有需用杂费,亦是三人均派,毋得异论。今欲有凭,立此仝心充当议墨存照。
>
> 乾隆四十一年十一月初九日(下略)③

无论是图差、乡约佥点,还是由图众、族众共同推举或轮流,保长这一职役的设置往往以

---

① 《歙县九姓轮充保长文约》,载安徽省博物馆编《明清徽州社会经济史资料丛编》第一辑,中国社会科学出版社,1988年,第574页。该文书又以"清代道光二十九年七月祁门谢德和等共议保长轮流充当合文"为名,藏于中国社会科学院历史研究所。就地域坐落而言,合同出现的三四都名称,当为祁门县所独有,而不是歙县。

② 《徽州文书》第四辑第三册《祁门三四都汪家坦黄氏文书》,广西师范大学出版社,2011年,第49页。

③ 《徽州文书》第四辑第一册《祁门三四都汪家坦黄氏文书》,第379页。常建华同样发现,晚明山西保甲是在乡约的名义之下执行的,使得里甲、乡约兼顾治安职责,当地保甲并不显著。参见氏著《明清山西碑刻里的乡约》,《中国史研究》2010年第3期。

图甲为基础。

其二,由于图甲已经超出一定的地域界限,图内各户未必居住在邻近地区,如前引雍正合同中附带说明的十甲倪尚义户,"住居三十都地方,路途遥远,难以照管,不在议内",即该户被排除在这个"保甲共同体"之外,而是以地域相邻的图众联合应付保正职役。因此,该合同虽由民间订立,实际上确立了保甲编排的地域和社会范围。这样的情形主要存在于异姓所订立的合同之中,他们同时又强调"本图地方保甲长"的轮充标准是"置有产业及图内居住"①,这既是保甲制"以近附近"原则的体现,也是保甲在推行时兼顾图甲地缘性的表现。即,保甲在原则上的管辖范围是一"图",而"图"内已迁居他地的人员则不纳入保甲体系。虽然保甲的管辖范围与图甲有所差别,但又源于图甲。

其三,在前引雍正合同中,该保甲作为一个共同体,由七个族姓共二十九个甲户联合组成,则只以"王仁德"一名向官府备案,内部则是分为四阄,轮流承顶该名,承当保正相关任务。无独有偶,顺治十年(1653),祁门县三四都汪家坦地方设立保甲长,"其甲长的名,系'王茂安'名目,递年即应此名为卒,周而复始,以遵永行,不致误公,以闹地方"②。康熙四十六年(1707)休宁县二十七都五图亦是如此,"本图乡约公报总名'王道明',轮流随保充任",则是乡约与保甲总名合二为一。③ 这一现象,如同图甲中的拟制户名,仅仅是应对某项职役而专门设立。民间针对某些临时性的差役,亦会设立类似的姓名,呈报官府。如休宁七都张氏的一份顺治四年"当图正墨"提及,为了应对土地清丈任务,张氏族人推举张时旸等四人具体负责,"立墨串名'义朋',具认承役在官"④。无论是图正,还是保正、甲长,其呈报官府名目通常是拟制姓名,其背后则是复杂的社会群体。我们固然看到保甲册、烟户册所登记的实在姓名,但作为一种职役,保长姓名的呈报却仍旧按照先前图甲的形式。

综上,保长的佥点、管辖范围和报名,都存在沿用、依托图甲运作模式的情况。不仅如此,保甲的形制也存在不少依托图甲的现象。

三、形制:保甲推行依托图甲结构

1. 形制的合一

保甲往往依托图甲内部结构进行编制,即图甲之甲,也是保甲之甲。如《雍正六年

---

① 刘道胜:《明清徽州宗族文书研究》,安徽人民出版社,2009年,第234页。
② 《徽州文书》第四辑第一册《祁门三四都汪家坦黄氏文书》,第118页。
③ 《休宁藤溪王氏文约契誊录簿·本图保长议墨附约议》,南京大学历史系资料室藏。转引自陈瑞《明清时期徽州的宗族与保甲推行》,第96页。
④ 《槐溪张氏茂荆堂田契册》,清代抄本一册,上海图书馆藏,书号:线普563598。

(1728)休宁李陈茂户丁李四宝等立里保应役合同》,以宗族为单位,陈、李两姓共同承管里长、保长职役。合同记录了两姓分管里役、保役的月份,也有分管甲分,"陈姓管二甲、三甲、四甲、六甲、九甲",而"李姓管一甲、五甲、八甲、十甲"。从甲的构成来看,仍具有图甲结构特征,即一图(里)十甲。且这些甲并没有明确标明是图甲之甲,亦或是保甲之甲,或可认为是图甲与保甲组织合一的产物。从当地相关合同的订立来看,这一情况一直延续到清末。①

此类情形,可以追溯至明中后期。如婺源十都四图,为万历十九年(1591)新增图甲(即所谓的"陞图")。"既陞四图,即立四图乡约。因烟村涣散,分立两乡约,一清源,一晓起,各五排为一约,以人烟均,统属易也。一甲洪芳生、二甲洪胡、三甲洪遇春、六甲曹启先、九甲吴汪詹,五排联合为清源约。四甲孙国用、五甲孙义兴、七甲江永兴、八甲叶洪鼎、十甲胡先,五排联属为晓起约。历今百有余岁,世守无异。"②此处的"排"是里甲排年的衍变,是图甲体制下一图十甲(排)结构的基本单位。虽然这是乡约依托图甲编制的案例,却足以证明在基层社会推行保甲和乡约之时,并没有完全摆脱里甲(图甲)体制的影响。

歙县张氏的几份合同也能充分反映出图甲和保甲在形制上的合一。乾隆五十七年(1792)张氏与程氏共同订立了一份保甲合同:

立合全十排人张、程等,向来本图九甲保长系张方馨承当,因人力寡弱,难以支撑,曾于上年浼十排人等,愿将伊甲膳年保长便挽族叔祖张兆圣等承管,□祖莹处永远存照。今保长输值四图张雍和等,窃以保长事,自古迄今,□系张姓、程姓承管,当□□无敢擅入,自恐十排人众,人心不齐,为此会全公议,自当恪守前规,无违古制,倘有异姓私谋,致存擅入之心,各排之人得其迹者,即行传单通知,以便协力全心,呈公理论,无得推诿。自议之后,如有返悔不遵者,言定罚白米二十担,以存公用,无得异说。今欲有凭,立此合全一样十纸,每排一纸,永远存照。

清乾隆五十七年十一月 日立合全十排人:一甲张元明(押),二甲张承善(押),三甲张敦伦(押),四甲张雍和(押),五甲张程朋(押),六甲张元德(押),七甲张允忠(押),八甲张祖应(押),九甲张仲友(押),十甲程明高(押),册立[里]程觐斑(押),凭中张且初(押)、张日明(押)、张引中(押),代笔张书田(押)。③

① 原件藏南京大学历史系资料室,前引陈瑞《明清时期徽州的宗族与保甲推行》一文录有合同全文,并对该户相关合同进行了归户考证。
② 《入清源约出晓起约叙记》,清康熙年间抄本一册,安徽师范大学图书馆藏。
③ 《清代乾隆五十七年十一月歙县张元明等更换保长合同》,中国社会科学院历史所藏,书号:1160457110001。署名格式略有调整,以下所引合同皆同。

合同中,强调保长职役为程、张两姓所垄断,异姓不得担任。可见,保甲职役并非只是苦差,也是地方社会的身份象征,包含有相当的权益。这一点和图甲里长户名之于地方社会的意义完全一致。

合同虽然声称订立者身份为"十排",即保甲体制下的"排",但是署名则为图甲体制中的"十甲"。与该地的图甲合同相比较可以发现,每甲之后的姓名即为户名。再以张元明户内部关于共同贴费的合同进行观察。

> 立议约合同人张元明等,今有承祖排年一役,向系七房输流承值充当无异,近因各家输纳延迟,以致拖累经管排年之人,比较受奔驰之苦,粮差费酒席之需,为此俟同各家公议,承祖所有各处租利,付次年充当排年之人收取,以作支应粮差催征算总之费,众人毋得私收,入己私用。其钱粮各家务宜急公上纳,四月如出圈户,其使用照粮派出,已纳者不管。八月出批,其粮差使用亦照未完钱粮数目派出,已完纳者不管。如钱粮至十月不完清者,系欠粮之人支应比较,不得累及充当排年之人。其里长、保长会粮、贺礼、使费,俱照排年轮流充当承值,毋得推诿。倘有飞来大差,会众公议,不在此议之内。此系会众自愿公议,务宜遵依,设有反悔推托者,其罚白米石入众公用,仍依议约合同行事。恐后无凭,立此议约合同,永远为照。
>
> 又议:其钱粮营米八月不完者,听凭管年之人秉公毋悔,再批。
>
> 雍正十八年八月　日立议约合同张元明、张亮先、张公盛、张永茂、张有恒、张惟吉、张继科、张继禅,代书张圣言。四房收执。[1]

署名中,张元明之后列有七个张氏姓名,则代表张氏七房,轮流承当总户头"张元明"的种种任务。另外,此合同还提及里长、保长费用,亦是七房轮流负担。可见,"张元明"既是图甲户头,又是保甲户头。从整个图的范围来看,其余九个户头亦属于同样的情形。乾隆三十六年(1771)和嘉庆十六年(1811),十甲排年两次订立了关于南米(即南方各省漕粮)催征的合同。这一任务为里长轮流完成。其十甲署名与前述保甲合同几乎完全相同。[2] 可见,至少在歙县这一"图"中,图甲与保甲合为一体。在不同的语境之下,或使用"排",或使用"甲"。这或可认为是地方社会对于保甲制的认知,由此推知保甲的实际编制状态,即为在图甲制基础上添加的一个新职役而已。

2. 乾隆五年后的变化

作为两种不同的职役,图甲和保甲的结构差别日趋呈现,甲以下的单位差别更为明显。

---

[1] 《清代雍正十年八月歙县张元明等议约支应粮差催征算总之费合同》,中国社会科学院历史所藏,书号:116031008003。

[2] 《清代乾隆三十六年二月歙县张元明等承充里长督催合同》以及《清代嘉庆十六年三月张元明等遵合同》,中国社会科学院历史所藏,书号:116043602001、116050603002。

一般而言,图甲之下为数量不等的户丁(子户)、寄户,而在康熙四十七年(1708)以后,确立了保甲"保长—甲长—牌头"的结构,[①]"牌"成为保甲的基础组织形态。乾隆五年(1740)正式废除里甲编审之后,"牌"在保甲文献中更多地出现,这是否意味着保甲取代里甲(图甲)呢?祁门十三都康氏就有一份增牌的保甲合同,可以解答这一疑问:

> 立合同文约石溪康大周同弟、侄、庄仆等,为奉县主吴老爷尊奉各宪,票唤加增保甲事。原本都只有保长一名,现年举报甲户,本都只有八排,本族一排。今本族加增三排,共有四排,各排人名,均以眼同拈阄某月为定,轮流挨次经管。凡遇排内有事,共排之人管理,毋得退缩,不得拖累别排之人。仍有数十余灶无名承充甲长,凡遇排内有事,其费用与共屋共排一体办理。又奉县主金点保长一名,族内康大梁今官中票唤,各事俱系大梁承充经官[管],是以族内眼同公议,日后递年编点,其保长换别名,官中票唤各事,亦要承充经理,再恐有命盗之案及无头公事,今众议其费用俱系照灶出办朋贴,不得独累有名出身之人。倘族内有事票唤保甲长,是某股之事,亦系本股自承在官保长的名,早为调理,不得混扯别股,或本户公事。另议一人出身,择能言者入官答应。自立合同文约之后,各宜凛遵奉行,如违,执约鸣官理治,仍遵此文为准。今欲有凭,立此合同文约一样二纸,各收一纸存照。
>
> 乾隆六年八月初四日 立合同文约康大周(押),同弟康大梁(押),同侄康士俊(押)、康杨(押)、康肇佐(押)、康世英(押)、康惟栢(押)。[②]

这份合同恰好是乾隆五年(1740)之后订立,所反映的保甲编制与组织方式,与图甲几乎完全相同。合同中声称的"有名"与"无名",当为康氏宗族及其与佃仆的差别。呈报官府的保甲长名为康氏,而由于佃仆依附其中,则为"无名"。而图甲结构中,也是地方大姓垄断图甲户名,而小姓人等或为附户,或朋充里长户,其户名为各姓组合。前述的保长姓名呈报,也是如此。稍有不同的是,官府票唤康氏担任保长,是以实在人名进行登记。

与前文讨论的保长拟制户名相同,尽管康大梁被官府金点为保长,但是这并不是一个人的负担,而是全族按照股份(即费用"照灶出办朋贴")进行承充。这既是保长户名趋于拟制化、固定化的端倪,又是一个大型宗族内部的举措。而晚清祁门县三四都六保订立的保甲合同,则是谢永和堂、谢崇德堂、方聚义堂、方桂茂堂、黄明德堂、陈敦义堂、江敦仁堂、胡义和堂

---

① 巫仁恕梳理了清代保甲从"总甲—甲长"到"保长—甲长—牌头"演变的轮廓。参见氏著《官与民之间——清代的基层社会与国家控制》,黄宽重主编《中国史新论》(基层社会分册),联经出版公司,2009年,第432—433页。
② 《徽州文书》第二辑第一册《祁门十三都康氏宗族文书》,广西师范大学出版社,2006年,第364页。

和叶敦本堂等九个宗族"挨换轮流充当"。① 这两种情形，与图甲制度下总户之下的子户（户丁）或甲户、附户按股轮充里役的方式极其类似。可见，图甲和保甲的运作都主要长期依赖于宗族组织。以宗族为纽带，图甲和保甲的形制差别和运作在清中后期仍没有出现实质性的差异。

综上，仅从结构构成与运作这一角度观察，我们可以认为保甲制度的推行与变化，不过是都图里甲体系为主体的基层社会管理体制之进一步的功能细化分工，其基本构成并没有太多创新之处，而是继续沿用或模仿图甲结构。

四、功能：图（里）、保并存与相互渗透

保甲制度推行之后，长期存在图（里）、保并存的格局，它们之间功能或有重合、互相渗透的情况，却没有发生更替。

1. 功能的互相渗透

一般认为，里甲（图甲）主要承当赋役钱粮征收，而保甲则重在治安。但是，随着图甲制越来越难以对人口进行统计和控制，保甲的烟户登记则可以做到这一点。这往往被认为是保甲取代里甲的最重要标志。如，马丁·海德拉就认为，由于"地方的里甲登记长期以来未经修正，不能真正体现一个地方的居民或他们户的结构的实际情况。因此，在某种意义上，地方保甲制的发展是对里甲制度的地域和人口统计的修正"②。这是基于户口登记功能而提出的，若从基层赋役体制角度予以观察，情况可能有所不同。

清代徽州民间"里保两役"的说法颇为常见。所谓的"忆里保两役，祖宗所遗，户户所不能免者"③表明，图甲和保甲在徽州民间社会属于两种并列的职役而已。在一些赋役合同中就有包揽人同时承包这两个职役的记载。如，乾隆四十二年（1777），程楚珍包揽程棣华堂十年一次的"一甲册籍经管"，除了完纳钱粮和编造册籍之外，还需要承管"该轮里保二役"。④

或许正是因为个人或团体（如宗族）同时承当两份职役，图甲和保甲功能出现互相渗透、重合的情况。例如，早在明万历八年（1580），洪、李两姓订立的里甲合同条款中，除了催征钱

---

① 前引《清代道光二十九年七月祁门谢德和等共议保长轮流充当合文》，中国社会科学院历史所藏，书号：116062907002。合同自称为"九姓人等"，但其署名所示为九个宗族、七个姓氏。收录于《明清徽州社会经济史资料丛编》第一辑的《九姓轮充保长文约》则将署名略去，使得我们不能认识到实际订立合同的是宗族而不是个人。
② 马丁·海德拉：《剑桥中国明代史》（下卷）第九章《明代中国农村的社会经济发展》，中国社会科学出版社，2006年，第468页。
③ 《新安休宁青山张氏世谱》下卷《文翰·永济里保急公会序》，1684年刻本，上海图书馆藏，书号：911628。
④ 《徽州千年契约文书》（清民国编）卷二，花山文艺出版社，1991年，第4页。

粮等基本职能外,还有"缉捕盗贼"等治安功能。① 但是,这样的条款在里甲图甲合同中似乎并不常见。至于乾隆朝以后,"催粮"作为保甲的一项新增任务,屡屡出现在徽州文献的记载之中。如休宁古林黄氏十六条祠规中的"饬保甲":

> 荆公新法之设,概不能无弊,识者饥之。惟保甲、雇役二条,自元明以至于本朝,相沿勿替,盖以弭贼盗,缉奸宄,责甚重也。近更加以催粮,尤非轻任。②

无论如何,这些都是图甲、保甲功能互相渗透、添加功能的表现,而不能证明两者发生更替。

2. 功能的区分

在不少地区,关于钱粮催征方面仍由图甲里长负责,而治安等方面由保甲承当。图甲与保甲功能确有相互渗透的实例,却也有将这两者进行有效区分的例子。《新安婺源上溪源程氏乡局记》的一份合同也可谓是极佳的注脚:

> 立合同乡约程远、保长程钟秀等,向奉上司明文,以近附近,编立乡约、保甲。本村里甲丁粮有远辖别约地方者,有与二图同里甲者,本村各遵上司行乡约点,保甲设团长、灶丁,及中平镇一应差役,官有确据保甲之籍册,私有历立充约之合同,论约不论图,历世无异。今因中平派造营房,二图里长借端妄扯程公立、程永芳越纳津贴。窃思上纳钱粮,自应照图催征;约、保差派,自应照约供应。各自完公,何得混扯?且造营房,亦只是以附近地方,故九都亦不派到,况国志、公立等历来轮充乡约,若任妄扯,照图本乡丁粮减去一半,丁粮辖在别都、别约者,岂肯远帖?本约三图乡内单寨,乡约、团长、灶丁何人承充?衣甲、器械、工食等费何处措办?确容借偶然之营房,翻历来之定例。端不可开,局不可破,为此约内共立合同,全约保局,倘致兴讼,照依丁粮敷斗,毋得推诿执拗,以坏乡局。今恐无凭,立此合同六张,各执一张存照。
>
> 约:程汝振、程尔炽、程汝同、程文耀、程志昌、程煌、程时泰、程万兴、程公立、程志椿、程集义、程宜一、程永芳、程中兴、程廷、程鸣阳、程文保
>
> 康熙十四年闰五月十八日立③

在这份合同中,立约人姓名可与抄本《婺源都图九口十三田》"十都"下二图(一甲程茂

---

① 《徽州千年契约文书》(宋元明编)卷三,第62页。
② 《休宁古林黄氏重修族谱》卷首下《宗祠》,清代刻本,上海图书馆藏,书号:915061-62。
③ 《新安婺源上溪源程氏乡局记·与下村争曹村上屋充当差派合同》,清代抄本,安徽省图书馆藏。转引自王振忠《明清以来徽州村落社会史研究》,上海人民出版社,2011年,第36页。

新、二甲程永兴、三甲程公立、四甲程显一、五甲程永思、六甲程永芳、七甲程文兴、八甲程如珪、九甲程日兴、十甲程万二)、三图(一甲程煌春、二甲程汝同、三甲程汝振、四甲程文曜、五甲程廷、六甲程志昌、七甲程尔炽、八甲程时泰、九甲程万兴、十甲程鸣阳)对应。① 显然,与前文引用的多种合同类似,该合同皆以图甲户名签约,每一户名都代表了一个利益群体。根据合同内容,二图三甲程公立、六甲程永芳与三图各户皆居住在上溪源,后因中平镇需要建造营房,二图里长企图将程公立与程永芳两户扯入其中,遭到上溪源程氏宗族的强烈反对,故而列下这份合同。

早在明代后期,保甲就被与里甲、乡约相提并论。如选择乡兵之时,保长需要"会同乡约、里排,将保内各户壮丁堪充乡兵者开报"②。而在上述合同中,"官有确据保甲之籍册,私有历立充约之合同,论约不论图,历世无异","各自完公,何得混扯",明确说明,在徽州府婺源县的乡民观念中,保甲、乡约分别属于官、私两个系统,民间立下合同应付相应差役。保甲、乡约皆按照地域邻近原则("以近附近")编排,而图甲编排并非如此,从而出现了"本村里甲丁粮有远辖别约地方者,有与二图同里甲者"的状况。特定任务的征派,根据当地"论约不论图"原则,即依据一定地域空间而不是图甲编排。同时,"上纳钱粮,自应照图催征;约、保差派,自应照约供应"则说明了此时图甲制只是纯粹的纳税组织,保甲、乡约承当起治安及特定劳役等职能,基层组织出现了功能分工,民间社会对此分辨清晰。

可见,从组织编排到功能分异,保甲与图甲各自为政,不可混淆。当然,此处的"混扯"与前文所称的职能混杂并不矛盾,而是依靠相关规则的约定。在"里保两役"的承包中,同一人或同一群体承担了基层组织的多种功能,造成了职能重叠;"混扯"是破坏了特定差役"论约不论图"的地方规则,从而需要明确和强调不同组织的职能。

五、结 论

一直到20世纪三四十年代,徽州地区保甲才完全取代图甲制。以祁门三四都留存的民间文书为例,在1930年,"三四都一图十甲王大用户"仍旧出现在上下限执照的记录中。③ 到了1946年,当地的买卖契约上面才以"环谷乡上谢保某甲"作为产业、税粮的推收单位。④ 显然,民国后期的保甲制度才完全具备县以下行政组织与区划的功能。就明清时代徽州而言,与其说是里甲(图甲)为保甲所取代,倒不如说是两种职役的并存和功能混杂,甚至是保甲长

① 《婺源都图九口十三田》,清代抄本一册,复旦大学王振忠先生惠赐复印件。
② 傅岩著,陈春秀校点:《歙纪》卷八《纪条示·严保甲》,黄山书社,2007年,第87页。
③ 《徽州文书》第四辑第三册《祁门三四都老屋杨王氏文书》,第443页。
④ 《徽州文书》第四辑第三册《祁门三四都汪家坦黄氏文书》,第214—216页。

期模仿图甲的运作方式。

从更长的时段来看,职役间的功能混杂,并不始于明清时代。如元代"都"一级主首的职能应在于辅佐里正和"禁察非违",与里正统辖"乡"级事务、社长专门负责劝课农桑相区别。而实际上,主首还负有多种乡村社会管理事务。同时,元代典章法令的记录中,既禁止主首插手地方治安以外事务,又禁止官员将其他社会事务强加在这些专门职役人员身上。[①] 这两类禁令很明确地反映出地方职役混杂的主要原因来自主首和官员的私人意愿,也适用于明清时代。

不过,上述混杂情况属于较为极端情形,是基层社会制度重合到难以被官府所控制的程度。而本文所揭示的则是保甲与图甲并行、重合的一般情况。就官府而言,保甲是以里甲(图甲)为框架进行设置的新职役。职役分工的细化,能够在一定程度上有效辅助县级行政的运行。就基层社会而言,新的职役增加,即意味着负担加重,从而催生了大量赋役合同的订立,以共同轮流承当或推举一名代理人承管的方式进行应对。这就使得不同职役往往由一人或一个群体承当,保甲和里甲之间的界限从而也变得模糊。只有在发生上述"混扯"之类纠纷之后,才予以辨明。

图甲、保甲之间存在功能重叠的状况,还可解释为地方官的不作为:"就应官府的差役而言,或许里甲与保甲组织本就无甚差别,因为他们所应的差早已包罗万象,里甲与保甲规条分别设定的催督粮务与缉盗安良只是他们众多差役的一环。地方官只要能得到他们所需索的服务,至于提供服务的叫什么并不重要。"[②]在民间文书的情境中,还可视为保甲是在图甲基础上添设的新职役,使得图甲与保甲在组织结构上呈现极高的雷同性,地方社会也往往将里保两役交由同一人或同一群体承当、包揽,以节省开支,减轻负担。这些现象,都无法得出保甲取代图甲的结论,而是反映了民间社会对于各种基本职役所产生的富有足够弹性的调适机制。

黄忠鑫,复旦大学历史地理研究中心 2013 届博士,现任教于暨南大学历史学系。本文原发表于《安徽大学学报》2014 年第 4 期,2013 年 6 月曾在禹贡博士生论坛第 51 期暨第一次工作坊报告。

---

① 刁培俊、苏显华:《元代主首的乡村管理职能及其演变》,《文史》2012 年第 1 辑,第 153—168 页。
② 刘铮云:《乡地保甲与州县科派——清代基层社会治理》,黄宽重主编《中国史新论》(基层社会分册),第 390 页。

地图与文献

天水放马滩木板地图新释

屈卡乐

摘要：在前人研究的基础上，本文重作考释，认为《放马滩地图》所绘的区域主要包括出土地点放马滩南北两侧的东柯河、永川河、花庙河，而1号图中的亭形物，很有可能和黄帝崇拜有关。

关键字：《放马滩地图》；东柯河；永川河；花庙河；畤

1986年，甘肃省天水市放马滩一号秦墓出土了7幅绘在松木板上的地图，学界普遍认为，这是我国至今所见最早的实物地图，对于我国古地图的研究有着极为重要的意义。木板地图出土后，何双全、曹婉如、张修桂、藤田胜久、雍际春等多位学者先后进行释读和研究，对木板地图的认识已经取得了很大的进展。但诸家的研究存在着较大出入，并且各家对木板地图的拼接，以及在释读、复原的地域范围等方面，尚有进一步讨论的空间。本文拟对诸家的释读重新讨论，并在此基础上，详细阐述对于木板地图的新理解，以就正于方家。

在此需要说明的是，关于木板地图的称法，曹婉如先生将第一块A、B面分别称为图一、二，第二块称为图三，第三块A、B面分别称为图四、五，第四块A、B面分别称为图六、七，[1]张修桂先生的称法与之基本相同，并总称这7幅地图为《放马滩地图》。[2][3]出于行文称引的方便，本文在具体讨论这些地图时，仍沿用二位先生的称法。

一、《放马滩地图》地域范围的争论与评析

(一)《放马滩地图》地域范围的争论

对于《放马滩地图》所示的区域，学界存在着较大的分歧，大体有以下四种有代表性的看法。

1. 天水市渭河流域说

何双全先生认为3号图可定方位，4号图可知比例，各图中存在相同的地名和相近的图

形等,这些认识为编缀诸图提供了依据。何先生通过对地图的组合、编缀以及对相关地名注记的考证后,将6幅成品图拼接为《战国秦邦县地理全图》,反映的是战国时期秦邦县的地理概貌:1、2、7号图可拼接在一起,所绘为以邦邱为主体的西半部区域;3、4、6号图可拼接在一起,所绘为邦邱行政区域的东半部。地域范围大体为:南至秦岭,北至今秦安、清水县境,西至今天水市秦城区天水乡一带,东至今陕西宝鸡市以西。[4]

2. 嘉陵江上游地域说①

曹婉如先生以1号图为总图,其余5幅成品地图为分图(或称局部图),又将这六幅成品地图分为1、2、7号图和3、4、6号图两组。4、6号图所示为自放马滩附近向南流的花庙河,2、7号图所示为亭形建筑所在的自东向西流的西汉水,上述两河均为今嘉陵江上游的两条支流。3号图绘有流向相反的两个水系:北流入渭的东柯河或永川河,以及南流的花庙河。地域范围包括今天水市渭河以南区域,向南迄于今陇南市北部区域,这一区域的中心约为今天水市的中心即秦汉时的西县和氐道县所辖区域。

3. 渭河、花庙河流域说

张修桂先生在对以上两位学者的方案进行辨析的基础上,认为木板地图的版式方向应为竖列北南向,除5号图为半成品外,其余6幅地图分为两组:1、2号图和3、4、6、7号图。第一图组中,从地名注记与水系形态分析,2号图是1号图左半部分的局部扩大图,所反映的地域范围,包括今天水市伯阳镇西北的整个渭河流域。第二图组中,4号图是6号图的局部扩大图,7号图是3号图的局部扩大图,该图组所反映的区域为花庙河及东柯河的上游地区。

4. 耤河流域与西汉水上游说②

藤田胜久先生在对何、曹两位先生的两种方案进行辨析的基础上,指出同时去看画在4块木板上的所有地图是不可能的,进而质疑何、曹两位先生的整体复原的做法。他认为所有对木板地图的拼合要根据木板正反面所绘的实际信息为准,没必要预设7幅地图可以复原为一幅,强调在复原时更应重视的是各地图中的重复部分,并提出"这些地图不是单方向读的地图,而是以某个中心为基准点,读时要转动着看"。就各图的关系,藤田先生认为各图中只有3号图以分水岭为界,并且在分水岭两侧绘有两条不同流向的河流,所以3号图是范围最大的地图,是总图。4号图是3号图的右侧局部放大图,而6号图是4号图的放大图。1、2号图在3号图中的位置,是"从分水岭左侧河流起,到苦谷"为止的流域。藤田先生所复原的《放马滩地图》地域范围大体为"从渭水(天水市)经耤河的分水岭、西汉水到武都道的路线"。[5]

5. 渭河流域与西汉水上游说

雍际春先生的复原方案综合了张修桂、藤田胜久二位先生的方案。他赞同藤田先生将3

---

① 张修桂先生将曹婉如先生的组合方案称为"嘉陵江上游地域说",但曹文所复原的区域并不仅限于嘉陵江上游流域,还包括渭河支流东柯河或永川河的上游。然张先生的称法基本涵盖曹文复原的主要区域,今仍从张先生的称法。
② 雍际春先生将藤田胜久先生的组合方案称为"耤河流域与西汉水上游说",今从。

号图作为总图的观点,但是他认为藤田先生将 1、2 号图作为 3 号图中西汉水上游至苦谷一段的认识是错误的。而各图的关系,雍先生指出说明 7 号图是 3 号图右侧的扩大图,与张修桂先生的意见一致。雍先生采用了张修桂先生的分组意见,认为第一组(含第二组的 7 号图)所绘水系大致为自散渡河以东,东至天水市北道区伯阳镇毛峪河以西的渭河干流以及部分支流。第二组(不含 7 号图)所绘水系为西汉水的上源水系(止于今西汉水支流峪沟河之西)。[6]此外,雍先生对《放马滩地图》的判读方向、地图注记及地图内容等方面均进行了深入的探讨。[7][8][9]

(二) 对既有研究的评析

上述学者的研究和讨论,大大推进了对《放马滩地图》的认识,为进一步研究奠定了良好的基础。本文试对相关学者的研究结论评析如下。

第一,根据《放马滩地图》出土地点等信息,学者一般认为木板地图所示的区域,在今天水地区的渭河流域,或在嘉陵江的上游,本文也认同这个观点。

第二,曹婉如先生将 4、6 号图释为花庙河,诚为的论。4、6 号图所绘的河流干支流形态及相关的文字注记基本相合,6 号图所绘区域较 4 号图向南有所延展。她进一步指出,3 号图绘有流向相反的两个水系:北流入渭的东柯河或永川河、南流的花庙河。后来的学者基本上赞同曹先生的这个认识。

第二,3 号图的中部、4 号图的西部与 7 号图的东部,都在水系的源流处绘有一条曲线。何双全先生认为这些曲线是行政界限,表示的是邦县的东部边界;曹婉如、张修桂等先生将之释作河流的分水岭。两说相较,后者似更为合理。而对于 4 号图中横贯河流干流的线的认识,并无明显分歧,一般认为表示的是交通线。

但是,关于《放马滩地图》所反映的地域范围,上述学者的认识存在着较大的出入,还没有达成令人信服的共识,究其原因主要在于两方面。一方面,就木板地图的内容来说,地图中所绘的带有框边的十个地名,在文献中并不能得到足够靠信的对应,更何况部分地名的字形并不清晰,在释字方面还值得作进一步商榷。另一方面,学者一般认为,由于图幅反映的区域较小,比例尺较大,而渭河、西汉水流域所在的区域,沟谷形态复杂,易发生混淆,不大容易精准框定木板地图所绘的实际地域。

就所释的区域来看,何、曹二先生所释的河流、地形形态,与木板地图均有多处较为明显的不相契合的地方,存在较大问题,张修桂先生对此已有详评,兹不赘述。藤田胜久、雍际春二位先生认为 4、6 号图所示为向西流的,而 4、6 号图所绘的河流形势与南流的花庙河明显相合,因此,其复原的方案也存在问题。

这里主要集中分析张修桂先生复原的方案。张先生复原的前提是将木板统一按南北向摆放,他由 2 号图下方所注的"上"字,判断第一图组的版式属竖列北南方向,即上北下南。

不过,张先生的上述判断恐难凭信。可以想见,绘图者自然熟知地图的上、下方,因此似无必要在木板地图上标示方位。再者,地图方位的上、下确定,当与文字注记的方向相一致。据2号图中的文字注记的方向来看,该图上被释为"上"的文字注记却位于图幅的下方,此"上"字显然不是用来标示图幅的方向的。因此,对于这个"上"字的具体意涵,还须进行进一步分析。其实,张先生对第一图组的认识产生偏差的根源在于他误判了第一图组的方向。曹婉如先生即已指出,2号图中"故东谷"居左,"故西山"居右,东居左,西居右,可证该图上的两条河流为自南向北流向的。曹先生的认识,还可以通过对相关图幅的比对而获得印证(详参下节关于3号图中南北两支河流的相关论述)。

再者,如果按张先生的复原,同样大小的木板图幅,第一图组对应的地域范围涵盖了今天水市伯阳镇西北的整个渭河流域,第二图组对应的地域范围仅包括花庙河及东柯河的上游,两图组相较,就会明显看出,第一图组的地域范围要远大于第二图组。倘若两组图的绘制比例大略相近,则上述结论显然不够合理。

此外,《放马滩地图》中所绘的河流,均用单曲线来表示。如果仔细观察,可以发现指示每条河流的单曲线自源至尾在用笔上都是连贯的,并且干、支流之间的层次也较为明确。依此来看,1号图下方的横向河流当为一级河流,有两条支流纵向并排汇入。张先生将图幅下方的横向河流一分为二,西段为秔河,东段为渭河,则明显与木板地图所绘的连贯曲线不符,也与上述绘图体例相悖。

综上可知,相关学者对《放马滩地图》地域范围的复原,都存在着一定的问题。有鉴于此,本文拟从以下几个方面入手对此问题再作探究,以期更为准确地找寻《放马滩地图》的地域范围。

首先,如上文所述,木板地图中,指示每条河流的单曲线在用笔上都是连贯的,由此可以确定所绘河流的主干流。之前的研究并没有对此形成明晰的认识,导致所释河流的主干流形态与木板地图所绘不相符。依照这条原则,即可确定木板地图中所绘的干、支河流及其之间的层次关系,从而确立复原木板地图地域范围的基础。

其次,对4、6号图的复原,诸家基本上赞同曹婉如先生的认识,即从木板地图所绘的河流形态与今天的河流进行比对,确定4、5号图所绘河流为花庙河。而对于1、2号图的复原,何双全、张修桂、藤田胜久、雍际春等先生较多地集中于对"邦(封)丘""略""邸"等地名的考证上,但是相关学者对这些地名的认识存在较大的分歧,与《水经注》等相关文献的记载也不相契合。因此,在这种歧见较多的地名之上进行的地域复原,自然也就难以取得一致而又可信的共识了。本文认为,与其通过这些并不能获得明确认识的地名注记来进行地域复原,不如将木板地图所绘的河流形态与今天的河流进行比对,找到与木板地图所绘相符的区域,并在此基础上,对相关的地名注记进行研究。

二、各图之间的关系

通过对各图幅之间关系的仔细分析，各图的拼缀关系可如图1所示。具体阐述如下。

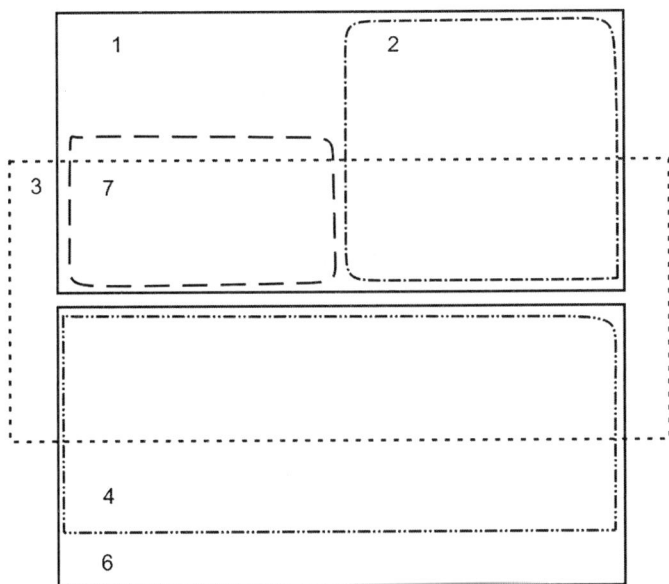

图1 《放马滩地图》各图幅拼缀关系示意图(5号图除外)

从图幅上的文字注记来看，1、2、7号图有"广堂"或"广堂史"的注记，3、4、6号图均有"上临""苦谷"，可以看出相关图幅之间有着密切的关系。根据上述注记的特点及相关图幅的图形形态，可大体推断2号图为1号图的左侧部分，7号图为1号图左侧部分河段的详图，6号图所绘的区域涵盖4号图的区域，并向南延展。由此可见，2、7号图为1号图的一部分区域，4号图为6号图的一部分区域。5号图的情况比较特殊，下文另作具体分析。这样，除5号图之外的其余6幅图之间的关系，实际上只要理清1、3、6号图之间的关系即可阐释清楚。

曹婉如、雍际春先生认为，河流的流向与文字注记的方向相一致，本文赞同这种观点。考察3号图的情况可知，该图是唯一一幅独占一块木板的地图，更为重要的是，图幅上部的河流注记与图幅上部的河流注记方向相反，而两者正好被图幅中间的分水岭隔开，其中图幅下部的河流已经被曹婉如先生等释读为花庙河，花庙河流向自北而南，与注记的方向相一致，由此可推知，分水岭另一侧的河流当是自南而北流向的。而这条北流的河流形态与7号图大体一致，与1号图右上部分也有一致之处。此外，3号图北流河流的东侧的空白处，有较为明显的涂抹痕迹，而据其涂抹的残迹判断，当为表示河流的单曲线，分南北两支，根据周边地区相关的地形沟谷形态，可判断两段河流的大体情况：北支自东出，自西向东流，转而北流，南支自东南出，先西北流，转而北流与北支汇合。这两条河流的形态、流向与1号图左上侧的河流相一致。由此可见，3号图分水岭北侧的河流即为1号图上半部的河流，均为自南向北的流向，由此也可佐证1号图的方向为上南下北。

3号图、6号图之间的关系则较为清楚。3号图中自北向南流的河流即为6号图河流的上游部分。

综上可见，3号图所绘的区域当为1号图的上部（即南部）区域，以及6号图的上部（即北部）区域，换言之，3号图所绘实为1、6号图相接的区域，或在某种程度上说，3号图起到了"核心图"的效用。

三、《放马滩地图》的地域范围

本文认为《放马滩地图》所绘的区域主要包括出土地点放马滩南北两侧的东柯河、永川河、花庙河。

由上文论证可见，1号图的方向为上南下北，所绘河流当在花庙河以北，两者以今麦积山为分水岭。将1号图所绘的河流形态与今天的东柯河、永川河相比对，发现木板地图上所绘的指示河流的单曲线，基本上能找到今天的河流（或谷地）相对应，并且河流的走向、形态基本一致。这样，1号图所绘的河流情况就比较明确了：东为东柯河，西是永川河，东西流向的干流则为渭河的一段。

2号图为1号图的左侧（东部）区域，所绘的河流为东柯河。2号图所示为东柯河。

3号图的情况如前所述，所绘的区域当为永川河、东柯河上游地区以及花庙河的上游地区。左上侧（东南部）为花庙河，右下侧（西北部）为永川河，被涂抹的左下侧（东北侧）为东柯河。

4号图、6号图表示的是花庙河，这一点曹婉如、张修桂等先生论之已详，兹不赘述。

5号图的情况比较特殊，没有文字注记，采用的并不是单曲线，而是没有闭合的双曲线。何双全、张修桂等先生认为，5号图是没有完成的半成品。曹婉如先生则认为5号图所绘图形的主要部分与长沙马王堆三号墓出土的帛书驻军图上所绘的山脉符号相似，不过曹先生并没有进一步分析这一段地形具体是指示哪一区域的山脉。本文认为，5号图所绘的可能并不是山脉，而是一段河流的河谷地貌形态。5号图所绘图形的主要部分的形态以及其走势情况，与永川河河源部分的形态具有相当高的契合度。这段河源在1、3号图中均有出现，反复出现这段河源有可能是由于绘图者有意突出这段河流。5号图所绘的双曲线、尖角符号与永川河河源谷地的地形有比较明确的对应关系。案以今图，双曲线与河谷的等高线走向基本一致,而尖角符号指示的可能是山岭、山谷地貌,朝向河谷内侧的尖角符号,对应的区域为山岭,而尖角符号朝向河谷外侧,相对应的区域则是山谷。这种标示方法与今天的等高线的画法有一定的相似之处,即向高处凸起的为山谷,向低处凸起的为山岭。

7号图所示为1号图西部的永川河部分河段。张修桂先生认为7号图所示的为今东柯河,他认为7号图水系呈树枝状水系形态,与今天的永川河形态不一致,这种看法现在看来可能存在偏差。由于木板地图本身绘制并不能达到今天地图那样的精确水平,所以以木板地图的相关图幅作比较,比拿木板地图与今天的地图相比,应更为允当。倘若以7号图与1号图所绘的永川河相比对,就会发现两者形态几乎完全相同。所以,将7号图所绘的河流释为永川河上游,可能更为合理。

这七幅地图出土于天水放马滩一号墓葬,说明墓主人生前应该曾经活动于放马滩地区一带,而墓中出土的《放马滩地图》,所示的地域与其活动地区相关,便是再自然不过的事情。

四、亭形物的考证

2号图中的亭形物符号,较为醒目。相关学者先后对此作过推测,[①]但是由于复原的地域范围存在偏差,导致对亭形物的解读也会产生一定的问题。依照本文复原的地域范围来看,亭形物很可能与黄帝崇拜有关。

东柯河,唐以前称泾谷水。《水经·渭水注》载:

渭水又东南合泾谷水,水出西南泾谷之山,东北流与横水合,水出东南横谷,西北径横水圻,又西北入泾谷水,乱流西北出泾谷峡,又西北,轩辕谷水注之,水出南山轩辕溪。南安姚瞻以为皇帝生于天水,在上邽城东七十里轩辕谷,皇甫谧云:生寿丘,丘在鲁东门北。未知孰是也。其水北流注泾谷水。[10]

泾谷水源出今放马滩所在的麦积山地,北流转西,再折而北流,注入渭水。街亭以上先后有横水、轩辕谷水两条较大的支流注入。根据本文的复原方案,亭形物所在的位置位于轩辕谷水的西侧,大约在今黄家山附近。有关黄帝发祥地,历来聚讼不息,难以确定。但是,轩辕谷水以黄帝而得名,复有姚瞻的主张,再者,亭形物所在位置至今仍名黄家山。因此,此地即使并不是黄帝的出生地,也极有可能与黄帝的活动有关。

---

① 何双全先生认为亭形物是秦非子、秦庄公所居之犬丘,位于今秦安县郑川。曹婉如先生判定亭形物为西汉陇西郡西县所在,在今天水市西南邽水河源头的杨家寺附近。张修桂先生根据其复原方案,结合《水经注》关于渭河支流瓦亭水沿岸有女娲祠的记载,认为亭形物当与女娲信仰有关,约在今秦安与甘谷交界的王铺、大庄一带的塬面上。

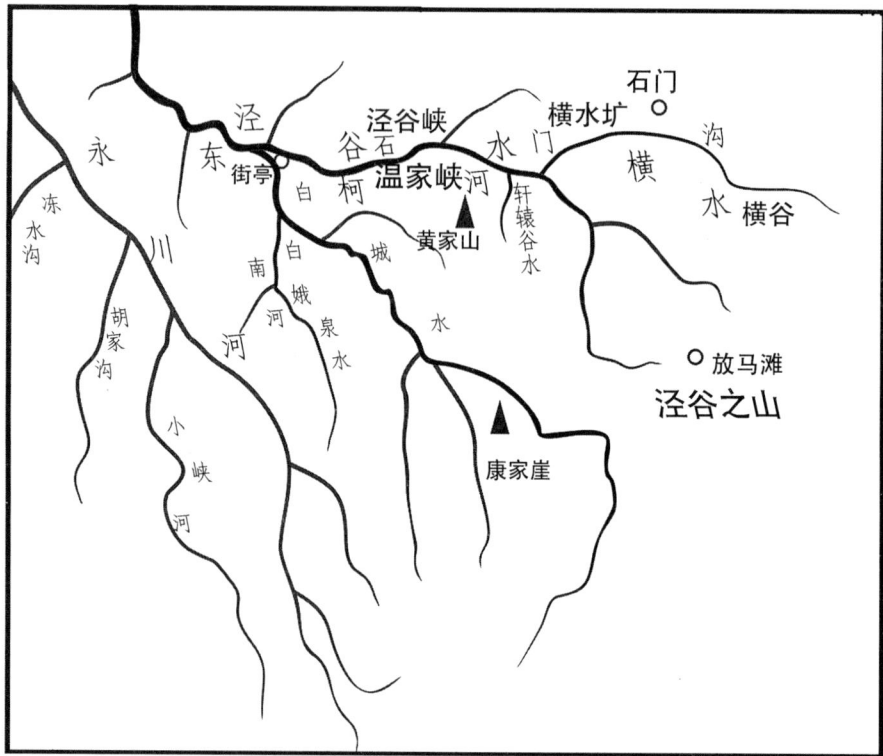

图 2 《水经注》所述泾谷水图

　　从 1、2 号木板地图上看,泾谷水北岸原释有"南田",轩辕谷水西岸原释有"中田"。这种释读结果与相关学者误判 1、2 号图的方向是直接相关的。据上文考述,1、2 号图的方向应为上南下北,而"南""东(東)"字形相近,容易混淆,若以此重新释读,原释为"南田"的注记,应当释为"东田"。这样就和轩辕谷水旁的"中田"方位匹配。若此,我们可以发现在 1 号图中,即渭河沿岸的邸、漕、杨里、真里、阿,与泾谷水、永川河沿岸的封丘、①中田、广堂、南田,明显属于两种不同性质的注记。后者的组合很有可能和历史早期的畤祭相关。

　　畤,原为峙立之义,表示上古时期民间于田中立石以祭祀祖先及其他神灵的习惯。《说文解字》:"畤,天地五帝所基止,祭地也。"[11]《史记·秦本纪》司马贞《索隐》:"畤,止也,言神灵之所依止也。亦音市,谓为坛以祭天也。"《史记·封禅书》:"自古以雍州积高,神明之隩,故立畤郊上帝,诸神皆聚云。盖黄帝时尝用事,虽晚周亦郊焉。"可见,雍州地区的畤当早已有之,并且很可能源于田间祭祀。

　　关于畤祭的形制,文献明显记载应有土封。《汉书·郊祀志》颜师古注秦献公所立畦畤

---

① 何双全、张修桂等学者释为"邽丘",曹婉如等释为"封丘"。徐日辉先生经过详尽考证,认为当作"封丘",考证详实有据,结论可从。详参徐日辉《"邽丘"辨——读天水〈放马滩秦墓出土简图〉札记》,《历史地理(第十四辑)》,上海人民出版社,1998 年,第 317—325 页。

云:"畦畤者,如种韭畦之形而畤于畦中,各为一土封也。"《史记·封禅书》裴骃集解:"晋灼曰:'《汉注》在陇西西县人先祠山下,形如种韭畦,畦各一土封。'"又,《史记·封禅书》载,齐地"祠之必于高山之下,小山之上,命曰'畤'"[12]。1 号图中封丘,位于余家山一带,距离黄家山较近,这种布置与畤祭于"高山之下,小山之上"树立封丘的做法正相符合。又,1 号图中封丘的位置处于"东田""中田"较为近便的地方,一方面说明,余家山上的"封丘"是畤祭的中心,这些"田"可能也是畤祭的一部分;另一方面,也不排除是畤祭脱胎于田间祭祀所遗留下的产物。

五、结　语

综上所述,本文认为《放马滩地图》所绘的区域主要包括出土地点放马滩南北两侧的东柯河、永川河、花庙河,而 2 号图中的亭形物,很有可能和黄帝崇拜有关。

对《放马滩地图》的研究,颇具重大的古地图研究意义。曹婉如、张修桂等先生对此已有较多论述,这里主要就地图的绘制特点的一点心得,再略作阐述。

首先,关于各图幅的方向,是复原地图的关键,向来是各位学者讨论的焦点之一。本文姑且搁置存有争议的 2 号图中"上"字意涵的探究,而由木板地图所绘河流形态与今河的比对入手,在复原《放马滩地图》地域范围的基础上,再来讨论各图幅的方向。根据本文的复原,1、2、7 号图的方向为上南下北。而 3 号图中存在着两组不同方向的文字注记,可见该图并没有统一的上方,因此该图也就没有统一的方向,绘图者、阅图者在绘图、阅图时可能要作相应的调转。5 号图虽然没有完成,但是仍可对其方向作出判断。所绘的永川河河源的等高线,位于木板的一端,而永川河为自南而北流向,可见该图幅当为东西向。4、6 号图的文字注记以花庙河为轴,呈东西相对之势,可能是绘图者在绘制时,先绘制花庙河一侧的河流,并作注记,然后将木板调转过来,再绘制另一侧的河流及注记,从文字注记的倾斜方向,可判定 4、6 号图的方向为上北下南。综上可见,7 幅地图均以河源作为各图幅的上方,这与地图曲线自源至尾在用笔上都是连贯的现象是一致的。因此,可以推断起笔所在,即为各图幅的上方,图幅之间并不存在着统一的方向。藤田胜久先生认为,诸图以某一点为基准点,观图时需转动着看,而据上文可知,各图幅的上方均指向今放马滩附近,正与藤田先生的观点一致。

此外,从《放马滩地图》所绘的河流与河流现状的高度契合来看,《放马滩地图》的绘制精确度已经达到一定水平,因此不能认为是写意性质的地图。但是,另一方面,地图也有较为明显的局部失实现象。如对比 1、2 号图,即可以发现,在"中田"注记附近北流注入轩辕谷水的支流,在两幅地图中存在着明显的不同。对比今天的河流形势,可以发现 1 号图中的这段河流过短,并且与实际的河流形态不符,明显失实,而 2 号地图就与现在的河流形态比较吻合。出现这种状况的原因,可能是绘图者先画西边的永川河,挤占了这部分河流的空间,导致这几条原本较长的河流局缩在很小的空间内。此外,上文已有论述,3 号图还存在着涂改痕迹。

木板地图一方面具有较高的精确度,一方面又出现局部失实以及修改的痕迹。之所以出现这种矛盾,可能与木板地图的性质有关。据整理者何双全先生描述,每块木板长 26.5—26.8 厘米,宽 15—18.1 厘米,与马王堆出土的马王堆帛地图相比,木板的面积要较为局促,所绘的区域也较小。于豪亮先生所释《居延汉简甲编》一一二八:"曰吏卒更写为蓬火图版,皆放辟非隧□□□□。"[13]"蓬火图版"与《放马滩地图》均绘于木板之上,所绘的内容均为小区域的情况,两者之间具有较大的相似性,"蓬火图版"的绘制者为驻屯边境的吏卒,所绘的内容为边境上的烽隧分布等,服务于军事。"蓬火图版"的这种特点对《放马滩地图》具有一定的参照意义。而木板地图主要部分所绘的内容,主要为山川沟谷的形势、关隘、道路、林木分布及宗教信仰等,并且相当精确,尤其是 5 号图所绘的永川河河源附近的地形状况,很可能是经过实地的勘察而得的。另外,木板地图有着较为明显的局部失实和修改痕迹,推测这七幅地图可能是绘图者进行军事勘察的记录,先后进行过多次修改和补充,部分图幅尚未最终绘成。

[1] 曹婉如.有关天水放马滩秦墓出土地图的几个问题[J].文物,1989(12):78—85.
[2] 张修桂.当前考古所见最早的地图——天水《放马滩地图》研究[J].历史地理,第 10 辑,上海人民出版社,1992:141—161.
[3] 张修桂.中国历史地貌与古地图[M].社会科学文献出版社,2006:519—554.
[4] 何双全.天水放马滩秦墓出土地图初探[J].文物,1989(2):12—22.
[5] 藤田胜久.战国时秦的领域形成和交通路线[J].秦文化论丛,第 6 辑,西北大学出版社,1998:358—404.
[6] 雍际春.天水放马滩木板地图研究[M].甘肃人民出版社,2002.
[7] 雍际春.天水放马滩地图注记及其内容初探[J].中国历史地理论丛,1998(1):221—224.
[8] 雍际春,党安荣.天水放马滩木板地图版式组合与地图复原新探[J].中国历史地理论丛,2000(4):179—192.
[9] 雍际春.天水放马滩木板地图研究[M].甘肃人民出版社,2002.
[10] (北魏) 郦道元.水经注・渭水[M].陈桥驿校证.中华书局,2007:430.
[11] (东汉) 许慎. 说文解字・田部[M].(清) 段玉裁注.上海古籍出版社,1988:697.
[12] (西汉) 司马迁.史记・封禅书[M].中华书局,1959:1359,1365,1367.
[13] 于豪亮.释汉简中的草书[A].于豪亮学术文存[M].中华书局,1985:241—259.

屈卡乐,复旦大学历史地理研究中心 2018 届博士,现任教于国防科技大学。本文原发表于《自然科学史研究》2013 年第 4 期,2013 年 9 月曾在禹贡博士生论坛第 63 期报告。

现存明代《禹贡》学著作述要

王荣煜

摘　要：有明一代，产生了超过百种的《禹贡》专著，并有约二十种存世。宋、清两代《禹贡》学成就极高，明代处乎其间，其学起到承前启后作用。本文对这一时期的传世专著及其各版本进行梳理，总结出明代《禹贡》著作存在多继承宋元经解、强烈的举业倾向、重视《禹贡》图绘制及经世致用等特点。

关键词：明代；《禹贡》学；版本；辨伪

《禹贡》是《尚书》中重要的一篇，是我国最早的地理文献。《禹贡》学发展在宋、清两代极为繁盛，明代介乎其间，起到重要的承启作用。据相关研究统计，明代《禹贡》专著甚丰，达102家，[①]是《经义考》著录的宋、元《禹贡》专著总数的 5 倍。我们根据《中国古籍总目》《中国古籍善本书目》，统计出存世明代《禹贡》学著作共 20 种。今依其作者生年及成书时间为序，考其内容，辨其版本，以期为研究《禹贡》学者提供资料线索。

1. 书经禹贡节注（又本题禹贡纂注）一卷　周用撰

周用（1476—1548），字行之，吴江人，弘治十五年（1502）进士，事具《明史》本传。[②]

是书依经文逐句注解，语句简要，主体内容删节蔡沈《书集传》而成。然视其释导黑水等处，亦未从蔡氏黑水为西洱河之说，可见周氏对蔡《传》有所取舍。

其现存版本有二。

（1）清道光二十五年（1845）补读楼刻本

是本现藏于上海图书馆。前有道光二十五年庞士桢序，叙其乃周氏为规范书塾课本而作。序中又言"原板散失……今年夏偶于家书田兄处借得原本，重付剞劂"，以示此本刊刻过程。是本版心镌"补读楼课本"，书页间又有"丙寅榴月初一日虎腾课"等注记，可见此本确为书塾之物。

---

① 李霞：《明代〈尚书〉学文献研究》，山东大学硕士学位论文，2013 年，第 188 页。
② 张廷玉等奉敕撰：《明史》卷 202，中华书局，1974 年，第 5330—5331 页。

（2）清钞本

是本现藏于上海图书馆。正文前有《九州田掌诀》《九州赋掌诀》二图诀，以便记诵。书中亦有句读、圈点等塾生习业痕迹。

2. 禹贡详略二卷　韩邦奇撰

韩邦奇（1479—1556），字汝节，朝邑人，正德三年（1508）进士，事具《明史》本传。[1]

是书为《四库全书总目》存目。馆臣评价不高："此书训释浅近，惟言拟题揣摩之法，所附歌诀图考，亦极鄙陋。"[2]然纵观明人《禹贡》著作，此作已颇有建树。其虽尽列蔡《传》，然不泥而因之。如蔡氏称碣石、九河已沦于海，韩氏非之；蔡氏又言黑水乃其源为榆叶所染，韩氏则以"若流而数千里，其色尚不变，有是理哉"力辩之。此外，韩氏解每州疆域或名山大川，皆与明代府县或地名具体对应，是此作一大特色。书后又附地图三十余幅，是存世最早的系统性描绘九州及导山、导水、五服各章的《禹贡》图。

韩书经解及地图多为郑晓《禹贡说》承袭。然郑《说》翻刻再三，甚至后世多有托名郑氏而作伪者。而《详略》一书，经解多有精辟之论，惜流布甚狭，少见称颂。

其现存版本有二。

（1）明末刻本

是本现藏于陕西省图书馆。正文前有韩氏小引曰："略者，为吾家初学子弟也。复讲说者，举业也。详释之者，俟其进而有所考也。"可见其为书塾读物。朱彝尊《经义考》称有欧思诚后序一篇，记其初刻过程曰："嘉靖乙巳春，适公奉命总理河道至济宁，愚复备属东昌，获伸前请，公诺。愚归郡，寿诸梓。"[3]然查陕图藏本，并无此后序。正文后除地图外，还附有《九州赋歌》等歌诀八首及《九州算田法》等二图。

（2）明蓝格钞本

是本现藏于台北故宫博物院。卷端题名及小引等皆与刻本同。

3. 禹贡说长笺（又本题姑苏新刊禹贡说）一卷　郑晓撰

郑晓（1499—1566），字窒甫，海盐人，嘉靖二年（1523）进士，事具《明史》本传。[4]

是书为《四库全书总目》存目，内容多为串讲，考证或引用他说者甚少，其义几不出蔡《传》范围。馆臣评价较低，称此作"大致多随文演义，辞旨浅近。其门人徐允锡跋称受业于晓数月……盖本为举业讲授而设，允锡尊其师说，遂从而刊行，非晓意也"[5]。然《提要》仍称书中"如解'大野既潴'一条、解'扬州'一条、解'浮于江、沱、潜、汉'一条、解'江、汉'一条皆为

---

① 张廷玉等奉敕撰：《明史》卷 201，第 5317—5319 页。

② 永瑢等奉敕撰：《四库全书总目》卷 13，中华书局，1965 年，第 109 页。

③ 朱彝尊撰，林庆彰等编审，许维平等点校：《点校补正〈经义考〉》，"中研院"中国文哲研究所筹备处，1997 年，第 587 页。

④ 张廷玉等奉敕撰：《明史》卷 199，第 5271—5274 页。

⑤ 永瑢等奉敕撰：《四库全书总目》卷 13，第 109 页。

阁若璩《潜邱札记》所取"①。今查之则不然。《札记》确曾引有郑晓论"大野既潴"等四题,然其句皆出于《禹贡说》,而非《长笺》。盖四库馆臣因二书名近似而误。

是书现存版本有二。

(1)明隆庆二年(1568)刻本

是本现藏于台湾"中央"图书馆。书后隆庆二年中秋日徐胤锡跋云:"时先君以病不能躬谒,郑师出一帙,曰《禹贡说》,谓予曰:'子能了此,《禹贡》无难矣。'不幸先君即弃世,予扶柩南归,不得久事端简公为恨。幼弟时锡,先君命予教养而无师。……徐瑶泉②时行真今日《书经》师也。因延请诸家塾。……因出郑师所作《禹贡说》,瑶泉捧诵不已。……今瑶泉《讲义》大行于世,而郑师《禹贡说》独缺。读是经者恒以为歉,予故梓之,以与同志共焉。"叙其师从郑晓事及刊刻缘起。

(2)明钞本

是本现藏于中国国家图书馆,为《四库全书存目丛书》影印底本。其体例、每叶行款及书后徐跋皆与隆庆刻本相同。

4. 禹贡说一卷 郑晓撰

是书为《四库全书总目》存目。刘起釪《尚书学史》称之为"明代《禹贡》著作中较有见解的一部"③。馆臣则对它评价不高,只称:"其中精核可从者,胡渭《禹贡锥指》每征引之。然核其全书,实多疏舛。"④然据笔者考察,郑晓此书,乃是以韩邦奇《禹贡详略》内容为本,节叙指要,稍改文字而成。书后歌、图亦与《详略》近乎相同,全书几无郑氏原创之意。是书各版序言中皆称此乃郑端简公为儿孙启蒙而作之物,与韩氏作《详略》目的相同,两人又曾同朝为官,盖郑氏见及邦奇所作教材,以为亦可用于自家,故稍加删改,留予家塾。馆臣评价二家著作时,皆有责难好事者不应将举业之作强付梨枣之语。恐二人确未曾将此二书视为传世大作,故郑晓创作时亦未虑及抄袭之虞。郑《说》对韩氏考证文字多不予以保留,价值更低。

然是书日后翻刻多次,其版本亦为明代《禹贡》专著中最复杂者,现简要梳理如下。

(1)明万历二十四年(1596)项皋谟校刻本

此版本现存印本有二,皆藏于上海图书馆。一印本装帧为单册,另一印本装帧为三册。单册本为《续修四库全书》影印底本。三册本前多冯梦祯序及万历二十四年项皋谟撰《重校禹贡图说凡例》。据冯序及《凡例》可知,此刻本乃郑晓曾孙婿项皋谟于万历二十四年所刻,

---

① 永瑢等奉敕撰:《四库全书总目》卷13,第109页。
② 按:此即申时行。《四库全书总目》申氏《书经讲义会编》条曾据徐氏此跋考云:"徐瑶泉者,即谓时行。盖时行初冒徐姓。允锡跋作于隆庆二年,时犹未复姓也。据其所言,时行盖深于《尚书》者。"见永瑢等奉敕撰《四库全书总目》卷13,第110页。
③ 刘起釪:《尚书学史(订补修订本)》,中华书局,2017年,第323页。
④ 永瑢等奉敕撰:《四库全书总目》卷13,第109页。

梓毕送予国子监祭酒冯梦祯撰序,后两年序成,加之书前,重新刷印。

(2) 明万历中后期郑氏家刻本

是本为《四库全书存目丛书》影印底本,现藏于上海图书馆。书前有牌记云"嘉靖甲子仲秋镌",又郑履淳序一篇,落款题"嘉靖甲子八月",盖《存目丛书》据之将其定为明嘉靖四十三年(1564)刻本。笔者以为此结论不确,已另著文详细讨论,现将主要推论总结于下。

① 是本卷端题有"孙心材辑,曾孙端允、端济校"字样,考心材生于嘉靖三十三年(1554),[1]四十三年时仅十岁,定未有子,此处题曾孙名为校书者,不合情理。

② 是本所题同名刻工张承祖、朱明、孙相等人在嘉、隆、万三朝皆有活动,而万历朝尤多,甚至还有除此所谓嘉靖刻本外,只在万历中期活动者。[2]

③ 是本正文中存有若干条郑晓《古言》《今言》中的观点,附于相关经解之后,查万历二十四年刻本书前《凡例》有言:"采《古言》十七条,分系本说之下,间有辩证,不妨存。并摘《今言》二条,志河工、运道之大都,胥以圈弁其首。"这表明是项皋谟在万历年间刻书时,始将郑晓《今言》《古言》之中《禹贡》相关内容附缀于本说之后。此本中既有相关内容,足以证明其刊刻时间应晚于万历二十四年。

④ 将是本与万历二十四年本互校,二本体例相同。然是本"浮于江、沱、潜、汉"句下注文中,有脱文情况,而万历二十四年本相应位置字数正好为一行之幅。其他相似情况还有一至二处。因此推定,是本应是以万历二十四年本为底本重刻的。

⑤ 今查郑晓孙心材及曾孙端胤生平,亦多刻书,且多活动于万历中后期。检郑心材刻万历二十七年(1599)本《吾学编》、万历二十八年本《端简郑公文集》,郑端胤刻万历四十三年本《郑京兆文集》等,其版式风格与此本《禹贡说》几乎一致。故是本为郑氏后人所刻的可能性较大。

综上推测,此本盖万历中后期郑氏家族以万历二十四年项皋谟刻本为底本的重刻本。

(3) 清道光元年(1821)海昌马锦古芸斋重刻本

是本现藏于复旦大学图书馆、苏州图书馆等。是本以万历中后期郑氏家刻本为底本重刻。正文前有吴衡照序,历数《禹贡》学史并论胡渭《锥指》,并称郑氏此书"刻板久佚,吾友海宁马君锦重刊之,有志《禹贡》之学者,请以此为嚆矢矣"。书末有马锦小识,陈述其刻书经过云:"郑端简公《禹贡图说》一卷,向有刊本,年久漫漶,购者苦不易得。辛巳夏,从郑氏后人借得原刊本,校录一过,付诸剞劂,以还旧说。"

5. 禹贡要注(又本题禹贡郑注、书经禹贡要注便蒙)一卷 (题)郑晓撰

是书内容与郑晓以上二作皆不同,其语言极简,乃伪作。《续修四库全书总目提要》未能

---

① 陈心蓉:《嘉兴刻书史》,黄山书社,2013年,第86—87页。
② 李国庆:《明代刊工姓名全录》,上海古籍出版社,2014年,第98、515、570、826、839、863、935页。

识其伪,反题是本曰:"郑氏……成《禹贡要注》一编。幼学攻读,最称简易。是书旧时传本甚少,乾隆库书及《明史·艺文志》,亦俱未见著录,儒林孤本,未可弃也。"①而道光元年(1821)马锦重刻本《禹贡说》书前序则言,当时有"海宁祝逢源授梓者,赝本也"。是书传世版本甚多,现存版本有三,姑作提要于下,以别其面貌。

(1) 清光绪十年(1884)古虞朱氏刻朱墨套印本

是本藏于中国国家图书馆、上海图书馆等,为《续修四库全书》影印底本。正文前有敦好居士序,序后有朱印《禹贡所载随山浚川之图》一幅。卷端书名题"禹贡要注",书名下有双行小字言"山名作△,水名作▯,地名作▯",书中以朱色印者多为此类符号。次行题"明郑澹泉先生编注 海宁祝逢源校"。

(2) 清光绪十年(1884)上海文艺斋刻本

是本藏于上海图书馆。正文墨印,文字、符号多与套印本相同。正文前有《禹贡九州图》一幅,其后为集成堂主人题识,图与题识同为朱金套印。其后有光绪十年仲秋月张宝琪序、同年九月李邦黻后序。张序称此书乃适初学者读之,又记刊刻之过程曰:"郑澹泉先生《要注》一书……惜旧板久失,阳湖谢君润卿以初印本重校而刊之。言曰《禹贡郑注》,盖别乎他注而言之也。"李序亦曰:"此书仅有祝氏逢源校本,乱后不易得,今谢君润卿重刊行世。"以证其底本即祝逢源校正之朱墨套印本。

(3) 清光绪十五年(1889)海宁刻本

是本藏十中国国家图书馆。正文文字与其他二本皆同,以点符断句,无地图。书前有光绪十五年正月窦曙序,序中亦强调是书童蒙读物之功用,并载刻书过程云:"郑澹泉先生……手注《禹贡便蒙》……祝左淇先生为之校镌,讵经兵燹,板毁无存。惟家塾尚有钞本,浙江海昌朱君蕙庭,少曾钞诵,嗣以弃矣。读律幕游四方,履欲重刊而未果。戊子春,移砚来滇,与余共笔墨,时于行箧中检出钞本,置诸案头,公余细阅。适李西农州别驾至,见之,深加赞赏,谓其简而能读,最易诵记,何不刊刻成书以广流传。蕙庭因先捐赀付梓,居停汤小秋观察二世兄性泉闻有斯举,欣然输金助之,遂竟其功,先生此书此后不敢磨灭矣。"

6. 禹贡集注一卷　张后觉撰

张后觉(1503—1578),字志仁,茌平人,《明史·儒林》有传。②

是书解经旨义多秉蔡《传》,亦乃一家塾读物。现仅存一清道光十六年(1836)刻本,附于清康熙五年(1666)刻、道光十六年补刻《茌邑三先生合刻》本《弘山集》后,为《明别集丛刊》影印,山东大学图书馆等所藏《合刻》中有之。

是本正文前有道光十六年茌平县教谕张存素《禹贡序》。书末附有《增改禹贡九州歌》七

---

① 中国科学院图书馆整理:《续修四库全书总目提要·经部》,中华书局,1993年,第274页。
② 张廷玉等奉敕撰:《明史》卷283,第7287—7288页。

篇歌诀,以利记诵。

7. 禹贡山川郡邑考四卷　王鉴撰

王鉴(1520—1589),字汝明,无锡人,嘉靖四十四年(1565)进士。事迹附见《明史·邵宝传》。①

是书为《四库全书总目》存目。其将《禹贡》经文及蔡《传》曾涉及之其他山川郡邑名,分列四百五十一条而释,源流沿革,考订甚详。馆臣称其"地名仅载其沿革,至到山名引书亦颇略。惟水道稍详,亦未为该博"②。可见馆臣亦不甚喜之。然对比明代其他著作,是书亦可称翘楚。其纲目虽据蔡《传》地名而定,然论述考订则不拘于蔡氏,为时代鲜见。其考河水、江水、湘水等处之源流甚详,又将潜、沱皆分二处而细说之,凡引经史著作、地志名篇亦颇丰富,虽比清人尚不足,然于有明一朝则胜其他用于家塾著作者多。

是书现存二清钞本。

(1) 南京图书馆藏清钞本

是本乃《四库全书存目丛书》影印底本。书前有丁丙手跋,节录书序,稍及作者,见载于《善本书室藏书志》,③可证是丁氏旧藏。正文前有明万历十八年(1590)陆祥旭《继山先生禹贡注释序》一篇,先略说作者生平,进而叙此书乃作者致仕后所作,盖一年既成。又称"先生尝揭图以示人,犹虑未晰,乃加注释",可见书中本有附图,惜未付梓,已经失传。

(2) 中国国家图书馆藏清钞本

是本共四册,书前无序,卷端及版心亦不题卷数、页码。今校以南图钞本,知国图将第二卷与第四卷著录颠倒。

8. 禹贡集注一卷　刘崇庆撰

刘崇庆,字德征,永丰人,嘉靖四十三年(1564)举人。

是书现存清咸丰十年(1860)霞里文阁刻本,藏于中国国家图书馆与南京图书馆。其正文经解大意同蔡《传》。据书后附《禹贡山水清音》跋文可知,此本乃刘氏后人重刻,而原刻本不见诸家书目记载,恐现已不存。书前有《禹贡集注序》一篇,大致记《禹贡》经义。《序》后乃《禹贡集注图考诗歌目录》及十幅地图与十三首歌诀。后有一篇天启五年(1625)同乡进士徐际旦所撰《鲁山博士刘公行状》,列叙崇庆生平。

9. 禹贡山水清音一卷　刘椿撰

刘椿,永丰县人,崇庆出子。

是书附于崇庆《集注》之后,以套曲将《禹贡》经文歌咏一过。《续提要》称是书"亦精心结

---

① 张廷玉等奉敕撰:《明史》卷 282,第 7246 页。

② 永瑢等奉敕撰:《四库全书总目》卷 13,第 110 页。

③ 丁丙撰:《善本书室藏书志》卷 1,《续修四库全书》第 927 册,上海古籍出版社,2002 年,第 172 页。

撰之作,与普通拈歌括,便记诵者又不同"①。此论颇为恰当。有明一代,《禹贡》歌诀甚行于世,然其质量或多不佳。唯椿此作,读之朗朗上口,吟罢余音绕梁,将佶屈聱牙之《书》与风花雪月之曲融合无缝,可见作者才情之富及用心之深。

是作先书《小引》,言作者以晋人诗"何必丝与竹,山水有清音"为典,名之曰《禹贡山水清音》。其后《凡例》一篇。正文部分共套曲七出,曲牌名下又以小字书是曲所讲何州,或导山、导水。书后有咸丰十年(1860)其裔孙刘辉钊跋,详叙其族人合刻二书经过。

10. 禹贡图说一卷 (题)袁黄撰

袁黄(1533—1606),字坤仪,嘉善人,万历十四年(1586)进士,著名思想家。

是书今仅存一钞本,藏于上海图书馆,除《中国古籍总目》外,皆不见著录,实乃一伪书。其正文及书后所附歌诀、地图等皆与郑晓《禹贡说》完全一致。书前有题项德祯撰《了凡袁先生禹贡图说叙》一篇,内容与《禹贡说》前郑履淳序相似度极高,仅有换原作"家翁"为"了凡袁先生"等少数改动而已。

11. 禹贡备遗一卷禹贡书法一卷 胡瓒撰

胡瓒,字伯玉,桐城人,万历二十三年(1595)进士。事具《明史》本传。②

是书现存版本有二。

(1) 清初刻本

是本现藏中国国家图书馆。是书多秉蔡《传》而成,己意不多。正文前有胡瓒所撰《禹贡备遗题辞》一篇,言是书乃据其父效才之遗编与其乡贡士彭灿之《禹贡简备》参合而成,故曰《禹贡备遗》。后乃《禹贡书法》一卷,叙《禹贡》行文、训诂、用词等习惯。其后附有《田赋歌》二句,又地图十幅,分绘九州及《禹贡总图》一幅。正文释各州(或导山、导水章)后又附该州主要水道(或各山、水源流)图于文字间,共十二组,宛若插画,亦颇有趣。

(2) 清乾隆四年(1739)重刻万卷楼本

是本现藏中国国家图书馆、复旦大学图书馆等,为《四库全书存目丛书》影印底本。是本因瓒曾孙宗绪于《备遗》正文下增注若干新解,故分为二卷。卷首收《胡文敏公本传》一篇;又胡瓒撰,胡宗绪增注《禹贡备遗题辞》一篇;又胡宗绪乾隆二年(1737)撰《禹贡备遗增注书后》一篇,叙胡氏治《书》家学及己作《增注》之由。又《禹贡书法》一卷,亦有宗绪增注。其正文《备遗》部分体例与图尽与前本同。宗绪增注多驳蔡氏不当之处,甚有见解。宗绪考订、论证较其曾祖质量优甚,然其家七世治《书》,先人成果当亦对其有颇多影响。

《续提要》题是书有万历刻本,又言其解三江从郑玄南江、北江、中江之说,不从蔡《传》。③

---

① 中国科学院图书馆整理:《续修四库全书总目提要·经部》,第 274 页。

② 张廷玉等奉敕撰:《明史》卷 223,第 5880—5881 页。

③ 见中国科学院图书馆整理《续修四库全书总目提要·经部》,第 274 页。

以今本查之,乾隆四年刻本正如是言,而清初刻本则释为松、娄、东江,恰蔡氏观点。恐撰写《续提要》时仍有明本,清初再刻时有改动。

12. 新刊荆溪吴氏家藏禹贡大成录一卷　吴道泰辑

吴道泰,字子际,宜兴人。

是书现存明万历间刻本,福建师范大学图书馆、湖南省图书馆有藏。正文前有《壁经禹贡大成录序》一篇,作者自言因当时解《禹贡》之作"未有能旷然了观,大畅宗旨者",而时辈推其学,因执经问疑者甚繁,故"以平日之所得者,笔之于书,以惠同志,而犹不自执己见,务求折衷"。是序后乃《禹贡大成目录》,其后刊《禹贡》歌诀,列有《九州疆域歌》等歌诀九首。

是书乃当时典型举业读物。正文每章之下,先列讲解,串讲经义;再书"主意",以各句为序,分别释经,较串讲文字略详;又书"驳异",乃将科试答题时需注意处列出,以防诸生所答不依官方标准而致误。文中又有"各州古今舆图全考",古考据武夷熊禾,今考据《大明一统志》,略叙此州古今地势,及与明代当时对应之地理区划。"全考"后又常就某地之重点问题列有考论,其中多有补充或驳斥蔡《传》意见者,如其释九河,驳蔡《传》合简、洁为一之说,言:"南皮县明有絜河,未闻与简河为一也。"各州或有贡物考,就该州贡物加以注释。之后列各州山川及贡道之图十八幅,其图意多与韩邦奇所绘相似。各章最后列有"全议",广引前儒之说,论述该地区古今形势,其中亦有如引魏校、虞集等论国家水利等通经致用之说。

是书虽亦为举业而作,然细观其内容,则多胜其他此类明代《禹贡》专著。其他为举业而作者多只串讲,而《大成录》于串讲之余,又有"主意"以细说各题,"驳异"以强调立论,又书"古今舆图全考",比较古今地理沿革,更有"全议"及多篇考订,博引诸儒,就《禹贡》聚讼之处详加论说,如其论三江,将陈栎、颜师古、郭璞、韦昭、王安石、郦道元、薛季宣、苏轼、归有光等论并列其中,而不仅主蔡《传》一家,可见其详。

13. 禹贡汇疏十二卷考略一卷图经二卷神禹别录一卷　茅瑞征撰

茅瑞征,字伯符,归安人,万历二十九年(1601)进士。《静志居诗话》、[1]雍正《浙江通志》[2]等皆有其传。

是书为《四库全书总目》存目,乃有明一代论《禹贡》篇幅最大者。是书乃集解,其网罗材料之富,历代难有出其右者。

现存明崇祯五年(1632)刻本,藏于中国国家图书馆、上海图书馆等。书前有崇祯五年(1632)秋茅瑞征自序及同年夏茅氏门生申绍芳序,序中皆大抵论《禹贡》读法。其后乃《凡例》十三则。又《禹贡考略》一卷,简叙《禹贡》学史。又图经二卷,共四十八图。上卷二十四幅,涉《禹贡》九州及导山、导水,尽从郑晓《禹贡说》而绘;下卷二十四幅,涉五服、周秦旧都、

---

[1] 见朱彝尊撰《静志居诗话》卷 16,清嘉庆扶荔山房刻本,第 33 页 b—34 页 a。
[2] 嵇曾筠等修,沈翼机等纂:(雍正)《浙江通志》卷 179,《景印文渊阁四库全书》第 524 册,台湾商务印书馆,1986 年,第 36 页。

九州分野、各代疆域、边镇、河源、漕运等事,乃茅氏仿《广舆图》《河防一览》等书中图自绘。

图后乃正文,多为集解历代注释,时有茅氏自家论断,以"笺"字冠于句首。观茅笺所言,多为概述经文大旨,几无考订。是书价值集中在集解部分。其主要征引者,除《凡例》中已叙之二孔、苏轼、蔡沈、郑晓、王樵等人著作外,还有《诗地理考》《春秋元命苞》等经纬传注,《史记》《通志》等正、别史著作,《元和郡县志》《齐乘》等总志、方志,《大学衍义补》《齐民要术》等诸子论说,《容斋随笔》《梦溪笔谈》等杂家笔记,《初学记》等类书,《李太白集》《欧阳文忠公集》等文集……总数几逾百种,范围自先秦至于明代,遍涉经、史、子、集各部,可谓丰富至极。如此集解之于当下还有辑佚之功用,如茅氏师胡瓒佚书《尚书过庭雅言》、胡宗绪《禹贡备遗增注书后》曾言是书中语"顾《备遗》或未及之",盖乃胡瓒注《书》之精华。然今《汇疏》多称引之,故后世得以幸窥此佚书片段。

《汇疏》还喜就《禹贡》经文书写时事,博引为治国之论,内容涉及建都、海防、漕运、水利、农垦等等方面。如其序中所言"读《禹贡》者,详九州之山川,则可供聚米之画;习漕渠之岐路,则可商飞挽之宜;察东南之物力,则当念杼轴之空;考甸服之遗制,则当兴树艺之利",即体现出他经世致用的思想。

是书后又有《神禹别录》一卷,乃记大禹神话之事,与《禹贡》经文无关。

《四库总目》对《汇疏》以上所作并不持赞成态度,馆臣论之曰:"盖其志不在于解经也。然征引浩繁,而无所断。制动引及天文分野,未免泛滥。至其附录一卷,尽摭杂家之言,侈谈灵异,则非惟无与于经义,亦并无关于时事矣。岂说经之休哉?"[①]然笔者以为,是书虽有征引过度之处,其网罗诸说之艰、嘉惠后人之便,亦可称之。而其博引治国之论,无可厚非。清人解经,自好考证,成果亦盛,然此非解经之唯一思路。以上古之经书,实用于当下之社会,诚亦读经之法。

14. 禹贡解一卷 何楫撰

何楫,字平子,镇海卫人,明末士子。

是书现存明崇祯四年(1631)刻本,藏于日本内阁文库。其经解多承自金履祥、苏轼等家,与明儒专尊蔡《传》又不同。正文前有曹学佺序、崇祯四年陈腾凤《禹贡解题辞》、柯赓《小引》及何氏自撰《禹贡解引》四文,大抵叙《禹贡》经旨及何楫著书之义。书内还附《水考》一篇,叙天下河道之大概,又《十二山镇歌》等歌诀八组,及《九州田法》等图插于歌诀页间及其后。

15. 禹贡图注一卷 艾南英撰

艾南英(1583—1646),字千子,东乡人,天启四年(1624)举人。《明史·文苑》有传。[②]

---

① 永瑢等奉敕撰:《四库全书总目》卷14,第112页。
② 张廷玉等奉敕撰:《明史》卷288,第7402—7403页。

是书为《四库全书总目》存目。馆臣以为"其图与注俱颇简略，无足以资考证"[①]，颇为恰当。艾氏序中自言秉蔡意而撰，加以他儒意见。今细核是书，所谓他儒注说其实几乎皆采自《书传大全》，甚至顺序亦不改变。而《大全》体例实即先书蔡《传》，再列诸说，故艾氏此著恐仅据一本《大全》删削而成。

其现存主要版本有四。

（1）明末刻本

是本现藏于中国国家图书馆。前有艾氏《禹贡图注引》一篇，其中言"其编内注一遵蔡氏……而又删繁就简者，以便童蒙者记诵耳。其所删有不可废者，仍录为外注，并诸儒之论精核足与传注互相发者，亦咸收之，以备参考"，以示其作书旨意。正文图、说间叙，每州文字之前，皆绘有该州地图一幅，释五服前又有《五服图》一幅。文后附《皇明舆地图》一幅，其后《舆图论略》一篇，说古今疆域建制及明代地理划分；又《河漕总图》一幅与《河漕论略》与《林子导河迁谭》二文，大抵皆言治河之法。

（2）明末舒瀛溪刻本

是本现藏于中国国家图书馆。书前艾南英《禹贡图注引》与前本同。又陈子龙《禹贡图序》一篇，其内容与夏允彝《禹贡古今合注》前陈子龙序完全一致。陈序后乃《皇明舆地图》《河漕总图》《九边总图》《九州总图》四幅地图，与前本相较，多《九边总图》一幅。图后系正文及其他地图，图、文体例皆与前本同。然是本卷端所题作者竟多达四人，分别题以"竟陵钟惺伯敬父纂注，古临艾南英千子父图注，云间夏允彝彝仲父合注，龙丘舒文鼎调甫父参订"，恐乃书商伪托。正文后亦附有《舆图论略》等文，多《九边总图说》一篇，亦非原创，涂山《明政统宗·九边总论》等文中即有完全相同文字，叙国家边防诸事。

故而是本虽与前本刊刻时间相近，然其中因有书商私加署名及序、文等故，恐较前本晚出。

（3）清康熙二十七年（1688）费广重刻本

是本现藏于上海图书馆。前亦艾氏《禹贡图注序》，其后乃费广《禹贡图注序》，称其因艾氏注"旨约而名"，故于余杭任上"因旧刻付之梓人，以为后学模楷"。二序后即为诸地图，正文体例则与明本无异。后亦有《舆图略论》等三文。

（4）清道光十一年（1831）六安晁氏木活字排印《学海类编》本

是本乃《丛书集成初编》及《四库全书存目丛书》影印底本。其序、正文及文后三文顺序皆与明末单序本一致。然是本所用之图，乃据胡渭《禹贡锥指》中相应各州图重绘而成，并据《锥指》，于相应位置补《导山图》《禹河初徙图》等五图，并另绘《明舆地图》于书末以代《皇明舆地图》，较他本少《河漕总图》。

---

① 永瑢等奉敕撰：《四库全书总目》卷 14，第 112 页。

16. 杨廷枢先生禹贡秘诀不分卷　（题）杨廷枢撰

杨廷枢(1595—1647)，字维斗，吴县人，崇祯三年(1630)举人。

是书仅存一钞本，现藏于北京大学图书馆，经查乃一伪作。

其正文前有清人蔡升元、金潮、陈大谟、汪涛及一不署撰人者之序五篇。金氏序题于康熙二十三年(1684)，陈氏序题于雍正十一年(1733)。各序大略言《禹贡》成书及其学史，而并无杨氏著述经过，反是频繁提及卓衍祥《禹贡演》。各序后乃《山东按察司题刘御史黄河全书序》一篇，是文可见于明黄克缵《古今疏治黄河全书》书前，题曰"古今疏治黄河全书叙"；又《察院御史刘士忠疏治黄河全书序》一篇，见于《古今疏治黄河全书》书后，题曰"黄河全书跋言"。此诸序后方呈《禹贡》正文。先《禹贡总论》一篇，又《十二州山镇歌》等歌诀十一首，其后经解部分，仅为删节蔡《传》之串讲。

是书体例混乱，盖后人任意摘选前世治河文章及清代《禹贡》著作序言而成。

17. 禹贡古今合注五卷图一卷　夏允彝撰

夏允彝(1596—1645)，字彝仲，华亭人，崇祯十年(1637)进士。事附见《明史·陈子龙传》。[1]

是书为《四库全书总目》存目。其《凡例》称："《禹贡》自茅五芝先生《汇注》网罗备具，可为一代鸿典，但意在博综，便于稽考，不便于诵读，重复涣散，类不能免。余融贯其意，使前后成章，阅者心目为清，与五芝先生相翼，而不相北也。"自言此书结构，乃夏氏以茅瑞征《汇疏》为蓝本，删削编辑其所引材料，于涉及国家经世处，再加自己观点议论之。馆臣论之曰："是书多证合时务，指言得失，又杂取《水经注》及诸家小说，旁载山水形状，及诸奇异，似乎博赡，实于经义无关也。"[2]是言大略不差。然细观其书，夏氏自论形势之处其实不多，大约仅帝都守备、江南漕运等处，数量远少于茅氏《汇疏》，然其论断多有可取之处，不可尽予磨灭。再观馆臣所云引《水经注》、小说之语乃书中确有者。然夏氏《合注》源自《汇疏》，其引《水经》之处，《汇疏》多亦有之，而诸家小说则为数不多，恐此乃馆臣未细将《合注》与《汇疏》对读，仅据夏氏《凡例》所言之论。且本来历代习《禹贡》之家多以郦《注》为据，夏氏去《汇疏》中小说家言，多留《水经》之语，尚有选辑之功，何来偏引之过？

是书现存版本有三。

（1）明崇祯间吴门正雅堂刻本

是本藏于中国国家图书馆、上海图书馆等处，乃《四库全书存目丛书》影印底本。卷首收陈子龙序一篇，大抵言《禹贡》经旨与国家经世之关系。后乃《凡例》及地图，地图四十六幅，较茅图稍有损益。

（2）清乾隆三十八年(1773)高见龙钞本

是本现藏于台湾"中央"图书馆。是本三卷首一卷，盖抄写时因行款不同而故合并。其

---

① 张廷玉等奉敕撰：《明史》卷277，第7098—7099页。
② 永瑢等奉敕撰：《四库全书总目》卷14，第113页。

卷首多《钦定禹贡随山浚川之图》一幅，而少《九州分野》《禹贡九州与今省直离合图》二幅，盖因抄写朝代不同而改。

（3）清嘉庆二十一年（1816）夏汝珍刻本

是本仅一卷，藏于上海图书馆。体例与明本一致，然其删减者甚多，仅剩一句概说经义之语。文后增附《九州歌诀》等歌诀，并嘉庆二十一年夏氏第十世侄孙汝珍跋，略言其取家塾中重刻之事。上图本中夹有一浮签，提及此本与明刻差异甚大，推言曰："岂瑗公职初稿，抑或后人所依据原书而节易钞撮耶？夏氏子孙刻之，盖不知有旧本然，亦失考甚矣！"推测此本恐夏氏后人托先祖之名伪作。

18. 夏书禹贡广览三卷　许胥臣编

许胥臣，明末钱塘人。阮元《畴人传》有传。①

是书为《四库全书总目》存目。书前有崇祯六年（1633）许氏《禹贡广览自叙》，其中言"又考注体，盖有数家训诂、音义，如二郑、二孔及考亭……胥臣兹式有慎，窃比于任宏所雠正，既编其书，复审以图，注中有注，音外有音。其有关于经济之远猷，与夫典法之可宪者，悉为衷辑……始克成编"，以示此书体例乃合缀先儒旧解而成，又自加以地图，偶附笺说。序后乃目录及《禹贡总图凡》。是书图、文间叙，共绘地图十四幅。其间又附歌诀，与郑晓《禹贡说》中相同。

《四库总目》谓是书曰："诸名体例，颇为详悉，而经文下所引诸家注释，则粗明训诂，未足为考证之资也。"②笔者以为此论甚当。书中亦多有经世致用文字，如注冀州田贡时即引魏校《自京口入汴纪行》及罗钦顺《论均田》等文中所涉国家耕税之法者，以为论断，可见许氏治经之道。故《续提要》称之曰："尚能通经致用，非泥守章句者流也。"③

是书现存明崇祯六年（1633）刻本，藏于上海图书馆、北京大学图书馆等，《四库全书存目丛书》影印。

19. 禹贡通解一卷　邵璜撰

邵璜，字鲁重，秀水人，崇祯十五年（1642）举人。

是书为《四库全书总目》存目，馆臣考其书曰："旧本题檇李邵璜撰，不著时代。前有宝坻杜立德序，当为国朝人。而其图中称北直隶，称承天府，皆明人语。疑序为立德未入国朝以前作也。"④判断成书于甲申之前，仍当属明朝。《总目》又言："立德之序颇斥据后代地理以疑蔡《传》之非，乃并河源之说亦指为不近理。而璜之所注乃与蔡《传》多有异同，其循《传》发挥者谓之通解，其不从《传》者谓之辨异。……是书颇有意于考，正而所学未博，引据疏略，视胡

---

① 阮元撰：《畴人传合编校注》卷33，中州古籍出版社，2012年，第299页。
② 永瑢等奉敕撰：《四库全书总目》卷14，第113页。
③ 中国科学院图书馆整理：《续修四库全书总目提要·经部》，第274页。
④ 永瑢等奉敕撰：《四库全书总目》卷14，第113页。

渭诸家不止上下床之别矣。"①言是书颇有考证,不同于明代其他家塾启蒙之书。

然今题"禹贡通解"之书,存一清钞本,现藏于上海图书馆,为《四库全书存目丛书》影印底本。通观其书,既无杜立德序,亦无任何或从或驳郑、夏二家之语,经注几无考证,与其他家塾读物无异,恐非馆臣所见之物。

20. 禹贡精要集一卷 杨挺撰

此本《中国古籍总目》著录,现藏中国社会科学院民族与人类学研究所图书馆。由于种种原因,此书暂未得见。

综观以上存世著作,我们可以总结明代《禹贡》学存在以下几个特点。

第一,明代《禹贡》学对宋、元经解多继承而少发明。宋代是《禹贡》学发展的第一个高峰,明人经解中继承了大量宋人观点,尤其是当时被立于学官的蔡沈《书集传》,也包括朱熹、苏轼、金履祥等多家。但与此同时,明人原创性观点则较少。

第二,明代存世《禹贡》著作存在强烈的服务科举倾向。存世著作的序跋中,多有提及其创作目的或为用于家塾,或为有益举业。此外,大量利于记诵经文的歌诀的出现,也辅证了这一特点。

第三,《禹贡》图在明代得到快速发展。有明以前,仅有程大昌《禹贡山川地理图》等作中存有少量《禹贡》图传世。而明代《禹贡》著作中,曾绘有地图者超六成,存世总数亦超过两百幅。由此可见明人解经时对地图绘制的重视。

第四,明末部分《禹贡》经解出现了实用倾向。以《禹贡汇疏》《禹贡古今合注》为首的晚明《禹贡》著作中,出现一种经世致用的解经思潮,作者借《禹贡》地名,对当下该地区的军事、经济等各方面展开讨论,为人们认识经典提供了新的思路。

王荣煜,复旦大学历史地理研究中心 2019 级博士研究生。

---

① 永瑢等奉敕撰:《四库全书总目》卷 14,第 113 页。

书评

政区划界与政治过程
——读《中国近现代行政区域划界研究》*

叶　鹏

　　层级、幅员、边界是行政区划的三大基本要素。其中,分析层级可从行政架构入手,根据上下级隶属关系,精准把握政区性质;判断幅员则主要依据实际控制区域大小,往往同时考量边界(或边界地带)走向。故而从空间角度着眼,边界无疑是关键一环。但在传统时期,受限于技术条件,国家并不能完全实现行政区域间的精准划界,省界、县界多未勘定。直至20世纪30年代初,国民政府颁行多部勘界法令后,出于现实考量,大量政区间的模糊界线才被法制化的明确界线所取代,并逐渐固定下来。复旦大学历史地理研究中心徐建平研究员长期关注民国时期的行政区域划界问题,近来出版了《中国近现代行政区域划界研究》(复旦大学出版社,2020年)一书,对相关思考进行了新的总结。全书共有九章,分作三篇,下面分别简要介绍之。

　　上篇讨论的是宏观视角下的行政区域整理,作者在此部分重点介绍了国民政府的勘界法令及相关活动。第一章梳理了南京国民政府时期《省市县勘界条例》(1930年5月31日)、《县行政区域整理办法大纲》(1931年4月29日)两部行政区域勘界法令的制定过程,从条款上看,国民政府显示出了整理政区的强烈决心。以此为据,各省先后开始清理政区边界,尤其对插花地等特殊边界形态进行了调整,不久后抗战军兴,各方工作遂告停顿。在此五六年间,实际上大规模开展边界勘定工作的只有河南、浙江两省,其中河南重在清理插花地,而浙江基本完成了全部整理工作。第二章紧接着具体检视了浙江调整行政区域的成绩,大致有三。其一,设置杭州、宁波两个省辖市。1927年国民革命军进入两浙,当年即颁《杭州市暂行条例》《宁波市暂行条例》规定市区范围,之后又分别多次与杭县、鄞县会勘界线,杭州市域不断扩大,却始终仅为省辖市;宁波市则因地方士绅反对,最终于1931年撤销。其二,新设磐安、三门、文成、四明、瀛洲五个县级政区。以时间先后为序,1939年7月,在浙东山地置磐安县,加强地方管控,震慑匪患;1940年7月,废除南田县,将之与宁海、临海两县部分乡镇合

＊ 徐建平:《中国近现代行政区域划界研究》,复旦大学出版社,2020年。

并,设三门县,加强海防与沿海开发;1948年7月,划瑞安、青田、泰顺县地设文成县,重在基层治理;1949年1月,在余姚、上虞等县交界山区设四明县,以对抗中共浙东根据地;同年5月,国民党政权退据海上,8月析定海县以北诸海岛设瀛洲县。其三,勘定县级政区边界。根据所处位置不同,又分为省际勘界与省内县级政区勘界,与邻省交界的22个县有16个完成勘定,浙江省内则有134处(占7成)县界得以整理完毕。

中篇共有四个章节,旨在展示近代不同类型政区边界的法制化历程。一般来说,政区边界有习惯线、争议线、法定线,勘界是从前两类模糊边界向法定明晰界线的转进,呈现出的边界变迁模式有"习惯线—法定线""争议线—法定线""习惯线—争议线—法定线"等几种。书中所涉案例,纠纷多集中于第三种。第三章关注边疆地区。进入民国后,阿尔泰传统游牧区界逐渐成为新疆、蒙古之边界,由于"蒙古独立运动",两边的实际控制线与传统习惯线已有较大差异,最终勘定的中蒙国界则是在多次军事协定的框架下形成的。第四章聚焦安徽绩溪与浙江昌化交界处的荆州乡这一小尺度区域。当地因归属争议,甚至先后组织了"复界运动委员会""回昌运动委员会"两个诉求完全相反的组织,反映了不同时期的基层民意,同时作者还指出地方大族在政区调整中扮演了重要角色。第五章研究了潼关县境的调整过程。清雍正年间潼关裁卫设县,但因卫所屯田插花,县境破碎,至20世纪40年代,潼关县方与华阴、阌乡两县分别划定界址,交换插花地带,最终形成完整县境,这一过程中各级政府的互动也表明,基层划界实情往往超出条例规定范畴,与现实政治博弈息息相关。第六章剖析了南京作为城市型政区从其母体江宁县划出时的纠纷过程。因南京原为江苏省会,后为与省平级的特别市,市政府成立又面临着与省政府间的权责分割,随着1929年江苏省政府迁往镇江、1934年江宁县政府迁出市区,南京市最终成为独立的行政主体。

如果说前两篇重在叙述史实,通过生动案例来说明边界调整逻辑的话,下篇则重在利用技术手段,借助计算机建立GIS数据库或配准古旧地图,开展近代政区研究。第七章以甘肃省为例,证明了在百万分之一比例尺条件下,利用生存期描述法,搭建逐年复原的现当代县级政区时空数据库(1912—2013)具有高度可行性。紧接着,作者又进行了地图数字化的尝试。第八章旨在利用GIS工具配准1934年出版的《中华民国新地图》,进而建立时间截面政区数据库,复原20世纪30年代初全国县级以上政区边界、治所,虽然该图中各省区断限不一,但最终的比勘结果表明,只要选取合适的时间截面,利用近代测绘的高质量地图进行地理信息还原是完全可行的。第九章聚焦哈佛燕京图书馆收藏的一幅清末《南阳县图》,作者通过比对其与《大清会典舆图》、光绪《新修南阳县志》所附《县境全图》的异同,证明了该图绘制者极可能是戴广恩,绘制年代约在光绪十八年(1892)至二十年之间,并据此尝试重建了光绪年间南阳县的村落、户口空间分布,展现了晚清舆图数字化的重要价值。

本书用细腻的笔触勾勒了近代历史上作为一种地理要素的政区边界,是如何具体成型、调整的,毫无疑问,关注政区空间特质的历史地理学理路正是作者的研究底色。依笔者管见,目前学界对历史政区的研究,还有行政史、社会史两条路径值得关注:行政史注重日常政事的运作过程,注重行政权力主体的变化,进而考察各种权力关系在空间上的投射,对治权的强调是其鲜明特征;[1]社会史则注重长时段脉络,关注基层势力在政区置废、边界调整过程中所起到的作用,政区变动即是地域社会某一阶段发展需求的具体表现。[2] 这两种范式的精妙之处在本书中亦有或多或少的体现。

行政区划,重在"行"字,要注重动态的政治活动,即所谓"政治过程",才能理解政区的运行实态。徐著便尤其重视这一方面的分析,中央、地方、民众多种主体的活动路径均有呈现:中央制定相应法律法规,对政区划界活动进行宏观把握与规范;地方政府上传下达,执行上峰命令、转达基层诉求,负责会勘界址等具体工作;而民众也并非毫无能动地接受上层安排,相反可以通过递交诉愿等方式,反映"民意"(当然,彼时所谓"民意"往往由精英阶层定义),主动参与到划界过程中。行政区域边界的最终确定往往要经过多次沟通、协调,各方相互妥协,才能在上下级行政主体、相邻政区、官方与民众多对互动关系间形成一致意见。这一调整模式也反映了近代行政制度的整体变化。一般来说,政区的划定有两种方式,其一是属人主义,即以掌控的人口为准划分行政区域,政区形状大致是所管人户在空间上的分布样态,极端者可能出现破碎、插花的面貌,由于传统王朝国家对地理信息的掌握程度有限,管理治下编户齐民多遵循此原则;其二是属地主义,以一定的地理空间来划定行政区域,政区边界先已固定,进而再区分人户归属,伴随着地理知识、通讯技术等科技条件的进步,近代国家能够更好地掌控所辖区域,故多循此道。近代政区边界从模糊到明确,在各方角力下最终以法制化界线的形式确定下来,其制度背景正在于国家行政管理模式发生了从属人主义到属地主义的转变。

纵观全书,作者并未简单地视政区界线为一种几何线条,而是将其作为具有生命力的对象加以探讨,这一把握十分精到。单从地图上看,边界不过是组成闭合区域的一系列线段,而对生活在交界地带的人来说,边界或是山川河湖这样的自然分界,或是民众主观认同中用以划分彼此的群体差异,政区界线是可以通过日常生活被真切感知到的。但因为不同人的地理感知颇具主观差异,"横看成岭侧成峰",面对同一地理要素难免会出现不同感受。于是,出于现实考量,基层民众在对待政区调整时,便可能会选择性地描述地理状况,以满足其归属诉求。有时甚至连"民意"也是虚构的,部分官绅为满足个人利益,将自身意愿包装为民众的普遍意愿,以获得上级认可。社会秩序、族群关系、产权纠纷,乃至对垒双方的亲疏远近都会对划界活动产生不同程度的影响。

---

① 如蒋宝麟《南京国民政府时期上海市区域与治权的确立》,《史林》2019 年第 4 期,第 1—18 页。
② 日本地域社会研究者早有此见,如青山一郎《明代の新县设置と地域社会:福建漳州府宁洋县の场合》,《史学杂志》第 2 号,1992 年,第 240—267 页;田中比吕志《清末民初における新县设置と地域社会:江苏省启东县设置を例として》,《东京学芸大学纪要》总第 51 期,2000 年,第 125—141 页。近二十年来,国内类似研究亦甚多,不赘。

徐著在征引资料、研究内容、理论方法上亦有足堪称道之处。历史地理学注重实证,作者从中国第二历史档案馆、台北"国史馆"等公藏机构收集到了大量民国政区划界相关的公文、报告,并运用各类方志、报刊、族谱等文献复原史实,较为详细地梳理了划界事件的前因后果。该作的成功之处还在于兼顾了各类政区划界的情形,大至国界,小至乡界,或是插花形态政区的整合,或是城市型政区设立过程中的市县分界,呈现了不同层级政区边界法制化的精彩过程。在理论方法层面,作者结合前人研究,归纳出了逆(顺)推法、断面法、"转移定位"法三条政区边界复原的重要法则,并用较大篇幅介绍了他利用计算机技术进行政区研究的具体实践。作者不仅参考了中国历史地理信息系统(CHGIS)的工作经验,通过 GIS 软件搭建历史政区数据库,拓展了 HGIS 的实际应用,还将近代地图进行数字化处理,以精确描绘历史政区面貌,这在目前的历史政区研究中都是极为有益的尝试。

周振鹤先生一直倡导历史政区地理向历史政治地理的范式转换。[①] 十多年来,学界一方面关注到了以往不太留意的政治运作过程,对政治局势、政治实践有颇多讨论;另一方面,在原有工作基础上进一步精细化,空间上或向边疆地区作横向拓展,或向县以下区划作纵向深入,时间上则把研究时段后移,越来越多的学者将目光投向近现代,成果异彩纷呈。总之,目前国内学界对民国政区的研究还处于萌芽阶段,亟需更多、更具冲击力的著述推进相关工作,本书既有扎实的案例分析,又有前沿的方法创新,相信它在历史政区研究走向深化的路上,一定会留下重要一笔。

叶鹏,复旦大学历史地理研究所 2023 届博士,现任教于上海大学历史系。

---

① 周振鹤:《范式的转换——沿革地理—政区地理—政治地理的进程》,《华中师范大学学报》(人文社会科学版)2013 年第 1 期,第 111—121 页。

考察报告

2018 年镇江南京淮安考察日志

龚应俊

5 月 12 日　星期六　镇江　雨后转阴　18℃—22℃

早上 7 点 40 分从北区武东路门出发,全体 30 位同学,硕士男 11 人,硕士女 10 人,博士男 8 人,博士女 1 人,在杨伟兵、邹怡、黄学超三位老师的带领下,前往镇江考察。

沿 G2 京沪高速前行,沿途经过苏州、无锡、常州几个城市,在无锡常州境内雨势颇大,在暴雨中继续前行。

11 时许到达丹阳收费站下高速,穿行在丹阳乡间,到达谏壁闸,是为第一个点。镇江处于长江与京杭大运河十字交叉口。在江南运河汇入长江的镇江,历代形成了五个船闸。丹徒口先秦时期即有开辟,唐代后其地位被大小京口取代,20 世纪 30 年代到 80 年代仍有使用。大小京口闸,唐代以来为对接长江北岸邗沟兴建。今大京口已被填为中华路,小京口只作为景观水道遗留下来。甘露港,在北固山下,20 世纪 30 年代淤废。还有就是越河口,在谏壁船闸兴建时填塞,今谏壁闸是 1976 年在越河口位置兴建,成为今日江南运河与长江交汇最重要的船闸。

走在船闸上,河道内排着大量船只等待过闸。河面不宽,还被几个人造洲截为几路。其中一半无船只,据猜测可能为调节水位用。另一半又分作两路,每路大概能并排行两艘船。据闻正常情况下,每 40 分钟放一次闸,每次放闸可以通过单船十多艘或者一个船队,开闸需要一定条件,一般是长江水位与运河水位差在 30 厘米以内时,否则过闸不安全。候闸时船员往往会到岸上等候,带动了当地经济发展,常见国际港口有这种景象,由此也可以推测古代京口作为长江和运河交汇点的繁华。

随后到丹徒口,今只剩一条小水道,看不出当年之繁忙,此处却是运河与长江最早的交汇口,秦汉丹徒县据说即设置于此口。今天此处立有两块河长碑,一块长江京口段河长,一段运河京口段河长,和河南境内《水经注》考察一样,今河长制度对我们了解这一区域河流有一定价值。

进城,午饭在焦山侧"景福雅居"解决,菜品有淮扬风味,还不错。

之后上焦山,焦山山体由奥陶系仑山石灰岩构成,屹立江边,万里长江奔腾西来,惊涛拍

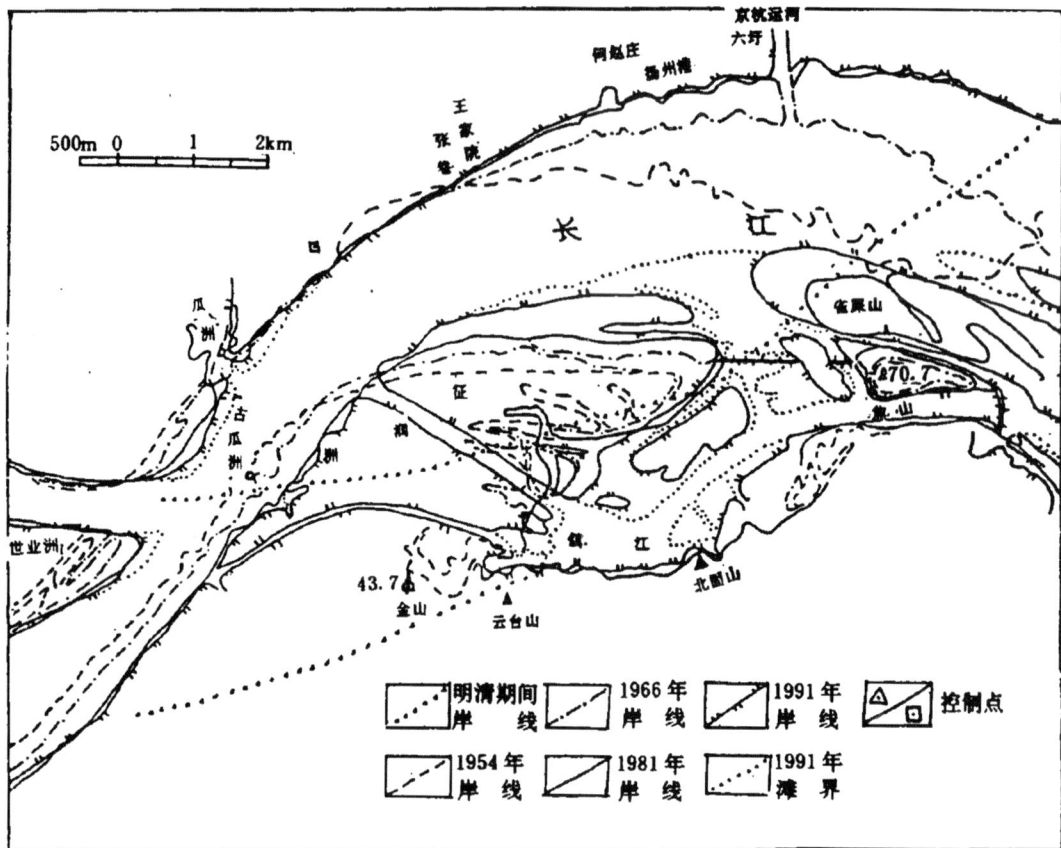

岸,焦山西麓多为陡峭崖壁,有雷公崖、罗汉崖、浮玉崖。崖上有许多摩崖石刻,最著名的是瘗鹤铭,旧坍入江中,打捞起后现放置于专门展览馆展示,字体古拙,处于隶书向楷书过渡阶段,被称作大字之祖,颇有书法传承史上的价值。还有米芾、陆游观书题名。西麓山崖受长江冲击,极易崩塌,特别是长江流路向南偏移时,可以展现长江水流情况。

在焦山顶观看长江流路,天气不是很好,依稀可见长江,此处由杨婧雅讲解。焦山与金山、北固山合称为镇江三山,作为长江流路控制点扼守着长江南岸。由于地转偏向力和长江自身水文水力条件,长江流路总在南北偏转。向南岸偏移时,南岸坍塌,北岸淤积,如唐代北岸的瓜洲就因此并岸,焦山石刻也多崩塌。目前长江向北岸偏移,北岸坍塌,南岸淤积,焦山在几年前前几届考察时还是江心山,如今已经并岸,可以直接登山,显示出长江淤积的力量。

焦山东侧的山脚下是焦山古炮台,与南岸的象山炮台遥相呼应。焦山炮台是清政府受第一次鸦片战争英军侵入长江刺激而建立的江防体系的一部分,江防关键是沿江炮台,集中于南京、镇江、江阴、吴淞四处。镇江段大致分东西两部分,东部由江北岸的天淑洲、东生洲炮台和江南岸的圌山关炮台组成,西部由江北都天庙炮台、江南象山炮台和江心岛焦山炮台组成。今江北岸几处炮台均因江岸崩塌不存,只有圌山关、象山、焦山三处尚有遗迹保存。

经实地考察，焦山炮台有暗堡炮台，由八个炮堡联接组成，面对东、南、北江面，后有营墙，整体呈扇形，最长处为 77 米，最阔处为 55 米，堡外正面有滑坡流水。炮台用大木、方石为基，以黄泥、细沙、石灰配糯米汁分层夯筑，外表涂一层沥青。每堡内还设一小弹药库，方形，边长均为 4 米。门皆用条石砌成，炮台后原有营房，仅存遗迹。炮台结构厚实坚固，炮城堡厚达 1.5—2 米，营门墙厚达 3 米多，顶盖厚达 3 米，顶高 6.3 米，边沿高 4.7—5.7 米，进深 8—12 米，内壁厚 1.5 米。现在只有四、五号炮堡存有残顶，其余都已坍塌。在炮台南端营房门外偏西处有一大弹药库，面积 22.5×11 米，质地同炮堡，内有隔墙，用青砖发券成拱顶，以防热、防潮，确保存储弹药的安全。焦山之巅另有处炮台，但这次没有去看。此处由赵婷婷讲解，主要谈到了鸦片战争中镇江保卫战的两种叙事：一种爱国主义叙事，官军英勇抵抗；一种清军被打得溃不成军，很快投降。历史研究中更需关注叙述与事实之间的差异性。

随后到达铁瓮城，此处现在是烈士陵园，位于北固山前山，登顶后在纪念塔下由龚应俊进行讲解。讲了很多包砖方面的内容，但是没有看见城墙，于是我们下山寻找。此处是镇江老城区，老街巷里很多居民可能难得见到这么多人，都出来看我们。但是问了他们，很多都不知道考古遗址位置。有一位老人主动讲解，但他的知识并不见得正确，比如他说的城门应该是明清镇江城门而非铁瓮城，而且他把铁瓮城理解成山海关那种瓮城也不够精确，另外讲到长江岸线变迁，他提到爱因斯坦定理，其实应该是科里奥利力（即地转偏向力）。老人知道一些东西，但又不是完全理解，所以存在偏差也是正常的，但也不禁让人怀疑田野考察中口述的可信性。不能否认口述的价值，不过要留个心，不要把叙述内容当作真实，我们可以研究他为什么如此叙述，而不要作为事件真实性的佐证。

有几位居民听说我们找寻一个什么考古遗址，便把我们指向了一个巷子，但巷子口的住户却否认这里有古城门，杨伟兵老师直接先走进巷子，没想到发现了汉荆王刘贾墓，也是此行的意外收获。墓坐东朝西，现存高冢直径 3 米，前竖白石墓碑，高 1.9 米，宽 0.66 米，上阴刻楷书"汉荆王之墓"五个大字，下首刻"万历甲午夏吉日立"九字。今墓前尚可见宽 12 米、长 60 米的墓道，墓前原建有荆王庙，唐先天二年（713）重修过，历代屡有兴废，后毁于清咸丰三年（1853），近年重修。眼见不是城门，我们继续往前走，走到一位置，两边地势稍高，中间一条路通过，我们猜测此处就是铁瓮城南城门，但估计已被毁，正要离开，发现旁边围墙内即是城墙遗址，证实了我们的推测。进入考古现场，可以看见历朝遗迹，与之前看到的考古报告确实颇为一致。城墙内部为夯土，外包砖，可以称为我国最早的包砖城墙。早期记载有陈寿《三国志·孙韶传》：公元 195 年，孙策占据江东，派将军孙河"屯京城"；同书还有公元 204 年，孙韶"缮治京城、起楼橹"的记载。顾野王《舆地志》：铁瓮城系"吴大帝孙权所筑，周回六百三十步，开南、西二门，内外皆固以砖壁"。

离开铁瓮城，路上经过万古一人路，路名颇为霸气，此万古一人当指关羽，此处原有关帝庙。随后到大小京口，该两口是唐中后期至 20 世纪 30 年代镇江最重要的运口，如今大京口

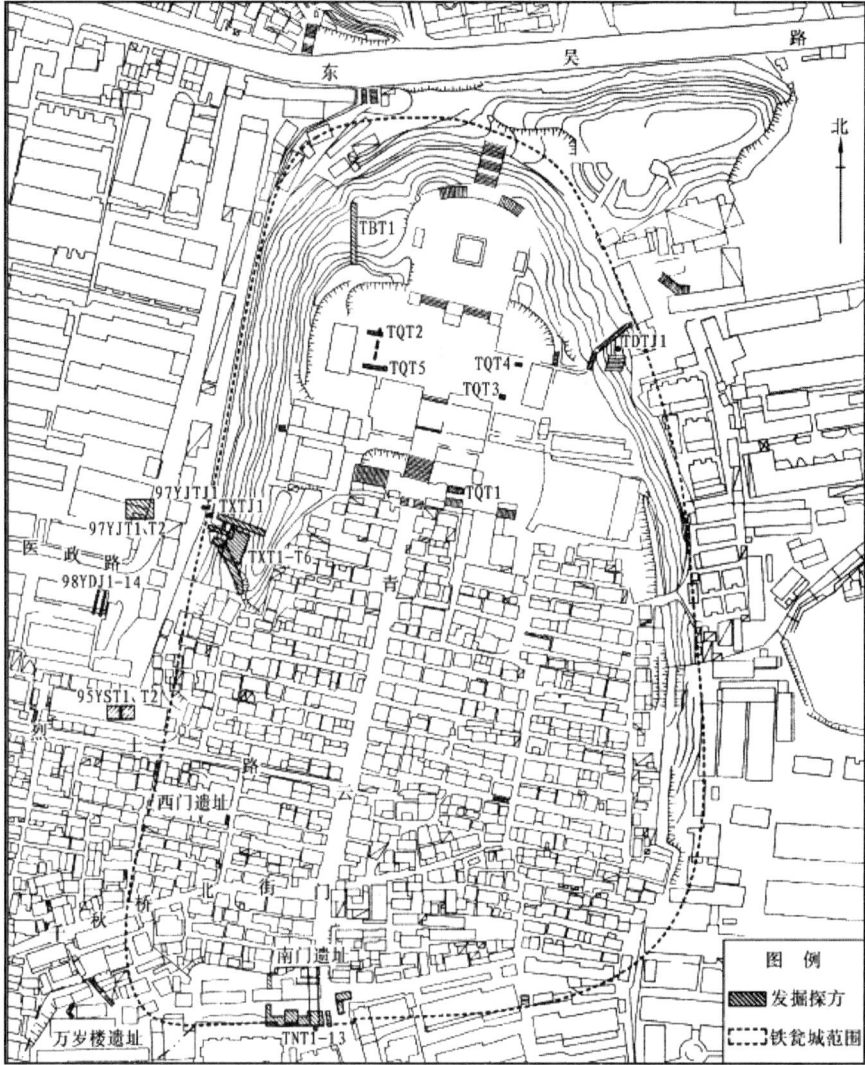

已被填平,成为中华路,小京口所在运道称作新河,如今还在,已经只是景观水道,不再有运输功能。丹徒口向大小京口的转移展现了镇江城市的变迁。秦汉时期,丹徒口最为重要,三国时期建设铁瓮城后城市功能逐渐向京口转移,唐代开京口,运道转移为穿城运河,明清又开转城运河,但都在京口附近,同时也是为了对接江北邗沟,减少船只在长江航行的距离,保证安全,进一步促进了京口商贸的繁华,显示出交通与城市的互相促进作用。此处由方志龙和马巍学长讲解。

最后到西津渡自由行动。西津渡位于蒜山下,是《天津条约》签订后镇江口岸的租界所在,有英领事馆,系欧洲古典建筑的变形,也称"东印度式"建筑,是一组由五幢房子组成的建筑群。整个建筑为砖木结构,主体二层,局部三层,墙壁用青砖夹红砖叠砌而成,勾白色灯草缝,钢质黑色瓦楞屋面,今属于镇江市博物馆,禹迹图据说藏于该馆,可惜到西津渡时已是

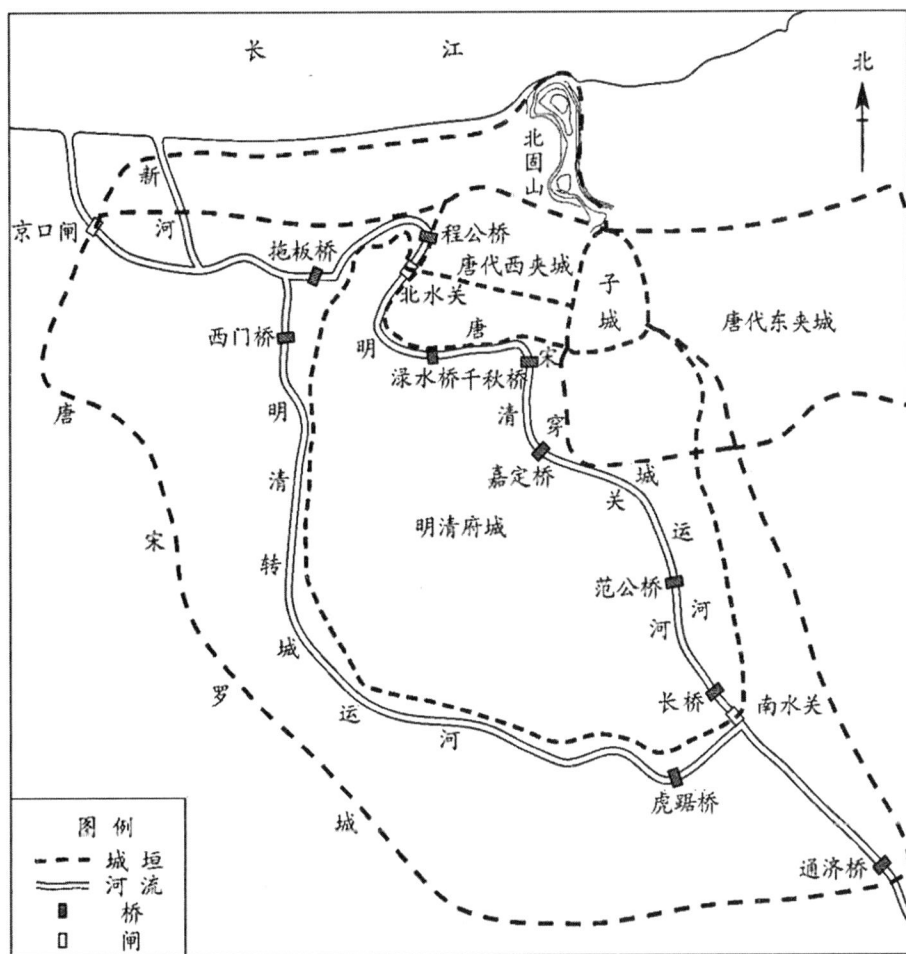

晚上七八点,不能进去一睹真容。西津渡还有救生会遗址,西津渡也是救生会专用码头,附近地下通道绘制有救生画面,颇能感受江面救生场面。救生会边为昭关石塔,这是一座元代建造的过街石塔,据专家考证,为元武宗海山皇帝命建造元大都白塔寺的工匠刘高主持建造。石塔塔基的东西两面都刻有"昭关"两个字,故称"昭关石塔",也有人称之为观音洞喇嘛塔或瓶塔。石塔高约 5 米,分为塔座、塔身、塔颈、十三天、塔顶五部分,全部用青石分段雕成。塔座分为两层,以"亚"字叠涩法凿成,塔座上有一个复莲座,塔身偏圆,呈瓶状。再向上是亚字形塔颈,又有一个复莲花座,再上面是十三天和仰莲瓣座,仰莲瓣座上有法轮,法轮背部刻有八宝饰纹,塔顶呈瓶状。该塔是我国唯一保存完好、年代最久的过街石塔。

　　晚上室友们和周星莹一起在"西津渡八分饱"吃饭,典型的淮扬菜,经过上次扬州、这次镇江的品尝,觉得淮扬菜真是好吃。

5月13日 星期日 南京 多云 24℃—32℃

7点起床,用餐。8点从镇江出发,前往南京。

十时许到达南京石头城。石头城遗址位于现清凉山一带,有"东吴第一军事要塞"之称。它扼守秦淮河与长江的交汇口,又是建业城西临江制高点,"因山以为城,因江以为池,地形险固,尤有奇势"。建安十六年(211),孙权移驻秣陵,第二年在楚国金陵邑旧址建石头城,并改秣陵为建业。石头城是建业最重要的军事基地,六朝时是保障建康城西部安全的军事重镇,也是六朝时期兵家必争之地。可以看到城墙逶迤雄峙,石崖耸立。现石头城下是秦淮河,而从刘禹锡诗句"山围故国周遭在,潮打空城寂寞回。淮水东边旧时月,夜深还过女墙来"中可知当年石头城濒临长江,如今因为河流沉积作用,长江已在数公里之外。现石头城最主要标志遗存是外秦淮河边的鬼脸城,但考古调查证明,此处实是南京明城墙的一部分。1998—1999年此处曾有考古调查与勘探工作,认为清凉山地区土垣为石头城城垣遗存并确立了四至。2016—2017年又进行了发掘工作,但尚未知道成果。此处由杨智宇与李昊林两位学长讲解。

随后前往台城,结合之前的石头城,可以复原南京城市的发展。之前杨智宇与李昊林负责孙吴以前南京城市的发展,沈国光与夏军学长在此处讲解六朝以后南京城市的发展,其实与其说是台城,毋宁说是鸡鸣寺段的明城墙,一切描述不如图片来得直接,如图所示:

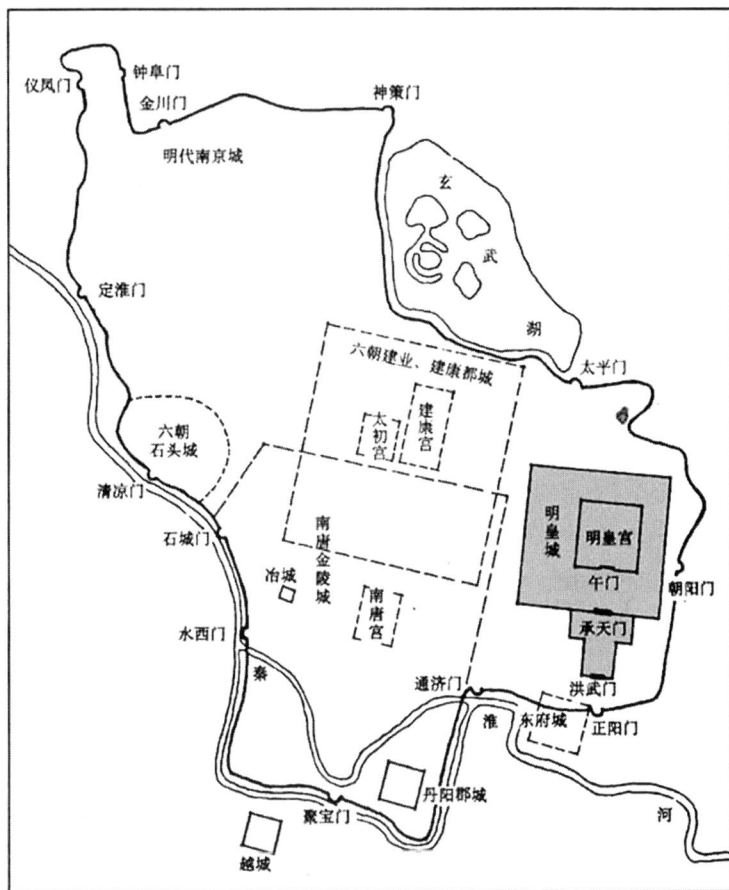

从城墙下来前往武庙闸，武庙闸即在明城墙下，现位于南京市玄武区玄武湖解放门附近，其历史最早可以追溯到三国东吴时期，吴后主孙皓引玄武湖水进宫。明朝时期，朱元璋修建南京明城墙并利用秦淮河和玄武湖等水系作为护城河，为控制城内河道的水位修建了武庙闸。整个水关由两个半圆形闸道组成，湖水通过第一个闸道，经过过滤网，垃圾和水草被拦截下来。随后，湖水湍流直下，进入下一个闸道，穿过涵洞，向城墙下方流去。

往明孝陵，先至下马坊下车步行上山，第一道经过大金门，为明孝陵南门，如今却被马路切断，需要从过街天桥到达。进入大金门后是神功圣德碑和碑亭，碑石硕大。原碑亭为砖石砌筑，平面呈正方形，亭子的结构顶部已荡然无存，现仅存四壁，每壁各有一个宽 5 米的拱形门洞，外观如一个城堡，故俗称"四方城"。四方城向西北行约 100 米过御河便进入神道。由于江南地区多雨，钟山地下水丰富，御河起到了一定的排水作用。明孝陵神道的最大特点在于建筑与地形地势的完美结合。其不同于历代帝陵神道成直线形，而是完全依地形山势建造为蜿蜒曲折的布局。有人解释为神道象天上北斗，亦有人解释为此处为孙权墓，因此要绕开，且可以令孙权为明太祖守陵。看地势，此处正是梅花山，神道弯曲只是顺应地势的要求。

在每一段落的节点处安放石像生来控制空间,形成一派肃穆气氛。石像生下铺垫有完整的六朝砖,使其 600 年来没有下沉。神道由东向西北延伸,两旁依次排列着狮子、獬豸、骆驼、象、麒麟、马 6 种石兽,每种 2 对,共 12 对 24 件,每种两跪两立,夹道迎侍。石兽的尽头,神道折向正北,至棂星门,长 250 米。这段神道置石望柱和石人,两根望柱呈六棱柱形,高 6.6 米,其上雕刻云龙纹。通常望柱均置于神道的最前面,而明孝陵的望柱则置于神道中间,这也是其独特之处。石望柱之后是东西相对而立的翁仲,有武将、文臣各 2 对,共 8 尊。神道向北 18 米的尽头为棂星门,存石柱础 6 个,已重新修复。从遗迹看,棂星门应是三开间的建筑。过棂星门折向东北 275 米,即到御河桥,也称金水桥。御河桥为石砌桥,原为 5 孔,现存 3 孔,桥基和河两边驳岸的石构件均是明代原物。通过御河桥向北,顺缓坡而上,便是陵寝的主体建筑。自正门至崇丘,包括文武方门(即正门)、碑殿、享殿、大石桥、方城、明楼、宝顶等,筑有围墙。碑殿有康熙与乾隆御碑共三块,康熙碑题"治隆唐宋",两块乾隆碑立两侧,旁边随行官员题名中可以看到曹雪芹祖父曹寅题字。后为享殿,原是孝陵最重要建筑,起祭祀作用,如今成为纪念品商店,悬有朱元璋画像,却是最丑的那张鞋拔子脸形象。之后有阴阳门,穿过即是陵区,一般不得进入。内有明楼,后即宝顶,为朱元璋与马皇后葬地,朱晓芳和刘威在此处进行了讲解。

观南京明故宫，张珮、罗仁人在此讲解。观明故宫形制，和北京故宫完全是一个模子刻出来的，南京故宫坐北向南，大体范围东至今中山门，西至西安门，北至后宰门，有门四座，南为午门，东为东华门，西为西华门，北为玄武门。入午门为奉天门，内为正殿奉天殿，殿前左右为文楼、武楼，后为华盖殿、谨身殿。内廷有乾清宫和坤宁宫，以及东西六宫。然而北京故宫保存完好，南京故宫只剩下午门孤独屹立。进入午门，只剩一些柱础以及残损的金水河桥，颇有故国之思。另外由于选址的局限，内廷部分是在被填平的燕雀湖上建造的，虽然采用了打入木桩、巨石铺底，以及石灰三合土打夯等方法加固地基，但日久之后仍然出现地基下沉的问题，宫内容易形成内涝，排水不易。太平天国定都南京，改名天京，但没有使用明故宫作为宫殿基址，而是在城中另择新址营建新宫，拆取明故宫大量石料和砖瓦。至太平天国灭亡时，明故宫的宫殿和宫墙已基本无存。1924 年，因建造明故宫机场，南京午门（午朝门）双阙遭到拆除，仅保留下一座三孔门洞，之前午门之上的五凤楼也早已毁圮。民国时期，政府曾计划以明故宫地区为中央行政区，后由于财力和战争的原因，该计划没有全部实现，只是在明故宫遗址范围内修建了中国国民党中央监察委员会（现为南京军区档案馆）和中国国民党中央党史史料陈列馆（现为中国第二历史档案馆）。1929 年，国民政府为迎接孙中山灵柩归葬中山陵，修建迎榇大道，命名为中山路。中山东路横跨奉天殿广场，把遗址分为南北两部分，此时的明故宫遗址仅存午门与地下柱础等少量的遗迹。至民国后期，明故宫已成为一处小型机场。

路过中华门，原打算进入看，但不知什么原因未谈妥，只是绕行一周。中华门是南京明城墙的十三座明代京城城门之一，原名聚宝门，是中国现存规模最大的城门，也是世界上保存最完好、结构最复杂的堡垒瓮城。城门设置有三道瓮城、四道券门，呈"目"字形结构，每道瓮城都有一门一闸，主体建筑内瓮城由中华门主楼城门和二至四道辅助城门构成，各城门原有双扇包铁门和可上下启动的千斤闸，内设有栓槽，用来供木栓紧闭大门所用。整个城共有二十七个藏兵洞，可以藏兵三千余人。中华门前后有内外秦淮河径流横贯东西，南边交通连接长干桥，北边连接镇淮桥，是旧时南京老城南交通咽喉所在。

夜泊秦淮，至夫子庙，游南京科举博物馆。李哲与王晨奥在此处讲解江南贡院，关于苏皖分闱讲了不少内容。科举历来大家都比较熟悉，只是在博物馆中看，确实南京这边博物馆的策展很好，参与感很强，也很有设计感，展馆整体沉入地下，上部为方形浅水池，参观者穿过贡院牌坊，与明远楼相对，博物馆如同一面古镜，将明远楼的倒影收入其中。进入博物馆须从地面下去，经过如鱼鳞一般的瓦片外墙，用书简堆砌而成的内墙，设计感十足又不乏历史味道。一路而下，到达主馆的路上有很多文字，这些字的内容是四书五经，是古人要熟读并背诵的内容。进入科举博物馆主体后，自下而上参观，拾级而上感受历史的变迁。

从科举博物馆出来已近酒店，还没吃饭，大家已散开，只剩我、李奕彤、占磊、阿丽雅和赵婷婷。与赵婷婷大学同学林诗丛见面，一起在"南京大牌档"吃晚餐，或者可以说是夜宵。

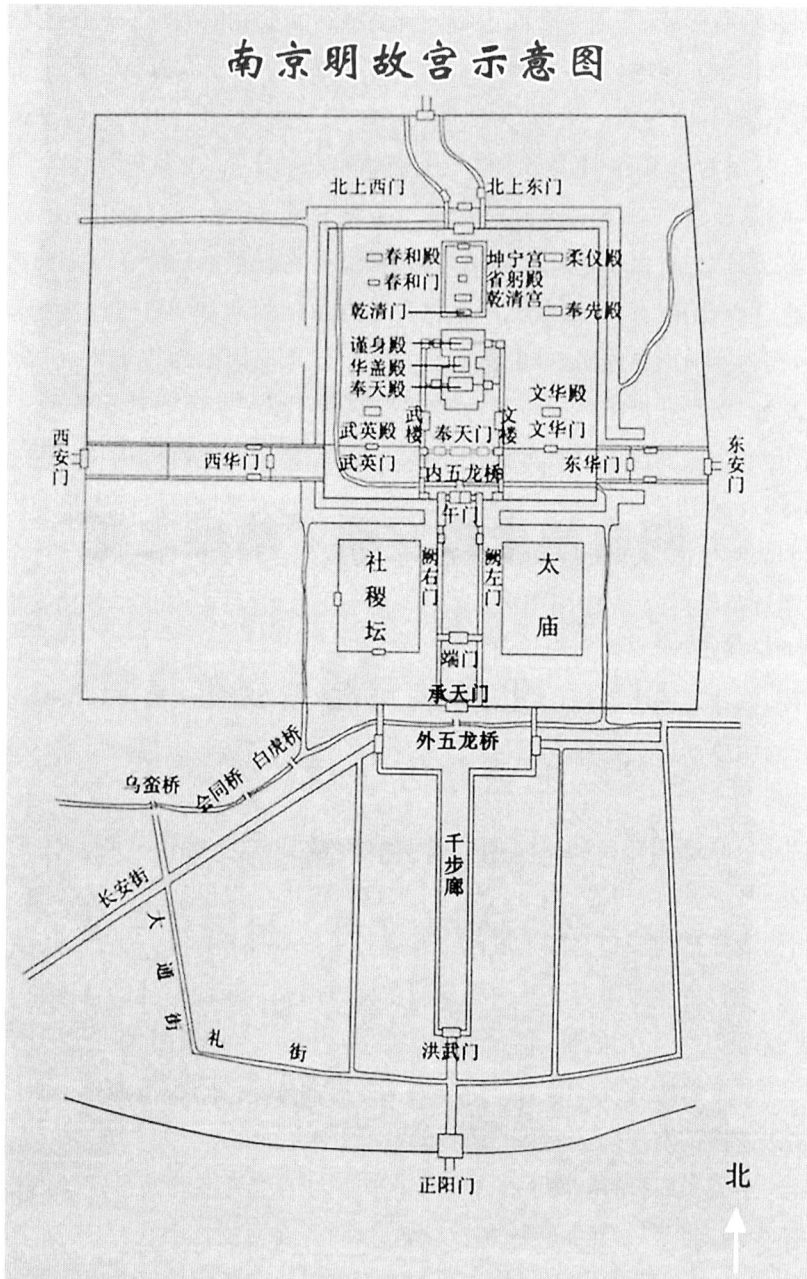

南京明故宫示意图

5月14日　星期一　南京　多云　25℃—32℃　淮安　多云　24℃—31℃

　　早上7点起床,用餐。8点从酒店出发,先至栖霞山,山脚为栖霞寺,被称为中国四大名刹之一。寺始建于南朝齐永明七年(489),原为南齐隐士明僧绍的私宅,明僧绍去世后,其子舍宅为寺,由智度禅师主持。梁僧朗于此大弘三论教义,被称为江南三论宗初祖。隋文帝于八十三州造舍利塔,其立舍利塔诏以蒋州栖霞寺为首。栖霞寺历史上几易其名,最初称栖霞精舍，唐时改名功德寺、隐君栖霞寺，南唐时重修栖霞寺改名为妙因寺，宋代又先后改名为普云寺、栖霞寺、严因崇报禅院、景德栖霞寺、虎穴寺（因栖霞山又名虎穴山），明洪武五年（1372）复称栖霞寺。清朝末年，太平天国与清兵作战时，栖霞寺毁于战火。现寺为 1919 年重建，共有毗卢殿、藏经楼三进院落，依山势层层上升，格局严整。寺前左侧有明征君碑，是初唐时明僧绍的五世孙明崇俨（唐高宗宠臣）为纪念先祖明僧绍而立，碑文为唐高宗李治撰，唐代书法家高正臣所书，碑阴"栖霞"二字传为李治亲笔所题。碑质有豆粒状白色斑纹，为 2.8 亿年前浅海中的动物海百合茎化石和中国孔珊瑚化石。碑下龟趺头有球斯瓦格化石，是用 2.9 亿年前的上石炭统船山组炭岩雕刻而成。寺外右侧是舍利塔，始建于隋文帝仁寿元年（601），原为五层方形木塔，唐会昌灭佛期间被毁。现存石塔系五代南唐（937—975）高越、林仁肇主持重建，七级八面，用白石砌成，高约 15 米。塔基四面有石雕栏杆，基座之上为须弥座，座八面刻有释迦牟尼佛的"八相成道图"，有白象投胎、树下诞生、九龙浴太子、出游四门、窬城苦修、沐浴坐解、成道、降魔和涅槃。八相图之上为第一级塔身。第一级塔身特别高，八角形，每角有倚柱，塔身刻有文殊、普贤菩萨及四大天王像等浮雕。以上各层上下檐间距离较短，五层檐由下至上逐层收入，塔身亦有收分。各面均开龛坐一佛。檐下斜面上还雕刻飞天、供养天人等像，与敦煌五代石窟的飞天相似。塔顶刹柱为莲花形。整个舍利塔造型精美，不仅是隋唐时期江南石雕艺术的代表作，也是研究古代佛教、艺术、文化的珍贵实物。塔侧有千佛崖，南朝齐永明七年，明僧绍之子明仲璋与智度禅师合作开凿三圣像以纪念明僧绍。南朝、隋、唐、宋、元、明各代相继在纱帽峰都有开凿，连南朝在内，佛像共有 700 尊，大者高数丈，小者仅盈尺。其中"大佛阁"为开凿时间最早、规模最大的一座石窟，凿于齐永明七年，正中无量寿佛坐像高达 12 米。东飞天石雕像就在中 102 号佛龛中，这个洞龛非常小，共有 5 座佛像，洞顶的两组飞天为橙色，线条清晰可辨，中间佛像头顶的火焰隐约可见。虽然仅有这么两对飞天，但这是中国所发现的最东部的"敦煌遗迹"。在千佛崖另看到徐铉徐锴兄弟篆书题名，作为南唐重臣，在此题名也算正常，可以确定当是真迹，不愧是给《说文解字》作注的人，题名都是用的小篆。回来后发现徐铉有一篇《摄山栖霞寺新路记》，文中写到"余职事多暇，屡游此山"，恰与此处题名相对应。

登栖霞山，山不高，山有三峰，主峰三茅峰海拔 286 米，又名凤翔峰；东北一山，形若卧龙，名为龙山；西北一山，状如伏虎，名称虎山。路上有乾隆行宫遗迹，但只剩碎石痕迹。登山途中误入一道，至一亭处发现，有上下两条路，由我往上探路，占磊往下探路。探路中路越走越小，明显并非正道，一路密布大量砂岩，需要不断攀爬。据了解，栖霞山地质资源丰富，地质遗迹众多，是我国最早开展地质工作的主要地区之一，也是我国东半部地质情况中南方类型的"模特儿"，被专家称为"天然地质博物馆""地学教科书"，是著名的"栖霞灰岩""象山砂岩""南象运动"的创名地，历来是国内外地质专家、学者进行考察研究的重要场所。我不懂地质，但看岩石构造，确实独特。这一段由杨帅、杨伟讲解，杨帅是学地理的，在这方面颇有些见解,山上以砂岩和石灰岩为主,栖霞山的出露地层都是沉积岩,最老为志留系坟头群,最新者为第四系冲积层。一般而言旧岩层在下,新岩层在上,而栖霞山有几处岩层倒置现象,据称宁镇山脉地区,由于地壳结构不同而别具一格,它既表现了造山运动,又有大幅度基底褶皱的性质,表现了从石灰系至三叠系地层的广泛分布,具有分布如串珠式盆地的特征,由于地壳的运动,宁镇地区在两板块近南北方向挤压应力作用下,使古生代地层发生了轴向北东的强烈皱褶,致使地层发生断裂、错位、倒转,从而让我们看到了这一奇特的地质现象。到山顶可俯视长江,今天天气不好,不能清晰地看见八卦洲,然而看见长江上百舸争流,大家不禁唱起了《长江之歌》。

中午在路边随便找了一家馆子吃午饭,没想到味道还不错。

随即到达燕子矶,作为长江三大名矶之首,燕子矶有着"万里长江第一矶"的称号。燕子矶是岩山东北的一支,海拔36米,山石直立江上,三面临空,形似燕子展翅欲飞,故名为燕子矶。王士性在《五岳游草》中有形象的描述:"……乃至燕子矶,飞崖掠江,如燕尾然,亦岩之分脉也。江水抱其三面,以铁锁曳矶趾,上植丘亭标之。"燕子矶在古代是重要渡口。最吸引人眼球的是陶行知书"想一想死不得"碑,颇有趣味。燕子矶头可以看到八卦洲,八卦洲的形成历史,最早可追溯到南宋时期。据考证,南宋著名的抗金战役黄天荡大战之古战场黄天荡就在青州(八卦洲的雏形)下游,如今的八卦洲就是由南宋时期的青州演变而来的。长江在八卦洲处分为南北两汊,现南汊为主流,最大水深35米,北汊为支流,最大水深约10米。然而之前南汊称作草鞋峡,是支流,主流在江北,这也是当年众多石化企业布局在六合的原因。八卦洲江面是典型的鹅颈式,因为长江流至幕府山燕子矶地区,受到此控制点节制,挑流向北,又受地转偏向力影响,转而向南,泥沙沉积,形成沙洲。这是这次考察的一个重点,通过这一点可以详细了解河道变迁方面的知识,既看到了表现,还了解了背后原理,此外还了解了心滩、边滩、江心洲等名词以及它们之间的关联。作为历史学出身的我,在这方面还需要学习很多。这方面有地质、地貌等多方面因素。地质方面,长江河道受断裂带控制,南京至镇江之间的长江河段处于长江下游破碎带内,破碎带是由一系列的断裂组成的,宽十几公里至四十公里不等。长江水流就是在这些断裂的影响下塑造自己的河床。地貌方面,南京附近长江河段右岸有一系列的山体和阶地濒临江边(自上游到下游有采石矶、凤凰山、幕府山、燕子矶、栖霞山等),构成了控制河势的许多节点,使江流向南摆动受到限制。同时当河道进口形成单侧节点,且水流流向受节点约束发生急剧转折时,会产生很强的导流作用,使水流过渡到左岸产生冲刷。随着冲刷的不断发展,河床迅速扩宽,从而使河道内水流分散,挟沙能力降低,河槽摆动,易于分汊。节点变化时,导流作用也会发生相应变化,比如八卦洲左右主支汊的转换。从历史测图来看,八卦洲左汊为主汊,江面宽阔,水深较大,河型是一个平顺的大弯道;右汊江面狭小,水深较浅,河型弯曲,俗称草鞋峡。而主支汊地位转变的原因如下:南京城是一个长期固定的节点,城西南的"石头城"早期濒临大江,长江主流经"石头城"

的导流作用而指向东北,进入八卦洲左汊。现在我们看到"石头城"外为梅子洲。挑流作用消失,长江主流左移,八卦洲右汊发展成为主汊。在这个过程中,南京城起到了一种类似于杠杆中支点的作用。

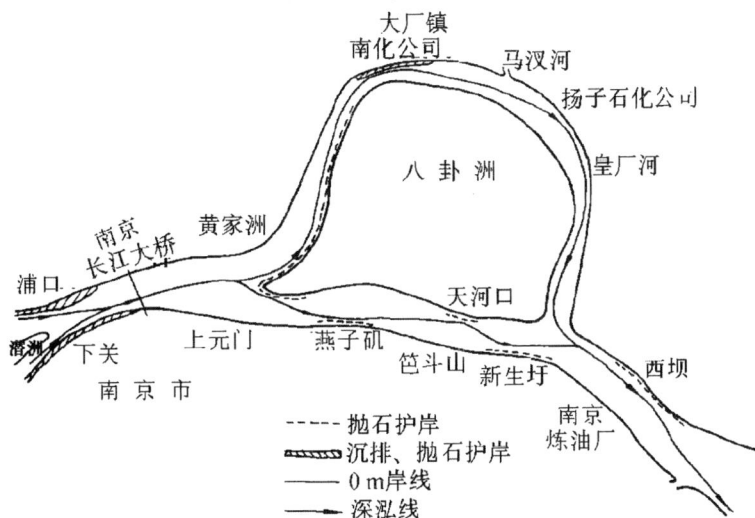

4 时许离开南京,前往淮安。一路麦田,风光颇佳。路过天长、盱眙、洪泽。天长作为安徽的一个县,深入江苏境内,也是一件有趣的事,原因也在于盱眙。盱眙原是安徽的县,20世纪 50 年代为了统一管理洪泽湖,将盱眙划入江苏,天长留在安徽,就显得颇为突兀了,今天天长肯定也更心向南京。盱眙现在盛产小龙虾,这个月又是小龙虾丰收的季节,到了淮安,一定要好好尝尝。洪泽前两年刚刚改区,目前融城度也不算高。路过苏北灌溉总渠,河道顺直。黄河夺淮后,淮河失去入海通道,积成洪泽湖、高邮湖等湖泊,河水主要流入长江,路上也看到了淮河入江通道。后开凿苏北灌溉总渠,渠分两支,南支为灌溉总渠,地势高,起到灌溉作用,北支为淮河入海通道,地势低,是专门开凿来排泄淮河水的。运河在此处有淮安船闸,有水上立交之称,但没有下车去看。

7 时左右到达淮安,入住淮州酒店。在酒店用晚餐。尝到开国第一菜"软兜长鱼",鳝鱼去骨,实在好吃。晚上和杨帅、杨伟、赵婷婷、杨婧雅逛街到淮安万达。接着和张珮、罗仁人泡脚。

5 月 15 日　星期二　淮安　晴　25℃—32℃

开始淮安考察。昨天孙涛老师加入考察队伍,今天淮阴师范学院两位老师,也是史地所所友李德楠与王聪明老师加入队伍,今天主要由这几位老师进行讲解。

首先到了淮安中国南北地理分界线标志园。我们从小就学习了秦岭—淮河线,知道这是中国重要的南北分界线,淮安地跨南北,于是建了个南北地理分界线标志园,一脚跨越南北。

淮安有两乱,一是政区,二是河道。当地在秦汉就设置了淮阴县,治今清江浦区境内甘罗城遗址。东汉时设山阳县,治今淮安区境。隋开皇年间设楚州,治淮阴县,旋迁治山阳县。南宋时分淮阴西境泗水入淮处置清河县,县城设于今码头镇旧县村。元代淮阴县并入山阳县,山阳县与清河县并立。清乾隆年间,清河县城因屡圮于水,迁治于山阳县清江浦镇,而割山阳靠近清江浦原属淮阴县的十余乡并入清河,古淮阴之地几乎全部归清河县所有。明清时期清河县、山阳县同属淮安府。民国时期废府存县,淮安府撤销,又因清河县、山阳县与其他县同名,山阳县改名淮安县,清河县改名淮阴县。

1949年后市县分立,淮阴县县城清江浦设清江市,淮阴县农村地区仍为淮阴县,县城迁至淮北王营镇,中间市县屡有分合。1983年江苏实行市管县体制,设立地级市淮阴,原清江市市区清江浦分为清河区和清浦区,淮阴县与淮安县同属于地级市淮阴,2001年淮阴市改名淮安市,县级市淮安改名楚州区,因老淮安人民不满,2012年,楚州区又改名淮安区。一番梳理下来,淮阴市、地级市淮安市、县级市淮安、淮阴区、淮安区、楚州区几个名字很容易把人绕晕,如果不是亲自过来看看,很难理解其中缘由。经过淮安事件,觉得政区研究中治所确实是很重要的一个要素,而不能只是简单地看名字。亲自到旧县村、清江浦镇、王营镇、淮安城这些小地方看看,政区自然就清楚了。加之最近看的一些关于城市地理的书,进一步理解了其实所谓的政区也是一种聚落,我们要从聚落的视角看待政区,把城市行政史和城市聚落史结合起来叙述。

另一乱就是水道,我们知道中国南北分界线是秦岭—淮河,然而地理分界线标志下面的河道被称作废黄河。原因在于黄河夺淮,而今黄河又摆回山东入渤海,留下这条废黄河。所以我们接下来便去草湾废黄河大堤。在考察前我想黄河回到山东后淮河为什么不回到故道,亲自来到草湾黄河堤才体会到,原来黄河夺淮几百年,因为含沙量大,不断淤积,加之由于黄河经常决口,当地人不断筑堤,黄河成为"地上河",就像一座山梁,今天淮安与盐城都是全境无山,境内最高点即废黄河堤,水往低处流,淮河自然不能回到故道,因此人们才在淮安开凿了淮河入海水道和苏北灌溉总渠。废黄河水量已经很小了,只是城区通过淮沭新河从洪泽湖引了一些水作为景观水,而草湾一带河道里都已经长树了。说到淮沭新河,以前沭河沂河都是淮河支流,淮河夺淮后,黄河堤成了淮河和沂河沭河流域的分水岭,1958年至60年代新开淮沭新河主要起到了连接两条水系的作用。

随后到淮安府署,位于今淮安区东门大街,总督漕运部院以北。其大堂体量为全国之最,面积超过500平方米。衙内有房屋50余幢、600余间,分东、中、西三路,中路有大堂、二堂、六科用房等。淮安府中路前段为办公建筑,中路后段主要是知府及知府家人生活居住场所。从二堂过宅门便是知府居住的上房院落。这里花木丛生,一派休闲园林格调。正面为知府及夫人居住的上房,东厢房为知府官亲、长随等居住的场所,西厢房为知府两位重要幕僚"刑名师爷""钱谷师爷"居住场所。上房后面是青玉堂,为二层楼房,是知府小妾及子女居住场所。东路为迎宾、宴客场所。首先是祭祀、招待来宾娱乐之所——古戏台、鄅侯祠;后为宝翰堂,是知府用来和来宾交流诗、书、画的专门场所;有碑廊,展示历代碑刻,其中有一方观音像,传说为吴道子所画,画上观音仍为男身。立碑内容多为河防、漕运等,有实际功用。西路为军捕厅署,设有仪门、待质所、熬审房、法鉴堂、二堂、三堂、东西厢房、腰斩台、皮场庙、库房、水龙局等建筑。(二堂、三堂及东西厢房现已为中国历代酷刑刑具展示地。)府署里最为引人注目的就是各种刑具,颇为恐怖,在每个有恐怖内容的展示门口都有警示提醒,比如高血压、心脏病患者及儿童等要谨慎参观。

漕运总督府署遗址毁于 20 世纪 40 年代,今仅存房基、础石,可见与镇淮楼、淮安府衙大堂在同一条中轴线上。正南方向即镇淮楼,为砖木结构城楼式单体建筑物,下层为台基,中有城门洞,上层为二层山楼。现建筑为 1949 年后重建,登石阶而上,二楼关闭,未能进入。

随即到古末口,为原邗沟与淮河入口,因位于邗沟末端,故称末口。今天此处完全废弃,在建筑工地中,穿过围墙进入,有碑一块。此处今为淮安市主干道翔宇大道,翔宇大道原称两淮路,连接淮安与清江浦,最初该路即淮河故道,古淮河由清江浦向东南转个"凹"字形大湾(山阳湾),至今淮安城北,过末口、刘伶台,从柳浦湾折向北至赤晏庙,迤东过安东县(今涟水县)到云梯关入海。春秋末期,吴王夫差为了北上伐齐,于周敬王三十四年(前 486),从今扬州市西长江边向东北开凿航道,沿途拓沟穿湖至射阳湖,循夹耶至淮安旧城北五里与淮河连接。这条航道,史称邗沟东道。当时因邗沟底高,淮河底低,为防邗沟水尽泄入淮,影响航运,故于沟、河相接处设埝,因地处北辰坊,故名北辰埝(亦名北神埝),后称之为"末口"。邗沟东道迂远,湖中行船,又多风浪险阻,后由今高邮市界首向北分段延伸,形成邗沟西道。宋代以后,通称为运河。西道北端亦抵达末口。明永乐十三年(1415)进一步开拓故沙河后,伏秋高水季节,漕舟商船由故沙河行驶,枯水时期,仍由末口过闸,或由五坝车盘入淮,直至黄河(即原淮河)改道草湾新河北徙,末口、五坝才完成了转运使命。

然后前往码头镇。首先到一个上锁的园子,里面空空荡荡,只有一块乾隆御碑,被清洗得发白。旁有一小房间展示,原来此处即为惠济祠。历史上惠济祠几经易名,康熙南巡时,封惠济祠祭祀的泰山碧霞元君为天妃,将这座建于明朝正德三年(1508)的惠济祠改名为天妃庙。因老百姓将泰山碧霞元君称为泰山娘娘、泰山奶奶,天妃庙被老百姓俗称为奶奶庙。旁边有天妃坝,2012 年考古发现天妃坝石工堤,为明清时代清口治水的最重要实物见证。天妃坝的发现对于研究明清时期古运河变迁、运口位置、黄淮交汇形势等都具有重要的价值。目前,主坝体才露出两层半,约有 2 米多高,坝体总长度 40 多米。据称,地底下还埋有十五层半,总共十八层。据史料记载,天妃坝石工是康熙年间为抵挡越来越大的黄淮合流而重新建筑的石工。惠济祠改名为天妃庙后,重建后的石工坝被称为天妃坝。天妃坝坝体顶

层为条石,下有多层砖工,再向下为两层条石,每块条石高约 40 厘米。天妃坝的横截面为直角梯形,上端宽度为 1.5 米,底部宽度为 4 米,挖掘出的坝体为垂直面。

地图上显示不远处有废黄河,遂步行前往。到达后发现船闸一座,上写张福河闸,原来此处并非废黄河,地图标注有误。张福河,是淮河的一条支流,它南通洪泽湖,北接码头镇古运口。这条河虽不宽,但是它起的作用非常之大。古时候每当运口干枯无水时皆通过这条河引水济运。1949 年以后政府进行逢湾取直疏浚,使其成为淮阴唯一的通往洪泽湖的行道。明末清初是洪水严重泛滥时期,黄河水经常从清口等地倒灌淮河,洪泽湖成为黄河下游的主要滞洪区,泥沙在湖区北部沉淀。康熙初年湖区北部等地大部淤高,洪泽湖大堤也淤没几尺,北部渐成陆地,湖水难以从清口排泄。为了把水引走,先后开了张福河等引河,将湖水引入清口泄出。这些引河都有它们自身的经历,而且早已湮废。至今仍然存在的当年七条引河之一的张福河,历经三百年,长流不衰,奔腾不息,至今仍担负着泄洪、航运和灌溉的任务。在闸顶看到起闸放水,两三艘运沙大船错位通过,能很直观地看到船闸作用。

随即前往码头三闸,码头三闸是明清时期古运河上著名的古闸,也是清口枢纽一带的漕运锁钥。自南向北依次为惠济闸、通济闸和福兴闸——俗名头闸、二闸、三闸。因为第一次来,同学们随着老师四处探访,并通过询问当地邵姓老人,找到了惠济正越闸遗址。如今已难觅惠济正越闸的踪影,只看见市政府在此新建的惠济桥。石碑上写道:正闸始建于明永乐年间,原在惠济祠后,清雍正十年(1732)移今址;越闸建于清康熙四十九年(1710)。金门宽 2.4 丈,高十余米,条石墙,木桩基础,闸身长 12 米,中部插板门槽两道。1969 年因地方建设拆除,今闸塘遗址尚存,河底有部分条石。据有关专家介绍,三闸包括正、越闸,结构形式基本相同,均为单孔,宽 7 米有余,闸高 10 米以上。在枚乘书院旁的林间小路上,找到了通济正越闸遗址。如今都已废弃。

再到顺黄坝。顺黄坝位于今码头镇御坝村境内,紧贴黄河故道,历史上是黄河南侧堤的关键工程。据史料记载,由于黄河经常泛滥,此处经常决口。为抵挡黄河的洪水,顺黄坝经不断堆筑,逐年延长和加高。顺黄坝土堤底部宽约 72 米,另有 8 到 10 米的碎石护坡。顺黄坝遗址发掘所揭示出的遗迹,体量大,保存完整,对于研究清代土堤坝的堆筑过程、各类水工技术的面貌、黄河侵蚀范围和淤积深度以及与古淮河、运河、洪泽湖等水系的关系等都有重要史料价值。

最后到淮阴船闸,是今运河过淮船闸,在夕阳中结束了一天的考察。

5 月 16 日　星期三　淮安　晴　22℃—33℃

上午先到杨庄看运口,初到时只见一派乡村画面。淮安似乎到处都种着杨树,这个季节到处都飘着杨絮,初看似雪,颇为美观,但看久之后只觉得有碍呼吸。因为第一次来淮安考察,大家都摸不准杨庄运口在哪里,在一棵梧桐树下等了半个小时,其间同学们在树下有说有笑。可以推知这棵树也是村庄的活动中心,甚至可以说是权力中心,不知多少村里的故事曾在此发生。

孙涛老师和另一位老师先去探路,找到运口,我们随即过去,此处河道极其复杂,好几条河道在此交汇,如下图最近方向横向河流为京杭运河,左边为盐河,通往连云港方向,盐河此处又有三口,右边为废黄河,身后还有淮沭新河,充分体现了此处的枢纽地位。

回城,车停在周恩来童年读书处,进入简单参观了一下。周恩来生于淮安府山阳县,即今淮安市淮安区,此处是他父亲和舅舅买彩票中了头等奖后,用奖金在清江浦租的房子,周恩来 6 岁到 10 岁时曾在此居住。青砖灰瓦,木制门窗,共有 14 间屋,主屋两间,其间有厢房,庭院深深;后面有一处精美的花园,郁郁葱葱。从该处可以探知淮安民居特色。

随后骑车沿里运河而行,路上有清江浦城墙遗址,2014 年才在里运河南侧河南西路意外发现古砖和条石,该城墙遗址是清同治年间清河县城北门城墙遗址。1415 年,平江伯陈瑄利用宋代乔维岳开凿的旧沙河,开凿了清江浦河,并修建清江大闸。清江浦逐渐演变为地

名,清江浦城因河而起,因河而兴,成为南北孔道、漕运咽喉。明、清两代均在此设官驻守,成为明清时期京杭大运河沿线享有盛誉的、繁华的交通枢纽、漕粮储地和商业城市。清乾隆二十七年(1762),清河县从码头迁至清江浦,清江浦成为清河县的新县治。由于当时的城墙是土圩城墙,同治初年,清河县城被捻军攻破,给城市带来了极大的破坏。为保护城防,同治三年(1864),漕运总督吴棠用洪泽湖大堤上拆下来的条石砌建城墙。据《清河县志》记载,当时的城墙长 1 273 丈(约 4 000 米),高 1.8 丈(约 6 米),建有城门 4 座。东门叫安澜,西门叫登稼,南门叫迎薰,北门叫拱宸。此次发现的城墙遗址就是清同治年间筑成的清河县城北门城墙遗址。

骑行至清晏园,此处是清朝河道总督府署,河道总督署是清代全国最高的治水机构,是国家在京城以外专设的治河决策、指挥和管理机构,管辖着黄、淮、运河。从 1678 年始,清代常驻淮安的河道总督有 72 任,共 58 位,历时 183 年;咸丰十一年(1861),清政府裁河道总督,由漕运总督兼理河务,迁驻清宴园,历时 43 年;光绪三十年(1904),裁漕督,总督署改为江北巡抚署,次年改设江北提督于此。河道总督直接受命于皇帝,下辖四道、二十四厅二十四(河兵)营,其"规模之大,县城无两"。河道总督的正职多为正二品,或是从一品,副职为正三品。朝廷还常以官阶较高的官员任河道总督,如高斌、嵇曾筠等人均授大学士衔。今天此处开辟为公园,有"江淮第一园"之称,是苏北地区最有代表性的古典园林。她糅北方的开阔与南方的玲珑于一处,进园有池塘一方,沿廊道走到池塘北端,一座单檐歇山式建筑临水而立。走到近处看,门头挂着"甲袁堂"匾额。有介绍说:甲袁堂点出了清晏园的历史和秀丽之处。"甲袁"源于"泉石花木之胜甲于袁浦"之句。三国时,淮河中下游地区属于袁术领地,

《水经注》淮阴县西二里有公路浦,"昔袁术向九江,将东奔袁谭,路出斯浦,因以为名"。明清时清江浦又称"袁浦"。清晏园为清江浦名园,"甲袁堂"由此而得名。门柱上挂着一副对联:"清游胜地花木泉石甲袁浦,尚书官舍河总漕督建公衙。"上联点明甲袁堂出处,下联点名清晏园来历。内有河道总督署。走进前花园,草坪上立有四位对治理黄、淮、运河有贡献者的铜像。第一位是东汉时期的陈登,淮浦人(今涟水县),任广陵郡太守时,开邗沟西道,缩短了江、淮之间的水路,筑破釜塘、捍淮堰等水利设施,灌溉邗沟两岸数百里农田。第二位是宋初的乔维岳,任淮南转运副使时,治理淮河,功不可没,开沙河自淮安末口至淮阴磨盘口,使淮河漕运畅通无阻,又创建二十斗门第三堰,为现代船闸之前身。第三位是科学家沈括,北宋钱塘(今杭州)人,任海州沭阳县主簿时,主持治理沭水工程,改变了沭阳的面貌,因兴修水利有功,调任代理东海县令,后来又主持了汴河的水利建设,晚年定居润州(今镇江),写成科学名著《梦溪笔谈》。第四位是明代的陈瑄,安徽合肥人,封为平江伯,永乐元年(1403)任总兵官,总督漕运,永乐十三年主持开凿清江浦,自淮安城西管家湖凿渠,导湖水入淮,建清江四闸调节水位。二进大殿前挂着一副对联:"束水攻沙,疏堵两难双刃剑;蓄清刷黄,聚凝众志一堤雄。"治理黄河是中国治水史上最大的难题,每年筑堤防洪,将黄河抬成了"悬河",一旦决堤,危害十分巨大。"束水攻沙"是明代水利专家潘季驯首先提出的治河策略。潘季驯四次担任治河和漕运总管,经过实地走访研究,对黄、淮、运三河提出综合治理原则:"通漕于河,则治河即以治漕;会河于淮,则治淮即以治河;会河、淮而同入海,则治河、淮即以治海。"在此原则下,他根据黄河含沙量大的特点,又提出"以河治河,以水攻沙"的治河方略。经过他的治理,黄、淮数十年间无大害,并确保漕运畅通。第三进是大殿,建筑十分壮观。门头挂着"江南河道总督部院"的横匾,两侧的对联是:"二龙争泗口,河要漕枢牵国命;一堰锁支祁,安民理水系方针。"上联说,黄淮合流后,泗口水势汹涌而来,河道总督要确保漕运畅通,这件事关乎国家命脉;下联"支祁"是传说中的淮河之神,清江浦修筑的拦水堰,锁住了淮河洪水。对联指出河道总督要以百姓安危为治水方针。

然后骑行至若飞桥,此处原为清江闸,可以明显地看到正闸和越闸,正闸用黑麻石(玄武岩)长方条石和煮熟的糯米浆拌石灰作黏合剂砌成,宽 7 米许。越闸的建造时间比正闸晚,且闸身矮、闸门略窄。正闸桥面原是可启闭拉动的木桥,越闸是固定的木桥,现在均是钢筋水泥桥。正闸的前后均有闸塘,迎水的上水闸塘小,出水的下水闸塘大。清江闸正闸和副闸(越闸)都是双闸门,双闸槽至今还完整地保留在闸墙上。双闸门的好处是修闸时在两门之间塞上装泥的草包,防止河水渗漏。永乐十三年(1415)五月,平江伯陈瑄修疏清江浦河,掀开了清江浦的辉煌历史。陈瑄在河上设有移风、清江、福兴、新庄四闸,"以时启闭,人甚便之"。启闭之法为启一闭二,即清江、福兴、新庄三闸协同,每开一闸则关闭其余二闸,如此"河水常平,船行自易"。黄河夺淮后,闸座不闭,黄水内侵清江浦河道,以致"伏秋水溜,漕舟上闸,难若登天,每舟用纤夫至三四百人,犹不能过,用力急则断缆沉舟"。万历七年(1579),

河道总督潘季驯于清江闸旁开月(越)河,以减缓清江闸的急流,方便漕挽。万历十七年,又于越河上建越闸。到清代后,朝廷继续重视对清江闸的修缮。经清代康、雍、乾、嘉、道各朝重新加固,最后将闸口放宽至7米许。闸下溜塘深广,却是漕粮所必经之咽喉要道。每当运粮季节,万艘漕船和12万漕军"帆樯衔尾,绵亘数里",蔚为壮观。1939年日寇入侵,清江闸被炸毁,1946年苏皖边区政府修复,为纪念当年空难遇害的烈士王若飞,改名为若飞桥,1949年后改为钢筋混凝土板梁桥。若飞桥周边有运河风情园,有一些配套景观。原想到潘季驯陈瑄祠堂,可惜当时关门了没能去成。连日来天气炎热,至此行程将结束,天空乌云密布,狂风呼啸,似有下雨征兆,进入风情园旁饭店吃饭避雨,吃完出门又是响晴的天。

14时许返程,走京沪高速,经宝应、高邮、扬州、泰州、靖江,过江阴长江大桥,转入常合高速、沈海高速,经江阴、张家港、常熟、太仓,均是全国十强县市,名不虚传,城建胜过很多中西部地级市,高速公路服务区功能也非常齐全,长三角果然是中国经济的中心之一。

晚上8时许抵达复旦,结束考察。

附 6月16日 星期六 镇江 晴 23℃—31℃

为继续考察铁瓮城,再赴镇江,早上8:57乘K376次火车从上海出发,12点到达镇江站。看到离赛珍珠故居不远,便先前往赛珍珠故居。赛珍珠在婴儿时期就跟随传教士父亲来到中国,前后在中国生活四十年,其中在镇江度过了十八年。在前铁路时期,镇江依靠独特的水系资源,成为江南富庶之地,名震一时,因此在镇江居住的名人不少。赛珍珠的故居保存完好,免费参观,值得一看。原进出的瑞洲山路两旁正在大建住宅,路面积水严重,非常泥泞。从黄山北路绕行到红光路(新建大马路),路上经过崇实女中,是赛珍珠母校。故居位于红光路左侧小山坡上,下有一休闲圆平台,广场上有赛珍珠塑像,拾级而上,有一座青砖木结构的两层楼房,砖木结构别墅以及室内陈列家具无不体现出名流气质。

随后骑车前往镇江博物馆,因为听说禹迹图即收藏于此。沿途经过宝盖路,路两边完好地保存了镇江古城原貌,都是传统建筑,多为烧饼、早茶等当地铺面,居民悠闲,很有生活气息。

到镇江博物馆,原以为会介绍一些镇江政区沿革、城址变迁等内容作为考察报告参考资料,然而该博物馆形制模仿上海博物馆,分为青铜、陶瓷、书画等几个展区,展品倒是不少,但并没有突出镇江的城市特色,不能从中获取更多信息。馆里没有看见禹迹图,询问馆员,他们觉得很诧异,因为镇江博物馆并没有这件藏品,当我说全国只有西安碑林和镇江博物馆有这件藏品时,他们提醒我是不是在焦山博物馆,我于是检索"禹迹图""焦山",搜索到禹迹图确实在焦山博物馆,然而之前资料都看到是在镇江博物馆。上次去焦山只知道有瘗鹤铭,没有注意到禹迹图,现在又没有充足时间去看了,以后学弟学妹们如果还到焦山考察,倒是可以在焦山找找有没有禹迹图。

再赴铁瓮城。城址依北固山而建,北固山濒临长江南岸,自南向北分前、中、后三峰。后峰即北峰,顶部缓平,南腰为二层平台,顶面海拔约55.6米,其上建有著名的甘露寺;中峰,顶平,东腰为二层平台,顶面海拔约35.3米。以上两峰均为石质(火成岩)山体,山壁陡峭,两峰南北长约500余米,之间有长岗相连。前峰即南峰,亦称正峰,山体为粉性黏土,古称土山,"有土无石故名""土山然隆起,晋唐以来郡治据其上"。前峰平面略近椭圆状,南部稍宽,北高南低,北部现为市烈士陵园,南部为鼓楼新村居民点。古代前峰与中峰亦有土岗相连,现被东吴路从中隔断。整个铁瓮城背靠北固山的中峰和主峰,东、西、北三面是浩瀚的长江天险,向南雄视广袤的苏南丘陵、平原,可谓占尽形胜之地。这个封闭的单元,本身就相当于一个小型城址的半成品,铁瓮城就是在最大限度地利用这种自然条件的基础上修建而成的。从城垣的具体建筑方式来看,是将自然山体加以平整,加工成台阶状,然后加筑夯土,随弯就斜,如西城垣,在山岗的坡脚处加筑夯土,外侧包砖加固,以保护夯土城垣,在山岗的中部利用自然条件做出二层台基,作为过渡,同时也便于人员活动、维修城垣等。而在山岗的上部,则夯筑斜坡状夯土,铺护坡砖,斜坡状夯土和铺护坡砖既是城垣的组成部分,也同时起到对下侧直立夯土城垣和包砖墙的保护作用,使人工建筑和自然山体合为一体,共同构成铁瓮城的坚固城垣,山是一座城,城是一座山,城和山契合成有机一体。

近年对铁瓮城的考古发掘,也发现了具有六朝早期特征的包砖墙遗迹。城垣平面略近椭圆形,西南角稍向外凸出,与六朝时期的万岁楼遗址连接,南北长约480米,东西最宽处近300米。通过勘探、发掘,可知西垣为依山而筑,由下垣(直墙与斜面垣体)、二层台及上垣(直墙与斜面垣体)组成,南北向,长近300米,岗体外侧为呈35—40度角的斜坡,顶面北高南低,海拔18—38米,残存的上垣顶面距现存的外侧地面仍在20米以上,上垣顶边距下垣底边的水平宽度约34米。此段城垣系在山体外侧加筑夯土,又在夯土外侧加砌高约3米的包砖墙,并在残高约10米以上的夯土斜面上铺设护坡砖面。北垣沿土岗为东西走向,顶面长约100米,宽2—3米,海拔约37米,与前峰东、西两侧内土岗相接。北垣的夯筑方法大致与西垣相似,即在山体外侧加筑夯土。但由于1992年北垣发掘范围有限,北垣的包砖墙、二层台及下垣等还有待今后确认。东垣为南北走向,北高南低,长400余米,顶面自北向南海拔26.9—38.3米,分别与前峰北、南土岗相接,包砖墙叠压在唐代地层之下,南北向,在探井内揭示部分长1.7米,宽约0.8米,残存8层砖,墙高0.6米,每层收分约0.01米。用砖规格不一,皆饰绳纹,从砖材及砌法推测此为城垣包砖墙。南垣呈东西走向,长近300米,顶面宽15—20米,海拔23—23.7米,高出周边地面3—5米。土岗中段偏西处有青云门路南北向穿过,路西侧岗体属市塑料二厂厂区,东侧岗体上为府学巷及居民区。岗体东端与东垣相接,西端向南为外凸的台地(即月华山的主体,上为古代万岁楼遗址),西侧外地面较低,上下高差10余米。此段包砖墙与南门西侧门墩包砖墙连接,探方内的墙体东西长约9.4米,残高

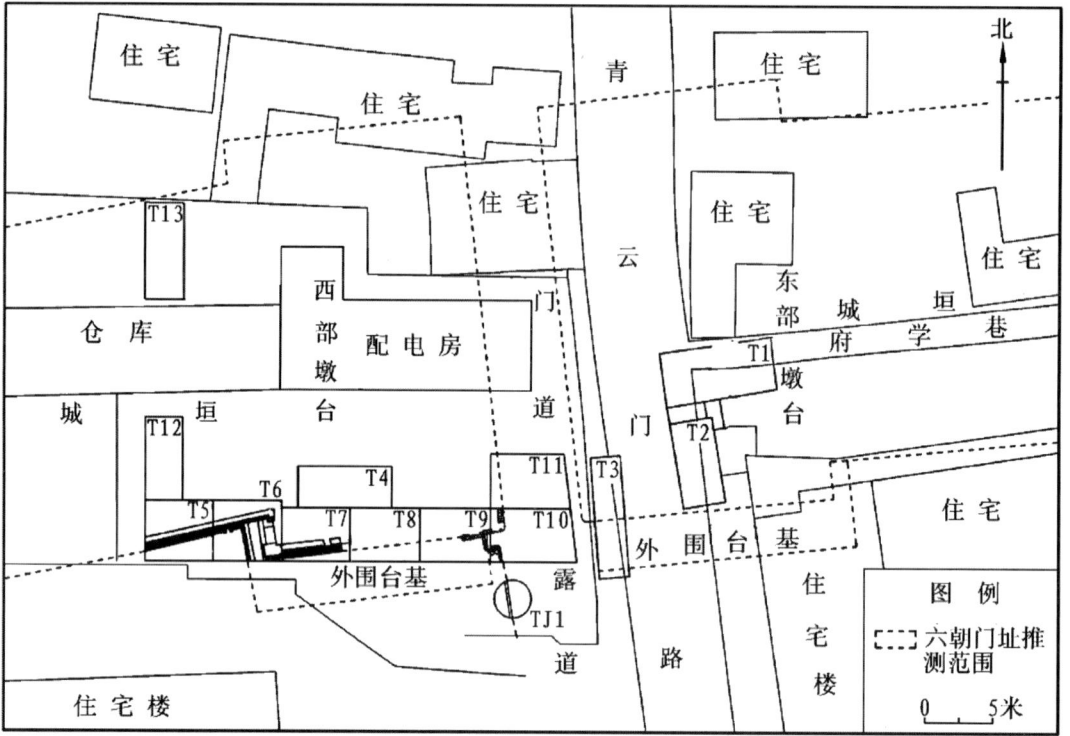

1.7—2.2 米。依据墙体的用砖、结构及修补、叠压关系,推知其始筑于孙吴,使用至南朝。

通过第二次对铁瓮城的考察,我们加深了对铁瓮城的认识,尤其是其包砖问题以及子城问题。

访谈

兴在趣方逸，悟需勤为径

——张晓虹教授访谈录

赵婷婷

采访时间：2020 年 2 月 24 日

采访地点：复旦大学中国历史地理研究所

采访记录及文字整理：赵婷婷，复旦大学历史地理研究中心 2020 届硕士

问：请您谈谈，您是怎么走上历史地理学术研究这条路的？

答：我是 1980 年参加高考的。虽然从小酷爱历史，一心想读历史专业，可是当时的社会风气是理科至上，我的数理化成绩还不错，班主任极力劝说我不要转到文科班，因此只好报考了理科。

在填报志愿时，我没有听从父母和老师的劝说，而是按照自己从小立下的要当老师的志愿，填报了师范院校。不过，在选择专业时略有犹豫，既然没有学成自己喜欢的历史专业，便朴素地认为地理与历史相差不多，而且我从小也喜欢看地图、读游记，对雷雨风电等气象知识也很有兴趣，就把陕西师范大学地理系当作了自己的第一志愿。

进入大学后，我欣喜地发现地理系的许多专业课都是自己喜欢的。本科第一年，我们就在数理化等基础课之外开设了"地球概论""地图学"和"地质学"等专业课程。其中，我最喜爱讲述地球、太阳系、银河系和宇宙关系的"地球概论"。小时候，我曾读过一本科普读物《宇宙的秘密》，使我对深邃神秘的宇宙十分着迷；那时，父亲也常常带我们兄妹观察夜空，讲解星座。记得他曾半夜把我们叫起来观看彗星与月食，彗星拖着长长的尾巴，优雅而缓慢地穿行在夜空中的景象至今仍历历在目。正因此，我很快就专心投入这门课的学习中，取得了优异的成绩。至于地质学和地图学，则让我接触到一个全新的世界。特别是地质学中的最后一部分"地质年代"，是这门课中我最喜欢的内容——现在想起来应该是我对与时间相关的问题比较有兴趣吧。随后系统的地理学专业课学习给我打下了坚实的基础，而陕西师范大学朴实的学风更是让我终生受益。不过，在四年的大学生活中，最难忘的还是每学期都要进行的野外实习，我们不仅跑遍了陕西南北，还到四川、山西等地进行实地考察，这成为我大学

时代最美好的记忆。

就在历史学和我渐行渐远的时候,大学四年级上半学期的一次学术报告彻底改变了我的生活轨迹。

1983年秋天,著名历史地理学家、北京大学地理系教授侯仁之院士受邀到系里作学术报告。那次报告题目我已忘却,只记得侯先生讲的是历史地理学。当我听到历史地理学时,一下子就怔住了:这不正是我一直在苦苦寻找的专业吗?我当时兴奋极了,如果能从事自己有极大兴趣的专业,不啻人生最大的幸事。

这次报告不仅让我知道了"历史地理"这个专业,也让我了解到我所在的陕师大在历史地理学方面也拥有很强的研究实力。时任副校长和校学术委员会主任的著名历史地理学家史念海教授,带领了一个颇具规模的研究团队。因此,我随即请在历史系学习的中学同学帮忙联系,认识了史先生的助手马正林老师,并在马老师的悉心指导下开始阅读历史地理学的论著与文章,准备在来年的春季参加北京大学地理系研究生招生考试,选择侯仁之先生指导的历史城市地理和历史沙漠地理作为自己的专业方向。虽然最终因自己准备不足和考试科目选择失当而失利,但冥冥之中似乎为日后的发展明确了方向,这是后话。

更为幸运的是,大四下半学期,曾在北京大学师从侯仁之先生的历史系朱士光老师应地理系请求,给我们班开设了历史地理学选修课,这是陕师大地理系第一次开设这门课程。朱老师循循善诱、娓娓道来,将枯燥的概念和理论生动地呈现给我们,让我得以将之前零散的知识整理为系统的历史地理学理论与方法。此外,朱老师还在我撰写本科毕业论文时,介绍我认识了当时长期从事宁夏历史地理研究的汪一鸣先生。我也正是在前辈们的引导下,开始了自己对历史地理学最初的学习。

大学毕业后,我被分配到宁夏大学地理系工作,并按系里的安排做"世界自然地理"课程的助教。一年后的暑假(1985年),在自治区计委工作的汪一鸣先生突然打电话来,说北京大学的王北辰先生来到银川,由计委安排到宁夏南部的固原地区进行历史地理考察。汪老师问我愿不愿意参加这次考察——这样难得的机会,我当然一口答应。

当时,宁夏计委为王北辰先生派了一辆越野车,并安排一位同志专门协助考察期间的食宿问题;另外,还请时任固原考古队队长的罗丰老师(现为宁夏文物考古所所长,著名西北史地学者)作向导,对秦汉萧关、秦长城、宋夏战场等诸多历史地理问题进行实地考察。

每到一地,王先生都会在招待所提前研读与第二天考察相关的史料,做好考察准备。因此在实地调查中,他总能发现不少问题,并认真做好笔记。而罗丰老师则凭借他对固原各个地区和古迹的熟稔,在考察中给予王先生有力的支持。只有我是第一次到固原,对历史地理更是一知半解,因此在考察中只能认真聆听两位老师的讨论,并不能有什么作为。这是我第一次参加历史地理野外考察,也是第一次在实际研究工作中感受到历史地理学者严谨认真的治学态度。

考察中，王先生得知我有意报考北大历史地理专业，便鼓励我认真备考，回北京后还专门寄来了英语及历史地理专业书籍。不料第二年报考时，北大停招历史地理专业的硕士研究生，于是我便报考了华东师范大学地理系，跟随褚绍唐先生和张天麟先生学习历史地理。

1986年，我进入华东师范大学地理系，当时系里可以说是群星璀璨，人才济济，不仅有胡焕庸、李春芬、褚绍唐、金祖孟、钱今昔等享誉海内外的学术大师，还有像张超、汤建中、许世远等中青年学者。除专业课由导师教授外，基础课由这些老师分别讲授。所有的研究生不分专业一起上最新的地理学理论与研究方法的各种课程，为的是让我们不要局限在自己专业内，开阔学术视野。尤其是"地理学前沿问题"这门课，由刚从国外回来的中青年学者讲授。他们思想活跃、观念新颖，让我们及时了解国内外地理学最前沿的学术动态，为今后从事研究工作打下了良好的基础。

我的导师褚绍唐先生是国内知名的地理教育学家。在特殊时期里，他不能从事教学工作，就利用系资料室丰富的图书资料开始研究历史地理问题。所以，褚先生返回教学岗位后不久，就陆续发表了不少关于上海历史地理的研究论著。我和黄建军是他与张天麟先生在地理系联合招收的第二届历史地理学硕士生，第一届是现任北京大学城环学院教授的吴必虎。

老派知识分子气质的褚先生对我们要求相当严格，不仅要求我们修满地理学的研究生专业必修课，还要求我们到历史系修中国古代史和考古学课程。而"历史地理要籍选读"课程的洪建新老师，则要求我们必须用文言文撰写课程论文。在我们撰写硕士学位论义时，褚先生更是倾其全力，严格把关。他为我们制定了详细的论文提纲，在每一章下都要求我们列出主要史料，在我们的硕士论文初稿上，更是密密麻麻地写满了批语及修改意见。

虽然副导师张天麟先生在我们入学一年后就退休了，但他最初给我们讲授的历史地理学研究方法，为我日后从事历史地理研究奠定了坚实的基础。当时的研究生数量少，基本上都是由导师在家单独上专业课。我和黄建军每周都要到张先生位于枣阳路师大二村的宿舍去上课。张先生是著名地理学家、中国现代地理学创始人张相文先生的侄子，也是因为张相文先生的缘故，选择了地理学作为自己的专业。记得当时，他用带有淮安口音的普通话给我们耐心地讲解如何搜集史料、如何做资料卡片、如何对史料进行排比梳理。此情此景，至今仍不时在我眼前浮现。

在华东师大各位老师的悉心指导下，1989年，我以"宁夏平原历史地理研究"为题，完成了硕士学位论文，算是开启了历史地理学研究的征程。但此时我也深知，要想真正进入历史地理学这一宏伟的学术殿堂，还需要寻找机会进一步深造。

因为一直对文化地理学有着浓厚的兴趣，1994年秋，我考入复旦大学中国历史地理研究所，跟随著名历史地理学家周振鹤教授攻读博士学位。周振鹤教授和他的师弟葛剑雄教授是著名历史地理学家谭其骧院士为新中国培养出的首批两位文科博士。周先生出身理工科,思维慎密、逻辑性强,同时博览群书,学术视野十分开阔。他的博士学位论文《西汉政区地理》可以说是历史地理学精于考证的经典之作。但他并不满足于此,博士毕业后,在致力于历史政治地理研究的同时,开始向历史文化地理研究拓展。他的那本初版于1987年的《方言与中国文化》,至今仍是历史地理和文化地理学界的必读经典。

进入复旦史地所后,我按周先生给的命题作文,开始了陕西历史文化地理的研究工作。虽然我的硕士研究方向是历史地理学,但因是在地理系学习,对史料的掌握与以史料考证见长的史地所要求有着巨大差距。记得在我入学不久,周先生就带着《资治通鉴·唐纪》部分让我认真阅读,以便尽快熟悉历史文献。

由于在史料研读与历史学专业训练方面的不足,攻读博士期间,我一直在弥补自己这方面的短板,周老师给予了我很大的帮助。尤其是当博士论文选题确定后,周老师指导我熟悉各类史料,使我很快在具体的研究中掌握了历史地理研究的门径。而在我撰写论文的过程中,遇到任何自己无法解决的问题时,只要与周老师讨论,他都能凭借渊博的知识和敏锐的学术洞察力给我一些极具启发性的指导,问题也就迎刃而解。

在攻读博士学位的三年时光中,复旦史地所的学术氛围对我的学术成长也颇有帮助。史地所自创立以来,一直秉承着谭其骧先生倡导的严谨扎实和精益求精的学风,以学术为重。时任所长的邹逸麟教授在新生入学时就谆谆教导我们,要把所有的时间都用在读书学习上。所里的老师们在学术上的全身心投入也为我们树立了榜样。当时所里除了"四大导师"——邹逸麟先生、张修桂先生、周振鹤先生和葛剑雄先生外,王文楚、赵永复等诸位先生,也以身作则,孜孜不倦地追求学术。因此,尽管那时物质生活十分清苦,但大家都陶醉在学术中,精神上非常充实,同学们相约着一起读书、买书、讨论学术问题。回想起这段生活,我戏称我们遵循的,是"学术原教旨主义"。

可以说,我之所以能走上历史地理研究这条学术之路,是因为有这些令我尊敬的师长的一路相助,他们以学术为生命的崇高精神,不断地激励着我,让我能够幸运地将自己的兴趣与职业完美地结合在一起,如愿成为一名历史地理学者。

问:我注意到您最初研究的是陕西历史文化地理,您是怎么选择这个专题作为您的研究的?

答:刚才提到,文化地理是我一直有兴趣的学科。而以前读过的一些文化人类学的著作,让我对世界各地差异巨大的文化现象产生了强烈的兴趣,我很希望了解这些文化现象背后的地理因素。因此,当得知周振鹤先生招收历史文化地理博士生时,我就毫不犹豫地报考了复旦史地所,希望能跟随周先生学习历史文化地理。当时周先生正带领学生做中国各省的历史文化地理研究,希望在此基础上,总结出中国历史文化地理学的一般特征和规律。

历史地理学作为一门研究历史时期地理现象空间差异及其变迁的学科,需要从时间和空间两个维度切入研究主题。因此当研究主题确定后，历史地理学者的首要任务是选择研究区域。中国历史上形成的省域是一个相对合适于文化地理研究的区域单位，对于这一点周先生曾有专文论证，在此我不再赘述。其次则需要根据主题和区域确定研究时段。不过，早期历史文化地理学者为了能够充分地反映区域内部各种文化现象的变迁过程，多选择进行通代的长时段研究。所以，在历史文化地理研究中——甚至可以说在整个历史地理研究中，区域的选择往往比时代的选择更为关键。

正因为区域在历史文化地理研究中的重要性，因此在学位论文选题时，除非导师有特别的要求，一般都会让学生以自己的家乡作为研究区域。原因不言而明，家乡的历史文化不仅自己熟悉，而且以后在收集资料、野外调查时都相对方便一些。不过，我却例外。在确定博士论文选题时，周先生本来想让我研究宁夏历史文化地理，但我因为在硕士期间摸过宁夏的材料，觉得历史文献资料太少，再加上对处理其中的民族、宗教问题没有把握，所以希望能换个区域。周先生听后，沉吟了一下说：要不你写陕西吧，你本科在西安读书，相对而言，陕西历史文献比较丰富，又曾是中国早期的政治中心，在帝国晚期随政治中心的东移而衰落，历史文化变迁剧烈，加上陕西境内自然地理单元多样、差异显著，从总结历史文化地理规律的方面来看，以陕西为研究区域，博士论文应该能有所发明。听周先生这一席话，我惴惴不安的心情顿时释然：的确，我在西安读了四年书，野外实习时也多次前往陕南、陕北，对这片土地有着深厚的感情。

在开始研究陕西历史文化地理后不久，我就发现，这是一个相当有挑战性的题目。首先是关于陕西、关于西安的历史文献浩如烟海，研究成果更是汗牛充栋，仅将这些成果阅读一遍，工作量就很大。其次是历史文献中真正有文化地理信息的资料并不多，尤其是正史中，以政治、经济方面的资料为主，研究文化地理只能依赖明清地方志作为基础资料。因此，周先生先让我用民国《陕西省通志稿》作为资料基础，在对民国时期陕西的历史文化现象有一些基本的了解后，再往上追溯，从明清到宋元，由汉唐至周秦，追寻陕西文化现象的变迁历程。如果从史料爬梳的顺序来看，就是先地方志，再正史，再文集、笔记、小说等，这样才能保证基本史料不遗漏，尽可能地把所有史料一网打尽。当然，现在回过头来看，还是因为年轻，学识有限，很多现在看来有价值的资料被当年的我忽视了。不过，由于明清陕西地方志分布不平衡，经济、文化较为发达的关中地区地方志数量较多，而陕北与陕南地方志资料较少，所以在整理资料、表达历史时期陕西文化现象地域差异及其变迁的时空过程时就遇到了很大的困难。虽然最终我克服了这些困难，完成了博士论文，顺利毕业，但其中的不足与缺点很多，当然，这也为我后来的研究留下了继续展开的空间。

博士三年对研究陕西这样一个文化大省无疑时间太短，有关陕西历史文化地理方面的许多问题，以我当时的能力亦无法解决。因此毕业后，我利用撰写博士论文期间收集的大量资料，对没有纳入博士研究计划的一些问题继续展开研究。同时，为了更清晰地辨析出陕西历史文化的特点,我又将研究区域扩大到整个西北地区,成功申请到 1999 年的国家社科基金青年项目和 2000 年国家自然科学基金面上项目。不过,这期间我的重点研究区域仍是陕西,原因是博士期间奠定的基础还是相当扎实的,对陕西的资料最有把握,可以从中总结出较有价值的学术观点。正因为我前期的博士论文和研究成果都以陕西为主,所以不少学者很自然地把我归为陕西人,我也很愿意以"文化陕西人"自居。

从我对陕西研究的经验来看,从事历史地理研究,一定要尽可能将研究区域的历史文献爬梳一遍,做到"竭泽而渔",这样才不会在研究时出现以点代面、以偏概全的错误。而且,也只有在对一个区域的历史文献都深入研读后,才能真正认识这个区域,透过历史现象探究出深藏在表象背后的本质。这也谨守了谭其骧先生确立并一直倡导和遵循的严谨扎实、实事求是的学风。

问:您后来从事历史城市地理研究,并且把研究区域转到了上海,上海历史城市地理研究与陕西历史文化地理研究,在研究区域和研究方向上很不相同,这一学术转型的契机是什么?您是如何处理这一学术转型的?

答:1997 年我毕业留校后,因当时"历史文化地理学"有周振鹤先生和张伟然老师讲授,我就按所里的安排讲授"历史城市地理学"。课程虽然按要求很快就开设出来,但这时我也面临着一个很大的困难,就是研究与教学方向不一致:如果仅讲授别人的研究成果,而自己没有研究的实际经验,显然无法提高教学水平,更难让研究生从这门课中学习到真正的东西。因此,我不得不面临着需要将研究方向从历史文化地理研究转移到历史城市地理研究的问题。

研究方向的转变,同时意味着研究区域的重新选择。但是,面对这样一个历史地理研究中最重要的问题,我却迟迟确定不下来。西安作为中国历史上最为重要的古都,其研究已十分成熟,成果不胜枚举。陕西其他城市的历史资料有限,暂时难以有所发明。而复旦地处中国最大的城市之一——上海,既然研究城市地理,理所当然应该选择上海作为研究区域。但上海城市研究和西安古都研究一样,都是显学,史地所前辈学者已有不少关于上海历史地理研究的成果,我的硕士导师褚绍唐先生的《上海历史地理》和博士导师周振鹤先生的《上海历史地图集》,都可以称为上海历史地理研究里程碑式的成果。因此,想要在上海历史城市地理研究中有所突破,难度更大。此外,有关近代上海研究的资料除了中文文献外,还有数量极其可观的英文、法文、日文文献,这些都需要花费更多精力去学习、熟悉。

与此同时,上海与陕西不仅特性完全不同,城市发展的时段也很不相同,这意味着研究时段也要调整。我曾经被史学界认为是做明清史研究的,原因是在做陕西甚至西北地区历史文化地理研究时,主要依赖明清方志。但如果研究上海历史城市地理,就必须将研究时段下移。因为上海的历史虽然可以溯源到 6 000 年前的成陆、唐天宝年间华亭设县,以及元至正年间上海设县，但上海城市的真正发展却是在 1843 年开埠以后，所以研究上海历史城市地理应该将重点放在近现代。

但由于我毕业后很快获得国家社科基金青年项目的资助，两年后申请的国家自然科学基金面上项目又获批，同时承担两个国家项目使我完全没有余力再做其他的研究工作，因此，最初的几年里，我只能利用备课的机会慢慢熟悉上海研究和历史文献资料，历史城市地理研究被搁置下来。

真正的转型是在哈佛燕京学社做访问学者的 2002—2003 年。2002 年，我申请哈佛燕京项目时，已考虑到利用这个机会把研究方向转移过来。但因为之前的所有成果都是陕西的研究，我只能先以近代陕西城市地理研究为题写申请书，希望利用哈佛大学所藏的近代西方传教士与探险家有关陕西的资料进行近代城市地理研究。但怎样利用这些资料进行历史城市地理研究，我却毫无把握。当时我能确定的是，不想因循前人的研究方法做重复性的工作，这对学术不会有什么推进。

然而，到哈佛后的情况完全超出我的预想。哈佛图书馆收藏的大量相关文献资料和古旧地图让我目不暇接、喜出望外，不过对我来讲，收获更大的是那里新的学术理念与研究方法所带来的强烈冲击。

世纪之交，美国学术界正试图打破 18—19 世纪建立起来的学科体系，转为以问题为导向进行综合研究。这一学术思潮最早出现在后现代理论盛行的文学研究中。由于他们企图破除启蒙运动以来盛行的以政治、经济为主导的宏大叙事，转向关注个人及其文化在历史发展中的作用及价值，因此这种以人本主义为中心的研究范式被称为"文化研究"。而文化研究的现实批判主义，使得这一研究范式很快影响至对当时欧美社会问题最为关切的城市研究，进而形成了针对城市中存在的各种社会、文化现象进行综合研究与批判的"城市研究"范式。

与此同时，后现代理论对人文社会科学产生的另一个冲击，是调整了现代性中过于关注时间的倾向，空间开始受到重视——空间被认为是在社会关系的生产中居于与时间同等重要地位的元素。后现代理论的代表人物之一福柯就明确指出，空间是由社会构建的产物，而社会构建物本身又是按空间组合的，因此空间是相互系列动态的过程——权力和象征——加以构建的话语领域。显然，"空间"已不再是地理学的专属名词，其他学科也开始介入与研究空间问题。这一研究范式的转型导致无论是文化研究，还是城市研究，空间问题都成为关键词。这种情况倒逼地理学，尤其是人文地理学不得不重新审视自以为熟知的空间概念。人文地理学者发现空间不仅是有着明确物理属性的实体，而且是内含着各种交织力量的社会关系。同时，在社会各种关系的建构中，空间也不再是一个被动的容器，而可以能动地重构地方、再造区域。地方和区域顺理成章地成为带有文化属性和社会意义的空间。

我在哈佛燕京学社做访问学者的那个年代，正是文化研究鼎盛与城市研究兴起之际。

当时哈佛周围的学术书店一定会设有两个专门的书架:一列是文化研究(Culture Study),另一列就是城市研究(Urban Study)。那是一个大卫·哈维、迈克·戴维斯和曼纽尔·卡斯特尔的著作成为畅销书的年代。城市研究的理论与研究范式,对一直找不到上海历史地理研究突破口的我来讲,简直就是一个惊喜:从文化与社会角度去研究上海空间,这无疑是一个较新的发展方向。因此,我开始有计划地为这一新的发展方向作知识储备:去设计学院旁听城市规划课程,在人类学系旁听社会学和人类学理论课,在东亚系旁听文学研究和晚清史料解读等课程,去 Pursy 图书馆阅读城市研究论著。一年的访学结束回到国内后,我开始对自己的上海研究有了信心。

而此时所里与哈佛大学联合研发的中国历史地理信息系统(CHGIS)也已完成了第一期工作。这个继谭其骧先生主编的《中国历史地图集》之后最重要的历史地理学研究成果,引发了 21 世纪历史地理学研究方法革命性的变化,成功地推动了地理信息系统(以下简称 GIS)技术在历史地理学研究中的全面应用。而 GIS 强大的信息处理能力,无疑也对我研究历史文献卷帙浩繁的近代上海大有助益。

因此,回国后,我将承担的国家社科基金和国家自科基金项目的研究工作收尾后,就开始利用 GIS 方法,对开埠以后上海的城市地理问题展开研究。先是从上海周边的市镇空间布局变迁开始研究,随后展开对上海城市化的研究工作。与此同时,随着对上海资料的进一步熟悉,我尝试采用城市研究和文化研究的理念,分析近代上海城市空间的地域特征及其形成机制。特别是我将自己熟悉的文化地理研究方法纳入城市地理研究中,分析上海城市内部的文化变迁及其区域差异,撰写出了几篇在学界产生了一定影响、被认为比较有新意的文章。

因为我最初是从上海研究中较为薄弱的明清市镇开始入手,再逐渐展开对近代上海的城市化和城市空间的分析,所以我开玩笑说,我采取的是"农村包围城市"的方式。记得同样做历史学研究的父亲曾点拨我说:要学会在热点中找冷门进行研究。因为不是热点的学术问题,对国家、社会没有价值,但如果一窝蜂涌去研究热点问题,只能是陈陈相因,因此需要在热点问题中发现别人没有做过工作的进行研究,这样才能推动学术进步。我在开始对上海历史城市地理的研究后,才逐渐理解了父亲的话。

当然,对近代上海城市的研究,也使得我在把研究领域拓展到历史城市地理的同时,成功地从一个明清史研究者转变为近代史学者。这是题外之话了。

问:目前学界很关注您近几年关于声音景观的研究,您能介绍一下什么是声音景观吗?您又是如何注意到声音景观研究的? 这对您所从事的历史文化地理或历史城市地理研究有何推进呢?

答:声音景观(Soundscape)是加拿大作曲家默里·舍费尔(R. Murray Schafer)于 20 世

纪 60 年代末 70 年代初在研究"环境中的音乐"时,借用地理学中景观(Landscape)的概念创造出来的名词。他对声音景观的定义是:"声音景观,即声音环境。具体来讲,作为声音环境的任何组成都被视为它的研究范畴。"

我关于声音景观的研究,应该说是偶然中的必然。为什么这样讲呢? 因为随着学术的发展,20 世纪 90 年代开始的以实证主义为理念的区域历史文化地理研究范式已发生重大改变,人们开始认为这样大时空尺度的研究,不仅消弥了文化现象的丰富性,而且遮蔽了社会文化与地理环境之间的复杂性,将人地关系中偶然性与必然性之间的复杂关系简化为一种科学主义的因果关系。

美国人本主义地理学家段义孚早在 1975 年就强调:地方是由经验建构的意义的中心。地方不仅是通过眼睛和思想感知,同时也是通过客观化的经验用直接和间接的方式感知。作为一个具有独特品质的空间,地方的意义在于它是可以被感知的,可以通过人们的视觉、味觉、听觉直接感知,也可以通过阅读文学、诗歌间接感知,并在感知基础上形成特有的地方意象。具有特定意象的地方和空间,在段义孚看来才是有内涵和价值的,不是空洞而无聊的。

尽管对地方或区域可感知的方式很多,但以往我们在做历史文化地理研究时,仍然更愿意直接或间接地采用视觉的方式去获取地方性知识,形成地方意象。这一倾向当然与我们过去一直强调用客观、科学的方法认识地方、解释地方的科学主义理念有关。为此,历史文化地理学者还形成了一整套固定的方式来理解和阐释丰富生动的地方,力图从上帝的视角来考察区域文化现象,分析其地域差异的空间特点。当然,这样科学、严谨的研究方法在早期对历史文化地理的研究中居功至伟,可以让我们较为容易地把握住纷繁复杂的历史文化现象及其与区域之间的关系。但不可否认的是,那些无法用文本表达,还有难以用明确语言表达的鲜活内容,比如气味、声音等,在这样的研究范式下被遮蔽了。尤其是当我们希望能透过文化现象感知地方、理解人地关系时,这样的研究成果明显缺乏一种活泼的力量。

因此,当人文主义地理学家重新阐释地方和空间的意义时,特别强调地方是聚集了人们的经历、记忆、愿望、认同等多种情感的场所,而空间更多地带有抽象的表征意义,具有隐喻性。被重新阐发后的地方与空间被赋予更深的含义,而附着在其中的景观也同样被再诠释。因此,与早期文化地理学者不同,现在的文化地理学者更关心的是一个地方/空间及其外观是如何获得文化价值和社会意义的。既然地方的意义是透过表征呈现的,通过人们感官可获取的不同类型的信息在认知地方过程中都应该具有同等的价值,那么,我们就需要反躬自问:除了习以为常的景观外,我们在过往的研究中是不是还忽略了什么?

由此不难理解,音乐学家提出的声音景观概念,对于像我这样常年浸淫在可视文化中的学者具有怎样振聋发聩的作用! 特别是声音景观强调的是客观的聆听(hear),相对于较为主观的观看或凝视(gaze)来说,更能激发人们对地方的强烈情感。正如有位学者所说的那样:"声音不是简单地为生动服务,相反的,它还消弭了自身以及言说者和空间的界线。"(Rhiannon Graybill,"'Hear and Give Ear!': The Soundscape of Jeremiah", *Journal for the Study of the Old Testament*, 2016, Vol.40, No.4, p.484.)因此,声音景观在地方感建构中的意义极为深远,对于文化地理学者最关心的地方以及地方性的阐发无疑有着更为突出的学术价值。

2009年,我偶然从一位在美国哥伦比亚大学访学的学生那里得到了两篇文章,一篇是澳大利亚学者达维·加里奥赫(David Garrioch)的《城市中的声音:近代早期欧洲城镇的声音景观》("Sounds of The City: The Soundscape of Early Modern European Towns"),另一篇是法国学者奥利维尔·巴利(Olivier Balay)的《19世纪城市声音景观的变迁》("The 19th Century Transformation of the Urban Soundscape")。前一篇文章是透过17世纪以来欧洲城市声音景观的演变历程来反映在当时欧洲工业革命的背景下,人们的身份认同与社会关系的变迁过程和特征。而后一篇则分析了19世纪里昂的城市改造对城市声音景观的影响,即物理空间的变化使得城市声音景观发生了重大变化。这两篇文章正好分别从新文化史和新文化地理学的角度,应用声音景观对社会历史与城市生活进行了分析和阐释。显然,声音景观是近二十年西方学界新兴的研究主题,意欲在我们熟识的文本、图像资料之外,强调声音在地方历史、文化建构中的作用与意义。

这两篇文章对我触动很大,因为此时我虽然已经将研究重心转移到近代上海城市地理研究上,但仍希望能在历史文化地理学研究方面有所突破。特别是我博士论文中曾经做过陕西戏剧地理的研究,同时在传统礼俗中也发现有不少与声音有关的资料。但当时用以研究地方文化和文化地域差异的材料都是以可视性的景观要素为主,这些资料因不知如何用于呈现地方文化及其地域差异而被忽视。不过,更主要的是随着对历史文化地理研究理解的深入,我发现在人们实际的生活中,声音可以更直接地唤起人们对一个地方的感官记忆,如秦腔之于关中平原、信天游之于黄土高原。因此,我敏感地意识到,声音景观研究会为历史文化地理学研究开辟一条新的路径。

恰在此时,曾任中国艺术研究院音乐研究所所长的乔建中教授,将他的学生委派到我这里做博士后。乔先生从20世纪90年代开始致力于音乐地理研究,希望通过与历史地理学的学科交叉加强音乐地理学的学科建设。与音乐学者的跨界交流,刺激我产生了从事声音景观研究的想法。不过,真正促使我开始这一研究是在2016年。那年12月,国内著名的文化地理学家——北京师范大学的周尚意教授邀我参加在上海交通大学召开的一个小型文化地理学会议。由于当年暑假我曾跟随几位陕西艺术家在陕北进行民间音乐考察,在考察过程中有许多感触与想法,因此我决定用声音景观再现陕北民歌在陕北区域文化地理中的意义与价值。在这次学术会议上所作的题为"声音景观与地方记忆:以陕北民歌为例"的报告,立即引起了大家的关注,获得好评,《文汇学人》的记者前来约稿。尽管当时手上工作很多，我还是利用 2017 年初寒假期间撰写了《倾听之道：Soundscape 的缘起与发展》一文并发表在《文汇学人》上。这篇文章虽然只是对声音景观的国内外研究现状进行了系统梳理，但为我后来的声音景观研究奠定了坚实的基础。因为从声音景观概念的产生、发展以及研究现状可知，其要义在于强调声音与环境的关系，而这与文化地理学所关注的文化生态一拍即合。

随后，我便积极投入声音景观的研究中，在国内外刊物上先后发表了数篇论文，引起了大家的关注。为了激起更多学者的兴趣，让他们加入声音景观研究行列中，我还多次前往各大学的历史系、音乐学院和新闻学院作学术报告。尤其是我在复旦大学新闻学院连续三届暑期班讲授的声音景观与人文地理学研究，反响热烈。我希望通过这样的鼓与呼，发动各学科联合起来进行声音景观研究，这样才能真正发挥声音在感知地方、获取地方记忆中的作用与意义，并在声音与环境之间的相互关系方面获得点滴真知灼见，使其发挥更大的学术价值。

问：作为全国研究人员最多、实力最强的历史地理研究机构的负责人，您是如何看待历史地理学科当下的状况以及未来的发展趋势的？

答：复旦大学中国历史地理研究所，是已故的谭其骧院士在编纂《中国历史地图集》的团队基础上于 1982 年创建的。它的前身是成立于 1957 年的复旦大学历史系中国历史地理研究室。这虽然只是一个研究室，却是由教育部直接批准建立的，是复旦当时的"三室一所"之一。谭先生之所以要成立这样一个专门的历史地理研究机构，并不仅是为了编纂《中国历史地图集》的需要，而是有更宏大的志向，即建立一个有着文理科背景，横跨历史学和地理学的历史地理学科。

虽然中国现代历史地理学的发展肇始于 1934 年顾颉刚先生和谭其骧先生发起成立"禹贡学会"，他们在学会刊物《禹贡半月刊》发刊词中，明确提出要将中国传统的沿革地理学改造成具有现代学科意义的历史地理学，但直到 20 世纪下半叶，历史地理学还基本处于历史学辅助学科的地位。著名史学家邓广铭先生在 20 世纪 50 年代曾提出过史学研究四把钥匙之说，即年代、地理、职官和目录。其中的地理，指的就是沿革地理。可见尽管当时历史地理学已有三十年的发展历史，但仍然还是以反映中国历史上政区变迁的沿革地理为主。实际上，20 世纪 50 年代中期开始编纂的当代历史地理学最重要的研究成果《中国历史地图集》，也是以政区变迁为主的。

鉴于这样的情况，谭其骧先生针对编纂《中国历史地图集》中遇到的问题，并根据他长期的学术思考，开始有计划地在复旦大学创建历史地理学科。谭先生以复旦历史系毕业生为基本研究队伍，另外又从全国各地著名的地理系招收了十名应届毕业生，建立了一个同时具备历史学和地理学基础的历史地理专业队伍。与此同时，谭先生还及时吸收地理学的最新理论与研究方法,以阐明历史时期的各种相关地理现象。他的名作《何以黄河在东汉以后会出现一个长期安流的局面》,就是运用自然地理学理念,从全流域环境变迁的角度论证东汉以后黄河河道与上游自然地理环境变迁之间的关系。这篇文章在历史地理学的学科建设中有着重要的意义,即其中蕴含的仅凭文献考据难以获致的眼光与分析问题的理路。而这样的经典性成果,也在同一时期出现在北京大学侯仁之先生对北京城市及西北沙漠地区的研究,以及陕西师范大学史念海先生对黄土高原区域开发与环境变迁的研究中。而正是在这三位卓越的学科创始人的倡导和带领下,中国的历史地理学在继承与创新中渐趋完善,形成了在问题导向下,基于地理学和历史学学科交叉的中国历史地理学科。到了20世纪末,历史地理学已形成历史自然地理、历史政区地理、历史人口地理和移民史、历史经济地理、历史文化地理、历史社会地理、历史城市地理、历史地图学等各学科方向齐头并进的局面。

进入21世纪后的历史地理学,在复旦大学与哈佛大学合作项目"中国历史地理信息系统"(CHGIS)研发的带动下,充分汲取人文社会其他学科的研究理念与研究方法,历史地理学开始呈现出欣欣向荣的局面——研究队伍扩大,青年学者增多,大学纷纷设立历史地理学专门研究机构。总结下来,这一时期的历史地理学的进步主要体现在两个方面。一是在GIS技术的介入下,研究精度大幅度提高。如满志敏教授采用代用指标法,用GIS技术详细而精确地重建了光绪三年(1877年)初夏东部地区雨带的移动过程,将该年大面积旱灾爆发的气象学原因以令人信服又十分形象的方式呈现出来。二是研究内容的拓展。自谭其骧先生在20世纪90年代初倡导历史人文地理研究之后,历史人文地理学研究已将研究触角深入人文社会科学的诸多方面,进一步加深了我们对传统中国的理解,甚至还带动了其他人文社会学科的进步。

然而,我们也不能否认的是,目前历史地理学在发展中也遇到一些难以克服的困难。

首先是在研究不断精进的同时,开始有失去自己专业特色之虞,一些专业研究机构甚至被讥为"第二历史系",学科定位模糊。

历史地理学作为地理学分支学科的观念在近十数年间受到挑战。尽管到目前为止,绝大多数学者仍秉承20世纪80年代由谭其骧、侯仁之、史念海三位奠基人达成的学科归属共识,但是,因为历史地理学研究高度依赖现存的历史文献,从业者必须接受专业的历史学训练,处理的许多问题也是历史学关注的内容,特别是在目前教育部的学科分类中,历史地理学被划分在历史学中,使得历史地理学无形中与历史学联系更为紧密,而与地理学则渐行渐远,地理学的学术进展除历史自然地理外,很少为研究其他问题的历史地理学学者所熟知,更遑论汲取其中值得借鉴的研究方法。与此同时,正如我前面所言,随着20世纪80年代后现代理论浸入人文社科各个学科,空间成为许多学科关注的对象。而以空间和地方为研究主题的历史地理学自然面临巨大的挑战:一方面,过去专属自己的主题成为公共议题,研究能获得更多的共鸣,同道者日多;另一方面,不同学科对空间的认识与解读不同,如何理解空间的不同面相、如何在日益纷繁的学术中明确自己的学科定位，成为历史地理学不得不正面回应的问题。

其次，曾带来历史地理学革命的 GIS 技术也因边际效应降低而出现发展瓶颈。尽管 GIS 技术在 21 世纪初确实给历史地理学带来了革命性的进步，但是由于历史地理学所依据的主要资料为历史文献，而大多数历史文献难以定量化，使得 GIS 的应用受到局限。更为关键的问题正如詹姆斯在《地理学思想史》中所揭示的："实际上，在许多情况下，数学提供了一种显然更为精确的叙事方法，但文字形式的论著则可为概念的公式提供激发人心的富有创新精神的探讨。"换言之，对于复杂的历史，精确有时并非呈现其真象的最佳方式。

职是之故，我认为目前历史地理学界需要进行反思，应该更多地考虑如何面向未来，而不是回顾过去，尤其是需要考虑历史地理学如何在发挥本学科的学术优势，为国家目前亟待解决的政治、经济、文化等诸多问题提供有益而切实的学术支撑的同时，在学科建设上有所突破。这才是我们这一代学者目前面临的最迫切的问题。

鉴于上述原因，我曾经在《中国历史地理论丛》中专门撰文指出，作为地理学的分支学科，历史地理学的核心问题与地理学一致，即研究要围绕着区域性与综合性展开。同时，作为有着独特研究对象的学科，历史地理学还需要再加入时间维度，将历时性作为研究特色，这是历史地理学区别于其他地理学分支的重要学科品格。因此，未来的历史地理学，在坚守重视历史文献分析和严谨扎实的学术传统之外，需要强调三点：一是注重区域性、历时性与综合性，二是重视时空间尺度转换问题，三是在研究中强化问题意识。尤其是第三点，关系到整个历史地理学的未来发展方向，故我在此多赘几句。

作为历史学和地理学的交叉学科，历史地理学带有鲜明的这两个母学科的属性，进而影响到从业者也大致有两个学术取向：一是解决历史学问题，二是处理地理学问题。这在历史自然地理学的分支——历史气候变迁研究中体现得最为突出：如通过对整个 19 世纪的气候变化进行系统研究，我们发现清代中期有一次较为明显的气候变冷变干过程，这一气候变化所带来的环境恶化与农业减产，为明清史中的重要论点"道光衰退"提供了坚实的学术支撑；而对历史时期沙尘暴的梳理则为当下地理学的热点问题——全球变化提供了历史数据。当然，历史人文地理也同样可以对解决地理问题发挥作用。如近年来我带领研究团队，利用 GIS 方法系统研究晚清以来长城沿线地区天主教的传播过程，发现天主教会通过不断迁移汉族教民进入内蒙古高原，改变了这一地区的土地利用方式，进而影响了中国北方农牧分界线的北移，导致这一地带生态环境的改变。

在目前的历史地理学界，第一种取向居主流，即研究最终指向历史学的问题意识。这也好理解，一方面是大多数历史地理学者的学术背景都是历史学，但另一方面，或者说更主要的原因是在教育部的学科划分中，历史地理学属于历史学中的中国史，这就使得历史地理学与历史学的关系更为紧密。此外，由于地理学整体属于自然科学，因此在学术评价体系中，

SCI 和 SSCI 成为推动学术的重要杠杆。而主要依据历史文献进行研究的历史地理学者,相对于采用科学、规范的实地调查数据进行研究的地理学者而言,在这一评价体系中没有任何优势。因此历史地理学者在地理系中更难"突围",这也是近年来历史地理学虽然在各个大学历史学院开枝散叶,但在地理学科中却不断萎缩的重要原因。尽管如此,历史地理学未来的发展,仍需要在继续保持与历史学紧密关系的基础上,加强与地理学的联系,以获取更多的学术支撑与学术资源。这一点目前已成为历史地理学界的共识,中国地理学会旗下的历史地理专业委员会和《历史地理研究》期刊建设,都已经在工作计划和办刊目标中体现了这一趋向。

此外,在具体的研究中,历史地理学界继承谭其骧先生、侯仁之先生和史念海先生三位前辈学者为我们确立的理性、冷静的科学态度和严谨、扎实的学风,注意以问题意识为导向,发挥历史地理学"经世致用"的学科特色,在对学科发展有重大意义的学术问题进行扎实的基础研究之上,积极参与对现实问题的研究。事实上,当下与国家战略有关的海疆问题、"一带一路"等诸多问题都需要历史地理学提供坚实的学术支撑,而小城镇发展与文化遗产保护等地方发展,更需要历史地理学的关怀。在解决具体问题时,我们绝不能故步自封,孤芳自赏,而是需要不断借鉴其他学科新的理论与研究方法,博采众长,充分发挥自身横跨自然与人文两大领域的优势,才能推动历史地理学的持续发展,凸显历史地理学的学术价值。

问:在您前述历史地理学的未来发展中,时空间尺度转换对历史地理学发展有什么意义?

答:如前所述,在历史地理学研究中,区域是由时间与空间两个维度构成的。但在具体研究中,就有一个关键的问题,即我们是在哪一个时空间尺度下总结历史时期人地关系的规律。而目前关于全球变化的研究中,许多规律与观念的冲突,正是将来自不同时空间尺度获取的信息交织混杂在一起所造成的。在这里我举一个很典型的案例加以说明。

在历史地理学中有一个重要的命题,即在北方干旱、半干旱地区,历史时期人类的垦殖活动必然导致当地自然生态的破坏与环境的恶化。侯仁之先生在乌兰布和沙漠、毛乌素沙漠的研究就证明了两千多年来人类活动造成了这一地区的土地退化,甚至在个别地区还形成严重的沙漠化。史念海先生关于黄土高原的研究也指出,黄土高原地区水土流失、植被破坏与人类活动尤其是农耕业的发展直接相关。前面我提及的谭先生的《何以黄河在东汉以后会出现一个长期安流的局面》一文大致也持这一观点。这些研究不仅有坚实的历史文献支撑,同时也有考古遗址、孢粉和 C-14 数据支持,殆无疑义。

不过,当我们把目光投向晚清以来河套平原地区的农业开发时,上述命题似乎并不适用。因为汉族移民对这一区域的农业开发,带动了局部地区的绿洲化与田园化,改善了当地的生态环境。然而,我在对这一地区进行大量个案研究后发现,晚清以来河套地区局部区域生态环境的改善,是人类社会在短时段内通过水利工程的修建改变了区域内水资源的空间分配,而且还必须通过强有力的社会组织机构维护这些水利工程,才能保证区域生态环境向良性方向演化。如果我们把眼光放远,从长时段和大区域来看,人类活动对局部地区水资源的再分配必然导致其他区域水资源的不足甚至枯竭,进而对整个区域环境产生深刻的负面影响。由这一案例可以看出,不同时空间尺度的研究得出的结论都有其局限性。

由于历史地理学在过去几十年中更注重从长时段、大区域的宏观角度研究问题、总结规律,因此,我认为未来历史地理学的发展需要在积累大量小区域、短时段研究成果的基础上,总结不同空间尺度下人地关系的特点与规律,分析确立不同时空间尺度的关联与转换机制,这对以时空维度切入研究主题的历史地理学来讲,或许在理论与研究方法上能有极大推进。

青年禹贡学社发展历程

青年禹贡学社简史

邹　怡　龚应俊

青年禹贡学社,2019 年 12 月 14 日成立于复旦大学中国历史地理研究所。

"禹贡"一词,来源于《尚书·禹贡》,这是中国现存最为古老的地理著作。20 世纪 30 年代,顾颉刚、谭其骧等先生将中国传统沿革地理革新发展为中国历史地理学,曾将"禹贡"作为学会及学刊的名称。禹贡学会的成立和《禹贡半月刊》的创刊,旨在为学人提供讨论和发表文章的园地。诚如顾颉刚先生在《禹贡半月刊》创刊号《编后》中所言:"我们觉得研究学问的兴趣是应当在公开讨论上养成的,我们三校的同学如能联合起来,大家把看得见的材料,想得到的问题,彼此传告,学业的进步一定很快速。"内中所及"三校的同学",是指当时北京大学、燕京大学、辅仁大学三所学校的同学。从中可知,学科草创雏形阶段,同仁的主力为青年学子。

历经近百年的发展,中国历史地理已有专门的学会和机关刊物,其主力为国内各大高校和科研院所的历史地理工作者,这固然是学科成熟与壮大的表征,但相较学科初创阶段,历史地理青年学子的交流空间并未相应扩大。为此,我们在"禹贡"之前加上"青年",成立青年禹贡学社,意以青年新鲜力量,赓续前贤学术脉络,共创青年交流平台。

青年禹贡学社成立于复旦大学中国历史地理研究所(后简称"史地所"),学社的成形,建基于此前史地所研究生学术活动的长期积累。青年禹贡学社的酝酿、组建与成长,与历史地理学研究生的培养有着密切的因应关系。同时,学社的成立,也包藏着解决历史地理学研究生培养中难点与痛点的用意。

为此,在学社首期辑刊编辑出版之际,我们也借辑刊一隅,记录下青年禹贡学社的前史、酝酿、成立、架构与活动。一来作为存史之用。始料未及的是,虽时隔未久,但梳理过程中,不少记录和记忆已然模糊,故及时梳理实有必要。二来在整理过程中,进一步思考当前学术环境中青年禹贡学社应有的功用和价值。

一、青年禹贡学社前史

2000 年以前,限于研究生教育的总体规模,中国历史地理研究所的在读研究生数量不多,硕、博士加总亦仅 20 余人。史地所的学术活动,基本由教师组织,培养环节规定动作之外,少有专为研究生组织或研究生自行组织的学术活动。2000 年之后,招生规模扩大,研究生数量增多,学生的交流需求日渐增强。为此,2000 年,现史地所副所长,时任博士班委的博士生杨伟兵等人发起"禹贡茶座"系列讲座,是为史地所研究生自行组织学术活动之嚆矢。世纪之交,历史地理学正积极吸收着周边学科的理论与方法,问题意识与研究手段日新月异,研究生对于新领域、新资料和新动态的了解饱含热情,并对专业研究的基本技能和实践经验充满兴趣。因此,"禹贡茶座"主要邀请当时处于研究一线,颇具实践心得的中青年教师传经送宝。当时做客茶座的中青年学人有吴景平、吴松弟、王颋、安介生和李晓杰等,内容涉及专题研究、调研方法等。"禹贡茶座"系列活动至 2003 年左右暂告一段落,直至 2006 年 6 月,转以"历史地理学术创新青年教师禹贡茶座"的形式重新面世。史地所博士毕业,留校任教的青年教师杨伟兵、樊如森、杨煜达,为研究生介绍了各自正在进行的专题研究,但可惜该活动此后并未延续。

"禹贡茶座"为讲座形式,重在听讲,由研究生邀请组织,在内容上更适配研究生的需求,除此之外,研究生还有同辈间砥砺交流的需要,因此,史地所博士班委吴俊范、王列辉等同学在辅导员樊如森的倡议下,又发起组织"禹贡博士生论坛"。2005 年 11 月,首届"禹贡博士生论坛"利用 25、28 日两个下午,分两场举行。所内 14 位博士生、4 位硕士生提交论文并作报告,邹逸麟、周振鹤、张伟然、王建革等 12 位教师参与了论文的审阅和点评。当时正在国外访问的葛剑雄所长,为此专门写信鼓励"要多举办这样的学术活动"。在博士班委的推动下,第二届"禹贡博士生论坛"续于 2006 年 12 月 5、6 日举行,共有 12 位博士生、1 位硕士生报告论文,邹逸麟、周振鹤、满志敏等 12 位教师进行了点评。

与此同时,复旦大学自 2005 年百年校庆举办全国性博士生论坛开始,逐步将此活动制度化、常规化,并开放校内各院系申请举办分论坛。中国历史地理研究所抓住这一契机,将原本仅限所内的"禹贡博士生论坛"扩大为面向全国的"复旦大学博士生学术论坛历史地理分论坛"。2008 年 11 月 15、16 日,首届"复旦大学博士生学术论坛历史地理分论坛"以"开放、融入、发展——多维度的历史地理学"为主题在史地所召开。组委会收到报名论文 40 篇,最终有 22 篇论文入选论坛,来自北京大学、武汉大学、中国人民大学、陕西师范大学等 9 所大学的博士生进行了报告。当年参会的博士生,例如谢湜、刘瑞、胡恒、孙靖国、马剑等,现均已成长为历史地理学界的中生代力量。2009 年 10 月 17、18 日,史地所在复旦大学研究生院的支持下,继续举办第二届全国性的"复旦大学博士生学术论坛历史地理分论坛",此次论坛沿用"禹贡"之名,定名为"复旦大学第二届禹贡博士生论坛"。来自中国人民大学、南京大学、武汉大学、陕西师范大学、日本学习院大学等 9 所大学的 18 位博士生参加了为期两天的学术报告与讨论。4 年后,"第三届禹贡历史地理博士生学术论坛"于 4 年后的 2013 年 12 月 14、15 日在史地所举行。这届论坛,规模有了明显扩大,来自北京大学、中国人民大学、中央民族大学等 14 所高校的 40 位博士生汇报和交流了成果。

博士生论坛对论文的打磨提高及同辈的交流砥砺具有明显的促进作用,因此,从 2008 年起,中国历史地理研究所将此做法推广至硕士生,尝试举办硕士生论坛。该论坛实际上将硕士生中期考核的论文进度考核部分单独提取出来,以报告会的形式,对硕士二年级学生毕业论文的已成篇部分进行集体讨论和点评,以此督促硕士毕业论文的进度和质量。硕士生论坛从 2008 至 2010 年,一共连续组织了三届。

前述中国历史地理研究所最后一次组织本所范围内的"禹贡博士生论坛"为 2006 年,第一次组织全国性的历史地理博士生论坛为 2008 年,两者之间有一年的间隔。正是在中间的 2007 年,史地所博士班委开始组织"史地沙龙",以"史地沙龙,开诚布公。游目骋怀,无饰无功"为宗旨,每场一位同学报告论文,一位同学进行评议,与会同学共同讨论。首期"史地沙龙"于 2007 年 9 月 24 日举行,博士生李嘎主讲,博士生李德楠点评,主题为"历史时期山东半岛城市地理问题研究"。这一形式的活动每学期均有组织,一直延续至今,并成为青年禹贡学社酝酿和初创阶段最为基本的学术活动组织形式。不过,该活动组织初期,未有长期开展之意识,名称多次变换。2007 年 10 月 18 日组织的第二期名为"博士生论坛",10 月 30 日的第三期名为"史地论坛",11 月 22 日的第四期名为"博士生史地论坛",12 月 4 日的第五期名为"史地所博士生论坛",12 月 18 日的第六期名为"博士生论坛"。此后,"博士生论坛"之名大体固定,至 2016 年 3 月 17 日,"博士生论坛"已编号至第 63 期。但自 2016 年 5 月 23 日的第 64 期起,又曾短暂改称"禹贡青年史地沙龙",还有若干期恢复"博士生论坛"的称呼,直至 2018 年 4 月 27 日的第 74 期,方固定为"禹贡青年沙龙",延续至今。

在此期间,沙龙的形式也出现了一些微调和创新。例如,从 2008 年 6 月 6 日的第 12 期开始,论坛亦邀请所外乃至校外博士生报告,先后有复旦大学历史学系、社会学系、新闻系,华东师范大学历史系,宾夕法尼亚大学历史系,南京农业大学中华农业文明研究院等机构的博士生作主题报告。从 2011 年 4 月 20 日的第 26 期起,论坛多采用双点评人形式,点评人除博士生外,亦时常邀请青年教师。2011 年 6 月 16 日的第 28 期,邀集了应届博士毕业生李碧妍、刘炳涛、马孟龙等 10 人,做了一次主题为"应届博士毕业生治学经验谈"的专场。2013 年 6 月 13 日的第 51 期,首次尝试主题工作坊形式,博士生郭永钦、黄忠鑫和刘猛共同聚焦明清保甲制度,报告了各自的研究成果。

青年禹贡学社成立之前,史地所研究生的学术活动组织情况,大致可梳理出三条线索。一为"禹贡茶座"系列邀请讲座,惜乎该形式至 2006 年左右即告中断。二为多人报告交流的论坛,以博士生论坛为主,最初参与范围局限于所内,后在学校支持下,扩展为全国性的博士生论坛。三为一人报告,多人点评讨论的沙龙,该形式一直延续至今,并派生出多人报告的主题工作坊形式。可以说,在青年禹贡学社成立之前,因应研究生交流需求,史地所已出现讲座、论坛和沙龙三种形式的研究生学术活动,但活动的组织缺少按系列长期开展的计划。

讲座已经中断，论坛的举办很大程度上决定于学校是否有顶层推动与经费配套。仅沙龙一直坚持，然从其名称的随意多变，甚至与论坛相混淆，亦可知其组织并无长期规划。沙龙的长期延续，实出于研究生实际需求的内生驱动。

二、青年禹贡学社的酝酿与成立

全国性的博士生论坛，因人力、经费方面要求较高，其组织须待机缘，未能恒常举办，而禹贡青年沙龙长期延续，成为史地所最基本的研究生学术活动。不过，这样一来，史地所研究生的学术活动主要局限于所内，跨校交流的学术平台相对缺失。为此，2016 年，时任史地所副所长的邹怡，与当时负责禹贡青年沙龙的博士生赖锐、韩健夫、张乐锋，尝试在禹贡青年沙龙的基础上，举办跨校性质的禹贡青年沙龙年度大会。首届大会以"历史地理学的新思考和新探索"为主题，于 2016 年 11 月 26 日召开。来自南京大学、上海交通大学、上海师范大学和复旦大学的 5 位博士生报告了论文，并由钟翀、温海清、李玉尚、黄敬斌和邹怡等青年教师评议。该活动可谓禹贡青年沙龙的跨校扩大版，继承了沙龙充分讨论的特点，每篇论文报告 30 分钟、评议 10 分钟、回应讨论 20 分钟，共计 1 小时。为获得讨论实效与会务人力及经费成本的最优比，虽然每篇论文的交流有 1 个小时，但整个会议紧凑地集中于 1 天之内。

第二届禹贡青年沙龙年度大会的主题为"学科互济——历史地理学的再思考"，举行于 2017 年 12 月 16 日。来自北京大学、中国人民大学、厦门大学、上海交通大学、南京农业大学、上海师范大学、重庆工商大学和复旦大学的 7 位博士和 1 位青年讲师报告了论文。为保持会议的实效至上，避免报告仓促过场、评议虚言吹捧，年度大会控制报告数量，留足讨论时间。与会人员均为研究生与青年教师，故会议力戒繁文缛节，讲求紧实精悍。为与会议规模相匹配，从 2018 年起，禹贡青年沙龙年度大会改称禹贡青年沙龙年度会议。2018 年 12 月 1 日，第三届大会的主题为"权力与市场的互动——唐宋以降都城与地方城镇的空间演变"。

2016 年，在筹办首届禹贡青年沙龙年度大会的同时，有感于此前第 51 期沙龙所用主题工作坊形式的高效和聚焦，邹怡与赖锐、韩健夫、张乐锋等商议，开辟一个研究生学术活动的新系列——研究生自组织专题工作坊。工作坊向史地所研究生开放申请，提供经费支持，鼓励研究生邀请相近方向青年学子或学人，围绕同一主题，交流论文，砥砺提高。为保证经费切实用于邀请校外同行，扩大交流范围，工作坊还严格限定本所毕业生的邀请数量，以防工作坊成为变相的师门聚会。研究生与同行交流，限于经费，一般只能通过参与校内外教师举办的学术会议，而工作坊提供的经费足以承担邀请校外同行来访的交通与食宿费用。研究生自组织专题工作坊的设立，可以说为研究生提供了一个根据自身需求，举办小型会议，更有针对性地主动开展同行交流的途径。2017 年 9 月 17 日，博士生赖锐申请举办的首次自组织工作坊在史地所拉开帷幕。工作坊主题为"近世中国地方行政与区域社会",中国人民大学、山东大学、上海交通大学等高校的 7 位青年教师和博士生到访,进行了论文交流。次年 6 月 17 日,主题为"政区研究:历史与当代的衔接和对话"的第二次工作坊由博士生朱波申请举办。

禹贡青年沙龙衍生出禹贡青年沙龙年度会议、研究生自组织专题工作坊后,虽力求形式简洁、交流务实,但实际组织仍免不了一些基本庶务,譬如主题策划、前期联络、海报宣传、会场准备和纪要总结等。在此过程中,涌现出一批追求学术、热心服务的研究生。2016 至 2017 年为博士生赖锐、韩健夫、张乐锋等,2018 年为闫伟光、朱波、牟旭平等。事实上,多年以来,史地所研究生学术活动的组织和服务工作全凭部分热心同学的无私奉献,或有后继无人之忧,且因自发传承,并无定规,不少经验难免在传承中丢失。此前,部分研究生学术活动昙花一现,未能长久,均与此有关。欲求研究生学术活动的恒常发展,务必进行组织方式的革新。

在探索革新方向的同时,史地所也思考着历史地理学研究生培养中的难点与痛点。经过观察和调研,可梳理出以下具有典型性的问题。

首先,学术研究的初心是服务社会,学术研究的过程不可缺少交流。甘于寂寞、潜心研究,固然有利于学术成长,但沉溺书斋、执着饾饤,又容易令学子遗忘初心、脱离社会。坐冷板凳与交流共进的矛盾,是为研究生培养中的一个难点。

其次,研究生参与学术活动,常依附于其导师所参与者,故多属被动行为,研究生对从中受益持放任态度。反过来,研究生在遇到瓶颈,自发萌生通过同行交流来冲破瓶颈的需求时,又没有足够的资源来主动组织学术活动,这在人文基础学科尤甚。

再次,研究生在被动参加学术活动的场合,对于参与学术活动组织工作更易视为一种劳役,这极易导致研究生视学术活动为畏途,以应付态度对待报告交流,以逃避态度对待活动组织。

另外,研究生恒常的学术活动多为师门内部交流,长久如此则近于同质交流,异质性的跨师门、跨院系乃至跨校交流,更需要导师以外的资源加以投入引导。

综合前述禹贡青年沙龙扩展过程中浮现的问题,以及上述史地所研究生培养中的难点与痛点,邹怡与闫伟光、朱波、牟旭平等沙龙活动骨干商议,计划根据研究生的实际需求,进一步改进沙龙、工作坊等活动的组织形式,更大范围提供研究生自组织学术活动的途径和支持力度,以此充分调动研究生的学术积极性,吸引更多研究生分担服务工作,用学术活动的实效来吸引研究生,而非强推学术活动反令其成为学生负担。同时,实现系列学术活动的常态化,令学生有预期,有规划;实现服务团队的组织化,经验积累,薪传不断。

此时,博士生闫伟光提出了非常具有建设性的建议。他提议成立一个学术性的学生社团——青年禹贡学社,作为活动长久延续、更新迭代的有力抓手。邹怡对此建议极为赞赏,并报告张晓虹所长、杨伟兵副所长，获得了史地所的有力支持。

经征询复旦大学研究生会，闫伟光与朱波、李昊林、严晨、龚应俊等多位同学商议、制定了青年禹贡学社的社团章程、财务制度和管理架构。2018年9月，青年禹贡学社筹备组向研究生会正式提交社团成立申请书，即获批准，进入一年筹备期。筹备期中，学社除有条不紊地开展沙龙、工作坊等常规活动外，还组织了多次历史地理实地考察，并首次尝试学术普及，与上海历史博物馆建立共建关系，利用专业特长，为观众提供义务讲解。

2019年10月，青年禹贡学社顺利通过了研究生会的社团一年筹备期考察。11月，第十一届全国地理学研究生联席会在宁波大学举行，李昊林与龚应俊作为学社代表参会。甫通过筹备期考察的青年禹贡学社被吸收为全国地理学研究生联合会（GPUC）的成员单位，首次在地研联亮相。

2019年12月14日，利用第四届禹贡青年沙龙年度会议，青年禹贡学社举行了简短的成立仪式，正式宣告成立，并借此同时举办首届全国历史地理学研究生联席会，邀请全国地理学研究生联合会、陕西师范大学河山学社、四川大学禹迹历史地理学社、暨南大学舆地学会、中国人民大学清风学社、北京大学史学论坛、中山大学山海学社、上海交通大学史学社、山西大学鉴知论坛等史地类学生社团的骨干，交流社团成长经验，展望未来发展方向。圆桌讨论环节中，各社团代表介绍了本社团活动的基本情况，针对具有共性的问题，群策群力，提出了各种改进设想。讨论中，大家深感学术共同体的重要性，倡议未来合组全国历史地理学研究生联合会，汇聚史地学子，建立跨校交流的常态机制，及时互通各校学术信息与研究进展，携手推进史地青年的共同进步。

三、青年禹贡学社的架构与活动

青年禹贡学社成立的一个初衷，是组成一支分工有序的研究生学术活动组织团队，既高效服务同学，又分散庶务负担。社团筹备草创阶段，闫伟光与李昊林、王翮、严晨、龚应俊、贾沈朱、顾哲铭等一批立志学术、热心服务的同学，搭建起社团的基本架构。大家一致同意，学术社团要以服务学术为根本宗旨，必须杜绝"形式主义"与"官僚主义"，组织架构当力戒庞杂。根据开展活动的切实所需，学社分设财务、活动、宣传三个部：财务部主管活动经费的收支报销；活动部主管活动策划与前期联络；宣传部主管海报制作与自媒体宣传。承担起筹备大任的学社首届骨干，由发起人闫伟光任社长，严晨、顾哲铭、贾沈朱分任财务员、活动员、宣传员，另有李昊林、龚应俊协助闫伟光处理筹备事务，王翮作为硕士班辅导员，辅助与研究生工作部门的联络。

2019年12月14日，青年禹贡学社正式成立当日，创社社长闫伟光表示已完成创社使命,即将全力投入博士论文的冲刺,将学社管理的接力棒传给刚进入博士阶段的龚应俊。其余进入博士高年级的学社骨干,也陆续将工作移交给新人力量。从筹备创社至今,青年禹贡学社的骨干团队已历四届。

表1　学社历届骨干团队

届　别	时　间	成　员
第一届	2018年9月至2019年12月	社长:闫伟光 副社长:李昊林、王翩、龚应俊 财务员:严晨 活动员:顾哲铭 宣传员:贾沈朱
第二届	2019年12月至2021年6月	社长:龚应俊 副社长:顾哲铭、贾沈朱 财务部长:郭婷 活动部长:叶鹏 活动部成员:何少飞、高超、王一轩 宣传部长:张鹏程 宣传部成员:张端成、黄雨晨、项羽雯
第三届	2021年6月至2022年6月	社长:叶鹏 副社长:张端成、何少飞 财务部长:张曼韵 活动部长:王一轩、高超 活动部成员:王征帆、林健民、张雨枫 宣传部长:黄雨晨 宣传部成员:曹丛钰、陈珏、侯的、胡烨
第四届	2022年6月至今	社长:黄雨晨 副社长:高超、王一轩、张曼韵 财务部长:张曼韵 活动部长:王征帆、林健民 宣传部长:侯的

学社历届骨干团队精诚合作,开展各类学术活动,分工轮值,各有职守,有效分摊了活动组织的人力投入,研究生不因惧怕会务劳役而排斥学术活动,令学术活动回归学术本位。系列学术活动的组织,难在靡不有初、鲜克有终,青年禹贡学社骨干团队,每年吸收新人力量,发现人才,实现了稳定的代际传承,确保平台不因主事师生的更替而渐失声息。

青年禹贡学社成立的另一初衷,是为研究生根据自身需求组织学术活动提供稳定渠道和支持,通过放手学生自组织,发现学生的真实需求,激发学生的创造力和组织力。

青年禹贡学社成立之初,最低目标为稳定延续禹贡青年沙龙、禹贡青年沙龙年度会议和研究生自组织专题工作坊三大系列活动,当研究生的主动性被激活和释放后,学社新创了更多适合研究生需求的系列活动。

学社于 2019 年末正式成立后不久,"新冠"肺炎疫情突然而至,受疫情影响,学社活动一度停顿。学社骨干团队在学生未能返校的艰难时刻,很快就策划出新的系列活动"禹贡青年讲座",由社员通讯投票列出最想听讲的新锐学人,根据投票结果,学社出面邀请。在研究生的呼声中,疫情期间,第一期线上讲座邀请到武汉大学的青年学者胡鸿,后续又相继邀请到李碧妍、赵思渊、赵里萌、李昕升、刘诗古等青年学者。"禹贡青年讲座"带来的是学术上升期学人的近期所思,内容前沿,深受学生欢迎,很快成为学社新的重量级品牌活动。这一活动,从目标而言,可以说接续了早已停办的"禹贡茶座"系列讲座。

学术研究初上手阶段,研究生需掌握学术规范,明晰学术伦理,了解写作技巧;研究具体展开阶段,研究生还需接触、掌握各种数据库和软件工具。这些内容在专业课程中占比不多,但就研究生而言,极为实用。此外,学社的海报设计,得益于张鹏程、黄雨晨、项羽雯等同学的努力,广受好评,学社新人亦需相关技能的培养。基于上述需求,从 2020 年秋季学期开始,学社活动部叶鹏新创"禹贡青年研习班"系列,叶鹏、张鹏程、田大刚、张珮、杨智宇等同学就论文写作和发表,档案、地图等材料的收集,ArcGIS、CorelDraw 等软件的使用,摄影、美工等文宣技能的习得等内容,与各位同学分享经验,切实解决了研究生,尤其是研究生新生在初入学术门径时遇到的难题。

此外,在社会服务和学术普及方面,青年禹贡学社也有新的拓展。除继续与上海历史博物馆联谊共建,提供义务讲解服务外,学社与复旦本科生社团舆图社也建立了联系,合作开展寓教于乐的历史地理普及活动。2021 年 5 月,学社与舆图社联合举办了"河山与共、星月于途——第一届复旦历史地理知识竞赛"。这是一次面向全校的历史地理益智类知识竞赛,吸引了不同专业的同学报名参加,中央电视台中国地名大会第二届总冠军齐创业同学亦受邀作为嘉宾出席。该活动成功地将历史地理学推广至学术圈之外,一方面令更多人了解历史地理学的乐趣与旨趣,另一方面也发现和吸引了不少历史地理学的爱好者,形成专业与普及的良性互动。

2020 年初以来,疫情时紧时缓,学社的常规活动受到不少影响,但学社因势利导,合理调整,多种常规活动得以正常延续。禹贡青年史地考察限于疫情不能离沪,便着重发掘上海境内的历史地理遗迹资源。值得一提的是,利用青浦金泽的"重阳香汛",社员近距离接触了金泽庙会这一活着的历史。禹贡青年沙龙和自组织专题工作坊更是开放申请,恒常举办,已内化至同学的学习生活,成为同学切磋琢磨、助益学问的首选平台。研究生在初步完成工作论文,或工作论文遇到瓶颈时,便会想到通过沙龙或工作坊,听取同学的意见,打磨提高。

从青年禹贡学社进入筹备期起算,经过 3 年多的发展,学社已形成 7 个系列的学术活

动,对应了研究生成长过程中不同层次的需求。以下以表格形式展示 7 个系列学术活动的
建设历程、活动特点与历次主题。

表 2　学社 7 个系列学术活动的建设历程与活动特点

系列名称	建 设 历 程	活 动 特 点
系列 1: 禹贡青年沙龙	① 该系列活动可上溯至 2007 年,是为青年禹贡学社发起成立的基础之一。 ② 该系列活动最初无固定名称,论坛、沙龙等名称均有之,直至 2018 年 4 月 27日的第 74 期,固定为"禹贡青年沙龙",延续至今。 ③ 该系列活动编号始自 2007 年,至今已举办至第 100 期。其中,青年禹贡学社进入筹备期后,已举办 26 期。	① 研究生可随时申请举办,每次活动由 1 至2 名研究生各进行 1 小时左右的报告,随后由 3 名左右研究生或青年教师进行深度点评,讨论修改建议。 ② 参加人员以史地所研究生为主,后随着活动的开展,也吸引了历史系、文史研究院,甚至外校研究生前来交流工作论文。 ③ 通过这一形式,研究生的工作论文得以不断打磨优化,多篇论文在沙龙评议后修改投稿成功,为研究生报告工作论文起到了示范带动作用。
系列 2: 禹贡青年沙龙年度会议	① 该系列活动可上溯至 2016 年,是为青年禹贡学社发起成立的基础之一。 ② 2016 年 11 月,举办首届禹贡青年沙龙年度会议。此后,每年年末举办一届。 ③ 迄今,已举办 5 届。其中,青年禹贡学社进入筹备期后,已举办 3 届。	① 禹贡青年沙龙年度会议在禹贡青年沙龙的基础上举办。禹贡青年沙龙为校内小型报告会,而禹贡青年沙龙年度会议为跨校性质的历史地理学青年学人工作论文交流会。 ② 会议每年年末举行,会议规模在 20 人左右,跨校性质,以历史地理学研究生为主,兼及青年教师。每位报告人口头报告 30分钟,评议讨论 30 分钟。
系列 3: 禹贡青年自组织专题工作坊	① 该系列活动可上溯至 2017 年,是为青年禹贡学社发起成立的基础之一。 ② 2016 年 10 月,制定《史地所研究生自组织专题工作坊资助方案》,开放研究生申请。2017 年 9 月,资助举办第 1 次研究生自组织专题工作坊。 ③ 迄今,已举办 5 期。其中,青年禹贡学社进入筹备期后,已举办 3 期。	① 研究生自主申请组织,邀请校内外从事相近课题研究的研究生和青年教师,交流工作论文。 ② 工作坊讲究聚焦精悍,规模一般在 6 人左右,明确禁止成为变相的师门聚会。
系列 4: 禹贡青年研习班	① 2020 年 9 月 20 日,举办首次禹贡青年研习班。 ② 迄今,已举办 8 期。	① 主要面向研究生新生,偏重学术规范指导、科研方法分享。
系列 5: 禹贡青年讲座	① 2020 年 6 月,举办首次禹贡青年讲座。 ② 迄今,已举办 6 期。	① 通过研究生投票得到最想听到的学者讲座名单,由青年禹贡学社邀请学者作讲座,以新锐青年学者为主。

系列名称	建 设 历 程	活 动 特 点
系列6： 禹贡青年史地 考察	① 青年禹贡学社进入筹备期后,已举办 6次。	① 配合历史地理课堂教学,选取具有代表性 的历史人文地理、历史自然地理景观,开 展史地考察,对照文献记载,实地理解河 道变迁、聚落兴替等历史地理现象。
系列7： 禹贡青年社会 服务	① 2018年10月—2019年12月,青年禹 贡学社与上海历史博物馆联谊共建,部 分社员接受志愿者培训,为观众提供讲 解服务。 ② 2019年至今,青年禹贡学社与复旦本 科生社团舆图社联谊共建。	① 将专业知识运用于社会服务,立足当下社 会理解学科价值,在社会实践中反思社会 需求与学术研究间的隔阂与落差,为学术 研究的推进提供新的动力。 ② 目前,复旦本科没有历史地理学专业,与 本科生社团的联谊,扩大了本科生对历史 地理学科的了解,为史地所培育潜在优质 生源。

表3　学社筹备期以来7个系列学术活动一览

系列名称	活 动 时 间	活 动 主 题
系列1： 禹贡青年沙龙	2018年10月12日	第75期：南朝岭南西江督护再探讨(鲁浩)
	2018年10月28日	第76期：零和博弈——1622年荷葡澳门之战新考(陈琰璟)
	2018年11月1日	第77期：史地所2018年5月镇宁淮专业实习考察报告会(2017 级博士生、硕士生)
	2018年11月30日	第78期：国防视域下北宋五台山佛教发展新探(马巍);家族·政 治·关系：中晚唐士人的三个侧影——从《郑述诚墓志》谈起(沈 国光)
	2018年12月7日	第79期：里耶秦简牍所见洞庭郡交通路线相关问题补正(杨智宇)
	2018年12月27日	第80期：清末民国成都的水源、水质与饮水改良(张亮);从“共 管”到“统合”：牛华溪区划变动研究(牟旭平)
	2019年4月5日	第81期：黄河因素影响下的山东西部区域人文环境(古帅)
	2019年4月10日	第82期：盐与边疆社会整合——以清代云南威远厅盐政为中心 (陈懿人)
	2019年9月28日	第83期：国民政府时期的福建特种区(叶鹏)
	2019年10月25日	第84期：镇宁淮历史地理考察报告会(徐正蓉、陶正桐、叶鹏、张 鹏程、祝修顼)
	2019年11月29日	第85期：抗战、黄泛与界首商业的爆发性发展(史行洋)

系列名称	活 动 时 间	活 动 主 题
系列1： 禹贡青年沙龙	2020年5月18日	第86期：山西平顺天台庵调查与研究（李竞扬）
	2020年9月27日	第87期：安澜吉水——金沙江下游考察报告（龚应俊、陈懿人、蔡昭宇、沈卡祥）
	2020年11月6日	第88期：天主教与边缘人群整合——以太湖平原内河渔民为例（张怡雯）
	2020年12月5日	第89期：明代中晚期跨省准政区的运行与发展——以虔粤之争为例（阮戈）
	2021年3月21日	第90期：明代理学社会化与祖先故事的再书写——以香山黄氏为中心（吴泽文）
	2021年4月11日	第91期：明清朝邑城市形态演变研究（田大刚）
	2021年5月8日	第92期：近代川江码头租赁争端与航运势力更替——以杨家溪码头诉讼案为中心（程军）
	2021年9月25日	第93期：艰难的复归——清初制钱流通体制的困境与重整（1644—1735）（赵士第）
	2021年10月24日	第94期：欧洲人的广州—澳门水路知识（1792—1844）（朱思成）
	2021年11月20日	第95期：历史农业收成序列中的丰歉耦合现象及其在气候响应研究中的意义（康翊博）
	2021年12月23日	第96期：晚唐五代"置场升县"问题再论（岳思彤）
	2021年12月30日	第97期：萃山川之气：明清相地术与徽州地方社会——以婺源济溪游氏为中心（华烨）
	2021年5月20日	第98期：六朝建康—京口间水陆交通路线（高超）
系列2： 禹贡青年沙龙 年度会议	2016年11月26日	第1届：历史地理学的新思考和新探索
	2017年12月16日	第2届：学科互济——历史地理学的再思考
	2018年12月1日	第3届：权力与市场的互动——唐宋以降都城与地方城镇的空间演变
	2019年12月14日	第4届：全国历史地理学研究生联席会议暨复旦大学青年禹贡学社成立大会
	2021年12月4、5日	第5届：流动中的时间与空间——第二届全国历史地理学研究生联席会暨第五届禹贡青年沙龙年度会议

续　表

系列名称	活 动 时 间	活　动　主　题
系列3： 禹贡青年自组织专题工作坊	2017年9月17日	第1期：近世中国地方行政与区域社会(召集人：赖锐)
	2018年6月17日	第2期：政区研究——历史与当代的衔接和对话(召集人：朱波)
	2019年4月27日	第3期：技术·社会·景观——水环境变迁与人地互动(召集人：古帅)
	2019年6月1日	第4期：唐宋军事地理研究的视野与方法(召集人：李昊林)
	2020年11月28日	第5期：地域与空间：科举研究的旧路与新途(召集人：叶鹏)
系列4： 禹贡青年研习班	2020年9月20日	第1期：历史地理论文写作技巧——从选题到规范(叶鹏)
	2020年10月18日	第2期：ArcGIS空间制图基本工作流与实用方法(张鹏程)
	2020年11月1日	第3期：古旧地图的查找与利用(田大刚)
	2020年11月22日	第4期：《历史地理研究》期刊编审与投稿规范(张珮)
	2021年9月23日	第5期：新生见面分享——公派留学申请流程介绍(张怡雯)；史地所硕士学习生活介绍(高超)
	2021年10月31日	第6期：文创、海报、公众号相关经验分享(黄雨晨)
	2021年11月4日	第7期：数字地图制图入门CorelDraw(杨智宇)
	2021年11月18日	第8期：论文投稿、发表经验谈Ⅰ：《安徽史学》《史林》《历史档案》《城市史研究》(田大刚、丁乙)
系列5： 禹贡青年讲座	2020年6月15日	第1期：北魏正始四年禁河南蓄牝马小考(胡鸿)
	2020年11月13日	第2期：常识与谬误——有关韩滉的三重叙述(李碧妍)
	2021年5月13日	第3期：清代前期的土地登记与土地市场(赵思渊)
	2021年10月28日	第4期：东北地区辽金元城址的考古学研究(赵里萌)
	2021年11月20日	第5期：美洲作物史——一个历史地理与环境史话题(李昕升)
	2021年11月25日	第6期：遇见"江湖"——鄱阳湖区域研究的回望与思考(刘诗古)
系列6： 禹贡青年史地考察	2018年11月4、5日	第1次：江苏盐城地区历史海岸盐作地理考察
	2019年10月26、27日	第2次：江苏常熟、江阴历史人文地理考察
	2020年10月25日	第3次：青浦金泽镇重阳香汛考察
	2020年11月8日	第4次：金山岸线变迁、明清海塘考察

系列名称	活动时间	活动主题
系列6：禹贡青年史地考察	2020年5月23日	第5次：沪西红色遗迹考察
	2020年9月11日	第6次：上海邮政博物馆及苏州河沿岸景观考察
系列7：禹贡青年社会服务	2018年10月—2019年12月	青年禹贡学社与上海历史博物馆联谊共建，部分社员接受志愿者培训，为观众提供讲解服务
	2019年至今	青年禹贡学社与复旦本科生社团舆图社联谊共建
	2021年5月	河山与共、星月于途——第一届复旦历史地理知识竞赛决赛（青年禹贡学社、舆图社合办）

注："学社筹备期以来"指学社提交建社申请获批的2018年10月至本文定稿的2022年7月。表中"系列2：禹贡青年沙龙年度会议""系列3：禹贡青年自组织专题工作坊"，为展现其活动全貌，且其早期活动本身与青年禹贡学社的酝酿筹建有着密切的关系，故均回溯至首次活动。

四、小　结

以上初步梳理了青年禹贡学社的前史、缘起、现状和发展。青年禹贡学社的骨干团队最初脱胎于禹贡青年沙龙的组织，学社的成立有着延续壮人沙龙活动，解决研究生培养痛点与难点的用意。学社充分发挥了研究生的学术热情与组织才能，因此，在成长过程中，学社不仅达成了延续沙龙的目标，且因应研究生的实际需求，实现了学术活动的更新迭代。回顾青年禹贡学社筹备成立以来的活动，可以说取得了以下几点成效。

1. 细分研究生学术活动，适配研究生培养的多层次需求。

以往研究生学术活动并非没有，但多基于经费申请机会随机而办，规模、形式并无长远统一规划。学社作为学生社团，直接体察学生期望，据此将学术活动梳理成若干系列，有针对性地适应了研究生提升学术能力的不同层次需求。就学社的7个活动系列而言，分别针对了如下需求。

青年沙龙：适合研究生工作论文寻求修改提升意见。

青年沙龙年度会议：适合研究生了解历史地理学科大同行的研究现状。

自组织专题工作坊：适合研究生召集特定课题小同行进行头脑风暴。

青年研习班：适合硕士新生了解学术规范，学习研究方法，尽快入门起步。

青年讲座：适合研究生了解新锐青年学者的前沿研究。

史地考察：到现场理解历史文献，作为集体活动，兼有团建功能。

社会服务：专业知识的实践运用，立足当下社会理解学科价值。

2. 提供研究生申请渠道,激发研究生学习的主观能动性。

以往研究生学术活动多为教师组织,学生被动参与,学社的系列活动为研究生根据实际需求组织各种学术活动提供了选择的便利和申请的渠道,院系通过学社提供相应支持。各系列学术活动恒常接受学生申请,也便利学生对学习生涯进行长期规划,按需申请,而非担心机不再来的资源争抢式申请。

3. 打磨研究生工作论文,形成交流受益示范效应。

禹贡青年沙龙和研究生自组织工作坊,重在讨论工作论文。学社鼓励研究生不要将这类学术活动视为已发表论文的表演舞台,而应将其作为工作论文的打磨工场。研究生多篇工作论文通过沙龙等活动获取师生修改意见,打磨精修,投稿成功。有此示范,研究生在工作论文遇到瓶颈时,从原先的闭门独思,转向主动召集沙龙,听取不同意见,跳出惯性思维,冲破论文瓶颈。

4. 营造浓郁学术氛围,形成开放合作品牌效应。

系列学术活动的举办,营造了浓郁健康的学术氛围,严控型导师的学生由此获得异质开放意见,放羊型导师的学生由此获得交流砥砺空间。学社的系列活动已超越史地所,跨系、跨校形成品牌效应。

5. 超越学术交流,产生众多溢出效应。

学社系列活动的举办,也产生了不少预料之外的溢出效应。研究生通过组织、参与学术活动,既锻炼了学术组织能力,又与各地同行建立学术联系,共同切磋,对毕业求职,以及未来学术生涯中的合作共进产生深远影响。研究生还饶有兴趣地组织了学术普及活动,既令更多人了解历史地理,也在对接社会过程中,加深对历史地理学科价值及定位的思考。

2022 年,正式成立仅两年多的青年禹贡学社,成功获评复旦大学五星级社团,这一成长速度在社团中极为难得。今天,在学社首期辑刊编辑之际,我们记录下青年禹贡学社的发展历程,谨以此向学社成长中无私奉献的研究生们致以敬意,并立志以此为新的起点,扎根青年,服务学术,继续将学社建设成为历史地理青年学子共同的家园。

青年禹贡学社大事纪

时　间	事　件	内　容
2000	"禹贡茶座"开始运营	杨伟兵负责
2005.09.13		2005—2006 年博士班委会工作计划：11 月中旬组织博士生学术报告会，11 月下旬—12 月中旬组织 3 次学术沙龙
2005.10.18		禹贡博士生论坛征稿通知
2005.11.25、28		第一届禹贡博士生论坛（所内会议）
2006.09.15		2006 下半年博士班委会工作计划：10—11 月组织第二届禹贡博士生论坛
2006.12.05—06		第二届禹贡博士生论坛（所内会议）
2007.03.12		2007 上半年博士班委会工作计划：不定期举办系列"禹贡学术沙龙"
2007.03.12	史地沙龙第一期	主讲人李嘎，嘉宾李德楠，"史地沙龙第 1 期"，《历史时期山东半岛城市地理问题研究》
2007.09.24	博士生论坛第二场	主讲人潘威，嘉宾王大学，"博士生论坛第 2 场"，《对传统历史地貌研究更新的探索——长三角近代地貌复原工作中的几点体会》
2007.10.18	史地论坛第三场	主讲人王列辉，嘉宾方书生，"史地论坛第 3 场"，《区位优势与自我增强——上海、宁波两港空间关系演变的多维分析》
2007.10.30	第 4 期博士生史地论坛	主讲人肖启荣，嘉宾王大学，"第 4 期博士生史地论坛"，《汉水中下游水利社会史研究》
2007.11.22	博士生论坛第 5 期	主讲人李德楠，嘉宾肖启荣，"博士生论坛第 5 期"，《时空序列和社会网络中的"工程"——拓展水利技术史研究的思路：明清黄运地区的河工问题及其影响研究》

续　表

时　间	事　件	内　容
2007.12.04	博士生论坛第六场	主讲人陈琍,嘉宾潘威,"博士生论坛第六场",《从景观研究的角度论上海道契资料的开发与利用》
2007.12.18	博士生论坛第七期	主讲人张小坡,嘉宾谢湜,"博士生论坛第七期",《清代江南教育经费的运作实态与空间分异》
2008.03.14	博士生论坛第八期	主讲人吴俊范,嘉宾杨煜达,"博士生论坛第八期",《从水乡到都市:近代上海土地利用与环境变迁研究》
2008.03.28	博士生论坛第九期	主讲人刘祥学,嘉宾杨伟兵,"博士生论坛第九期",《壮族地区人地关系过程中的环境适应》
2008.04.18	博士生论坛第十期	主讲人郑维宽,嘉宾刘祥学,"博士生论坛第十期",《区域历史进程与政治中心的变迁——以广西为例的考察》
2008.05.04		**复旦大学禹贡博士生论坛第一号通知:邀请国内历史地理研究单位博士生 20 人开展专题学术讨论**
2008.05.16	博士生论坛第 11 期	主讲人蒋有亮,嘉宾安介生,"博士生论坛第 11 期",《文学与哲学对历史地理学的的作用和意义》
2008.06.06	博士生论坛第 12 期	主讲人刘瑞,嘉宾史党社,"博士生论坛第 12 期",《新出土文献与历史地理研究——以武帝早期的南郡政区与人口研究为例》
2008.06.20	博士生论坛第 13 期	主讲人青木俊介,嘉宾刘瑞,"博士生论坛第 13 期",《汉武帝时期郎官没落的因素——政治空间与官僚制度关系初探》
2008.08		**通过研究生院向教育部申请经费,举办全国历史地理博士生论坛,作为复旦大学博士生论坛的分论坛**
2008.10.17	博士生论坛第 14 期	主讲人马孟龙,嘉宾何慕,"博士生论坛第 14 期",《松柏汉墓 35 号木牍侯国问题初探》
2008.11.15—16	**禹贡博士生论坛**	**"禹贡博士生论坛","开放、融入、发展"——复旦大学博士生论坛之历史地理篇**
2008.11.29	**禹贡硕士生论坛**	**"禹贡硕士生论坛"**
2008.12.12	博士生论坛第 15 期	主讲人何慕,嘉宾马孟龙,"博士生论坛第 15 期",《张家山汉简〈二年律令〉所见县级政区》
2008.12.26	博士生论坛第 16 期	主讲人梁志平,嘉宾王大学,"博士生论坛第 16 期",《太湖流域的水质环境变迁与社会生活:从"改水运动"入手的回溯式研究》

续　表

时　　间	事　　件	内　　容
2009.09.22	博士生论坛第 17 期	主讲人于薇、何慕、周运中，嘉宾马孟龙，"博士生论坛第 17 期"，《新获岳麓秦简与秦郡研究相关问题："州陵郡"问题研究综述》《试论岳麓秦简中"江胡郡"即"淮阳郡"》《江胡郡即江夏郡考、岳麓秦简江胡郡新考》
2009.11.25	博士生论坛第 18 期	主讲人于薇、牟振宇、张永帅、聂顺新、欧阳楠，"博士生论坛第 18 期"，海内外学术交流心得和感受分享
2009.12.11	博士生论坛第 19 期	主讲人罗凯，嘉宾李碧妍，"博士生论坛第 19 期"，《唐十道及其职能的演化》
2009.12.22	第二届禹贡硕士生论坛	"第二届禹贡硕士生论坛"
2010.01.06	博士生论坛第 24 期	主讲人周晴，嘉宾邹怡，"博士生论坛第 24 期"，《东苕溪流域菱的种植与湿地生态》
2010.05.28	博士生论坛第 20 期	主讲人周晴，嘉宾王大学，"博士生论坛第 20 期"，《〈禹贡〉"三江"之南江是否存在？——汉唐时期太湖平原水环境与嘉湖平原古河道的变迁》
2010.06.18	博士生论坛第 21 期	主讲人张永帅，嘉宾牟振宇，"博士生论坛第 21 期"，《唐长安住宅的分布》
2010.10.17—18	第二届禹贡博士生论坛	"第二届禹贡博士生论坛"
2010.11.09	博士生论坛第 22 期	主讲人陆德富，嘉宾李晓杰，"博士生论坛第 22 期"，《秦的内史》
2010.12.07	博士生论坛第 23 期	主讲人吴启琳，嘉宾黄忠鑫，"博士生论坛第 23 期"，《制度替换与"延续"：明清赣南地方行政组织之演变》
2010.12.22—23	第三届禹贡硕士生论坛	"第三届禹贡硕士生论坛"（自此改为中期考核内容）
2011.03.08	博士生论坛第 25 期	主讲人刘炳涛，嘉宾张健，"博士生论坛第 25 期"，《明代的雨泽奏报制度和形式》
2011.04.20	博士生论坛第 26 期	主讲人李碧妍，嘉宾武强、张永帅，"博士生论坛第 26 期"，《异族威胁与空间的重构——唐京西八镇考》
2011.05.11	博士生论坛第 27 期	主讲人王长命，嘉宾周晴、张健，"博士生论坛第 27 期"，《唐以降河东盐池畦晒技术转型与环境演化》
2011.06.16	博士生论坛第 28 期	主讲人李碧妍、刘炳涛、马孟龙、单丽、王长命、王一帆、武强、张永帅、李甜、罗凯，"博士生论坛第 28 期"，应届博士毕业生治学经验谈

时　　间	事　　件	内　　容
2011.09.22	博士生论坛第 29 期	主讲人陆洋,嘉宾林超超、江伟涛,"博士生论坛第 29 期",《人民公社制度与当代社会生活》
2011.10.21	博士生论坛第 30 期	主讲人薛理禹,嘉宾胡列箭等,"博士生论坛第 30 期",《清代摊丁入地新探》
2011.11.08	博士生论坛第 31 期	主讲人严鹏,嘉宾皇甫秋实、徐智,"博士生论坛第 31 期",《近代湖北棉纺织业与西南腹地》
2011.11.15	博士生论坛第 32 期	主讲人张健,嘉宾杨煜达,"博士生论坛第 32 期",《清代以来黄河中游旱涝等级序列重建与极端降水事件诊断》
2011.11.24	博士生论坛第 33 期	主讲人赵思渊,嘉宾李甜,"博士生论坛第 33 期",《道光朝苏州荒政之演变:丰备义仓的成立及其与赋税问题的关系》《清末民初地方公共资源的增殖与利用:以旌德十七都积谷仓为中心》
2011.12.08	博士生论坛第 34 期	主讲人罗凯,嘉宾马孟龙、聂顺新,"博士生论坛第 34 期",《特区:唐代岭南道政治地理初探》
2011.12.15	博士生论坛第 35 期	主讲人赵天改,嘉宾晏波、魏毅,"博士生论坛第 35 期",《清代闽兵屯垦河南问题研究》
2011.12.27	博士生论坛第 36 期	主讲人史洪智,"博士生论坛第 36 期",青年学者的论文写作与学术对话
2012.03.15	博士生论坛第 37 期	主讲人胡耀飞,嘉宾黄学超、魏大帅,"博士生论坛第 37 期",《迁徙与转型:唐宋之际邢州孟氏家族研究》
2012.03.31	博士生论坛第 38 期	主讲人魏毅,嘉宾齐光、胡列箭,"博士生论坛第 38 期",《地域社会视角下的宗教共同体——关于拉萨哲蚌寺桑洛康村的个案研究》
2012.04.10	博士生论坛第 39 期	主讲人欧阳楠,嘉宾林宏、靳煜,"博士生论坛第 39 期",《中西文化调适的前近代知识系统——美国会图书馆藏〈三才一贯图〉研究》
2012.05.17	博士生论坛第 40 期	主讲人晏波,嘉宾马孟龙,"博士生论坛第 40 期",《先秦秦汉故道交通开辟与故道县的设治》
2012.09.24	博士生论坛第 41 期	主讲人岳钦韬,嘉宾刘灵坪、张蕾,"博士生论坛第 41 期",《近代铁路建设对太湖流域水利的影响——以 1920 年代初沪杭甬铁路屠家村港"拆坝筑桥事件"为中心》

时　　间	事　　件	内　　容
2012.10.17	博士生论坛第 42 期	主讲人张蕾,嘉宾江伟涛、张靖华,"博士生论坛第 42 期",《宋元时期江南文人与水竹居》
2012.10.30	博士生论坛第 43 期	主讲人黄忠鑫,嘉宾晏波、霍仁龙,"博士生论坛第 43 期",《清代歙县廿五都飞地的田野考察与初步研究》
2012.11.29	博士生论坛第 44 期	主讲人薛理禹,嘉宾胡列箭、郭永钦,"博士生论坛第 44 期",《清代优免人丁研究——兼谈清代人口、赋役研究方法》
2012.12.13	博士生论坛第 45 期	主讲人江伟涛,嘉宾余开亮、郭永钦,"博士生论坛第 45 期",《基于乡镇区划调整的江南县域城镇化水平研究》
2012.12.27	博士生论坛第 46 期	主讲人徐文彬,嘉宾薛理禹、顾晓伟,"博士生论坛第 46 期",《闽南救火会与天安寺事件》
2013.03.28	博士生论坛第 47 期	主讲人张靖华,嘉宾鲍俊林、霍仁龙,"博士生论坛第 47 期",《肥东南部的聚落人口与空间分布——巢湖北岸明清聚落调查笔记》
2013.05.09	博士生论坛第 48 期	主讲人鲍俊林,嘉宾侯杨方,"博士生论坛第 48 期",《晚清淮南盐衰的历史地理分析》
2013.05.15	博士生论坛第 49 期	主讲人霍仁龙,嘉宾潘威、刘灵坪,"博士生论坛第 49 期",《近 300 年来西南山区聚落多椰树村的移民与开发研究》
2013.05.27	博士生论坛第 50 期	主讲人岳云霄,嘉宾魏大帅、董乾坤,"博士生论坛第 50 期",《县之置废:清前期农牧交错带政区变迁中的国家、族群与环境——以宁夏府新渠、宝丰二县为例》
2013.06.13	**博士生论坛第 51 期(首次主题工作坊)**	**主讲人郭永钦、黄忠鑫、刘猛,嘉宾韩昭庆、薛理禹,"博士生论坛第 51 期"(首次主题工作坊),明清保甲的制度、文书与空间分析工作坊:《明清保甲制下的基层编制、户籍管理与聚落地理——〈江西新城县保甲图册〉的古地图信息处理》《清代图甲与保甲关系新论——基于徽州赋役合同文书的考察》《清代〈绩溪保甲循环册〉研究》**
2013.09.26	博士生论坛第 52 期	主讲人屈卡乐,嘉宾马孟龙、郭涛,"博士生论坛第 52 期",《天水放马滩木板地图新释》
2013.10.17	博士生论坛第 53 期	主讲人林宏,嘉宾王聪明、罗诚,"博士生论坛第 53 期",《晚明嘉定县江东地区岸线变迁考》
2013.11.22	博士生论坛第 54 期	主讲人陶兴华,嘉宾马孟龙、黄学超,"博士生论坛第 54 期",《秦人西北疆域与河西走廊》

时　　间	事　　件	内　　容
2013.12.14—15	第三届禹贡历史地理博士生学术论坛	"第三届禹贡历史地理博士生学术论坛"
2014.04.29	博士生论坛第 55 期	主讲人鲍俊林,嘉宾王大学、林宏,"博士生论坛第 55 期",《析明清淮南盐场废煎改晒的地理背景》
2014.05.07	博士生论坛第 56 期	主讲人陈熙,嘉宾李甜、罗诚,"博士生论坛第 56 期",《大流转:大跃进及困难时期的劳动力与城乡人口迁移》
2014.09.25	博士生论坛第 57 期	主讲人王聪明,嘉宾邹怡、林宏,"博士生论坛第 57 期",《虚实之间:作为政区与想象的地名——"淮阴"》
2014.11.06	博士生论坛第 58 期	主讲人郭涛,嘉宾周波、马孟龙,"博士生论坛第 58 期",《文书行政与秦代洞庭郡的县道网络》
2014.12.17	博士生论坛第 59 期	主讲人穆俊,嘉宾霍仁龙、耿金,"博士生论坛第 59 期",《民国毕克齐镇蒙行水利管理改革研究》
2015.04.16	博士生论坛第 60 期	主讲人张靖华,嘉宾安介生、王大学,"博士生论坛第 60 期",《从瓦屑坝到马拉松——明初以降巢湖北岸的聚落研究及其更新改造》
2015.06.18	博士生论坛第 61 期	主讲人葛洲子,嘉宾胡耀飞、楼正豪,"博士生论坛第 61 期",《政局·法席·法脉:时空背景下曹洞宗的兴衰》
2015.11.26	博士生论坛第 62 期	主讲人史雷,嘉宾靳煜、杨丽婷,"博士生论坛第 62 期",《清代坎巨提与新疆之间的交通研究——以坎巨提人抢劫路线为中心》
2016.03.17	博士生论坛第 63 期	主讲人屈卡乐、张英梅、赵海龙,嘉宾马孟龙,"博士生论坛第 63 期",《秦汉政区工作坊:秦十二郡考议》《〈秩律〉中的特殊地名及其相关问题臆测》《东汉侯国相关问题初探》
2016.05.23	禹贡青年史地沙龙第 64 期	主讲人胡箫白,嘉宾邹怡、杨茜,"禹贡青年史地沙龙第 64 期",《文人、和尚与皇帝:明清南京栖霞山的文化形塑与景观政治》
2016.06.27	禹贡青年史地沙龙第 65 期	主讲人李昕升,嘉宾车群、龚珍,"禹贡青年史地沙龙第 65 期",《清代番薯在江西的推广及其相关问题研究》
2016.09.13	禹贡青年史地沙龙第 66 期	主讲人郭墨寒,嘉宾陈涛、韩健夫,"禹贡青年史地沙龙第 67 期",《禹域在学:近代日本编纂中国地志研究》
2016.09.22	禹贡青年史地沙龙第 67 期	主讲人耿金,嘉宾朱海滨、李伟,"禹贡青年史地沙龙第 66 期",《明清时期浙东上虞皂李湖湖名之争与官民建构》

时 间	事 件	内 容
2016.10.14	禹贡青年史地沙龙第68期	主讲人王华震、伍磊,嘉宾叶凯、刘斌,"禹贡青年史地沙龙第68期",宋元历史地理工作坊:《南宋料角考——兼论南宋淮南东路及两浙东西路的海防体系》《山城对元代四川行政建置的影响探究》
2016.11.26	**首届禹贡青年沙龙年度大会**	**"首届禹贡青年沙龙年度大会","历史地理学的新思考和新探索"**
2017	禹贡青年史地沙龙第69期	"禹贡青年史地沙龙第69期",禹贡青年史地沙龙:"近世中国地方行政与区域社会专题工作坊"
2017.01.05	博士生论坛第70期	主讲人何沛东、叶凯,嘉宾靳煜、程涛、张宇帆,"博士生论坛第70期",《从符号到文化习惯——清代澳门地图中的建筑图像》《乌、白池与李继迁的崛起》
2017.11.28	博士生论坛第71期	主讲人罗诚,嘉宾陈熙、徐佳贵,"博士生论坛第71期",《清初迁界与移民——以顺治十八年的温州迁界为中心》
2017.12.16	第二届禹贡青年沙龙年度大会	"第二届禹贡青年沙龙年度大会","学科互济——历史地理学的再思考"
2018.03.26	博士生论坛第72期	主讲人白玉军,嘉宾杨伟兵,"博士生论坛第72期",《近300年来云南山地聚落人口复原方法研究》
2018.04.13	博士生论坛第73期	主讲人李昊林,嘉宾鲍俊林、马孟龙,"博士生论坛第73期",《汉隋间河东盐池的行政归属变化及其交通背景》
2018.04.27	禹贡青年沙龙No.74	主讲人王志通、伍伶飞,嘉宾任小波,"禹贡青年沙龙No.74",《规划新区与政教分离的构想:黑错设治的筹议(1943—1945)》,历史地理学国际会议参会经验分享会
2018.06.17	第二期研究生自组织工作坊	主讲人赵逸才、赵彪、董嘉瑜、侯晨、朱波,嘉宾邹怡、丁雁南、李论、白玉军、古帅,"第二期研究生自组织工作坊","政区研究:历史与当代的衔接与对话"
2018.10.12	禹贡青年沙龙No.75	主讲人鲁浩,嘉宾黄学超、赵海龙、程涛,"禹贡青年沙龙No.75",《南朝岭南西江督护再探讨》
2018.10.14	禹贡青年实地考察	"禹贡青年实地考察",上海市历史博物馆篇
2018.10.25	禹贡青年沙龙No.76	主讲人陈琰璟,嘉宾刘耿、姜伊崴、孙冬子,"禹贡青年沙龙No.76",《零和博弈:1622年荷葡澳门之战新考》
2018.11.01	禹贡青年沙龙No.77	主讲人杨智宇、沈国光、闫伟光、顾哲铭、贾沈朱、龚应俊、张杰、杨婧雅、赵婷婷、张珮,"禹贡青年沙龙No.77",复旦史地所2018年5月镇宁淮专业实习考察报告会

时　　　间	事　　件	内　　　容
2018.11.25	第三期研究生自组织工作坊	主讲人古帅、潘明涛、郑俊龙、方志龙、胡勇军、李昊林、闫伟光、申志峰、袁慧，嘉宾韩昭庆、段伟、王大学、鲍俊林，"第三期研究生自组织工作坊"，"景观·社会·技术：水环境变迁与人地互动"
2018.11.30	禹贡青年沙龙 No.78	主讲人马巍、沈国光，嘉宾张延和、李伟、陈志红，"禹贡青年沙龙 No.78"，《国防视域下北宋五台山佛教发展新探——以华岩河流域为中心》《家族·政治·关系：中晚唐士人的三个侧影——从〈郑遂诚墓志〉谈起》
2018.12.01	第三届禹贡青年沙龙年度会议	"第三届禹贡青年沙龙年度会议"，"权力与市场的互动——唐宋以降都城与地方城镇的空间变化"
2018.12.07	禹贡青年沙龙 No.79	主讲人杨智宇，嘉宾马孟龙、周波，"禹贡青年沙龙 No.79"，《里耶秦简牍所见洞庭郡交通路线相关问题补正》
2018.12.27	禹贡青年沙龙 No.80	主讲人张亮，嘉宾杨伟兵、梁志平、朱波、王志通，"禹贡青年沙龙 No.80"，《清末民国成都的水源、水质与饮水改良》
2018.12.27	禹贡青年沙龙 No.80	主讲人牟旭平，嘉宾杨伟兵、梁志平、朱波、王志通，"禹贡青年沙龙 No.80"，《从"共管"到"统合"——牛华溪区划变动研究》
2019.04.05	禹贡青年沙龙 No.81	主讲人古帅，嘉宾王大学、孙涛、鲍俊林，"禹贡青年沙龙 No.81"，《黄河因素影响下的山东西部区域人文环境》
2019.04.10	禹贡青年沙龙 No.82	主讲人陈懿人，嘉宾杨煜达、张亮、牟旭平、董嘉瑜、陶正桐、沈卡祥，"禹贡青年沙龙 No.82"，《盐与边疆社会整合——以清代云南威远厅盐政为中心》
2019.06.01	第四期研究生自组织工作坊	主讲人李昊林、高正亮、闫伟光、马巍、孟泽众、张敬奎，嘉宾李碧妍、朱溢，"第四期研究生自组织工作坊"，"唐宋军事地理研究的视野与方法"
2019.09.28	禹贡青年沙龙 No.83	主讲人叶鹏，嘉宾段伟、徐建平、朱波，"禹贡青年沙龙 No.83"，《国民政府时期的福建特种区》
2019.10.25	禹贡青年沙龙 No.84	主讲人徐正蓉、陶正桐、叶鹏、张鹏程、祝修顾，"禹贡青年沙龙 No.84"，镇宁淮考察报告
2019.11.17	上海历史博物馆参观活动	上海历史博物馆参观活动
2019.11.29	禹贡青年沙龙 No.85	主讲人史行洋，嘉宾路伟东、辜雅，"禹贡青年沙龙 No.85"，《抗战、黄泛与界首商业爆发性发展》
2019.12.14	**第四届禹贡青年沙龙年度会议**	**"第四届禹贡青年沙龙年度会议"，全国历史地理学研究生联席会暨青年禹贡学社成立大会**

时　　间	事　　件	内　　容
2020.05.18	禹贡青年沙龙 No.86	主讲人李竞扬,嘉宾葛洲子、侯实、杨宝、马巍、张力、张杰,"禹贡青年沙龙 No.86",《山西平顺天台庵调查与研究》
2020.06.15	**青年禹贡讲座第一期**	**主讲人胡鸿,嘉宾龚应俊,"青年禹贡讲座第一期",《北魏正始四年禁河南畜牝马小考》**
2020.09.20	**青年禹贡研习班第一期**	**主讲人叶鹏,"青年禹贡研习班第一期",历史地理论文的写作技巧：从选题到规范**
2020.09.27	禹贡青年沙龙 No.87	主讲人龚应俊、陈懿人、蔡昭宇、沈卡祥,"禹贡青年沙龙 No.87",《安澜吉水：金沙江下游考察报告》
2020.10.18	青年禹贡研习班第二期	主讲人张鹏程,"青年禹贡研习班第二期",ArcGIS 空间制图基本工作流与使用方法
2020.10.25	考察	"考察",青浦区考察
2020.11.01	青年禹贡研习班第三期	主讲人田大刚,"青年禹贡研习班第三期",地图资料的收集与运用
2020.11.06	禹贡青年沙龙 No.88	主讲人张怡雯,嘉宾朱晓红、陈拓、方志龙、姜明辉,"禹贡青年沙龙 No.88",《天主教与边缘人口整合途径：以网船渔民为例》
2020.11.08	考察	"考察",金山考察
2020.11.13	青年禹贡讲座第二期	主讲人李碧妍,嘉宾龚应俊,"青年禹贡讲座第二期",《常识与谬误——有关韩滉的三重叙述》
2020.11.22	青年禹贡研习班第四期	主讲人张珮,"青年禹贡研习班第四期",历史地理期刊审校工作
2020.11.28	第五期研究生自组织工作坊	主讲人叶鹏、吴科杰、孙岩、郑欣、王磊、李思成、何彬彬,嘉宾刘永华、朱海滨、蒋勤、李林,"第五期研究生自组织工作坊","科举研究的新视野"
2020.12.05	禹贡青年沙龙 No.89	主讲人阮戈,嘉宾徐建平、朱波,"禹贡青年沙龙 No.89",《明代中晚期跨省准政区的运行与发展——以虔粤之争为例》
2021.03.21	禹贡青年沙龙 No.90	主讲人吴泽文,嘉宾刘永华、叶鹏,"禹贡青年沙龙 No.90",《明代理学社会化与祖先故事的再书写——以香山黄氏为中心》
2021.04.11	禹贡青年沙龙 No.91	主讲人田大刚,嘉宾丁雁南、党莐、张珮,"禹贡青年沙龙 No.91",《明清朝邑城市形态演变研究》

续　表

时　　间	事　　件	内　　容
2021.05.08	禹贡青年沙龙 No.92	主讲人程军,嘉宾皇甫秋实、王哲、王钊,"禹贡青年沙龙No.92",《近代川江码头租赁争端与航运势力更替——以杨家溪码头诉讼案为中心》
2021.05.11	**"河山与共、星月于途"——第一届复旦历史地理知识竞赛初赛**	**"河山与共、星月于途"——第一届复旦历史地理知识竞赛初赛**
2021.05.13	禹贡青年讲座第三期	主讲人赵思渊,嘉宾叶鹏,"青年禹贡讲座第三期",《清代前期的土地登记与土地市场》
2021.05.20	"河山与共、星月于途"——第一届复旦历史地理知识竞赛决赛	"河山与共、星月于途"——第一届复旦历史地理知识竞赛决赛
2021.05.23	考察	"考察",沪西红色遗迹考察
2021.09.11	参访活动	"参访活动",参观上海邮政博物馆
2021.09.17	新生特约讲座	主讲人谭德睿,"新生特约讲座",《越王勾践剑菱形纹饰技术研究概述——兼谈家训"治学为求真,别无他求"》
2021.09.23	禹贡青年研习班第5期	主讲人张怡雯、高超,"禹贡青年研习班第5期",2021年秋季迎新沙龙
2021.09.25	禹贡青年沙龙 No.93	主讲人赵士第,嘉宾杨煜达、邱永志,"禹贡青年沙龙No.93",《艰难的复归:清初制钱流通体制的困境与重整(1644—1735)》
2021.10.24	禹贡青年沙龙 No.94	主讲人朱思成,嘉宾董少新、丁雁南,"禹贡青年沙龙No.94",《欧洲人的广州—澳门水路知识(1792—1844)》
2021.10.28	禹贡青年讲座第4期	主讲人赵里萌,嘉宾王妙发,"禹贡青年讲座第4期",《东北地区辽金元城址的考古学研究》
2021.10.31	禹贡青年研习班第六期	主讲人黄雨晨,"青年禹贡研习班第六期",文创、海报、公众号相关经验分享
2021.11.04	禹贡青年研习班第七期	主讲人杨智宇,"青年禹贡研习班第七期",数字地图制图入门:CorelDraw
2021.11.18	禹贡青年研习班第八期	主讲人丁乙、田大刚,"青年禹贡研习班第八期",论文投稿、发表经验谈Ⅰ:《安徽史学》《史林》《历史档案》《城市史研究》
2021.11.20	禹贡青年讲座第五期	主讲人李昕升,"青年禹贡讲座第五期",《美洲作物史:一个历史地理与环境史话题》

时　　间	事　　件	内　　容
2021.11.20	禹贡青年沙龙 No.95	主讲人康翊博,嘉宾王建革、刘炳涛、李昕升,"禹贡青年沙龙 No.95",《历史农业收成序列中的丰歉耦合现象及其在气候响应研究中的意义》
2021.11.25	禹贡青年讲座第六期	主讲人刘诗古,"青年禹贡讲座第六期",《遇见"江湖":鄱阳湖区域研究的回望与思考》
2021.12.4—12.5	第二届全国历史地理学研究生联席会暨第五届禹贡青年沙龙年度会议	"第二届全国历史地理学研究生联席会暨第五届禹贡青年沙龙年度会议"
2021.12.23	禹贡青年沙龙 No.96	主讲人岳思彤,嘉宾龚应俊、贾沈朱,"禹贡青年沙龙 No.96",《晚唐五代"置场升县"问题再论》
2021.12.30	禹贡青年沙龙 No.97	主讲人华烨,嘉宾朱海滨、段志强,"禹贡青年沙龙 No.97",《萃山川之气:明清相地术与徽州地方社会——以婺源济溪游氏为中心》
2022.5.20	禹贡青年沙龙 No.98	主讲人高超,嘉宾陆帅、贾沈朱,"禹贡青年沙龙 No.98",《六朝建康—京口间水陆交通路线》
2022.10.29	禹贡青年沙龙 No.99	主讲人朱力,嘉宾余清良、李义琼,"禹贡青年沙龙 No.99",《明代中前期湖广地方课程结构研究》
2023.4.10	禹贡青年沙龙 No.100	主讲人王荣煜,嘉宾郭立暄、郑幸、龚应俊、张端成,"禹贡青年沙龙 No.100",《郑晓〈禹贡说〉版本考辨》

编 者 手 记

　　《禹贡青年史地学刊》经过多年准备与编辑,终于问世了。

　　正如学社简史中提到,20 世纪 30 年代,顾颉刚、谭其骧等先生成立禹贡学会,创办《禹贡半月刊》,旨在为学人提供讨论和发表文章的园地。青年禹贡学社赓续前贤学术脉络,也希望共创青年交流平台。如今学术环境下,青年学者发表文章愈发困难,因此学社创立伊始,学社同仁便有创办自己刊物的诉求。

　　但创办一个新的刊物谈何容易。刊物首先要有文章,毋庸讳言,论文都是作者最珍惜的成果,在发表为王的时代,作者凭什么投稿给"不记工分"的刊物? 巧妇难为无米之炊,创办学社刊物的计划因此搁浅许久。

　　学社学术交流活动主要还是采用沙龙的形式,在大家集思广益之下,经沙龙讨论后作者修改成形的论文陆续在各期刊发表。在此基础上,有同仁提出《禹贡青年史地学刊》的第一辑不如整理过往在沙龙汇报后发表的论文,第一辑既是创刊也是总结。说着大家便着手联系沙龙汇报者。汇报时间有先有后,跨越十余年,如今汇报者有的还是在校研究生,有的已经是学术界的中坚力量。各位汇报者收到我们的约稿,都慨然应允,令人感动。

　　学刊所收文章多是各位作者的"学术处女作"。有人说过作家往往悔其少作,因其稚嫩,不够成熟。然也有作者说到对于收入学刊里的少作,愧则有之,悔是绝无的,文中有青年的天真,正是青年学刊当有的面貌。本书所收文章也是写在作者人生边上的一个刻度。

　　收到来稿后,编辑部根据历史地理学研究方向将文章分门别类。政区地理是历史地理的基础与传统长项,目前学界在政区地理研究基础上愈发关注其行政运作,因此第一版块以行政与政区为题,分别选择郭涛、马孟龙、鲁浩、罗凯四位作者,秦代、汉代、南朝、唐代四个时代的四篇文章,这一系列将考古资料与传世文献相结合,可以展现作为基层政区的县与侯国,以及高层政区的州与道的行政与演化。

　　城市地理是历史地理的重要门类,近来城市地理从将城市视作点的研究,逐渐转化为将城市视作面,谈及城市内部空间,进一步将视角下移到市镇层面,都作为面状聚落进行研究。因此本版块选择的三篇文章中,张永帅的文章将目光聚焦于唐长安城的住宅分布,伍磊的文章展现宏观的宋元四川城市分布格局,牟旭平则关注牛华溪的市镇变迁,呈现了城市聚落地理研究中三种不同的视角。

历史地理学某种程度上是研究人地关系的学科,近年环境史学异军突起,历史地理学环境研究早已渊源有自,且更关注环境中的人群与环境的互动。第三版块的五篇文章,研究对象囊括了霍仁龙研究的西南、岳云霄研究的西北、罗诚研究的东南沿海、古帅研究的黄河下游与耿金研究的江南地区。虽然研究区域各不相同,研究方法各有差异,但他们都关注环境与人群的关系,可以互为参照。

地域社会史也是历史地理学中的研究热点,该部分选择的两篇论文出自禹贡博士生论坛首次主题工作坊,郭永钦与黄忠鑫两篇文章同场汇报,关注同样的话题,论点聚焦于明清保甲的制度、文书与空间分析,如今放在一处对读,颇能展现君子以文会友、以友辅仁的旨趣。

文献与地图是历史地理研究"烹饪"中的"食材",好的食材值得好的烹饪。本版块选择的两篇文章都关注历史地理学研究中的重要史料。放马滩木板地图是目前已知最早的地图,学界研究也颇为透彻,屈卡乐采用新方法对旧材料进行解析,也能有新创见。《禹贡》是最早的、影响也最深远的历史地理学文献,王荣煜采用文献学的方法对现存明代《禹贡》相关著作进行简述,也为本刊点题。

除了论文外,编辑部认为第一辑应该搭建框架,展现学社活动风采,建议分列书评、考察报告与访谈三个版块。叶鹏选择了徐建平老师的新书进行评论,龚应俊记录了史地所镇江南京淮安考察经过,赵婷婷与张晓虹老师进行了一场访谈,从不同侧面展现了学社的系列活动。

学刊成功出版要感谢上述各位作者不吝赐稿。学社活动与学刊出版过程中很多师友都作出了贡献。首先是邹怡老师,作为学社指导老师,为学社活动指明了方向,学刊的出版最早也是邹老师的倡议。然后要感谢王哲老师,同样是学社指导老师,在学社活动中为学社保驾护航。借学刊出版之际,向两位指导老师的辛勤付出致以深深的谢意。

史地所在学刊出版过程中给予了很大支持,张晓虹老师始终关心学刊出版事宜,杨伟兵老师还拨冗为学刊赐序一篇,回忆了自己学生生涯中的学术交流活动,并为学刊送上祝福。在此谨向他们表达我们的感激之情。

蒙葛剑雄老师慨允,本书书名题签由葛老师亲赐法书,表达了学界前辈对后学的提携,也是一种传承。学刊谨致谢忱。

学刊由中西书局出版发行,诸位编辑老师辛勤工作,保证了学刊能以最好的面貌呈现给读者。

本辑学刊由闫伟光首倡其议,龚应俊负责组稿与联络活动,叶鹏协助处理了一些工作。编辑工作中龚应俊、顾哲铭、贾沈朱、叶鹏、张鹏程、何少飞、张端成、由毅、张森、高超、黄雨晨、王一轩、项羽雯负责了具体的审校工作。学刊编辑成稿后朱力、苏鑫也提出了一些建议。

　　这是《禹贡青年史地学刊》的第一辑,既是开创,也是总结。《学刊》出版时恰逢第一届禹贡博士生论坛开办二十周年,本书荟萃历年沙龙汇报文章,以纪念学社活动,并对活动组织者和参与者表示感谢。同时,作为一本旨在为青年学者交流发声而诞生的辑刊,本书也呼唤能有更多新研究、新成果刊载于今后各辑。第一辑只是开始,希望学刊与学社一样越办越好。

青年禹贡学社

2024 年 10 月